尔虞我诈

——中国古代四千年谍海风云

上

赵英 著

中国社会科学出版社

图书在版编目(CIP)数据

尔虞我诈：中国古代四千年谍海风云：全2册/赵英著.—北京：中国社会科学出版社，2016.6（2016.12 重印）

ISBN 978-7-5161-7511-8

Ⅰ.①尔…　Ⅱ.①赵…　Ⅲ.①间谍—情报活动—历史—中国—古代　Ⅳ.①D691.6

中国版本图书馆 CIP 数据核字（2016）第 018011 号

出 版 人	赵剑英
责任编辑	侯苗苗
特约编辑	曹慎慎
责任校对	杨　涛
责任印制	王　超

出　版	中国社会科学出版社
社　址	北京鼓楼西大街甲 158 号
网　址	http://www.csspw.cn
邮　编	100720
发 行 部	010－84083685
门 市 部	010－84029450
经　销	新华书店及其他书店

印　刷	北京君升印刷有限公司
装　订	廊坊市广阳区广增装订厂
版　次	2016 年 6 月第 1 版
印　次	2016 年 12 月第 2 次印刷

开　本	710×1000　1/16
印　张	49.25
插　页	4
字　数	808 千字
定　价	168.00 元（全二卷）

凡购买中国社会科学出版社图书，如有质量问题请与本社营销中心联系调换
电话：010－84083683
版权所有　侵权必究

原版前言

1969年9月，我17岁，和成千上万的青年一起，上山下乡到了祖国的最东北角——黑龙江省抚远县，在那祖国边陲，对面是异国山河，国家的安全自然成为我们这些热血青年最关心的问题。何况当初到边疆去，就是一腔热血，准备为国效命于疆场呢！后来我又在济南部队度过了三年军旅生涯。国家安全问题遂成为我终生研究的课题，谍报史的研究也由此而起。每当我提起笔时，黑龙江广阔的草原总在我眼前浮现。往事已矣。但历史把我们这一代人铸造成了忧患意识十分强烈的人。中国自1840年以来，内忧外患不断。为维护国家的安全，争取国家、民族的独立，无数仁人志士血洒疆场。今天世界形势虽然有所缓和，但远不是到了化剑为犁的时候。我愿以此书警醒世人，漠视数千年历史教训的人是要跌跟头的，数千年的历史也绝不允许被人漠视。

我国古代谍报活动，源远流长，是中国几千年悠久历史的一个组成部分。历史除见诸化日光天下的一面之外，总还有另外一面。而只有一面的历史不能称为全面、深刻的历史。遗憾的是对中国历史的这一面，除清代朱逢甲的过于简略的《间书》外，很少见到中国人写得详尽、完整的著作。英国谍报史作家唐纳德·麦考米克（笔名理查德·迪肯）却有《中国谍报史》问世，实在令人汗颜。这也是我写作此书的又一动因。

国内外同类著作往往以"情报战"命名。我认为还是叫"间谍战"、"间谍史"为好。这不只是名词的变换，而且关系到研究范围的宽窄和历史上这方面活动的实际情况。实际上间谍绝不仅仅是进行"打听"、"刺探"一类的活动。

本书力求用通俗生动的文笔来写，以求引起一般人的兴趣。对涉及的史料，尽量以白话写出，但一些较为艰深的史料，则保持了原来面目或稍作通俗化。这样在文风、风格上可能不太一致，但我想毕竟是在写史，不能歪曲历史原貌。

拿破仑曾指出，军事史即军事理论。这一见解充满着直觉和灵感，十分深刻。同样，从某种意义上讲，间谍史即间谍理论。一部间谍史具有丰富的资料是很有意义的。因此，我对间谍战中的一些事例做了一番粗浅的分析。事例的选择主要是看其在情报搜集、反间谍、制造散布假情报、公开的情报活动、特别行动等方面是否具有代表性。有些事例（如边境间谍活动）虽然史书上记载甚少，但考虑到其表现了古代间谍战的一个方面所以也选入了。对事件发生的背景作了扼要的介绍，以利于读者了解当时间谍们活动的情况。事例部分基本上按年代排列，有些事例则按内在联系排列。每篇后有小结，这一小结并非面面俱到的总结，而是对当时间谍活动的某些特点予以概括。

本书起于夏，止于1840年，也即中国近代史开始的那一年。有些史实本来就众说纷纭，作者只凭自己的"史识"来取舍，难免有错误之处，尚望史学界多加指正。

为了使对历史了解不多的读者对事情发生的时间顺序有个明晰的印象，本书正文中只写公元年份，不写帝王年号。全书月份依古史所记农历月份，用汉字标出以示区别。有关引用、参考材料统列于后。史料所限，秦以前的帝王只写在位时间，秦以后帝王及其他重要历史人物则注明生卒年月，还望读者阅读时注意。有些不太重要的地名也不一一注出了。

本书是在参考了大量前人和今人研究成果的基础上写成的，在此对本书引用的当代著作、文章的作者表示谢意。

此书从我上大学时开始酝酿，几近十年。不少同志在我写作此书过程中，给予了无私的帮助，令我难忘。对中国经济出版社慨然出版此书，也在此表示深深的谢意！

赵 英
1990年3月10日

再版前言

2013年年底，我正式办理了退休手续，虽然还带博士、硕士，毕竟算是"自由人"了。退休之后，虽然事务依旧繁忙，但免去了许多"官差"，也不必考虑学术成果的数量，可以真正集中力量做自己觉得有意义、有趣味的事情了。写作新书前，检点旧作，我第一个想到的是《尔虞我诈》一书的再版。

新中国成立以来，当时这方面的著作基本处于空白状态。本书出版，得到了有关部门大力支持。至今记忆犹新的是，经当时国家安全部贾春旺部长批示，有关负责同志找到我，购买了千余册书，以示对该书出版的支持，也体现了有关领导和机构的远见卓识。宝贵的支持至今难忘。

该书出版后，在相关领域，引起了极大反响。最令我不能忘怀的是，驻守西南边陲的一位解放军军官两次给我写信，希望购买此书。遗憾的是5800册书很快销售一空，我只能回复他，再版时一定告诉他，谁知转眼20余年过去了！

我于1991年年初进入中国社会科学院工业经济研究所，从事研究工作。虽然一直从事国家安全战略、产业经济两个领域的研究，对历史研究也有所涉及，但再也没有回到中国古代间谍史的研究上来。光阴荏苒，20余年后我终于可以了却夙愿了。

当然，再版《尔虞我诈》一书的意义绝不仅仅是源于作者的个人情怀，更重要的是21世纪的中国国家安全战略态势，使这本书的再版，有其现实需要。20世纪90年代初的中国，在经济实力、战略力量、国际地位等方面，与今日之中国完全不可同日而语，因此面临的挑战也完全不同。2013年的中国，已成长为GDP排名世界第二、货物贸易世界第一、工业制成品世界第一、900多种产品产量世界第一、R&D投入世界第二的国家。与此同时，中国对外投资迅速增加，对海外资源、市场、技术、人才的需要急速扩大。中国更加开放，日益融入世界经济体系，在区域、全球范围内的国家利益也日益拓展。亚太地区经济欣欣向荣，安全形势却风雨如晦。中国的国家安全面临着空前挑战：美国视中国为可能挑战其霸主地位的国家，推行所谓"亚太再平衡"战略，正在策划所谓"亚洲北约"；日本某些政治家及右翼势力挑起钓鱼岛争端，对中国进行挑衅；在霸权国家支持下，某些东南亚小国也鼓噪不已，跳梁南海；中国海上运输大通道面临着巨大的风险；中印边境时有小的边界摩擦；我国边疆地区恐怖主义活动日益增加。在这种背景下，本书的再版，自然有其现实意义。

从冷战的经验看，在国际大战略博弈中处于相对弱势的一方，如果仅凭血气之勇与霸主进行军备竞赛，甚至在区域、全球与之展开全面的军事力量角逐，是不智的。以战略核威慑为支柱，以间谍机构为平台，开展多种谋略活动，却可以在一定程度上"少投入，多产出"，通过非对称战略，改善战略地位，获得一定战略主动权。苏联在经济实力与美国差距较大的情况下，仍能够与美国展开全球抗衡，除了核军备的对等地位外，克格勃的全球谋略活动，也是重要因素。

展望今后二三十年中国与美国的博弈，从国力全面比较看，中国可能还是处于相对弱势地位。因此，重视谋略活动，对于中国改善国家战略态势，持续改善民生的同时，以相对较少资源，维护国家安全，具有极为重要的作用。

本书注重于中国古代间谍战略的制定与实施，侧重于战略间谍活动的刻画，战略情报的搜集，或许对处于相对弱势的我国，具有一定借鉴意义。

2013年一个曾经服务于美国间谍机构的青年引起了世界的轰动，甚至在相当程度上撼动了国际政治的格局。美国国家安全局雇员斯诺登的出走，使信息时代霸权国家的间谍活动赤裸裸地暴露于天下。同时也提醒世人，间谍这一古老而传统的行业，已经发展到了何种程度。随着互联网时代的到来，间谍这一古老的行业也面临着挑战：首先是技术上的挑战，信息的获取方式出现了革命性变革；其次是情报处理的挑战，在海量数据奔涌而来的大数据时代，如何从数据处理、分析中获得可靠的信息，考验着相关机构，促使相关机构不得不改变情报获得和情报处理方式；再次是社会、经济、军事态势瞬息万变，情报获得与处理必须加速；复次是情报机构的组织方式与人员构成面临着挑战；最后是情报的利用与谋略的运用，在互联网时代具有了新的途径与方式，只有及时寻找、变换情报与谋略的运用新途径与新方式，才能使有关机构适应互联网的时代，才能使情报发挥最大的作用。

随着互联网时代的到来，某些心怀叵测的国家通过间谍手段对我国进行颠覆、破坏，从而施加影响；对公民社会及公民个人施加影响，进行监视的途径空前增加。从中国古代间谍史看，我们这个国家对内有着丰富的间谍活动经验，对外情报活动却乏善可陈。今天，日益开放的中国需要以更加开阔的眼光，认真观察、分析外部的世界。当今世界，如果说动辄存在阴谋，可能有些草木皆兵，但无视国家间博弈中存在着阴谋，存在着谋略手段的运用，则是过分的天真！认为仅凭"韬光养晦"就可以避免霸权国家的敌对行动，更是沉溺于幻觉！美国政府要员曾经公开承认插手乌克兰政变。从中东到东欧的一系列事件中，都有美国间谍机构的影子。中国香港某些人痴心妄想演出的"占中"闹剧，也有西方间谍机构的身影。

鉴古知今，四千年的历史或许会提醒人们正视当今冷酷的现实。

随着改革开放进程的深化，我国的企业家及企业也大步走向世界。遗憾的是，他们在发达国家往往被戴着有色眼镜的政府机构提防，受到不公正的待遇，甚至被监视与抵制，有些从事正常业务的员工甚至以间谍罪被逮捕。本书再版或许对他们也有所借鉴吧！

20余年后再看本书，真有些愧其少作之感！由于是再版（确切地说是修订版），作者只是根据新发现的史料，修改、补充了某些章节，第一版中囿于篇幅而不得不割舍的某些部分，也予以补入，对一版中的某些错误进行了订正，对某些文字进行了技术处理，对某些间谍活动增加了少许与时俱进的评论，个别章节题目作了技术性修改。其余仍然照旧。书中不足之处，恳请读者批评、指正。

由于本书写作于20世纪80年代，因此在出版规范、学术规范上与今天有很大不同。20世纪80年代还未见过电脑和互联网，很多资料、参考书只能借阅。本书在参考引用资料的备注方面，当时已非常认真，主要参考正史、典籍，旁及某些野史、笔记，力求无一字无出处。但当时的出版规范和学术规范与今天的要求相比不尽相同，由于某些书已经找不到了，本书又没有电子版，因此在再版时尽量按照现在要求详细注释，做不到的只好遗憾了！也许再版书在这方面多少会有相同的问题吧。

中国社会科学出版社对此书再版毅然给予支持,令我感动。我的老同事、老朋友,中国社会科学出版社的卢小生主任对此书出版给予了大力支持。侯苗苗编辑不仅对再版此书给予了大力支持,还提出了很好的意见,做了许多认真、细致的编辑工作。在此一并深表感谢!

赵 英

2014 年 2 月 18 日夜

京东听雨斋

总目录

（上卷）

第一篇　夏、商、西周的间谍活动 …………………………（3）
第二篇　春秋、战国的间谍活动 ……………………………（19）
第三篇　秦、两汉、三国的间谍活动 ………………………（129）
第四篇　两晋、南北朝的间谍活动 …………………………（241）
第五篇　隋、唐、五代的间谍活动 …………………………（315）

（下卷）

第六篇　宋、辽、金、元的间谍活动 ………………………（433）
第七篇　明、清的间谍活动 …………………………………（519）
第八篇　中国古代的间谍技术与组织 ………………………（623）
第九篇　中国古代间谍思想简析 ……………………………（669）

目　　录
（上卷）

第一篇　夏、商、西周的间谍活动

第一章　最初的间谍活动 …………………………………… (5)
　第一节　捕风捉影 ………………………………………… (5)
　第二节　"少康中兴"的间谍活动 ……………………… (6)
　第三节　政治家间谍的登场 ……………………………… (7)
第二章　商代的间谍活动 …………………………………… (9)
　第一节　最早的美人计 …………………………………… (9)
　第二节　众叛亲离 ………………………………………… (11)
第三章　西周的间谍活动 …………………………………… (13)
　第一节　可怕的流言 ……………………………………… (13)
　第二节　昭王南征不返 …………………………………… (14)
　第三节　防民之口 ………………………………………… (14)
　第四节　《诗经》中透露的消息 ………………………… (15)

第二篇　春秋、战国的间谍活动

第一章　春秋的间谍活动 …………………………………… (21)
　第一节　老谋深算的郑庄公 ……………………………… (21)
　第二节　季梁的卓见 ……………………………………… (23)

第三节 有备无患 …………………………………………（25）
   第四节 军营帐篷上的乌鸦 ………………………………（26）
   第五节 秘密是怎样泄露的 ………………………………（27）
   第六节 垂棘之璧 …………………………………………（28）
   第七节 伪造的盟书 ………………………………………（29）
   第八节 信不可失 …………………………………………（29）
   第九节 如簧之舌 …………………………………………（30）
   第十节 烛之武的胆识 ……………………………………（31）
   第十一节 牛贩子的功绩 …………………………………（33）
   第十二节 劫持霸主 ………………………………………（35）
   第十三节 曹人诈降 ………………………………………（36）
   第十四节 邻有圣人 敌国之忧 …………………………（37）
   第十五节 楚军营寨中的不速之客 ………………………（39）
   第十六节 季札的使命 ……………………………………（40）
   第十七节 阴谋败露 ………………………………………（42）
   第十八节 专诸之剑 ………………………………………（44）
   第十九节 功败垂成 ………………………………………（45）
   第二十节 卧薪尝胆 ………………………………………（48）
   第二十一节 圣人的遭遇 …………………………………（51）

第二章 战国的间谍活动 ………………………………………（57）
   第一节 机警的南文子 ……………………………………（57）
   第二节 三家分晋 …………………………………………（58）
   第三节 "东周"与"西周" ………………………………（61）
   第四节 左右逢源 …………………………………………（63）
   第五节 往日的友情 ………………………………………（64）
   第六节 减灶惑敌 …………………………………………（67）
   第七节 神秘的算卦人 ……………………………………（69）
   第八节 张仪的间谍活动 …………………………………（71）
   第九节 蛇足 ………………………………………………（77）
   第十节 陈轸避祸 …………………………………………（78）
   第十一节 又一位说客 ……………………………………（80）

第十二节　圈套 ……………………………………………… (81)
第十三节　苏秦的间谍活动 ………………………………… (82)
第十四节　火牛之阵 ………………………………………… (89)
第十五节　人质之功 ………………………………………… (92)
第十六节　水之深浅 ………………………………………… (93)
第十七节　胆识过人的君主 ………………………………… (94)
第十八节　诱捕 ……………………………………………… (96)
第十九节　鸡鸣狗盗 ………………………………………… (97)
第二十节　善待敌间 ………………………………………… (99)
第二十一节　长平之役 …………………………………… (102)
第二十二节　离间游士 …………………………………… (105)
第二十三节　窃符救赵 …………………………………… (106)
第二十四节　蹩脚的间谍 ………………………………… (111)
第二十五节　成功的水利家与不成功的间谍 …………… (112)
第二十六节　吞并诸侯的间谍战略 ……………………… (114)
第二十七节　背后的冷箭 ………………………………… (117)
第二十八节　风萧萧兮易水寒 …………………………… (119)
第二十九节　间谍包围中的君主 ………………………… (123)

第三篇　秦、两汉、三国的间谍活动

第一章　秦汉之际的间谍活动 ………………………………… (132)
　第一节　椎秦博浪 ………………………………………… (132)
　第二节　先入关中 ………………………………………… (134)
　第三节　收天下图籍 ……………………………………… (137)
　第四节　鸿门宴上 ………………………………………… (139)
　第五节　嫁祸于人 ………………………………………… (142)
　第六节　背水一战 ………………………………………… (144)
　第七节　出其不意 ………………………………………… (146)
　第八节　巧言如簧 ………………………………………… (148)
　第九节　陈平的谍报战略 ………………………………… (150)

第二章　西汉的间谍活动 (154)
- 第一节　伪游云梦 (154)
- 第二节　白登之围 (157)
- 第三节　地者国之本也 (160)
- 第四节　兵马未到黄金先行 (161)
- 第五节　错派使节 (165)
- 第六节　马邑之伏 (167)
- 第七节　淮南王的阴谋 (169)
- 第八节　大漠旌旗 (174)
- 第九节　天马西来 (177)
- 第十节　不斩楼兰誓不还 (180)
- 第十一节　以静制动 (182)

第三章　东汉的间谍活动 (185)
- 第一节　昆阳之战 (185)
- 第二节　借刀杀人 (188)
- 第三节　诱敌出战 (190)
- 第四节　连丧两将 (191)
- 第五节　边境侦骑 (193)
- 第六节　神箭立威 (196)
- 第七节　威震西域 (198)
- 第八节　增灶之计 (203)
- 第九节　官中的黄巾 (205)

第四章　三国的间谍活动 (208)
- 第一节　举火为号 (208)
- 第二节　成功的反劫持 (209)
- 第三节　官渡之战 (210)
- 第四节　火烧赤壁 (212)
- 第五节　书信吓敌 (215)
- 第六节　涂抹的书信 (216)
- 第七节　巧夺荆州 (217)
- 第八节　诈降战 (222)

第九节　伪造降书 …………………………………… (225)
第十节　壁垒森严 …………………………………… (227)
第十一节　使者被擒之后 …………………………… (228)
第十二节　诸葛亮的失误 …………………………… (230)
第十三节　司马懿的智慧 …………………………… (232)
第十四节　大将军之死 ……………………………… (234)
第十五节　边境上的老办法 ………………………… (235)
第十六节　"二士争功" ……………………………… (237)

第四篇　两晋、南北朝的间谍活动

第一章　两晋的间谍活动 …………………………… (243)
第一节　木片与铁索 ………………………………… (243)
第二节　送还俘虏 …………………………………… (245)
第三节　拓跋沙漠汗的悲剧 ………………………… (246)
第四节　太子的下场 ………………………………… (247)
第五节　骄兵必败 …………………………………… (250)
第六节　义军的财宝 ………………………………… (253)
第七节　夺回梓潼 …………………………………… (254)
第八节　截击使者 …………………………………… (255)
第九节　立大事者必先为之卑 ……………………… (257)
第十节　怀柔政策 …………………………………… (260)
第十一节　狡诈的郭默 ……………………………… (263)
第十二节　智取北地 ………………………………… (263)
第十三节　离间三部 ………………………………… (264)
第十四节　湖中多鱼 ………………………………… (266)
第十五节　孺子之智 ………………………………… (268)
第十六节　吓破敌胆 ………………………………… (270)
第十七节　种麦惑敌 ………………………………… (271)
第十八节　拉拢使臣 ………………………………… (273)
第十九节　淝水之战 ………………………………… (277)

第二十节　受降如待敌 …………………………………………（280）
第二章　南北朝的间谍活动 ……………………………………………（283）
　　第一节　刺客的下场 ……………………………………………（283）
　　第二节　智骗敌将 ………………………………………………（286）
　　第三节　谍报与学识 ……………………………………………（287）
　　第四节　逼出的假情报 …………………………………………（289）
　　第五节　识破诈降 ………………………………………………（290）
　　第六节　君臣斗法 ………………………………………………（292）
　　第七节　天风示警 ………………………………………………（296）
　　第八节　空信离间 ………………………………………………（297）
　　第九节　水灌魏军 ………………………………………………（299）
　　第十节　遍地烽火 ………………………………………………（300）
　　第十一节　巧入敌营 ……………………………………………（302）
　　第十二节　用人不疑 ……………………………………………（304）
　　第十三节　筹粮妙策 ……………………………………………（305）
　　第十四节　百升飞上天 …………………………………………（306）
　　第十五节　离间突厥 ……………………………………………（308）
　　第十六节　统一前的最后一战 …………………………………（309）

第五篇　隋、唐、五代的间谍活动

第一章　隋代的间谍活动 ………………………………………………（317）
　　第一节　智擒杨钦 ………………………………………………（317）
　　第二节　兄弟之争 ………………………………………………（320）
　　第三节　询问胡商 ………………………………………………（321）
　　第四节　丧师高丽 ………………………………………………（323）
　　第五节　可贺敦预知军谋 ………………………………………（326）
　　第六节　深宫秘事 ………………………………………………（328）
第二章　唐代的间谍活动 ………………………………………………（330）
　　第一节　马上天子 ………………………………………………（330）
　　第二节　巧计袭敌 ………………………………………………（334）

第三节 婴儿夜啼 …………………………………………（335）
第四节 香火之情 …………………………………………（335）
第五节 唐俭辈何足惜 ……………………………………（337）
第六节 高丽谍影 …………………………………………（340）
第七节 不知守鸭绿之险 …………………………………（341）
第八节 狩猎聚兵 …………………………………………（344）
第九节 高价购马 …………………………………………（347）
第十节 自欺欺人 …………………………………………（350）
第十一节 狡诈的安禄山 …………………………………（351）
第十二节 床下有耳 ………………………………………（355）
第十三节 老百姓散布的假情报 …………………………（359）
第十四节 愿得图像观之 …………………………………（361）
第十五节 伪造的书信 ……………………………………（366）
第十六节 书信退敌 ………………………………………（368）
第十七节 宰相之死 ………………………………………（370）
第十八节 智擒吴元济 ……………………………………（378）
第十九节 巧调两镇雄兵 …………………………………（382）
第二十节 前后两节度 ……………………………………（384）
第二十一节 笨拙的侦察 …………………………………（387）
第二十二节 倒霉的"商人" ………………………………（390）
第二十三节 贩油者和卖面人 ……………………………（392）
第二十四节 貌如沙陀者 …………………………………（394）

第三章 五代十国的间谍活动 ………………………………（396）
第一节 皇帝末路 …………………………………………（396）
第二节 奇袭魏博 …………………………………………（397）
第三节 挑夫与厨子 ………………………………………（399）
第四节 斩谍慑敌 …………………………………………（401）
第五节 智擒赵霸 …………………………………………（402）
第六节 悠悠乡情 …………………………………………（404）
第七节 诸侯窥唐 …………………………………………（407）
第八节 谣言引起的战争 …………………………………（411）

第九节 "儿皇帝"的气度 …………………………………（413）
第十节 神秘的和尚 ………………………………………（416）
第十一节 酒的妙用 ………………………………………（418）
第十二节 间谍——"信使" ………………………………（420）
第十三节 郭威之明 ………………………………………（422）
第十四节 不屈的使节 ……………………………………（423）
第十五节 命丧江南 ………………………………………（424）
第十六节 黄袍加身 ………………………………………（426）

上 卷

第一篇

夏、商、西周的间谍活动

中国历史上妇孺皆知的人物——大禹，建立了中国历史上第一个朝代夏（约公元前2033—前1562年）。夏是中国历史上第一个世袭王朝，也是第一个奴隶制王朝。随着奴隶制王朝的建立，王朝内部各阶级间的斗争、统治者之间争夺权力斗争的激烈进行，中国古代间谍活动也应运而生。

夏的最后一代君主夏桀是个"残贼海内，赋敛无度"，使"万民甚苦"、"百姓弗堪"的暴君。商族的汤，在大臣伊尹的辅佐下励精图治，先后消灭了夏的附属国葛、韦、顾、昆吾等，最后终于推翻了夏朝，建立了商朝（约公元前1562—前1066年）。

商朝的最后一位君主纣是一位可与夏桀相提并论的暴君。崛起于今陕西岐山一带的周族，在其首领周文王、周武王的领导下，日趋强大。终于在周武王的领导下会合诸侯，推翻了商朝的统治，建立了周朝。周武王定都镐京（今陕西长安西北）。从这之后，直到周平王东迁洛邑，周朝的这一段历史称为西周（约公元前1066—前771年）。西周仍是奴隶制社会。

在漫长的奴隶制社会中，中国古代早期的间谍一直未停止他们的活动。这种活动随着阶级斗争、统治集团间、统治者间个人的斗争，日趋复杂起来。但是严格地说，这一历史阶段内的间谍活动仍处于自发的初级阶段。尽管如此，他们的活动仍然反映了中国古代间谍活动的一些独特之处。

第一章 最初的间谍活动

第一节 捕风捉影

中国最早的间谍活动起于何时何处？

见于史书记载最早的间谍活动发生于夏，即我国历史上第一个朝代。夏朝存在于公元前21世纪到公元前16世纪。夏朝财产私有制侵蚀、瓦解了原始公社制度，实行帝位世袭制，形成了我国历史上第一个奴隶制国家。阶级斗争以及统治阶级内部的政治、军事斗争，必然导致间谍活动的出现。统治者出于统治国家的需要，也必然求助于间谍活动。

但在此之前，中国历史还记载了传说中的三皇五帝。最近考古发掘表明，在山西陶寺，五千年前曾存在一个具有国家雏形的原始文明社会。这一重大发现使中华民族的文明史又提前了几千年。中国史书中还记载着一些部族间的战争，举其要者有：神农伐斧燧之战；炎帝、黄帝联盟与蚩尤涿鹿之战；黄帝、炎帝阪泉之战；尧攻驩兜丹水之战；舜、禹对三苗之战。尽管今天考古发掘尚未找到确切的证据，但部族间的战争早于阶级、国家产生后的战争大概是没什么问题的。那么在最初的战争中有没有间谍的影子呢？实在是一个有趣的问题。

在一部名为《十大经》的战国时期的著作中，记载了不少黄帝的神话。黄帝为了治理国家，给自己造了一个木俑（或陶俑），木俑有四张脸，朝向四个方向，归于一心。木俑可以向四个方向十二个方位转动，周围情况尽入眼中。黄帝据此了解、观察国家的情况，因此能有效地治理国家。他还令大臣力牧秘密出行，周游四方，考察社会治理的情况。古书《尸子》中也记载了"黄帝四面"的说法。古人对上古的传闻比我们今天了解得多，了解得真切。这些传说，至少反映了上古时代，为了治理或战争等活动的需要，已有了谍报活动的萌芽。对情况的了解与专门的谍报活动在开始时总是混在一起的。但由于无实据可考，故只能在此提一下。古人记载的已是传说，我们则更属捕风捉影。

最早的间谍活动实在难以考证了。但我愿留下这个问题作为本书的开头，这也是一种开放式结构吧。谁知将来的考古发掘，史学的进展会提供一些什么呢？问题是继续前进的起点。

我们还是回到最早见于史籍的间谍活动上去吧！

第二节 "少康中兴"的间谍活动

夏的第三代君主太康（约公元前 1978—约前 1950 年在位）昏庸无道，沉溺于荒淫玩乐，不理政务。他在洛水北岸打猎，数月不归。东夷族的酋长后羿利用夏民不满，"因夏民以代夏政"，拒太康于河，使其不得归。太康死后，后羿立其弟仲康，大权操于后羿之手。后羿代夏后，自恃勇武善射，不修民事，沉溺于狩猎，又走上了太康的老路。

仲康死后，子相立（约公元前 1936—前 1909 年在位）。相为后羿所逐，迁到帝丘，依靠同姓部落斟灌氏。

后羿的亲信寒浞，一面骗取他的信任，一面收买人心，终于唆使后羿家奴杀死了他，自立为帝。后羿的妻室也为寒浞所夺，生下了寒浞的孩子浇与豷。为了巩固自己的统治，寒浞封浇于过，封豷于戈。

寒浞派其子浇灭斟灌氏，相逃至斟鄩氏，仍受到浇的追杀。相被杀，但其妻后缗有孕，从墙洞逃出，回到娘家有仍氏，生下了少康（约公元前 1868—前 1848 年在位）。

少康长大后，为有仍氏管理畜牧，仍受到寒浞追逐。他又逃至有虞氏当厨官。有虞氏首领虞思为了让他继夏之余绪，把两个女儿嫁给了他，并给他田方十里，奴隶五百名。少康广布恩惠，收揽夏之遗民、遗臣。相受到追杀时，夏臣靡逃到有鬲氏（今山东德州东南）。靡在有鬲氏收集斟灌、斟鄩两部余众，协助少康复国。

少康施展他的谋略，派大臣女艾到浇那里当间谍，派儿子季杼去引诱豷。少康在同姓部落的帮助下，终于攻灭寒浞，浇和豷也在各自的封地被杀。夏朝恢复了，史称"少康中兴"。至于女艾和季杼的具体间谍活动，史书语焉不详。

第三节　政治家间谍的登场

夏的中兴伴随着间谍活动，夏的灭亡也伴随着间谍活动。这一次登场的是夏末商初的大政治家伊尹。伊尹名伊，尹是官名（一说名挚），是汤（商的第一个君主，约公元前1562—前1551年在位）的妻子有莘氏女的陪嫁奴隶。他向汤显示了他的才干和见识，被汤用为右相，委以国政。伊尹后来助汤灭夏，并辅佐了汤以后的三代君主。

商的始祖是契。契相传是帝喾之子，其母简狄吞玄鸟（燕子）卵而生契。契因佐禹治水有功，被舜任为司徒，封于商（今河南商丘南）。其部族以此命名。传至汤时，商族已经八次迁移到了亳（今山东曹县东南）。

此时夏桀（约公元前1614—前1562年在位）昏庸无道，是历史上有名的暴君。他穷奢极欲，做肉山、脯林、酒池。酒池中可以划船。百姓苦不堪言，指着太阳骂他："你何时灭亡，我们宁愿与你同归于尽！"

桀宠爱有施氏所献美女妹喜，荒淫无度。他纠集诸侯攻伐有缗氏，使夏的国力大为受损。诸侯纷纷叛离。大臣关龙逄多次苦谏，反被他杀了。

伊尹到商后，劝汤伐夏救民，这之后的活动就值得分析了。一说是汤使伊尹五次到夏去活动，并"告以尧舜之道"。这是公开以使节身份去的。另一说是汤恐怕桀不相信伊尹，就装出大怒的样子，亲射伊尹，伊尹"逃奔"夏。很有些"苦肉计"的味道。

两说有一个共同点，就是伊尹是肩负着深入了解夏朝廷虚实的使命去的。果然这位大政治家对夏进行了深入观察。他看到桀与群臣醉生梦死，就回去对汤说："天命将至，夏将很快灭亡！"汤言不由衷地说："您又说昏话了。天上有太阳，就像我有百姓。太阳能消失吗？太阳消失了，我也完了。"伊尹又向汤报告："桀沉溺于与妹喜荒淫，不爱惜百姓，上下离心，民心积怨，都说：'天再也不保佑夏的命运了。'"汤派他再度出使夏。伊尹听到妹喜说："天子梦两日相斗，东方之日不胜。"这在迷信星相、占卜的古代是很重要的政治情报，伊尹又向汤报告了。

桀曾一度召汤，囚之夏台，后来又放了他。汤回去后，在伊尹帮助下，率诸侯伐桀。由于汤君臣的活动，夏未进行战争准备。鸣条（今河南封丘东）一战，夏军溃败。桀逃至南巢（今安徽巢县），死在那里。

对伊尹之为间，后世议论颇多。有人认为伊尹、吕尚这种和圣人差不多的人，不可能为间。也有人认为伊尹"有负鼎之嫌"。因为有伊尹曾为夏臣的说法，这样伊尹就成了"内奸"。还有人认为这些伟人拯斯民于水火，即便为间，也无可非议。《孙子兵法》中则明确指出："明君贤将，能使上智为间者必成大功。"他举的即是伊尹、吕尚的例子。

早期间谍活动尚未发展到"为间谍而间谍"的自觉程度，没有专门从事间谍活动的人。因而早期间谍活动中经常出现一些位置显要的政治家就不足为奇了。只有伊尹这类政治家才有资格和能力进行战略观察，从事战略间谍活动，获取战略情报。

孙子之所以提倡"上智为间"，是因为大学者、大政治家、大战略家对于对手的直接的战略观察，在社会、经济形态不太复杂的古代，比较易于得出非一般人所能够认识到的宝贵战略判断。即便在现代世界，以上智为间，对于敌手进行直接的抵近观察，也是非常重要的。例如，韩国《朝鲜日报》报道，据华盛顿外交消息人士指出，克林顿访问朝鲜时，他的主治医生、宾夕法尼亚医科大学教授罗泽·邦德陪同其一起前往。据说，需要金正日健康情报的美国当局要求邦德就金正日的牙齿、颜色、头发、头皮、发音、手脚动作、体重等进行仔细观察。

克林顿每次与金正日见面，邦德都陪同出席，他共进行了3个多小时的观察。白宫以此为依据，判定金正日的健康状况非常好。

如何发挥"上智"的作用，直接进行战略观察，在今天仍然是一个需要予以高度重视和精心策划的搜集情报的路径。

第二章 商代的间谍活动

第一节 最早的美人计

商朝延续了四百多年,到了末期,奴隶主统治阶级日趋腐化,商朝日趋衰败。帝辛即纣(约公元前1099—约前1066年在位)执政时,腐化暴虐到了极点,以致历史上"桀纣"并称,成为暴君的代名词。

纣,能言善辩,才力过人,而且勇武善战,能赤手与猛兽搏斗。正因为如此,史书上说他"知足以拒谏,言足以饰非",这些长处反而成了他加速走向灭亡的因素。他穷天下之力,造了高大豪华的"鹿台"。命天下给他收集奇珍异宝、狗马,以充宫室。他与桀一样,也以酒为池,悬肉为林。他还独出心裁地命男女裸体,追逐林中,供他取乐。他宠信美女妲己,以妲己之爱憎为自己的爱憎。凡是妲己恨的人,他必杀之。他天天沉溺于"北鄙之音"、"北里之舞"中。有些大臣对他进行忠谏,他却以残酷的炮烙之刑来对付。

这时商的附属国——周渐渐强大起来。周的始祖相传是后稷。神话传说有邰氏之女姜嫄踏巨人足迹怀孕生后稷。后稷长大后因善于种植各种粮食作物,曾为尧、舜的农官。姓姬氏。其后传至后稷的第十二代古公亶父(即周太王)时,受戎、狄族的侵犯,由豳(今陕西省彬县东北)迁到周(今陕西岐山北)建筑城郭,开垦荒地,发展农业,逐渐强大起来。到了周王季历,他消灭了周围几个小国,成为商西方的一个强盛附属国。商王不得不承认季历当西方的霸主,号"西伯"。商王文丁感到周的威胁,终于杀死了季历。历史上著名的周文王姬昌当了周国君主。周文王(此时仍为"西伯")礼贤下士,励精图治。纣觉得这个敌人很危险,囚之于羑里。这时吕尚(也即传说中变得半人半仙的姜太公)登场了。

周西伯被囚后，西伯的大臣散宜生、闳夭，知道有个隐居的高人吕尚很有本领，就把他请了出来。关于这一点，还有另外一个说法，吕尚曾在朝歌宰牛，在孟津卖酒为生。年已七十，穷困潦倒。一日西伯出猎，遇吕尚于渭水之滨，经过交谈，认为是不可多得的人才，于是让吕尚和他一起坐车回去，并立为师。第三种说法：吕尚曾为纣王的臣子，博学多识，见纣王无道，离开了纣，遍游诸侯进行游说，最后无人能用他，投奔了西伯。

这三种说法有一致之处：吕尚是个有本领，有很多阅历，并对商朝情况深有了解的人。特别是第三种说法，恐怕也即吕尚曾进行间谍活动的说法的来源。除去第三种说法不算，以吕尚这么一个有学问，有阅历的人也不可能对商的情况没有深入的了解。另外附带说说，这三种说法一起出现于《史记·齐太公世家》。《史记》乃司马迁广采当时的各种文献，并亲自到各地去采访而写成的。有可能这三种说法，取自不同的史料与传闻，即讲的是吕尚归周前不同时期的经历。如他可能仕商于前，后来弃商不仕，以宰牛、卖酒为生，可能还操过其他行当。总之，一边谋生，一边遍游诸侯。这时他的名声也传开了，于是被西伯所网罗。这是题外话了，还是回到美人计上来吧。

散宜生、闳夭等盛情邀请吕尚出山，吕尚说："我听说西伯是个贤明的君主，又尊老敬贤，就跟你们去吧。"于是他们几个人一起寻求美女、奇兽、珍宝，通过纣的亲信费中，献给了纣王。纣王见了，大为高兴，说："西伯如此忠于我，太难得了。这些东西，只要献上一件就可以释放他了，何况如此之多！"于是西伯得以归国。

这次美人计的成功，一方面是由于纣王的昏庸，另一方面也由于西伯被囚时善于韬晦。纣王杀了他的长子伯邑考，做成羹赐给他吃。他得到后，就吃了下去。纣王说："谁说姬昌（西伯）是圣人。圣人不吃自己的孩子，姬昌吃自己的孩子还不知道！"由此就放松了对西伯的戒心。

西伯归国后，军国大计都听吕尚的谋划，攻灭了许多小国。到了西伯晚年（此时已自称文王），已三分天下有其二，商朝的灭亡为期不远了。与夏朝灭亡之前一样，间谍活动开始随之而生，这些间谍活动的主角仍是属于政治家一类的人物。

在中国古代间谍活动中"美人计"屡见不鲜。间谍活动一般来说要充分利用人性的弱点，而人性的弱点一般体现在"钱"和"性"两方面。

中国古代的封建独裁制度，又使针对君主的"美人计"更加有效。因为君主集大权于一身，一旦君主沉溺于美色，对于国政的打击，往往是极为沉重的。

第二节 众叛亲离

在周灭商的过程中，除了吕尚这种和伊尹差不多，深知对方国情，君主性格特点的人之外，还有不少原来在商担任大官的显要也投奔了周。

中国历史上任何一个王朝灭亡之际，其大臣均面临着新的选择。或为本王朝尽忠而死；或投奔敌方；或乘机取本王朝而代之；或乘机割据于一时；或怀着对本朝之忠隐于山林，成为遗民。随着具体历史环境的不同，大臣们的行动有所不同，对大臣们这些行为的历史评价也有所不同。但至少商亡之际，弃纣而奔周的大臣们，还不失为明智之士，内心也不会有太激烈的斗争和自责。

姬昌"三分天下有其二"，并迁国都于丰邑（今陕西长安沣河西岸），称王九年后死去。太子姬发即位，称为武王。武王即位后，亲自率兵渡河到了孟津（今河南孟津东北、孟县西南，当时黄河的重要渡口）。八百诸侯愿意随他伐纣，也来到了孟津渡口与他会合。诸侯都说可以伐纣了。武王却说："未可。"率师而还。这实际是一次军事、政治上的演习。通过这次演习，武王看到了自己的实力及诸侯对自己的支持。但他还在等待时机。

纣王此时更加昏暗暴虐。大臣箕子对他苦谏，纣王不听。箕子装疯为奴，又被纣王抓了起来。纣王的叔叔比干苦谏三日不去，纣王竟然把比干的心挖了出来。

这种情况下，大臣微子带着商朝祭器投奔了武王。内史向挚，携带保管的商朝图法，也逃到了周。在古代，一国的典籍、祭器是十分重要的，甚至成为国家的象征。商朝大臣带着这些东西来归，武王认为时机到了。他遍告诸侯历数纣的罪恶与昏暗，"殷有重罪，不可不伐"。可想而知，商朝大臣的来归，使武王对商朝的底细一清二楚，应当掌握的情报都有了。

大约在公元前1066年①，姬发亲率战车三百乘，勇士三千人，甲士四万五千人大举伐纣。大军出师时前歌后舞，士气旺盛，在大风雨中由孟津渡河，与各诸侯国派来的军队会合。各诸侯国派的兵车就达四千乘。联军与商军战于牧野（今河南汲县北）。此时商军主力外出征伐东南，临时凑起的十七万军队一触即溃，奴隶们阵前倒戈。纣逃入鹿台，自焚而死。历史掀开了新的一页。

---

① 武王克商时间众说纷纭，许多学者认为在公元前1066年。赵光贤、侯仁之教授认为在公元前1045年。

第三章　西周的间谍活动

第一节　可怕的流言

周公旦，周武王之弟，名旦，因封邑在周，称为周公。他曾和吕尚一起协助武王灭商。灭商后，武王封周公于曲阜，称为鲁公，但留在武王身边辅佐武王。

武王灭商后，为安抚商的遗民，封纣的儿子武庚于殷，以治商民。同时封弟弟叔鲜于管；封弟弟叔度于蔡；封弟弟叔处于霍。史称"三监"，监视武庚。

武王死后，周成王年少，天下尚未完全安定下来。周公乃代行国政。这时叔鲜、叔度、叔处等开始在周到处散布流言说："周公将不利于幼主。"商朝旧日的属国奄、薄姑的君主也鼓动武庚说："这是不可多得的机会。"同时谣言引起了成王及召公奭等重臣的怀疑。

叔鲜、叔度、叔处、武庚等联合奄、薄姑等国及徐夷、淮夷公然举兵反周。在这种情况下，周公对内剖白心迹，解除了成王、召公奭等的怀疑，对外毅然出兵平叛。杀武庚、叔鲜，放逐了叔度，降叔处为庶人。灭掉了奄、薄姑，分殷的遗民为二国以治之。周公的这些措施有力地稳定了西周政权，使西周初年保持了安定的政治局面。

三监叛乱，留给历史的只是以流言来扰乱、离间敌手的记录。在中国古代谍报史上，这又是见于史册的第一次。

通过散布流言、造谣诽谤，影响敌手，离间敌手，是间谍战中最常见的伎俩。不同的流言、谣言，通过各种不同的政治、经济体制而发挥作用。在全球经济一体化日益紧密，互联网使每个人的意见、消息瞬间传遍世界的今天，流言、谣言对于社会、政治、经济的影响力空前增强。一个关于石油生产国发生政变的消息，可以使原油价格瞬时涨上天；一个某种食品有问题的谣言可以使一个企业一蹶不振。原始的间谍战手段，已经由于现代技术手段和社会基础设施的进步，迅速提高了杀伤力。

第二节　昭王南征不返

周昭王，名瑕，周康王之子。周昭王在位时，江汉流域是荆蛮族的地盘。在大约公元前 985 年，周昭王亲自南征荆蛮凯旋。大约公元前 977 年时，他又一次率六师，南征荆楚。在渡汉水前，汉水岸边的人以胶粘船献给昭王。昭王及其大臣坐胶粘船渡汉水，船至中流解体，昭王及祭公等溺水而死。周朝军队损失惨重。周人不好公开讲这件丢脸的事，只好说："昭王南征不归。"此事后来到春秋时，还成为某些诸侯国伐楚的借口。

汉水岸边的人，无疑是荆蛮的百姓。至于他们如何想出这个好办法，是不是荆蛮首领有计划的行动，不得而知。但是周昭王在渡河之际，对乘坐的船丧失警惕，深入敌国而不处处提防，是他惨败丧命的重要原因。只要他对船稍加注意，总不会导致六师覆没的结局！

针对具有战略意义的关键细节进行破坏，是间谍活动的重要方面。

第三节　防民之口

周厉王名胡（约公元前 857—前 842 年在位），又是一个暴虐无道的君主。他宣布山河湖泊的所有物产都归国王所有，禁止民众进行渔猎采伐，使这些物产成了他个人的致富专利。于是民众不满，大臣也有不同意见。他信任大夫荣夷公，让其推行这项政策。大夫芮良夫谏道："利是由百物中生长出来，天地所载。如果作为你们专有，害处很多。一个普通人把持某一项利益，会被称为盗贼。如果国君推行这种办法，其收获是不大的。继续用荣夷公，周朝必然衰败。"作为一项经济政策，不仅得罪了民众，在井田制已有崩溃之象时，也必然与士大夫争利。因而周厉王处于一种孤家寡人的地位了。这时诸侯也不来朝了，反映了周朝国力衰败，或许诸侯也知道了周厉王的处境。

国人对周厉王所作所为议论纷纷。召公告诉周厉王："民不堪命了。"已经很危险了。但周厉王并不改弦易辙，反而找了一个卫国的巫师，监视敢于议论他的人。致使国人不敢相互在道路上讲话，只能以目示意。可见卫巫一定不光在屋子里进行占卜，还布置了一个有很多密探散布于民间各处的监视网。有敢议论者，一旦由卫巫告发，就会杀头。这样居然收效于一时。周厉王高兴了，愚蠢地对召公说："我能消灭诽谤了。"召公说："这是你自己看不清楚罢了。堵民众之口，比堵住大河还难。堵大河一旦决堤而出，河水伤人必多。所以对河水要开掘渠道，进行疏导，管理民众要使他们敢于说话。今天你这么做，我为国家担心呵。"周厉王不听。

公元前842年，国人暴动，袭击周厉王。周厉王逃到彘（今山西霍县）。周由召公、周公共同管理国政，年号"共和"。公元前828年，周厉王死于彘。以间谍手段监视民众的一次尝试，以失败告终。

第四节 《诗经》中透露的消息

我国第一部诗歌总集《诗经》，共收诗歌305篇。在先秦时，统称为"诗"或"诗三百篇"。直到汉代以后，这部诗歌总集被尊为儒家经典之一，才称为《诗经》，被抬到了"经"的高度。

史称孔子从三千余首古诗中，经过挑选，编成了这部有305篇的诗歌总集。郭沫若认为，"古人说：'孔子删《诗》'，我看不单纯是孔子一人，那是经过先秦儒家不少次的删改和琢磨的"。他认为，从《诗》的时代看，从周初至春秋末年有五六百年之久；从地域来看，从黄河流域至长江流域，包含着二十来个诸侯国；从作者来讲，《国风》取自民间，《雅》《颂》取自朝廷贵族，但诗的体裁大体一致，用韵也是一致的。郭沫若的这一论述是很有见地的。

《诗经》包括"风"、"雅"、"颂"三部分。"风"是15个诸侯国的民间歌谣。"雅"分为大雅、小雅，共105篇，是周代贵族作的乐章。"颂"是宗庙祭祀时用的乐章。由于《诗经》是我们祖先留下的第一部诗集，因而其中包含了丰富的历史资料。性急的读者或许要问，这与本书主题有什么关系呢？请看"风"这一部分。

"风"这一部分采自15个诸侯国的民间歌谣，其中有对统治者的不满；有对一些政治、军事事件抒发的情怀；有人民对自己处境的悲哀。这部分是《诗经》中最生动、最有生气的部分。但是在文字、典籍完全为贵族垄断的时代，这些诗歌又是如何流传下来的呢？孔子等儒学大师出于自己的政治、学术等观点，挑选出了这些诗，那么一定还有大量散逸的民间歌谣。这些歌谣最早是由谁收集的呢？是西周的统治者。

西周仍然是奴隶制国家。周初统治者"封诸侯，建同姓"，分封了不少周王室的贵族和周朝的大臣到各地，建立了附属于周朝的诸侯国。这些诸侯国内有严格的等级制，诸侯在国内是大宗，诸侯的余子分封到各采邑为卿大夫，是小宗。卿大夫又养着许多"士"。周王朝和诸侯国实行长子继承制即传嫡制。各诸侯国又以周王室为共同宗主，定期朝见、纳贡。形成了一套等级森严的奴隶制国家政治制度。西周王室对诸侯国如何控制、考察，了解情况呢？

《汉书·艺文志》载："古有采诗之官，王者所以观风俗，知得失，自考正也。"也就是说，《诗经》中这部分诗，最初是为了周王室的政治目的而收集起来的。这些采风者，实际上起着公开去了解诸侯国情况，对诸侯国进行监视、稽核的作用。难怪我们看到的这部分诗内容那么丰富，表达的感情是那么坦白。这实际上是周王朝对诸侯国进行的一种情报活动。这些采风者是些什么人呢？

《周礼·秋官》载："十有二岁，王巡守殷国。"也就是说周天子要亲自到诸侯国去视察。《周礼·秋官》还有，"行人"掌管朝觐聘问。行人又分为大行人、小行人。大行人掌天子诸侯间的重大交际礼仪。"岁遍存，三岁遍頫，五岁遍省"。代表天子出使诸侯国，巡视、视察周朝的礼仪制度在诸侯国的执行情况。小行人掌接待宾客。诏令由行人下达给诸侯，诸侯的情况由他们上达周天子。耐人寻味的是，他们的上司是掌刑狱、纠察等方面的司法部门主官——司寇。可以看出，西周王室对诸侯国的控制、管理机构是一个外交、情报、处罚结合在一起的强大的巡视、监察部门。《礼记·王制》载：命大师①陈诗以观民风。采集四方歌谣的行人、乐官固然真的在采集歌谣，作为考察诸侯政绩的重要情报，同时也一定以采集歌谣为掩护从事一些其他的活动。行人、乐官以采集歌谣这个堂而皇之的理由出入庙堂、民间，从《诗经》中的诗歌就可以窥见行人、乐官足迹所及的地方是很广阔的。可以想见这些肩负特殊使命的人，坐在车上，巡视列国的得意之态。周天子根据他们的汇报，决定施政方针，对诸侯进行奖惩、升降。

---

① 大师，即古乐官之长。

诗无达诂，智者见智，仁者见仁。我们在研究中国古代间谍史时，也从中得到了这方面的消息。当然，《诗经》中"风"这部分，有不少篇章写的是春秋时事。而我们上述分析，在周天子东迁但未完全成为诸侯手中玩物时，也还是存在的吧！因为那时同样有小朝廷的利益要维护，更需要看大国的脸色行事。因此，上述分析并不仅限于西周。

本篇小结

我们吃力地从中国最早的夏、商、西周三代扑朔迷离的传说与记载中，分辨出中国历史上最初的一些间谍们风尘仆仆的身影。由于年代久远，史料残缺，我们只能部分借助于分析、联想来研究他们的活动。这也是这一时期中国古代间谍史的特点。我们留下一个更为开放的开头，以待后来者根据新的史料去研究、探索。

在中国古代间谍活动的源头，我们可以看到这么一个特点：从事间谍活动的人是一些在历史上留下足迹的大人物，也即是一些政治家。这也是中国古代间谍活动的一大特色。政治家、科学家、军事家纷纷涉足这一领域，使这一领域的活动达到了很高的水平。

我们在中国古代间谍活动的发端还看到，从组织上、活动上，间谍活动与一般的政务活动，外交、军事活动还没有明确的区分，往往混杂在一起。对间谍活动的展开也并非作为一种专门的、自觉的活动来进行。在组织、人才上并无明确分工。间谍活动的形式也难免单调，已出现的几种间谍活动方式也是无意而为之的。

第二篇

春秋、战国的间谍活动

公元前 770 年，为躲避犬戎侵扰，周平王在诸侯军队护送下，自镐京迁都洛邑，是为东周。周平王东迁标志着春秋时代（公元前 770—前 476 年）的开始。春秋时代，西周分封和宗法制度开始瓦解，周王室日渐衰落。春秋是中国古代社会由奴隶制向封建制转化的开端。公元前 594 年，有"初税亩"的记载，表明封建土地所有制有了相当的发展，地主阶级登上了历史舞台。春秋时铁器也出现了，农业生产力有了较大发展。阶级关系发生着剧烈的变化，政治、军事力量不断重新组合、分化。国与国之间，各国内部新兴地主势力与奴隶主旧贵族间都在进行着激烈的斗争。

战国时代（公元前 475—前 221 年），封建地主阶级的政治代表，在各国已基本掌握了政权。"三家分晋"之后，齐、楚、燕、赵、韩、魏、秦七国争雄。围绕着争夺霸权和统一中国，各国间展开了激烈斗争。六国"合纵"以抗秦，秦高举"连横"之旗以瓦解六国。在错综复杂的军事、外交斗争中，游士纵横，议论风生，操纵国政，翻云覆雨，上演了一幕幕间谍活动的大剧。

在越灭吴的大战略中，我们第一次看到了中国古代谍报史上出现较为完整的间谍战略。越国谋臣文种提出了以间谍战略为主，瓦解、灭亡吴国的政治、经济、军事总战略，使间谍战上升为国家大战略中的重要因素。其使用的谍报手段种类之多，也集春秋时谍报手段之大成。

进入战国后，间谍战的规模、水平进一步提高。随着秦国力量逐渐占据优势，六国先后为秦国所吞并。在秦国灭六国的过程中，间谍活动伴随统一战争发挥了巨大作用。成功的间谍战略，加速了中国的统一。

第一章　春秋的间谍活动

第一节　老谋深算的郑庄公

公元前771年，西周朝廷发生动乱。申侯（周幽王废太子宜臼的外祖父）联合西夷、缯人、犬戎进攻幽王。周幽王是一个荒淫昏君。他曾和宠姬褒姒在烽火台上举火报警，使得诸侯以为犬戎入侵，率军赶来拱卫。他和褒姒却以此取乐。这次他在骊山上燃起烽火，诸侯却不来了。周幽王被联军杀死在骊山脚下，褒姒被虏。诸侯立废太子宜臼为周平王。

公元前770年，为避犬戎袭扰，在诸侯军队护送下，周平王自镐京迁都洛邑，是为东周。平王东迁后，东周对诸侯的控制大不如前。我们要讲的故事就发生在春秋初期的一个大国——郑国。

郑庄公的祖父是与周幽王一起被犬戎杀死的郑桓公。郑桓公在周幽王时，是朝廷的司徒，为人贤明，颇有政绩。他是一位有远见的政治家。周幽王昏庸不堪，国家将乱，他问计于一位有见识的官员太史伯。太史伯劝他把宗族、财物迁到郐和东虢这两个小国去。太史伯认为这两个小国地势险要，前华、后河、左洛、右济。更重要的是这两国的国君"贪而好利，百姓不附"，郑桓公在百姓中有威望，可以大有作为。郑桓公听了他的忠告，迁妻儿、宗族、财物于郐、虢，自己却留在朝廷，在犬戎进犯时和周幽王一起呜呼哀哉了。

郑桓公死，郑人共立其子掘突为郑武公。郑武公也被周王室封为司徒。公元前769年，郑武公灭郐，公元前767年郑武公灭东虢。郑桓公可以含笑九泉了。郑桓公如果了解到他儿子在消灭东虢时施展的手段，更要心花怒放了。

郑武公消灭郐后，手下的大臣觉得该顺理成章地消灭东虢了。有一次郑武公召集群臣开会,有一个大臣关其思说:"该打东虢了。"谁知祸从天降。郑武公把脸一板,对殿下武士招了下手:"把这人押下去,砍了。"群臣呆若木鸡,摸不着头脑。消息传到东虢,全国上下均认为郑武公是讲信义、明恩怨的君主,大大放松了警惕。没想到郑武公就在他们大出了一口气,想松松心时,发动了突袭,东虢被吞并了。郑国一天天强大起来。

郑武公娶了申侯之女做夫人,称为武姜(丈夫为武公,母家姓姜)。武姜生庄公寤生及共叔段。庄公出生时难产,所以起名叫"寤生"。在禁忌颇多、迷信天意的古代,这样一个孩子,人们认为不吉利,因此武姜厌恶他,喜欢共叔段,屡请郑武公立共叔段为太子。郑武公没有答应她这一要求。寤生在正式继承君位前的日子,是在母亲白眼下度过的,但他终于保住了太子的宝座。可想而知,他是极有心计的,并在恶劣环境下磨炼出了深沉、坚韧的性格。他也一定从其父的活动中学到不少韬略。

郑武公归天之后,寤生执掌了郑国大权。武姜只好退而求其次,为共叔段请求"制"(今河南巩县东,原东虢国领地)这个地方作为他的封邑。郑庄公说:"制是个要害之处,东虢国君就死在那里。请您任意挑选其他的地方吧。"此时郑庄公已伏下杀机。表面上看挺大度,实际上是在警告武姜,战略要地是不能染指的!武姜又为共叔段请求"京(今河南荥阳县东南)"作为封邑,这次得到了许可。

共叔段告别了母亲,前往封邑。因其住在京,故称为京城太叔。

过了些日子,郑国大夫祭仲对郑庄公说:"京的城墙已超过百雉①,先王制度,大都邑城墙不得超过国都的三分之一,今京城不按制度,恐怕要使您无法控制了。"郑庄公不动声色地说:"姜氏想要这样干,我有什么办法避开祸害呢?"祭仲已按捺不住了:"姜氏什么时候能满足呢?不如早些想办法对其加以处置,不使其发展。发展起来就难治了。野草蔓延尚不可除,何况您的弟弟呢!"郑庄公这时说了一句后世常引用的话:"多行不义,必自毙。你先等待一下吧。"

过了一段时间,共叔段又命郑国西部、北部边境的地方官既臣属于郑庄公,又臣属于他。这次是郑大夫公子吕向郑庄公进谏了:"国家受不了两属的情况,您如何处置这事呢?要想把郑国送给太叔,我请去侍奉他。如果不想给,就请除掉他,勿使百姓有二心。"话说得够刺激了,郑庄公

---

① "雉",古代计算城墙面积的单位,长三丈高一丈为一雉。

仍然无动于衷："用不着，他将自己遇上灾祸。"

共叔段进一步活动，使原来两属之地都成了自己的地方，甚至扩展到廪延这个地方。郑大夫公子吕又说："可以了。共叔段土地再扩展，就会使百姓都归附他了。"看语气，公子吕是知道郑庄公打算的，但老练程度比郑庄公差得远。郑庄公又说："不义于君，不亲于兄，即使土地多了，也要崩溃。"

共叔段修治城池，聚集百姓，制造铠甲、兵器，动员好了部队，准备袭击郑国了。他与武姜约定，由武姜开郑国国都的城门，里应外合。郑庄公甚至连袭击的日期都知道了。这次他说："可以了。"于是立即命大夫子封率兵车二百乘讨伐京。京城的人并没跟共叔段走，反而背叛了他。共叔段逃到鄢。郑庄公穷追不舍，共叔段只好逃到共去躲避。郑庄公把武姜放逐到城颍，并发誓"不到黄泉，不再相见"。对武姜多年强忍的满腹怒火，终于发泄出来了。这件事发生于公元前722年五月。

郑武公麻痹东虢，是用牺牲自己人来骗取敌人信任的办法，在《孙子兵法·用间篇》中称为"死间"。

郑庄公对付共叔段的办法，则以周密持续不断的谍报工作，掌握对方一举一动，在关键时刻后发制人，坚决予以重击。郑庄公要对付的敌手是自己的母亲和弟弟，这就使他不得不审时度势，通过表面上的让步来从政治上争取主动。郑庄公克段的过程，表现为一个不断依据情报和政治、军事条件变化来做出决策的过程。

郑国两代国君的谍报活动表明，春秋初期，我国谍报活动已完成了由自发向自觉的转变。谍报手段已被自觉地运用于军事、政治斗争。

第二节 季梁的卓见

公元前706年，已经渐渐强大起来的楚国开始向外扩张，"欲以观中国之政"。楚武王派兵伐随。

楚武王派大臣到随国谈判，实际上是要签订城下之盟。楚军驻在瑕这个地方等待谈判结果。随国派了少师与楚国谈判。斗伯比对楚武王说："我们不能得志于汉水以东，是我们自己的做法所致。我三军耀武扬威，披坚执锐，威胁这些小国，使其心中胆怯，联手抗衡我们，所以难以离间他们。汉水以东随国力量最强，如随国进一步发展，必然离弃小国。小国与随国分离，对楚国是好事。少师此人骄傲、虚浮，请以老弱士兵给他看，使他更认为随国了不起。"楚国大夫熊率且比说："随国有季梁在，这样干没有什么用！"斗伯比回答得妙："这是为了下一步，少师正受到随君的宠信。"

楚王把老弱士兵给少师看，接待少师。少师回到随国，果然建议随侯去迎击楚师。随侯准备按少师的建议办，被季梁阻止了。季梁说："楚国得天时，正在强盛之际。楚军显出疲弱，是为了引诱我们。您何必如此着急呢！我听说小国能敌大国，是因为小国得道义而大国无道义。所谓道义，就是忠于民而信于神。国君若想着利民，就是忠。祭神的官吏能够真正向鬼神诉说君主的事，就是信。今天民众饥寒而君主只想逞自己之欲，祭祀的官员向鬼神夸大君主的功德，我实在不知这样做结果如何！"随侯不服："我祭祀时用丰盛的祭物，怎么能叫不信呢？"季梁说："民众，神之主。所以先王先安抚百姓，而后再祭祀于神，以丰盛的祭物告诉神，民众过着好日子。……今民众各怀他心，因而鬼神乏主。您一个人以丰盛的祭物给神，有什么福气呢！您应当先治理好国家，团结好周围的兄弟之国，才可能免于灾祸。"

季梁这一大篇说辞，使随侯心里害怕了，于是不出兵进攻楚军，而致力于内政。楚国也不敢以兵戎相见了。

然而事情并没有完。公元前704年，少师更加得到了随侯的宠信。楚国斗伯比得到了这一情报，对楚王说："可以伐随了。"这年夏，楚王约诸侯会于沈鹿，黄国、随国没参加。楚王一边派大臣责备黄国，一边亲率大军伐随。季梁请随侯先派人去求和，如果楚王不许，再与楚军开战。这样可以使随军情绪激愤，也麻痹了楚军。这时少师前一次到楚军中去留下的印象起了作用，他大言不惭地对随侯说："要速战，不然又将让楚军逃了。"于是随侯决定攻打楚军。

到了前线，随侯亲自观察楚军，还不失为稳扎稳打的风度。这时季梁又劝他："楚人左军强，楚王也在左军。不要和楚王硬打，而要攻其右军，其右军无良将，必败。一侧军队败了，全军也必然溃退。"看来真是棋逢对手。季梁与斗伯比一样，对敌方的情况一清二楚。可惜的是这时少师又出来说话了："不用这么费力地研究战法了，楚军不是我们的对手！"

随侯终于听了少师的主意，率军与楚军战于速杞。随军大败，随侯的战车都被楚军缴获了。随侯逃跑，少师被俘。随侯不得不与楚国签订了有利于楚国的盟约。楚国的势力大大扩展了。

　　这次楚随之战前，在谍报战中，楚国已经取得了这次战役的胜利。斗伯比利用假情报来迷惑敌人的办法，始终未能骗过季梁的眼睛。遗憾的是季梁的卓见，未被随侯所采纳。这是季梁之不幸，也正是斗伯比假情报惑敌所能成功之处。斗伯比高明之处就在于他不仅想出了以老弱士兵欺骗敌人的办法，而且深知少师的弱点，更重要的是深知少师与随侯的君臣关系。因此他相信这个计策早晚能发挥其作用。假情报要想迷惑敌人，就需要了解敌人内部的情况，有的放矢地散布、制造假情报，才能获得成功。

第三节　有备无患

　　楚国在与随国的战争中，因适当地利用假情报占了便宜。过了几年，楚国却在另一场战争中，因对方情报工作做得好而失利。这就是楚国进攻罗国之仗。

　　公元前700年十二月，楚军伐绞。大军驻扎于绞国都城的南门外，连续猛攻。莫敖屈瑕是这次出兵的主要将领。他认为绞是小国，没有打仗经验和谋略之士，可以派徒手的楚军到山里打柴，引诱绞军出战。楚王听从了他的意见。绞人果然爱占小便宜，乘楚军不备，抓获了三十余名打柴的楚军。第二天，绞军像起哄一样，争先恐后地驱赶着被俘楚军士兵入山打柴。楚军派兵守住了城的北门，伏兵从山中四起。绞军仓皇应战，一败涂地。绞国不得不与楚国订了城下之盟。

　　楚军伐绞时，就已出现了罗国间谍的身影。伐绞时，一部分楚军渡过了彭水，罗国想乘机进攻。于是派大夫伯嘉去侦察楚军。伯嘉三次潜入楚军，把楚军的兵力查得清清楚楚。伯嘉获得的情报虽然没有当时直接用来进攻楚军，却为后来罗国防御楚国进攻打下了基础。

　　公元前699年初，楚王派屈瑕伐罗。前面提到的斗伯比为他送行。送行回来后，阅历丰富的斗伯比对驾车的人说："莫敖（屈瑕的官职）必败，他太趾高气扬了。"屈瑕率军出征后，果然不严加戒备。大军进入罗国后，早就严阵以待的罗国联合了卢戎，从两面夹击楚军。屈瑕在荒谷里上吊自杀了。一个骄傲轻敌的将军率领着大国军队，终于败在准备充分且重视情报的小国之手。看来有备无患不是消极地等待敌人来进攻，而是要通过情报手段，不断主动地去了解敌人情况、动向，积极地做好战争准备。

这段史实具体地描述了伯嘉进行侦察的情况，可以使我们了解到古代间谍进行这类"战术"侦察时活动的情景；这类"战术"侦察的图景我们在下一个故事中还可以看到。

第四节 军营帐篷上的乌鸦

公元前666年，楚国的令尹子元率兵车六百辆，讨伐郑国。楚军的战车自纯门入城，只见城门悬着没放下，城内空无一人，子元心虚了，恐怕有伏兵，他说："看来郑国有才智之士在。"诸侯的救兵这时也快到了。于是楚军乘着黑夜悄悄地溜了。

郑人本来惧怕楚军，摆了一个空城计吓唬楚军，实际是想脚板抹油，溜之乎也。正当他们准备逃到桐邱这个地方去避难时，派出去侦察的间谍带回了好消息："楚军营寨的帐篷上落了不少乌鸦"，也就是说楚军已经撤走了。郑国君臣这才喘过一口气，停止了逃难准备。

从上节罗国人的谍报活动故事，到这个故事，可以看到在战争中，对敌人军队、战场活动的战术侦察已经形成了一个自始至终的监视过程，成了军事活动的必要手段。

这类战术情报活动除了依靠间谍外，还依靠将领在战场上的直接观察。在著名的齐鲁长勺之战中（公元前684年齐鲁战于长勺即今山东莱芜东北），齐军大败，狼狈而逃。鲁军追击前，鲁国的主要谋士曹刿登车眺望逃走齐军的旗帜，下车察看了逃走齐军的战车留下的印迹。只见旗帜倒拖，战车辙迹混乱，曹刿判断这不是齐军有意败退，这才让鲁庄公下令追击，于是大败齐军。

春秋之际，在频繁的战争中，搞战场上的情报已成了一门较为熟练的活动，同时也出现了专门搞这类活动的人，称为"谍"。正如我们在序幕中提到的那样，古代间谍史上最初出现的是一些政治家一类的大人物，严格地说是一些"业余"间谍。他们从事的是较为高级的战略情报活动。而"谍"则是专门从事刺探敌情，特别是军情的人。这些人多数已不是士大夫之流。《左传》还记载鲁宣公八年（公元前601年）晋国讨伐秦国，抓获了秦国的"谍"，在绛（今山西省翼城县东南）的街市上将其处决。可见这类"谍"一旦被抓，处置是严厉的。《左传》中对这类人称为

"谍"，也反映了这类人从事情报工作的特殊领域。至于我们已提到的一些大人物的活动，则尚未与此并称，可见人们当时对这类活动的范围之认识尚未发展到《孙子兵法·用间篇》的水平，对"间"与"谍"的认识与概念也是分开的。

第五节　秘密是怎样泄露的

公元前663年，齐桓公与管仲密谋征伐莒国。事情尚未开始准备，征伐莒国的事已在全国传开了。齐桓公听了这消息很纳闷儿，两个人知道的事情，怎么会传得全国都沸沸扬扬呢？当然，他得去问问管仲。自他当了国君以来，对管仲言听计从，这才使齐国强大起来，他也成了春秋五霸之一。

管仲听齐桓公讲完后，郑重地对齐桓公说："国内有了不起的人呀！"齐桓公想了想，猛然想起白天在宫中干活的人中，曾有个人注意地看他们，可能此人是风尘奇人。他在宫廷中或许可以通过蛛丝马迹得到要征伐莒国的消息。于是他令那天干活的人重新到宫中干活，并不许找人替代。过了一会东郭垂到了，管仲看了看这人说："必是此人！"命礼宾官引到宫中。管仲说："是你把伐莒的事传出去的吗？"东郭垂说："是。"管仲说："我没有说伐莒，你为什么说要征伐莒国了？"东郭垂不慌不忙地说："君子善于谋划，小人善于察言观色。我就是从你们的神态上知道将要伐莒了。"他接着说："我听说君子有三色：喜乐者，面带好像要敲鼓撞钟庆祝一番的神色；神色黯然无语者，面带办丧事的神色；慷慨激昂者，面带要出兵打仗的神色。从您的口型和手臂所指的方向来看，都是莒国无疑。我想小诸侯国没有臣服齐国的也只有莒国了。所以我说要伐莒了。"

齐桓公君臣听了东郭垂的分析，不禁肃然起敬。齐桓公立即给了东郭垂高官厚禄，让他为自己效力。

齐桓公还曾和管仲议论征伐卫国的事。他刚退朝回到内殿，卫姬就跪在堂下，问他卫国君主有什么罪过。齐桓公对这个卫国来的妃子装作若无其事的样子说："我与卫国没有什么不高兴的事。"卫姬说："我看您回来时，趾高气扬，要伐讨别国的意思就可以看出来了。见到我，您的脸就变了色，肯定是要征伐卫国。"卫姬一番话，使齐桓公伐卫的打算烟消云散。第二天上朝，他见了管仲，管仲说："您舍得伐卫吗？"齐桓公又奇怪了："你怎么看出的？"管仲说："您今天言语吞吐，见我面带惭色，所以知道您改变主意了。"齐桓公很高兴："好！有您治外，夫人治内，我办事就可以不为诸侯所笑话了。"

这个故事说明春秋之际，君主对国家大事的议定已经开始意识到要保守秘密，防止敌人的间谍窃取情报。但当时并未形成有效的防间保密制度，以致只要接近君主而又善于观察的人，就可以得到有价值的情报。从另一方面讲，东郭垂和卫姬，虽然不是间谍，但他们观察分析问题时，细致入微的方法，却对如何搜集情报提供了可以借鉴之法。这个故事告诉人们，在决策的关键人物身边工作的人，不管他是干什么的，都有可能了解核心机密，要防止情报从内部泄露。

当然，像东郭垂这类有才智、善观察的人，一旦打入敌人机要部门，不论其地位如何，总能获得大量重要情报。间谍本身的知识、文化背景是至关重要的。领导者身边人的任用和考核，是防间保密的重要环节。领导人和领导机构建立完善、严格的防间保密制度，是防止重大泄密事件的关键。

第六节　垂棘之璧

公元前 658 年，晋国想讨伐虢国，但虞国（今山西平陆）挡在进军虢国的道上。晋国大夫荀息请晋献公以"屈产之马，垂棘之璧"赠虞君，向其借道。晋献公有些肉痛地说："这都是我的宝贝呀！"荀息说："如果能从虞国借得道，这些宝贝就像放在外府。"晋献公听出了他的弦外之音，咬了咬牙在宝贝与江山两者中做出了选择。但他还有些不放心："虞国有宫之奇之类贤人在。"荀息对虞国君臣早已了如指掌。他说："宫之奇为人懦弱而不敢强谏。再说即使他进谏，虞君也不会听！"荀息于是携宝马、玉璧前往虞国。宫之奇果然进谏，虞君也果然没听他的。晋军与虞军会合伐虢，晋取虢下阳。虢迁都于上阳。

公元前 655 年，晋国又向虞国借道伐虢。宫之奇再度进谏："虢国是虞国的屏障，虢国一灭，虞必从之。不可让晋人进来。借道一次已可以了，岂可再借。谚语说'辅车相依，唇亡齿寒'，大概就是讲的今天虢虞两国的形势吧。"宫之奇再三苦谏，虞君不听，答应了晋使的请求。宫之奇长叹道："等不到年终祭祀虞国就要亡了。"他率领全族的人离虞避难。

十二月，晋军灭虢归来，在虞休息，突然发动袭击，灭掉了虞。虞君也被活捉。荀息执璧牵马还给晋献公，他很得意地说："玉璧尚无变化，不过马齿见长而已。"

以行贿来离间敌人君臣，迷惑敌人，扰乱敌人意图，在中国古代间谍史上是经常发生的。这一次起作用的不仅是"垂棘之璧"，对敌人君主弱点的了解，对敌人君臣关系的了解同样在这次谋略作战中起了重要作用。在间谍战中，要想取得成功，除了好的设想之外，更重要的是依据一般的背景情报，即平时搜集的情报，来综合决定间谍战的方式。

国家领导者、高官及其他重要人物个人的喜好、弱点，既是间谍搜集情报的重点之一，也是实施间谍战略的前提条件之一。

第七节　伪造的盟书

公元前635年秋，秦、晋两国讨伐鄀国。鄀国是楚国的附庸，位于秦、晋之间。为了对付秦、晋两国的进攻，楚国派两将领率申、息两地的军队驻于商密。

秦军经过析隈这个地方时，抓到了一些鄀国的小吏。秦人把他们充作楚军俘虏。包围商密后，秦军伪装成已与申、息两地的部队将领子仪、子边结盟的样子，并伪造了盟书。申、息本是两个小国，为楚所灭。但其人民对亡国之痛还记忆犹新。秦军把这消息散布出去后，商密的驻军人心浮动，纷纷传说"秦军已取析隈，守城的军队要造反了"。于是楚军不战而降。秦军擒申公子仪、息公子边，凯旋。楚国令尹子玉，听到这一消息率军追击。秦军已远去了。子玉气得干瞪眼。

春秋之际，列国攻战，同盟关系错综复杂，一国内部也是关系复杂。秦军的离间计恰恰针对楚军内部关系中最薄弱一环而施，因而取得了漂亮的战果。

第八节　信不可失

晋国的公子重耳为逃避晋献公宠妃骊姬的追杀，出奔国外。辗转了好几个国家，流落十九年，才在秦穆公支持下重回晋国，登上国君宝座。这时他已是一个饱经风霜，六十二岁的老人了。流落他乡时，他亲身体会到了人世间的人情冷暖，并且由随他出奔的大臣组成了一个智囊团辅佐他。因此他登上国君宝座时，已是一个成熟的、老谋深算的君主了。

公元前635年冬，晋文公出师征讨原国。命令士兵只带三日之粮，意思是只要三天就可以结束战争了。攻打了三天原城，原城不降。晋文公一看三日之期已到，毅然下令撤军。

这时晋文公派到原城去的间谍回来报告说："原马上就要投降了。"晋文公手下的军吏都说："请先留下，等待原投降。"晋文公说："信不可失。"仍命晋军撤退。晋军退到孟门这个地方时，传来了原国请降的消息。

晋文公达到了征服原的目的，又在军队、官吏面前树立了讲信义的威信，让天下人都知道他是个讲信义的国君。晋文公后来使晋国十分强盛，成了著名的"春秋五霸"之一。

我们在这个谍报事件中，看到了一个对情报判断、运用的问题。晋文公在取原与取"信"两者之间作了一个权衡，认为取信于军，取信于天下，关系到长远的称霸目标，毅然撤军，不争小利，使战术上的一时之利服从于战略利益。另外，老谋深算的晋文公，很可能从情报中也得出了"原人已吓破了胆，不撤兵固然要投降，撤兵也会投降"的结论，于是来个表面文章，名与利双收，不愧为春秋的霸主！

第九节　如簧之舌

春秋战国之际，有不少人凭着如簧之舌，堂而皇之地对敌人进行间谍活动，并且取得了成功。

公元前634年，齐孝公率军侵犯鲁国北部边境。鲁僖公让展喜去犒劳齐军，实际是去观察齐军动静，同时开展惑敌行动。齐军未入鲁境，展喜就已经到齐军中了。他对齐孝公说："国君听说您亲临敝国，所以特派我来犒劳您。"齐孝公说："鲁国人惊慌吗？"展喜说："小人已经害怕了，君子则不怕。"齐孝公又问："屋子里光光的，田野里没有青草，有什么依靠而不惧呢？"展喜回答："仗着先王之命。从前周公、太公是周王室的股肱，在成王左右辅佐他。成王为了他们的功绩，赐给他们盟书'子孙世世代代不要相互侵犯'存在盟府，由太史收藏。齐桓公以此召集诸侯，给他们调解不和，弥补他们间的缺憾，援救他们遇到的灾难，这些都是为了显扬太公过去的职责。君侯即位后，诸侯都盼望您能继承恒公的事业。我国正因为明白这一点，所以才不敢加强守卫，聚集人马。"展喜在说了一大通之后问："我们想齐国国君岂能即位九年，就丢掉先王遗命，废除先王职责！这样如何对得起先王。您一定不会如此作为的。因此鲁国也不感到惶恐。"

齐侯在这一大篇说辞面前，反复掂量，最后决定撤兵。展喜的如簧之舌，使压境之军不战而退，保全了自己的国家。

外交斗争从来就伴之以谍报斗争，这一点自古至今皆然。展喜是个有心计的人，他在齐军未入境时，迎接齐军，下说辞。这样就使自己用来迷惑敌人的论点有了根据，也给齐侯撤兵留了余地。

展喜的行动可以说是一次外交与谍报融合于一体的行动。一方面，展喜通过对齐军的观察，为以后万一议和不成，兵戎相见搜集了情报。另一方面，展喜从容不迫的出现，并说鲁国当权者并不畏惧，从容不迫的情形也给了齐侯深刻印象。使齐侯产生了一种"不知深浅不敢下水"的心态。展喜既是在吓唬敌人，也是在对敌人进行心理上的进攻。

最后，展喜之所以取得成功，还由于他从政治上为齐侯分析了进攻鲁国，在诸侯国中的利害得失，同时卫国为救援鲁国出兵伐齐，在这种情况下，齐侯权衡利害，才决定撤军。并非那些仁义道德之类的大道理发挥了作用。

春秋战国之际，这类事情不胜枚举。下面接着的一个故事也是如此。这些故事一方面说明了春秋战国之际，由于国与国之间关系复杂，孙子讲的"伐交"成了谍报战的主要战场之一；另一方面说明当时的人才可以在这个战场上有较大的发挥主观能动性的机会，优秀人才在这方面不断涌现，且大有用武之地。

第十节 烛之武的胆识

公元前632年，晋文公在城濮之战中，先是"退避三舍"，后与楚军及其盟军战于城濮，大败当时强盛的楚军，奠定了霸主之基。同年，周襄王亲自策命晋文公为诸侯之长，正式承认了他的霸主地位。

随着政治、军事上的节节胜利，晋国的军队日益强大，晋国开始以咄咄逼人的态度对待一些小国了。

当时郑国已经势力衰微,江河日下了。郑文公采取了对晋、楚两大国两面讨好的政策,被晋文公知道了,成了讨伐郑国的借口。

公元前630年春,晋国军队对郑国边境进行了一次试探性进攻,测试郑国的力量强弱,保卫国家的决心有多大。这年秋天,晋国、秦国同时发兵围攻郑国。晋军驻扎在函陵,秦军驻扎在汜南。大军压境,郑国形势十分不妙。郑国君臣挖空心思,绞尽脑汁想御敌之策。这时,大夫佚之狐猛然想起了一个被冷落在一边的人。他对郑文公说:"国家已十分危急了。要是能让烛之武出山,去见秦国君主,秦师必退!"郑文公一见他说得如此肯定,只好抱着试一试的想法,派人去请烛之武。没想到去的人碰了个软钉子。烛之武说:"我壮年的时候,还不如人家有用,如今年老体衰,更不能干什么事了。"郑文公只好放下君主的架子,亲自对烛之武说:"我不能早用您,如今遇到危机才来求您,这是我的过失。但是郑国亡了,对您也有不利之处啊。"烛之武这才同意了。

乘着茫茫夜色,烛之武用绳索从城墙上吊下来,去见秦穆公。烛之武见到秦穆公后,从容不迫地说:"秦、晋围攻郑国,郑国知道已经快亡了。但是如果郑国亡了对您有利,才值得麻烦您来办这件事。越过一个国家以遥远地方作为边境,您是知道这种困难的。那就用不着灭亡郑国来增加他国土地。他国实力强大,就是您的国家实力减弱了。倘若放过郑国,让他做东方道上的主人(郑在秦东),贵国使节往来,可以由郑国供应他需要的一切,对您也没有什么害处。况且您曾给过晋君恩惠。他许给您焦、瑕两处地方。可您也知道,他早上过河,晚上就筑起了城墙,防您索要土地。晋国的贪心什么时候可以满足呵!既要东边的郑国为其边境,又要向西扩展疆域。如果不使秦受到亏损,又能从哪里得到其所要的土地呢?使秦国受亏以利晋国,您要好好考虑一下这件事。"烛之武娓娓而谈,层层深入,最后点醒了秦穆公。

秦穆公很高兴烛之武能让他考虑到这一层的利害,于是与郑国结盟,留下杞子、逢孙、杨孙帮助郑国守卫,自己率大军撤退了。秦师退走,郑国请和于晋。晋一看这种形势,只好同意了。一个老头子挽救了郑国。

对比一下展喜退齐侯的说辞,可以看见两个人的活动有不同特点。展喜一方面以政治上的利益与侵犯鲁国政治上将受到损害来对比,另一方面装出若无其事、镇定沉着之态,使敌人摸不着深浅。因为他面对着一个敌人,且实力对比之悬殊也不同于郑与晋、秦之比,虽然大不如齐,但还可一战。烛之武说秦穆公时，郑国已快要亡了，在两大国夹击下，郑国绝无侥幸以实力图存之可能。但他面对两大强敌，这是敌人的优势也是弱点。从地理位置上看，郑国距晋近，距秦远。秦、晋又是潜在的敌手。这给烛之武可乘之机。在烛之武坦率地分析了灭郑后可能出现的利益分配的情况后，秦穆公为赤裸裸的利害关系所打动，烛之武的离间计成功了。

第十一节　牛贩子的功绩

前面讲了烛之武以利害关系说服秦穆公撤兵，晋国也不得不允许郑国求和。然而秦穆公留下了三位将军和军队帮助郑国守卫，实际上也是向晋国示威，并为将来把郑国占为己有埋下了伏笔。

公元前628年冬，一个秘密使者从郑国回到了秦国，他就是秦军留在郑国的将领杞子派回去给秦军送情报的信使。他对秦穆公报告："郑人让我们掌握北城门钥匙，如果秘密出兵偷袭，可以拿下郑国。"秦穆公征求谋士蹇叔的意见。蹇叔说："劳师远征，我从未听说过。那样会使军队疲惫不堪，远方受征伐国家也有了防备，这样大概不可以吧。军队出发之日，郑国也必然知道。辛辛苦苦而无所获，士兵必然不满。而且到郑国去要走很远的路，是谁都知道的。"秦穆公不听。派百里奚之子孟明视，蹇叔之子西乞术、白乙丙率军出征。大军从国都北门外出发，浩浩荡荡，气势雄壮。蹇叔老泪纵横地为自己儿子送行："晋人之师必埋伏在殽这个地方。殽有两座山，其南边的山是夏后皋之墓，其北面是周文王曾躲避风雨的山。你们在那里必死无疑。我只好到时去那里收拾你们的尸骨了！"看来老谋士对秦、晋间的战略态势有深刻的了解。顺便提一下，老谋深算的晋文公刚刚于前年冬死掉。这也是秦穆公敢于掉以轻心地出师的重要原因。

公元前627年春，秦兵耀武扬威地从东周王城北门经过。王孙满当时年纪尚小，但就是这么一个人也看出秦军骄兵必败了。

秦军到了滑国，正巧遇到郑国商人弦高。他正赶着牛到周王室的地方去做买卖。弦高一看大事不好，秦军已气势汹汹地袭来了，于是灵机一动，以四张牛皮和十二头牛献上，冒充郑国使节犒劳秦军。他对孟明视等将领说："敝国国君，听说您将率军经过我们这个地方，特让我来犒劳您的军队。我国不富裕，但为了您的军队在此停留，居则准备一天的供给，行则准备为你们一晚上进行警卫。"弦高一面说些软中带硬的话，一面派人火速到郑国去报告。

郑国国君此时已是郑穆公了。郑穆公得到这个消息后，派人察看杞子等人居住的客馆，一看秦军已在厉兵秣马，准备与远道而来的秦军里应外合。郑穆公派使者到客馆去向杞子等人表示辞谢之意："你们在敝国住了这么久，现在我们的肉干、粮食、牲畜都快吃完了。你们将要离开此地，正如秦国有具圃①一样，郑国有个原圃，你们可以去那儿打麋鹿，让敝国也有个喘息之机，如何？"三个将领一听，事机败露，赶紧打点行装狼狈出逃。杞子溜到了齐国，逢孙、杨孙跑到了宋国。

孟明视从弦高的态度和言谈中看到郑国已有了防备，于是对下边的人说："郑国有了防备，我们还是别抱什么希望了，撤军吧！"在回去的路上，秦军顺手灭掉了滑国。但不出蹇叔所料，秦师长途跋涉，疲惫不堪。在返回归途中，经过殽（今河南宁洛、灵宝间），被埋伏在那儿的晋军杀得全军覆没，孟明视、西乞术、白乙丙也成了阶下囚。

这次是商人挽救了郑国。弦高与展喜、烛之武不同之处在于，他纯粹是以假情报来迷惑敌人的。但是在国家有难之际，毅然挺身而出，以假情报欺敌，这种主动出击的精神是很可贵的。弦高这类人见多识广，头脑灵活，是他成功地扮演了一个以外交家身份出现的"业余间谍"角色不可缺少的条件。

在历史上，有不少小人物没有弦高之流的智慧，同样在谍报战中发挥了作用。公元前523年，齐景公认为齐国边上的小国莒对齐不敬，派齐军伐莒。莒军大败，莒君跑到了纪鄣，齐军追击包围了纪鄣。在此之前有一个老太太，因为其丈夫被莒君杀了，住在纪鄣靠纺织度日。齐军围城后，她缒城而出，引齐军登城。齐军六十余人攀绳而上，这时绳子断了。齐军大声鼓噪，内外夹攻。莒君害怕得要命，开西门而逃。齐军攻入了纪鄣。

在历史上尖锐的政治、军事、经济斗争中，这类业余间谍开展的自发的间谍活动总是层出不穷、防不胜防。如何自觉地利用这类有利因素为自己服务，建立可以使本国民众方便地为本国政府间谍活动服务的制度，值得思考。同时防止自己内部出现不利于己的这类事件，是间谍工作的一大问题。

---

① 秦国王室的园林。

弦高一类商人，见多识广，搜集情报、关注情报本来就与商业活动息息相关。在当代商业活动与间谍活动的紧密结合更是古代难以比拟的。

值得注意的是，蹇叔对秦师必败的判断。他的依据主要是，秦国出兵已无密可保了，这样必定丧失了突然性，不仅郑国人早就知道了，并且使内应杞子等失去了作用。处心积虑的晋国也对秦师的动向一清二楚。这样秦军在千里回师时就必然会遭到晋军伏击。在这一点上，蹇叔在判断战略形势时，已经把敌军间谍活动的因素考虑在整个战略之中了。

第十二节　劫持霸主

齐桓公也是"春秋五霸"之一。在贤相管仲的帮助下，齐桓公治下的齐国经济、军事实力越来越雄厚，并且在对外战争中屡屡得胜。

公元前681年冬，齐军屡次战败鲁国。鲁国的国君鲁庄公非常恐惧，决心向齐国低头求和。齐桓公答应了鲁君这一要求。双方商定在柯（齐国管辖地区，今山东阳谷东）会盟。

鲁庄公手下有一名勇武善斗、胆气非凡的将军曹沫，陪同鲁庄公参与会盟。鲁军屡战屡败，曹沫很是愤怒。这次会盟明摆着是鲁国向齐国低首求和，更让曹沫难以忍受。于是他身藏利刃，准备到时候采取行动。

齐桓公与鲁庄公登坛，准备举行会盟仪式了。这时曹沫突然跃上坛去，一手抓住齐桓公，一手举起锋利的匕首。齐桓公被曹沫抓住，动弹不得。齐军将士及大臣唯恐齐桓公被刺，不敢上前解救。

齐桓公吓得面色惨白。他战战兢兢地问曹沫："您有些什么要求？"曹沫说："齐强鲁弱，齐国欺凌鲁国也太过分了！鲁国领土日益逼仄，您看着办吧！"齐桓公在利刃威逼下，不得不答应归还侵占的鲁国土地。曹沫得到齐桓公的承诺后，扔下匕首，下坛站在参与会盟的齐、鲁群臣行列中，面不改色。

齐桓公受了如此侮辱，当然不肯善罢甘休。他认为鲁国背信弃义，在会盟仪式上进行劫持，绝不能轻饶。管仲经过权衡，对他进行规劝："不能因为小利而自食其言，失信于诸侯，使诸侯与我们离心。不如干脆把土地退给鲁国吧！"齐桓公不愧是五霸之一，气量还是有的。他想了想，还是下决心履行了诺言。

春秋之际，这类在外交场合劫持对方主要人物以达自己目的之事，为数不少。从事劫持的人往往不仅有胆量和力气，而且不乏智慧。因此这些人不能单纯被看成是"刺客"。

曹沫之所以能够得逞，一个重要原因是齐国君臣觉得当时齐国称霸的条件尚未成熟，还需要以仁义道德在列国间树立形象，否则，以一次刺客行动改变战略态势，获得战略利益是很困难的。从中国古代间谍史乃至当代间谍史看，这样的事情也是很少见的吧！

第十三节　曹人诈降

公元前632年春，晋文公准备出兵救宋。宋国此时正在受到以楚国为首的联军围攻，形势危急。晋国大臣狐偃建议：曹国、卫国是楚国的盟国，如果进攻曹、卫，宋国之围可以不救自解。

于是晋国以伐曹为借口，向卫国借路。卫国不借，晋国二话不说夺取了卫国的五鹿（今河南濮阳附近），接着挥兵围攻曹国都城。

小小的曹国哪里经得住强大的晋军兵临城下，没过几天就支持不住了。曹国大臣为曹共公曹襄出谋划策：可以派人到晋军诈降，引诱晋军入城后再予以痛歼。曹共公认为此计可行。

曹国间谍装成曹国使节，到晋军中去对晋文公表示：曹国已难以支持，愿意投降。

晋文公本来就很看不起曹国，此时看到曹国求降的使者，更是忘乎所以，当即答应了使者的请求。

晋军得意扬扬地入城受降。先头部队刚刚进城，城门突然关闭。曹军从隐蔽处杀出来，入城晋军被杀得干干净净，为了吓唬晋军，曹共公命人把晋军尸体陈列于城墙上。

晋文公看了，气得七窍生烟，但又担心影响晋军士气。这时为他驾车的人献计道："如果把军队移驻在曹国人的坟地上，曹国人肯定会害怕的。"古人对祖宗坟地非常崇拜，坟地被毁，是天大的事。晋文公采纳此计，曹人果然害怕了。为了不让晋军破坏坟地，曹人把晋军尸体装入棺内，礼送出城。晋军这次动了脑筋，趁送棺材的队伍出城之机，发动袭击，攻入城内。曹共公曹襄也被活捉了。

诈降是中国古代间谍战中很常用的手段，这里举出的是这方面较早出现的事例。同样的诈降在春秋时还有一次。

公元前508年夏，桐国（今安徽桐城北）背叛了楚国。吴国认为有机可乘，就派舒鸠氏到楚国去引诱楚军出击吴国。吴王阖闾对他交代说："你去劝楚国讨伐吴国。就说吴国正在把注意力集中在桐国上，可以放心大胆地进攻。"舒鸠氏到了楚国，花言巧语地说了一通，楚君果然上当。这年秋，楚军在囊瓦的率领下进攻吴国。吴国看到楚军水师已进至豫章（今合肥以西，湖北应山以东），就悄悄地派部队去进攻巢。同年冬，吴军大败楚军。豫章的楚军一败，守巢的楚军也坚持不下去了。吴军攻下了巢，活捉了守巢的楚军将领公子繁。

第十四节 邻有圣人 敌国之忧

秦师大败于殽之后，孟明视、西乞术、白乙丙三位将领被晋国放回。秦穆公还让这三位带兵。公元前625年，秦穆公又派孟明视率军伐晋，以报前仇。这次又被晋军杀败。秦穆公仍然相信孟明视，让他主持秦国军队。这年冬，晋、宋、陈、郑等国又联合讨秦，夺取了秦国的汪、彭衙两地。秦国真是流年不利，雪上加霜。这时戎夷的首领戎王派由余到秦国观察、学习。因为他听说秦穆公好贤，治理国家也有一套办法。这个由余也是有来头的人。他的祖先是晋国人，能讲晋国话。戎王派他到秦国去，也是费了一番心思。

秦穆公隆重地接待了由余，让他看了秦国的宫室和仓库。由余看了这些，感慨地说："这些东西，让鬼来干，会使鬼伤神；让人来干，则会使人民苦不堪言。自古国君能保住国家的，都是小心谨慎，勤俭治国。丧失了国家的，都是因为骄奢淫逸。"穆公奇怪了："中国（指当时除西戎外的诸侯国）以诗、书、礼、乐、法度治理国家，尚且经常出现变乱。戎夷没有这些东西，凭什么来治理国家呢？"由余笑了笑："这正是这些国家之所以动乱的原因呵！最早的圣人黄帝，也不过达到小康之治。后世国君破坏了法度，却对下面严加管制，下面也以'仁义'抱怨国君。上下互相不和、斗争，以至于杀掉国君，灭掉宗族，都是因为这个原因。戎夷却是上面淳朴有德，厚待下面。下面的人怀着忠信侍奉上面。上下一心，国家治理得就像一个人的身子那样。真是圣人之治呵！"

由余的这些话，说得秦穆公心头一震。回到宫中后，他对内史廖说："邻有圣人，敌国之忧也。"秦国向东发展连遭挫折，国力受损，如今西边的戎王又派了这么一个精明能干的人来学习。且不说由余回去后，将使戎夷的治理更加得法，进一步加强戎王的力量。就是由余对秦国这些入木三分的分析，也将对秦国造成威胁。秦穆公可以说是思虑很远的人。内史廖想了想，答复秦穆公道："戎王居住在遥远偏僻的地方，孤陋寡闻。没见过诸侯国的声色。请您试着赠给他一些女乐，使他在这上面消磨志气。戎王喜欢女乐，必然不勤于治国。这时您为由余请求延缓回去的时间，把他留下来。这样使他们君臣间不和，相互提防，然后再进一步想办法。"秦穆公的眉头舒展开了："好！"他结结实实地夸了廖一句。

秦穆公把由余留下，每天盛宴招待，席间乘机问他戎夷的兵要地势，军队情况，不知不觉间把详尽的情报都弄到了手。内史廖把美女、乐队送到戎王那里。戎王高兴地接受下来。终年沉浸在女色之中，牛马死了不少。这时秦国让由余回去了。

由余一看戎王已经使国政日乱，多次进谏。忠臣良言敌不过美女歌舞，戎王根本听不进去。本来由余留秦不归，戎王就已怀疑了。这时秦国又乘机使人进一步离间他们的关系。终于邻国的圣人变为秦国的上卿，由余跑到了秦国。秦穆公在大加礼遇之外，就是向由余讨教如何征伐戎夷的方略。

秦穆公用由余之谋伐西戎诸部，征服了十二个小国，开拓了千余里土地，成了西方的霸主。顺便说一句，由于秦穆公坚信孟明视，孟明视终于在公元前624年率师再度伐晋，大破晋军，并把殽这个地方的秦军尸骨埋葬后还师，总算雪了前耻。

由于秦国国力日增，连打胜仗，周襄王也派召公赐秦国金鼓，表示承认秦国的大国地位。

春秋战国之际，各国对人才的需求剧增，可以说是"得人才者盛，失人才者衰"的时代。秦穆公不仅善于收集人才，如百里奚、蹇叔等，还能看到敌国人才之可怕，并通过各种手段来拉拢、引诱。实际上由余在宴席间就已不知不觉地当了间谍，或者说已经对秦穆公的拉拢有了意思。再加上秦国进一步做工作，岂能不归于秦国。由余对秦国壮大所起的作用是双重的。一方面增强了秦国的力量，另一方面就是削弱了戎夷的力量。

在中国古代谍报史中，对敌方大臣、谋士的引诱、拉拢屡见不鲜。这类深知敌情的人能被拉拢过来，具有战略意义。秦国在这场斗争中由国君亲自出马，双管齐下，综合作战，既用女色等腐蚀了戎王，又用盛情款待，久留由余不归使戎王产生疑心，可谓煞费苦心。能注重吸引各方面人才，是后来秦国统一中国的重要原因。人才的争夺，是间谍战的重要目标。

第十五节　楚军营寨中的不速之客

公元前594年五月的一个夜晚，包围宋国国都的楚军营寨中万籁俱寂。长期围困宋都的楚军人困马乏，主将子反也早已酣然入睡。这时一个黑影闪入楚军营寨，他熟门熟路好像在自己家里一样，绕过了岗哨，直入楚军主将子反的营帐。等子反醒来时，这人已经登上了他的床，把刀架在了他的脖子上。这个夜入楚营的人是宋军将领华元。

华元把子反从床上叫起来后，对吓得战战兢兢的子反说："我的国君派我来告诉你城中危困的状况。城中的百姓已经易子而食；劈死人骨头当柴。虽然已经到了这个地步，我们宁可举国战死，也不能签订可耻的城下之盟。如能把军队从城下撤退三十里，唯命是听。"子反在华元的胁迫、恐吓下，与华元达成了盟约，并报告了楚王。楚王命令楚军后退三十里。宋国才与楚国议和。华元作为人质跟楚军回国。两国的盟约中用了两句流传后世的话："我无尔诈，尔无我虞。"意思是我不骗你，你也不用戒备我。实际上这个盟约却是在尖锐的间谍战的背景下达成的，后人把这两句合成"尔虞我诈"的成语，反其意而用之，是再恰当不过了。

公元前595年九月，楚庄王派申舟出使齐国，请齐师攻晋，但告诉他在路过宋国时不必向宋国借路。申舟知道这样做必死无疑，还是硬着头皮出发了。不过他请楚王照顾他的儿子申犀。申舟过宋不向宋借路，宋大夫华元大怒："从我国过而不借路，是轻视我国。"宋国杀了申舟。消息传到楚庄王那儿。他一跃而起，顾不得穿好衣服，赤脚向宫外跑去，召集军队攻打宋国。

宋军一面守城，一面派人到晋国求救。晋国正发兵攻郑，抽不出手来。但晋景公派解扬为使去坚定宋国守城的决心，并通知宋国晋军会来支援的，以此来鼓舞宋国先拖住楚军。解扬走到半路上被郑军抓住，送给了楚庄王。楚庄王盛情款待之外，还赠以厚礼，希望他能帮助楚军瓦解宋人斗志，告诉宋人援军已无望了。解扬从容地爬上了楚军为他准备的向城里喊话的楼车，对着宋人大喊："我是晋国使者解扬。晋君命我告诉你们，大军不日可以赶到。请你们坚持守城。"楚庄王一听气得暴跳如雷，要杀掉解扬。解扬却说："为臣子能完成国君的使命，是我的光荣，死又何惧！"楚庄王反复掂量了一下，放了解扬。

楚军久攻不下，准备撤退。申舟之子申犀跪在庄王马前，沉痛地说："家父明知会死也不敢不执行您的命令，但大王您却背弃了自己的话。"侵宋之前，楚庄王曾发誓要征服宋国，此时他无言以对。为楚王驾车的申叔时说："盖起房屋，耕种土地，宋国必然会听命。"楚庄王听从了他的意见。宋人害怕了，于是派华元潜入楚军，演出了前面以武力威胁敌方将领的活剧。

以武力潜入敌军内部，进行暗杀、胁迫等破坏活动历来就是间谍活动的一个重要组成部分。华元这次行动的成功有几个前提条件：其一，楚人长围久困，已经疲惫不堪。春秋之际列国相攻，螳螂捕蝉，黄雀在后，楚国还要提防晋国等的进攻，楚庄王早有退军之心。因此，不能过高估计了华元这次行动的实际效果。其二，楚军的警惕性已经十分松懈，宋人也为华元潜入敌营做了准备，摸清了情况。其三，楚军与宋军实际上是在进行一场心理战。楚军以盖房屋、耕田地来表示不攻下宋都绝不收兵的意志，宋人则通过华元的行动表示了以死相拼的决心。两相抗衡，楚军终于感到支持不下去了。当然，间谍在这类行动中个人所具备的大智大勇也起了很大的作用。华元一边以必死之心以武力胁迫子反，一边以鲜明的语言表示了宋人的决心。武力胁迫与宣传相配合，恰到好处。如果只是单纯地暗杀了子反，对敌军的心理影响可能不如这样大。因此，这类行动也不是仅凭刺客的匹夫之勇能够做好的。

第十六节 季札的使命

吴国始祖是周太王之子太伯、仲雍。他们把王位让给了季历，跑到江南蛮人之地，断发文身，太伯当了蛮人的君主。国号吴，建都于吴（今江苏苏州）。到了吴君寿梦时，楚国的流亡大夫申公巫臣，从晋国到吴国教吴军车战之法。他的儿子也当了吴国负责接待使者的礼宾官。吴国与中原诸侯接触交流渐多，开始强大起来。

寿梦有四个儿子：诸樊、余祭、余昧、季札。季札品德高尚而有才，寿梦想立他为太子，季札再三辞让，于是由长子诸樊代理国政。寿梦死后，丧期已过，诸樊想让位于季札，季札仍是不愿意。吴国的士大夫非让他当国君不可。为了表示自己无意于当国君的决心，季札索性跑到山野里隐居，种地为生。吴人只好不勉强他了。季札在春秋时，是有名的贤人。

公元前544年，季札受吴国委托到鲁、齐、郑、卫、晋等国去观摩、学习，并发展关系。季札到了鲁国，听鲁国的乐队演奏了正统的周乐，对每种乐曲，都能领会并阐发出其中的精义。

从鲁国到齐国，参观了一阵子之后，他对晏子说："您要赶快把封邑和大权交还给国君，没有封邑、权力，才能使您免于大难。齐国之政权将有所转移。在没有转移到该得到它的人手中时，齐国的灾难不会停下来的。"这里要着重提一下，季札使齐时已是春秋的后期，这时由奴隶制向封建制的转化在各诸侯国中都有不同程度的进展，有的已近于完成。公元前594年鲁国施行"初税亩"，标志着地主阶级土地所有制的合法性被承认下来。中国奴隶制社会实行的是"普天之下，莫非王土"的井田制。一国的土地、奴隶是国君（周天子）家产。国君把他们分给臣下使用，但也可夺回重新分配。这种井田也就是所谓公田，属于公室（周天子）所有。随着生产力的发展，一些臣下开始让奴隶们开垦井田以外的空地，并以新的剥削方式收买人心。这样久了，井田制受到破坏，农业劳动力被私家（新兴地主阶级）争夺到自己土地上去。公室与私门展开了尖锐的阶级斗争。季札到齐国时，地主阶级在齐国的代表陈桓子（即田桓子）的势力已经到了快要取而代之的地步了。季札敏锐地感觉到了这一变动，并向素称机敏的晏子提出劝告，可见其观察之深！

后来晏子听了季札的劝告把封邑和大权交给了陈桓子。晏子在出使晋国时，也认为齐政将归于陈氏，公室将卑，政在家门。后来果然发生了齐国奴隶主代表人物栾施、高强企图消灭陈氏的内乱。陈桓子打败了他们，进一步巩固了在齐国的地位。晏子也因为早已交出了大权而幸免于难。

季札离开了齐国又来到郑国。他见到了郑国的大政治家子产，两人好像老朋友见面一样。季札认为郑国当时的执政者不能治理国家，郑国大难将至，而能挑起治国重担的必是子产。

随后季札去了卫国。在卫国他见到了不少能干而贤明的士大夫。他认为卫国虽是个小国，但有不少贤能的君子，因此不会有什么危险。

在晋国，季札看到了同样的情况，晋国公室衰弱，私家强盛。但在众多实力雄厚的士大夫中，他认为赵文子、韩宣子、魏献子三家，将取代晋国。这不能不说他具有政治家的远见卓识。

从季札出使我们可以看到，他关心的事情是多方面的，从礼仪、音乐到政治情况。对各国执政的主要人物也有深刻细致的分析。不言而喻，像季札这样一位使者，给吴国带回的情报，对国家的治理，外交政策的制定等都有十分重要的意义。英国人雷蒙德·帕尔默在《间谍的招募与培训》一书中说："大多数国家有大约百分之八十的情报可以从'白色'（公开）来源中得到满足。"这是古已有之的事，我们在研究中国古代间谍史时，有必要把这一类谍报活动纳入研究视野。只有秘密的、引人入胜的故事，这部间谍史就是不完整的。从某种意义上说，中国古代的政治家作军事决策时所依据的情报，主要部分仍是从公开材料乃至现场的睿智观察中获得的。这表现为他们对天下大势的分析，独特的战略眼光，军事战略的制定，等等。因为在政治、军事、经济斗争中，双方力量的宏观大致情况，总的趋势是难以掩盖的，也无须掩盖。关键在于敌对双方如何运用这些力量，而只有运用得当，力量的优势才能真正转化为斗争中的优势。了解敌人力量如何运转则是秘密手段的用武之处了。

季札出使，实际上是一个具有战略眼光的外交官，在敏锐的情报嗅觉引导下进行的战略情报搜集之旅。

第十七节　阴谋败露

楚平王任命大臣伍奢为太傅，费无极为少傅，辅佐太子建。费无极是个两面三刀、工于心计的人，不得太子建欢心。费无极也想直接与楚王搭上线，因而常在楚王面前讲太子坏话。

公元前527年，楚平王为太子建娶秦女，迎娶前先派费无极入秦看一下新妇。费无极脑子一转，想了一个坏主意。出使回国后，他对楚平王说："秦女乃绝色，大王可自己娶来作妃子，另为太子择妃。"楚王也是登徒子之流，果然把秦女据为己有，并十分宠爱。不久，秦女生下了一个儿子。楚平王虽然为太子别娶妃子，但总觉得办了件亏心事，因此见了太子建，总是不大高兴。渐渐地楚王疏远了太子建。费无极虽然因为秦女的事，大得楚平王宠爱，但也活得不那么踏实。他明白自己把太子建得罪苦了，一旦平王撒手人寰，自己难免要为新君所除。于是他想方设法，必搬掉太子建而后快。他常在楚平王面前散布太子建如何不满的谣言，离间楚平王父子。太子建的母亲是蔡女，在楚王那儿没有什么地位。这使太子建在争夺未来继承权时，处于不利地位。针对太子建这一弱点，费无极对楚平王说："太子因为秦女的缘故，不可能没有怨恨之心。大王可要防备呀！"

公元前522年春，费无极加紧了对太子建的诽谤，他对楚平王说："太子居城父（此时太子建已被贬到城父），既掌兵权，又交结诸侯，想乘机杀入国都作乱。"楚平王听了大怒，召伍奢责问。伍奢知道这肯定是费无极在背后捣鬼，于是对楚王说："大王为何因小人之谗言，而疏骨肉之亲。"这触怒了楚平王。费无极也在一旁敲边鼓："大王今日不制服他们，待他们政变成功，大王也要成为阶下囚。"楚平王大怒，抓起了伍奢，派人去杀太子。派去的人是城父司马，大约平时与太子建有些交情，他先派人把消息透露给了太子建。

太子建和伍奢的次子伍员（即大名鼎鼎的伍子胥）分头逃亡宋国。伍奢和其长子伍尚被砍了头。太子建在宋国又遇上内乱，只好出奔郑国。郑国人很友好地接待了他。太子建看郑国太弱，不足以帮自己复国，就又到了晋国。晋顷公满面奸笑地说："太子既然得到郑人好感，郑人也相信你，如果你能作为我的内应，和我内外夹攻，定能消灭郑国。灭郑之后，就以郑国的土地封给你。"太子建同意了这笔交易。于是太子建又让人传话给郑国，表示了想回去的意向。郑国像上次一样友好地接待了他。太子建在郑国一边当间谍，一边等待着进攻郑国的时机。

过了一段时间，晋国派了间谍与太子建商定里应外合进攻郑国的日期。恰巧太子建因为有一点不高兴的事要杀他的一个随从。这个随从为了保命，就到郑国国君和大夫子产那里去检举太子建的事。郑国国君和子产详细审问了这个随从，马上派兵把晋国的间谍和太子建一齐抓起来杀掉了。伍员和太子建的儿子胜，逃到了吴国。

太子建作为一个流落在外的太子，却仍然用在国内那种为所欲为的脾气对待下人。正如我们前面讲的，经常跟随左右的人，是最易于了解机密的人。这样其一旦离心离德，太子建阴谋败露就是不可避免的了。

需要指出的是，郑国国君对太子建这样一个来往于各国之间，野心勃勃的人一味予以厚待，直至其身边人揭发方才如梦初醒，这是十分危险的。那时还远未形成自觉的反间谍的制度与方法。

第十八节 专诸之剑

伍员与太子建的儿子胜逃到吴国时，吴国的国君已是吴王僚了。前面讲过吴王寿梦有四子，依次为诸樊、余祭、余昧、季札。寿梦想立季札为太子，季札不肯，乃立诸樊。寿梦死后诸樊即位。诸樊死前留下遗命传位于弟余祭。他认为这样兄终弟及，必然会传到季札，也可以让先王寿梦的意思得以实现。余祭死后，余昧即位。余昧临死前想传位于季札，季札仍是坚持不肯，并逃走了。于是吴人立余昧的儿子僚为王。

伍员在吴国受到了公子光的款待。公子光是吴王诸樊的儿子。他认为父辈四人，季札不受位，自己的父亲诸樊先立。余昧死后，季札仍不受位，就应传位于自己。可是国人却立了余昧的儿子僚。他十分不满，暗地里交结刺客，想干掉吴王僚。

伍员到吴后急于复仇，对吴王僚大讲伐楚的好处。可是公子光却在一边泼冷水。他说："伍子胥的父亲、兄长让楚国杀了，他这是为自己报仇，伐楚不见得有那么多好处。"伍员发现公子光的目光盯住了吴国王位。他就向公子光推荐了一个勇士专诸。

公子光十分高兴。伍员却装作若无其事的样子退隐到山野去种地，等待专诸的行动。

公元前515年春，吴王僚乘楚平王刚刚死去，派公子掩余、烛庸伐楚，包围了楚国的六、潜两个地方。同时派季札出使晋国，看诸侯有什么动静，观察诸侯力量的变化。这样季札出使的真正目的就更加明确了。哪料到楚国出兵抄了吴军后路，两公子率的大军暂时回不了吴国。公子光认为时机到了。他对专诸说："现在不干更待何时！我才是吴国真正的王位继承人。我要当国君。季札回来，也不会废掉我的。"专诸说："吴王僚是可以杀掉的。他的母亲年迈，儿子幼小，两个弟弟带兵攻楚，不知何时才能回来。现在吴国外困于楚，内没有顶用的忠于僚的大臣，对我们是无可奈何的。"公子光为了坚定专诸行刺的决心，跪下对专诸说："我的身子也就是你的身子。"言外之意，专诸的后事可以放心，全包在他身上了。

四月，公子光把甲士藏在屋内地洞内，请吴王僚来饮酒。吴王僚对公子光也有所警觉。赴宴时，他的警卫士兵从王宫一直排到公子光家的台阶前。

宴会开始不久，公子光装出脚痛的样子，走出屋子，进了地洞。让专诸把匕首藏在炙鱼内，给吴王僚送上去。吴王僚正要吃鱼，专诸从鱼中抽出匕首向他当胸刺去。吴王僚死了，专诸也被卫士所杀。吴王僚的卫士被公子光藏在地洞里的士兵冲出来消灭了。

公子光终于当了国君，是为吴王阖闾。他为了报答专诸，封专诸的儿子为卿。吴国派去伐楚的两位公子一看国内生变，公子掩余跑到了徐，公子烛庸跑到了钟吾。季札回国后，在吴王僚墓前大哭不止，然后当了吴王阖闾的臣子。

春秋战国之际这类以亡命之徒进行刺杀的事例为数不少。专诸刺吴王僚是其中较为成功的例子。公子光策划的这次行动之所以成功，主要有以下几方面的原因。其一是公子光为了取得王位进行了长期、周密的准备。其二是用人得当。其三是发动政变的时机选择得好。正好在吴王僚两个弟弟带兵外出不得归时发动，只要杀了吴王僚就可以镇服其他大臣和吴王僚的亲信。其四是在政变中刺客与军队并举。如果仅凭刺客恐怕公子光自己也难逃一死。

封建专制政权集大权于国君一人，是这类政权的脆弱性所在。只要国君被杀，政治力量对比马上发生重大变化。这也是公子光能成功的重要原因。

第十九节　功败垂成

公子光当了吴王之后，立即让伍员参与谋划国家大事。这时楚国伯州犁被杀，他的孙子伯嚭跑到吴国，当了大夫。吴王阖闾在伍员、伯嚭以及著名军事家孙武的策划下，于公元前512年征讨钟吾、徐，也即公子掩余、烛庸躲避之处。吴军占领了这两个地方。两公子逃到楚，吴军由伍员、伯嚭带领伐楚，占领了舒，杀掉了两公子。

公元前511年，吴师又伐楚取六、潜两地。楚师救潜，吴国军队却撤走了。吴军又围弦，楚军往救，吴军又溜了。原来吴王阖闾采用了伍员建议的分兵三批轮流扰楚，使楚军疲于奔命，消耗楚国力量的战略。

公元前510年，吴军伐越，大败越军。公元前508年，楚军伐吴。吴军在豫章迎击楚军，楚军大败。吴军占领了楚国的居巢后凯旋。

吴国势力一天天强大起来。公元前506年冬，吴王问伍员和孙武："从前你们讲还不能攻下楚国的国都郢，现在怎么样？"他们两个人认为，楚将子常贪得无厌，唐、蔡两国对楚国都有怨言。如果真的大举伐楚，必须得到唐、蔡的支持。阖闾采纳了他们的意见，联合唐、蔡两国军队大举进攻楚国。楚军五战皆败，吴军终于攻下了楚都郢。伍员和伯嚭两人把仇人楚平王的尸体挖出鞭打，算解了恨。

公元前505年春，越国趁阖闾在郢，国中空虚，出兵伐吴。吴国派出部队迎击越军。这时楚国大夫申包胥到秦国求救，秦国发兵救楚，吴军败退。阖闾的弟弟夫概看见其兄在秦、越夹击下岌岌可危，但仍留在楚国不走，就自己悄悄溜回吴国自立为王。阖闾听说后院起火，率兵回吴攻打夫概。夫概跑到了楚国，被封为堂谿氏。

公元前504年，吴王又命太子夫差伐楚取番。楚国吓得把国都从郢迁到都。

公元前496年，吴王阖闾为了报越乘机进攻吴国的仇，发兵伐越。越王勾践迎击吴师于欈李。越军派犯了死罪的人把剑挂在脖子上，走到吴军阵前大呼，然后自杀。吴军觉得很奇怪，放松了警惕。越军乘机发起进攻。越大夫灵姑浮乘吴军混乱之时，以戈刺伤了阖闾的脚趾。吴军刚刚后撤了七里路，阖闾就死于军中，阖闾死前命太子夫差继承大位，并叮嘱他："你会忘记杀父之仇吗？"夫差说："不敢！"

夫差即位后励精图治，一心想复仇。吴王日夜练兵的消息传到了越国，越王勾践认为要趁吴国还未完全准备好，先收拾了吴国，以免后患。谋臣范蠡劝他不要进攻吴国。勾践说："我意已决！"于公元前494年，尽发越国精锐部队征讨吴国。吴国也尽发其精锐迎击，在夫椒大败越军。

越王勾践带了只剩下5000人的队伍，逃到会稽，又被吴军包围了。勾践后悔地对范蠡说："因为不听你的话以致如此，怎么办呢？"范蠡向他建议，以卑辞厚礼向吴王请和，如果吴王还不同意，勾践应当亲自到吴国去为吴王服务。勾践在万般无奈的情况下，只好派大夫文种到吴军去请和。大夫文种在吴王面前一边跪下磕头，一边表示，勾践愿意做吴王的臣子，勾践的妻子愿做吴王的妾。吴王志得意满，准备答应越国的乞求，伍员却看出了名堂。他大声对吴王说："天意把越国赐给吴国，不能答应越国的请求。"他为吴王进一步分析了为什么不能答应的原因："昔日有过氏杀斟灌以伐斟鄩，灭夏后帝相。帝相的妃子后缗正怀孕，跑到有仍，生下了少康，少康长大为有仍管理放牧。有过又要杀少康。少康跑到有虞，有虞把二女嫁他，并给田一成，军队一旅。少康凭此灭了有过氏，恢复了夏朝。今天吴国之强不如当年有过氏，而勾践的实力却大于少康。如果今天不灭掉越国，而且款待他，将后患无穷。况且勾践这人吃苦耐劳。今日不灭越，日后必有后悔之时！"吴王听了这些话有些犹豫不定。

文种回去后，向勾践报告了情况。勾践一听求和无望，眼都红了。他手握宝剑，准备杀掉妻子、烧毁宝物，然后与吴军拼命。大夫文种拦住了他，献上一条妙计："吴国的太宰伯嚭为人贪婪，可诱之以利，请您让我微服拜访他。"勾践马上让文种带上美女宝物，献给伯嚭。伯嚭果然高兴地收下了。

第二天，伯嚭把文种引见给吴王，并为之大说好话。文种也恭敬地对吴王说："愿大王赦勾践之罪，收下越国献的宝物。如果大王不赦，勾践将杀妻子，烧宝物，以五千人与大王死拼，那时必然要有死伤。"伯嚭在一边帮腔："越国已降服为臣，如果赦了勾践，对国家有好处。"吴王一向信任伯嚭，就同意了。伍员听到这个消息赶忙进谏："今天不灭越，日后必悔。勾践是贤明的君主，文种、范蠡是有谋略的大臣。如果让他们回国，将给吴国带来祸害。"吴王不听，最后终于饶了越国，率兵回去了。这时勾践在会稽被围的营地里正仰天长叹："我这一辈子就死在这儿了吗？"文种说："当年商汤被困于夏台。周文王被囚于羑里，晋文公重耳出奔于翟，齐桓公小白出奔于莒，最后他们都成就了霸业。从这些事情看，大王今天被困于此可能还有好处呢？"

吴王如果听到这些话，就不会如此放心地同意议和了。日后吴国将付出沉重的代价。因为吴王听信宠臣伯嚭，伯嚭又为越所收买，吴国功败垂成。在这里间谍在某种程度上改写了历史！

越国的这次间谍活动之所以能取得成功，是因为他们在最能影响君主决策的人中找到了自己的代理人，而且对此人的弱点早有了解。从这个事例中可以看到间谍活动的最有效方式是从对方最高层领导人入手，影响其做出有利于己的决策，从战略上诱使敌人犯下大错。日常对敌人领导人和参与决策者的性格、思想方式、决策特点、人际关系进行分析，是这类间谍活动取得成功的必要条件。这类打入敌人最高层去寻找代理人的间谍活动是最能致敌于死地的战略间谍活动。从另一方面讲，这也是反间谍活动要首先注意防止的。

在这次间谍活动中，勾践及其使臣咬紧牙关做出一副卑躬屈膝的样子，也有力地配合了对间谍的收买活动，从心理上麻痹了吴王。

第二十节　卧薪尝胆

越王勾践得到吴王赦免后，回到越国。为了激励自己励精图治，他把苦胆置于座前，不论坐卧都能看见。吃饭前也要先尝尝胆的苦味，并且说："你忘了在会稽受到的侮辱吗！"他亲自和百姓一起耕种，他的夫人也自己织布。对有才能的人，他给予厚待。老百姓遇到的生老病死等事，他亲自去慰问凭吊。他把国政全交给文种去处理，派范蠡和柘稽到吴国去当人质。两年后，范蠡从吴国回到了越国。像范蠡这样的人在吴国，一定把吴国的底细弄得一清二楚。越王派他去一方面为了向吴王表示自己臣服之心，另一方面肯定也是另有使命，我们从后面伯嚭的行动中大致可以猜出一二。

经过了七年准备，越国恢复了生机。勾践有些迫不及待了。大夫逢同劝他先沉住气，广交诸侯，待吴国与其他国家斗得精疲力竭时，再乘机进攻。勾践想了想，只好咬紧牙关等待时机。

又过了两年，公元前485年吴王夫差要讨伐齐国。越王勾践听了孔子高徒子贡的谋划，极力装出要帮助吴国打齐国的架势。伍员却看出了问题。他对夫差说："这事万不可做。我听说勾践与百姓同甘苦，其志不小。这人不死，必为大患。越国乃吴国心腹之患，齐国不过是长在吴国身上的疮疥罢了。请大王先放过齐国，征伐越国。"此时吴国正如日中天，夫差向往着当诸侯霸主，根本听不进去。他派伍员出使齐国。其用意可能是让伍员去了解一下齐国的情况。伍员预感到自己在吴国的情况不妙，大概同时也想到了自己父兄的遭遇吧。出使前他沉痛地对其子说："多次苦谏无用，吴国的倾覆已指日可待。你没有必要与吴一起灭亡。"他带了儿子一起出使齐国，并把儿子托付于齐国大夫鲍氏。这下他可犯了大忌。

回国之后，吴王伐齐取胜。夫差以此来表示自己高明，并责备伍员。伍员性格倔强，对此不以为然。这时又发生了一件让伍员动肝火的事。

勾践的智囊文种劝勾践向吴国借粮，以此来试探吴国对越国的态度。吴王答应了。伍员苦谏，吴王置之不理。越国君臣十分高兴，因为他们看到伍员的话也不顶用了，吴王越来越骄傲，放松了对越国的警惕性。伍员怎么也咽不下这口气，他对吴王气呼呼地说："大王不听我的劝告，三年后吴国都城将成为废墟！"长期接受越国贿赂的太宰伯嚭在一边与伍员争了起来。由于受到越国收买，伯嚭是力主对齐用兵的，在其他事上也与伍员唱对台戏。他在背后对吴王说："伍员貌似忠厚，实际是极残忍的人。连父兄受难，他都不顾，还能替大王考虑吗？大王想伐齐，他强谏不愿伐齐。大王取胜了，他反而大放厥词。大王要是不早做防备，他必定要作乱的。"伯嚭诋毁伍员，全是与越大夫逢同一起商量好的。伍员托子于齐，自然也成了攻击他的重型炮弹。吴王越想越觉得要及早除去伍员。他派人给伍员送去一把宝剑，逼他自杀。伍员看着宝剑仰天大笑："我让你父亲当了霸主，又立了你。当初你想分吴国的一半给我，我尚不受。今天反而因为有人挑拨离间而杀我。"他对自己的门客说："我死之后，把我的眼睛挖出来，悬于国都东门之上，我要看着越兵入城！"说完就引剑自刎了。吴国大权尽落于伯嚭之手。吴国的悲剧快拉上帷幕了。

勾践知道这一消息后，召见范蠡："吴国已杀了伍员，朝中尽是一些阿谀奉承的马屁精，可以伐吴了吧？"看来勾践对吴国的事一清二楚，如在眼前。老谋深算的范蠡却说："未可。"

在这期间，越国一面加紧整军奋战，一面对吴王更加忠顺。吴王想修宫殿，越国就送了木材去。为了修姑苏台，吴王大兴土木，耗尽了民力、物力。越国正希望投其所好，以实现自己的目的。吴王想华丽的衣服，越国也及时送上，各地的土特产更是接连不断地献给吴王。吴王就在花天酒地中度日。

公元前482年，吴王夫差北会诸侯于黄池（今河南封丘西南）。吴国的精兵都和吴王一齐出发了，因为吴王夫差打算在这次会上确立自己在诸侯中的霸主地位。勾践看到这个机会问范蠡可不可以伐吴。范蠡认为时机已到。勾践立即调集了全国精兵，倾国出动进攻吴国。吴军在一心复仇的越军面前一败涂地，太子也被杀了。吴王这时还在黄池大会上与晋侯争夺霸主之位呢。听到这个消息，他只好把霸主之位让给了晋定公，听从伯嚭的意见，派人以厚礼到越国请和。越国总算翻过身来了，但实力还未到消灭吴国的地步，就答应了吴国的求和。

公元前473年十一月，越国又大举伐吴。这时吴国经过几年与晋、齐、越等国的战争，再加上夫差大肆挥霍不恤民力，已经到了不堪一击的地步。越军大破吴军，把吴王夫差困于姑苏山上。吴王派公孙雄肉袒膝行到越王勾践面前，希望勾践也能赦免他。范蠡可对吴王的心思一清二楚。他对勾践说："当年在会稽，天以越国赐给吴国，吴国不取。今日天又以吴国赐给越国，越国岂可违背天意。况且大王您这些年起早贪黑地勤理国政，不正是为了打败吴国吗？谋划了二十二年，一旦放弃，能行吗？"勾践这才下了决心，对使者说："我把吴王安置在甬东，给一百户人家供养他。"吴王听了使者的话说："我老了，不能服侍君主！"就自杀了。自杀前，他用衣袖掩盖着自己的脸说："我无面目见伍子胥于地下。"这话沉痛之至，可惜太晚了。

越王总算去掉了大敌。他该动手清理内部了。伯嚭满以为自己可以照样去越国当官，没想到越王认为他既可以不忠于吴王，也可以不忠于自己，马上把他杀掉了。

越王灭吴之后，称雄于诸侯，号称霸主。范蠡一看越王那副骄横的样子，给文种留下一封信就溜了。文种一看信上写着"飞鸟尽、良弓藏，狡兔死、走狗烹"，也就称病不上朝了。就这样越王也没放过他。有人说文种要作乱。越王让人给文种送去一把宝剑，并说："你教我伐吴七术，我用了其中三条就打败了吴国。余下四条还在你那儿，请你为我找先王试一试这几条计谋吧。"文种只好自杀了。

综观越国由衰而盛，的确是文种的几条谋略起了作用。这几条是什么呢？《越绝书》载：一是对天地、鬼神要尊重、诚实；二是以金钱宝物赠给吴国君主；三是以高价买粮食使吴国缺粮；四是送上美女以使其丧失兴邦治国之志；五是派去能工巧匠，让他大盖亭台楼阁，财竭力尽；六是使阿谀奉承之臣在吴国掌权，使吴国易伐；七是除掉能进谏的大臣；八是越国自己要国富兵强；九是准备好军队，等待吴国的衰弱。这几条中有六条是属于使用间谍对吴国的经济、政治进行全面瓦解、破坏之策。越国也正是从会稽之败起，实行了对吴国有计划，有长远安排的，以间谍战形式进行的战略进攻。这是一场攻其腹心的秘密战争。在这场秘密战争中，除了依靠伯嚭这样被收买的间谍外，还动用了越国所有金钱、美女、能工巧匠。这场战争，以被迫收买伯嚭开始，以伯嚭被杀而告终。在越国重新站立起来后，越国君臣的间谍战已由防卫转向了进攻。在这里，我们第一次看到了中国古代间谍史上出现的间谍战略。文种的几条，正是以间谍战略为主，形成灭亡吴国的政治、经济、军事总战略。在几个方面都贯穿了间谍战的手段，使间谍战上升为战略中的重要因素。而且其间谍手段种类之多，也集春秋时间谍手段之大成。这几条虽然史书记载有出入，但大致反映了当时越国进行间谍战的史实。文种作为一代间谍大师，名垂史册。

第二十一节　圣人的遭遇

激烈的间谍战，把孔子这样的圣人也卷了进来。

公元前500年左右，孔子已五十多岁了。终于以大司寇代行鲁国的国政。一旦大权在手，可以大展宏图了。孔子高兴得忘了喜怒不形于色的圣人之道。一生凄凄惶惶于诸侯之间，总算有了实现抱负的机会，怎能不高兴呢！以致门人都对他有意见："听说君子有了灾祸不害怕，有了好事不得意忘形。"

孔子上台伊始，就杀了鲁国的大夫少正卯。这一回官司打了一千多年，究竟如何，好在我们是在研究间谍史，先不去管它。孔子在治理国家上还真有一套办法，他参与国政三个月，就把国家治理成了路不拾遗的国家。

鲁国的大邻国——齐国的大臣听到了这些事，有些害怕了。他们在齐国国君与鲁国国君的一次相会上，领教过孔子的厉害。如今孔子大权在握，他们更加担心对齐不利。他们对齐国国君说："孔子为政必然使鲁国成为霸主，鲁国成为霸主又与我国离得最近，我国就会首先被吞并。是不是先给鲁国一些土地以求无事？"大夫犁鉏建议："请先试着阻止他掌权，阻止不了，再送土地也不迟。"于是齐国选了国中最漂亮的女子八十人，都穿上五彩缤纷的漂亮衣服，会跳很好看的舞蹈。这些美女赠给鲁国后，鲁国君主整天沉溺于观看歌舞，不理国政。孔子一看这样，只好依依不舍地告别了鲁国，又开始周游列国。

孔子虽然身受间谍战之害，但也许正因为如此，使他对间谍战有了深刻体会。在鲁国面临危机时，孔子派出了他的得意门徒子贡去进行间谍活动。

此时已是春秋末期，新兴地主阶级势力在各国已占据主导地位，各诸侯国的大权已落于新兴地主阶级的代表手中。这一转化过程在有些诸侯国如秦国，是通过君主支持变法来完成的；有的则是通过了激烈的阶级斗争，新兴地主阶级打倒了旧奴隶主贵族及国君，取而代之来完成的。齐国和后来三家分晋而形成赵、魏、韩三国，就属于这种情况。

公元前489年六月，齐国大夫陈乞（即前面讲到的陈桓子的后代）的势力已相当强大，人心也向着陈乞。他联合鲍牧等大臣进攻旧奴隶主贵族的代表高昭子、国惠子、晏孺子。国惠子跑到了莒国，晏孺子逃到了鲁国，高昭子被杀。

陈乞执掌了齐国的大权。陈乞死后，其子陈常继掌齐国大权。他以大斗借粮于民，小斗收回的办法，拉拢百姓，进一步巩固了陈氏[①]在齐国的地位。陈常为了消灭经常给他带来麻烦的奴隶主贵族势力，于公元前484年派国书、高无邳率领部队讨伐鲁国。其理由是鲁国曾于公元前485年和吴国一起进攻齐国。陈常出兵攻鲁的目的很复杂。他虽然已在齐国形成了力量上的优势，但旧奴隶主贵族的势力仍在，手中有武装，并不时地发动叛乱。子我、监止就曾率其部下进攻陈氏，但为陈氏的部下所杀。陈常认为齐国的旧奴隶主贵族的势力中以高、国、鲍、晏几家为最强。因此，他派这几家中的高、国两家率领其部下进攻鲁国，可谓一举三得。其一，削弱了这几家的力量；其二，使这几家的兵力分散，甚至消灭在齐国境外，减弱了国内旧势力对自己的压力；其三，威胁鲁国，如果战胜了可以进一步树立自己在国内的威信。总之，是一本万利的买卖。

这消息传到了正住在卫国的孔子的耳朵里。孔子感慨万分地对他的弟子说："鲁国，是我们祖宗坟墓所在之地，是父母之国，国家遇到这么严重的威胁，你们这些人为什么还不去救助呢？"子路请求去，孔子阻止了。子张、子石请求去，孔子也没允许。子贡这时站了出来，孔子答应了。

子贡到了齐国，见到陈常后说："您征讨鲁国是犯了个大错。鲁国是个让人难以征讨的国家。城墙薄弱而低矮；土地狭窄而贫瘠；国君愚蠢而不讲仁义；大臣徒有虚名而无真才；一国的百姓又害怕军队的士兵。所以您难以和鲁国作战。您不如去讨伐吴国。吴国的城墙高而厚，土地广大而且富饶。士兵的甲胄都是新的，并且坚实。士兵也吃得很饱。宝物和精兵都有，又有贤明的大臣为之防守，这才是容易讨伐的。"陈常一听，气得勃然变色："你认为难伐的正是人家认为易伐的，你认为易伐的正是人家认为难伐的。你用这种主意来劝诱我是什么意思？"子贡说："我听说忧患在国内的人应当进攻强敌，忧患在国外的人应该进攻弱敌。现在您的忧

[①] 陈氏又称田氏，本书为便于阅读，一律称陈氏。

患主要在国内。我听说您三次向齐王讨封,齐王都未答应。这是因为还有大臣不服从您。今天您攻击鲁国,扩大齐国的土地,如果打胜了,齐王就更加得意;打败了,带兵的将领也更加骄傲;而您的功劳却没有。这样您与国君就会日益疏远。您使自己与君主矛盾加大,与大臣抗争得更厉害。如果这样做,您想在齐国站住脚可就很难了。所以我说不如征讨吴国。伐吴如果不胜,这些大臣的部下死在外面,实力就空了。您就上无强臣和您相争,下面也免了使这些人丧命之过。齐君孤立无援,控制齐国的只有您了。"陈常脸上的神色由疑惑渐趋开朗,最后高兴地大声说:"好!但是我的部队已出兵伐鲁了,又离鲁去伐吴,大臣会怀疑我,有什么办法?"子贡说:"您先按兵不动,我去见吴王,以鲁国使者的身份请吴救鲁而伐齐。您的国家可以出兵还击。"陈常同意了,命子贡南下去见吴王。

子贡见了吴王后说:"我听说称王的人不会灭绝别人后代,称霸的人不能有强劲的对手。千钧之重加上很小的分量,就会使两边不平衡。今天有兵车万乘的齐国要吞掉只有兵车千乘的鲁国,以与吴国争雄于诸侯。我替大王担心。救援鲁国,可以使吴国在诸侯中取得好名誉。征伐齐国,可以得到不少实利。不仅可以安抚泗水以北的诸侯,而且打败齐国也可以威胁强大的晋国,好处可是太多了。"吴王听了说:"好!虽然有这么多好处,但我曾与越国交战,使越王受尽屈辱被困于会稽山上。越王现在正奋发训练士卒,想报仇。你等我伐越后再按你的办法去做。"子贡说:"越之力量不过与鲁国差不多,吴之力量则与齐国差不多。大王放了齐国而攻越,齐国就会吞并鲁国。现在大王正以存亡继绝来博得美名。伐小小越国而害怕齐国,不算勇敢。勇敢的人是不躲避困难的。讲仁义的人是不为过去的盟约所局限的。有眼光有头脑的人不放弃时机。称王的人不绝人之后代。这样才能树立自己的声誉。今天您已经让越国生存下来,显示了您的仁。救鲁伐齐,威逼晋国,诸侯必臣服于您,就可以成霸业了。您如果对越国不放心,我愿到越国去,让越王派兵和您一起伐齐。这样既使越国空虚又可以使您以诸侯联合的名义伐齐了。"吴王听到这儿非常高兴,马上让子贡到越国去。

越王听说子贡前来,马上让清扫道路,安排好宾馆,亲自到城外迎接子贡。他对子贡说:"这是蛮夷之国,大夫为什么事屈尊降纡光临敝国?"子贡说:"我劝说吴王伐齐救鲁,他心里想按我说的干,但怕越国攻吴。因此他说:'等我征越后再说。'如果这样,必然要伐越了。再说没有报复人之志而让人怀疑是愚笨的；有报复人之志而让人知道是危险的；事情没有做就先传出风声也是危险的。这三条是举事之大患。"勾践叩头作揖地向子贡表示感谢："我曾不自量力与吴国作战，被困于会稽。心情之沉痛如入骨髓，急得焦唇干舌，想与吴王拼个死活，是我的愿望。"他问子贡能不能这样干。子贡说："吴王为人暴虐勇猛，下属都受不了，国家因为老打仗而贫困，士兵已经有怨言，百姓也对吴王不满。大臣也多有变心，伍子胥因为苦谏而死。太宰伯嚭掌权，顺着君主的过错以满足自己的私利，是破坏国家的治理方法。今天大王如能发兵助长他伐齐之志，给他宝物取得他的欢心，以卑微的言辞来奉承他，他就必然伐齐。他如果被齐国打败了，是大王您的福气。如果胜了，必然会以兵威胁晋国。那时我可以北见晋君，让晋君与您共同攻击吴国，必然能使吴国削弱。他的精兵全部调出与齐国作战，部队被晋国困住，而您乘其疲惫，就必定可以灭掉吴国了。"越王大喜，同意了子贡的建议，并送给他黄金、宝剑、精心制作的长矛。子贡没有接受，又回到了吴国。

　　他向吴王汇报说："我已郑重地把大王的话告诉越王。越王很害怕，说：'我很不幸，少时父亲已经死了，自己又不自量力，得罪了吴国，兵败并蒙受耻辱。被困于会稽之山，国家也变成了荒野。全靠吴王的恩赐，得以使国脉延续，至死不敢忘，还敢有什么其他的图谋呢！'"五天之后，越王果然派了大夫文种来对吴王说："东海供您驱使的臣子勾践派使者大臣文种，大胆以小吏的身份来问候您。今天听说大王将兴大义，诛强救弱，征伐残暴的齐国而安抚周王室。我愿尽发境内士卒三千人，亲自率领，披甲执矛，先受弓箭和石块的攻击。顺便派越贱臣文种献上先人珍藏的铠甲二十副、屈卢之矛、步光之剑，以祝贺大王。"吴王完全放了心，很高兴地对子贡说："越王想亲自跟随我伐齐，可以吗？"子贡说："不可，让别人的国家空虚，调净了人家的部队，又让人家的国君跟随，这是不义呵！请大王接受他们的金钱，同意越国派军队，而辞谢越君。"吴王点头称是，派人辞谢了越王。尽发吴国之兵伐齐。

　　子贡眼看大功告成，又跑到晋国，对晋君说："我听说不事先定好计谋，不可以应付仓促而起的事变。军队不先准备好，不能战胜敌人。当前齐国将与吴国作战，吴国如果战而不胜，越国必然会乘机扰乱他。如果与齐国打胜了，必然以得胜之师威逼晋国。"晋君恐慌："如何对付呢？"子贡说："训练军队，休养士卒，严阵以待吴军。"晋君同意了。

子贡从晋国回到鲁国。吴王与齐国军队战于艾陵（今山东省泰安市南），大败齐军，俘获齐国七名将领，国书也被抓住了。吴军果然以得胜之师，威逼晋国，与晋君及其他诸侯集会于黄池。吴王与晋君争着要当盟主，相持不下。越王乘机发兵袭击吴国。吴国军队大败。吴王一听赶紧率军撤退，与越军战于五湖（今太湖），三战皆败。后来又经几次战争，越国终于消灭了吴国。把这节中的故事与上节连起来看，列国之间错综复杂的间谍战，简直让人眼花缭乱，目不暇接。以子贡一介书生，竟然在列国中掀起了如此轩然大波，不能不让人赞叹不已。难怪司马迁称赞道："故子贡一出，存鲁，乱齐，破吴，强晋而霸越。"

　　子贡的间谍活动在中国古代谍报史上占有重要的地位。其一，他的活动标志着"士"这个阶层的人物走上了间谍活动的舞台。我们前面讲了烛之武、展喜、弦高都是以外交使节的身份开展间谍活动的。但这些人不是士大夫就是商人，其间谍活动也是偶尔为之的一次性活动。子贡的间谍活动则是以"士"的身份，游说于诸侯之间，经过周密的思考与计划。其二，子贡的间谍活动方式属于两面间谍，甚至三面间谍的范畴。他纵横捭阖于各国之间，开后来战国时策士从事这类间谍活动之先河。他利用这国打那国，又挑动那国打这国。在诸侯相争的大风浪中，为鲁国这只风雨飘摇的小舟争得了相对的安宁。在子贡挑唆的这场斗争中，齐国陈氏达到了利用强敌消灭异己的目的；越国达到了欺骗夫差，最后消灭吴国之目的；晋国在客观上被利用，起了牵制吴国的作用；只有吴王夫差是大输家，他在子贡精心策划的棋局中，虽然取得了攻齐的胜利，却丢掉了江山。结合上一节我们可以看到，吴王夫差是在文种与伯嚭、子贡两方面精心布置的间谍战中走向灭亡的。这种间谍战策划之精密，用心之良苦，让人惊心动魄！文种与伯嚭谋其内，使其骄傲轻敌、挥霍无度，沉浸于女乐之中；子贡谋其外，诱使其走上与齐、晋等大国相抗衡的错误外交之途。文种、伯嚭、子贡，分别为了越国、为了自己、为了鲁国，他们都可以舍弃吴国。子贡在这次间谍活动中对各国诸侯、士大夫间的利害关系洞若观火。他在以齐攻吴、以吴攻齐、以晋攻吴、以越攻吴的连环套中，在向每一位君主进言时，都显得在为对方着想，都为另一位君主想好了应付之策。这显示了"士"这个阶层的人所具有的战略眼光、政治见解和较高的知识程度。

　　子贡的谍报活动除了上述特点外，还表现出对列国关系做通盘考虑后，充分利用他们之间的矛盾相互制约的方式。他们每个人都只看到自己的局部利益，而成为子贡整个战略上的一着棋。这种深藏不露的通盘战略设计，使子贡的间谍活动成为一个一气呵成，由若干个间谍活动构成的一个大的、统一的外交间谍战。这也正是子贡能够纵横诸国，无往而不利，并在春秋时众多间谍中高出一筹的原因。

子贡对吴、齐、晋、越等国的说辞，不外是诱之以利。这些利诱之辞被各国国君接受各有其不同程度上的原因。齐、晋是不得不为之，越国是看到了长远利益，只有吴国夫差是为了眼前的小利，而导致国灭身亡。从这个意义上讲，吴国的灭亡是由于吴王个人决策上的失误，而究其决策失误的原因，从根本上讲是由于吴王打败越国后骄奢淫逸，听不得忠言。精心策划的间谍活动遇上了这样的君主，自然加速推动其向灭亡走去，这一点是我们分析这类间谍活动时应注意的。

另外，孔子在众多门徒中挑选了子贡，实际上也是考虑到了子贡的活动方式。春秋列国相争，派一些不通此道的书呆子出去，是不能感动诸侯的，这一次孔子没有空讲仁义，他派出去一位间谍。子贡日后成了家有千金的巨富，所到之处与诸侯分庭抗礼，最后死于齐国。这也是令人回味的。

第二章 战国的间谍活动

第一节 机警的南文子

战国初期，晋国大权落到了以智氏、赵氏、范氏、中行氏、韩氏、魏氏六卿为代表的"私室"手中。公元前458年智氏与赵、魏、韩联合起来消灭了范氏、中行氏，几家把范氏、中行氏的封邑瓜分了。其中智氏势力最强，已经到了左右国政的地步。晋出公看到几家在晋国为所欲为，十分生气，让齐国、鲁国出兵讨伐四卿。四卿反而先发制人，攻打出公。出公在向齐国逃亡的路上死去。智伯此时觉得自己的势力尚未达到取晋而代之的程度，于是立晋昭公的曾孙骄为哀公。国政取决于智伯。

智伯想发兵进攻卫国。让晋国太子颜假装犯罪逃奔卫国。卫君想让其入境。南文子说："太子在晋国很得宠，而且没有什么大罪就从晋国出逃，其中必有别的原因。"卫君仍然派人到边境去迎接晋太子颜。不过南文子的话提醒了卫君，他对派去接晋太子的人说："车辆超过五乘，不要让他们入境。"智伯又派人送卫君野马与白璧。群臣都向卫君祝贺，只有南文子一人面带忧色，对卫君说："无功之赏，不可不察。"卫君把南文子的话传达给边境守军将领。智伯果然起兵企图乘卫国放松警惕之际进行袭击。他们到了边境一看，卫军正严阵以待呢，只好长叹一声："卫国有贤人，知道我国计谋了。"于是就带兵回去了。派去的太子呢？史无记载，但可以肯定在卫国如此警惕之下，也没发挥什么作用。

卫国从反常的现象中看出了对方的企图而幸免于难。另一个国家仇由可就没有这么高的警惕了。

智伯想吞并仇由，但道路难行。于是他就铸了大钟赠给仇由之君。仇由之君想开山填谷，修路迎接大钟。赤章曼枝劝他说："智伯是个贪得无厌而不讲信义的人。他想进攻我们却没有道路。今日必有军队跟在大钟的后面。"仇由之君不听，赤章曼枝就逃到了齐国。果然，随着道路的修通，晋国大军也杀到了。仇由被晋所灭。

我们看到智伯在第一个事件中使用了苦肉计，但由于出现了重大破绽而为卫人察觉。晋公子颜的出亡理由不足，是这出戏演得不像样的主要漏洞。随后智伯又以赠野马、白璧来麻痹卫君，同样被南文子识破。原因是"无功之赏，不可不察"。智伯这两条妙计之所以让人一眼识破，有一个共同的原因，他设计的这两个计策让人觉得有反常可疑之处。前一个是无大罪而亡，后一个是无大功而赏。聪明人从一般逻辑推理来分析，这两件事的前因都不会引出如此的后果。那么进一步推想，总还有一个背后的原因，那就是这样做是以假象迷惑卫国，以达消灭卫国之目的。间谍工作是秘密工作，其秘密不仅表现在策划于密室，也不仅表现在行动时的保密，更主要的是能否以一种合乎情理的、自然而然的外在形式来对行动的真正目的加以掩护。这一点智伯两次都没有加以充分的考虑。

相反，智伯赠送大钟的计谋却取得了成功，仇由也不是没有人识破这一显而易见的计谋。那么只能归因于仇由之君的愚昧无知了！

第二节 三家分晋

上节讲到智伯与赵、韩、魏攻灭范氏、中行氏，并分其土地。晋国的大权落在了智伯之手。晋国剩下的四卿中，也以智伯势力最为强大。他在向外扩张的同时，开始蚕食赵、韩、魏三家。

他先向韩康子索取土地。韩康子不想把土地乖乖送上。段规对他说："智伯好利而刚愎自用。如果不给他，必将讨伐我们，不如给他。他得了土地，必然向其他人索取土地。他人如果不愿给，必然以兵戎相见。我们就可以免祸，并且相机行事了。"韩康子恍然大悟，答应了智伯的要求，并献出了万人之家的大邑。智伯果然得意忘形了。他又派人向魏桓子求地。魏桓子也不想给，他手下的任章问他："为什么不想给？"魏桓子说："因为他无缘无故地强要土地，所以不给他！"任章与段规倒是英雄所见略同，他对魏桓子说："无故索要土地，诸位大夫必然感到恐惧。我们把土地给他，智伯必然更加骄横，骄横就会轻敌。害怕智伯就会使大夫们靠得更紧。以诸大夫联合之兵，对付轻敌之人，智氏的命必然不会长久了。"魏桓子也想通了,同样献上了万户之邑。智伯又如法炮制,向赵襄子索地。赵襄子可不是那么好说话的人,一口回绝了智伯。智伯大怒率韩、魏两卿的军队,一起进攻赵氏。这一年是公元前455年。

赵襄子为了对付智伯等三卿军队的进攻,决心出走。到哪去合适呢?有随从说,长子离我们距离近,而且城墙高大厚实。赵襄子叹了一声:"城墙高大,是用尽了民力来修的。如今又想用民力来死守,谁能和我们一条心呢?"随从又说:"邯郸的仓库积粮很多。"赵襄子想了想:"收集了民脂民膏来充实仓库,又因为这些粮食而给百姓招来灾祸,谁和我们一条心呢?"赵襄子想起父亲赵简子临终前的嘱咐,万一有难,不要因为守晋阳的大臣尹铎年少,晋阳城距离远,就不去晋阳。赵简子派尹铎到晋阳,是看中了尹铎的才干。尹铎到晋阳后,轻徭薄赋,给了当地老百姓许多好处,使晋阳成了赵氏苦心经营的可守之地。

赵襄子率领其随从到了晋阳。三卿的军队把晋阳城包围起来。智伯见久攻不下就引汾水灌城。汹涌的河水已经快淹没晋阳城了。城中的百姓跑到树上居住,为了能生火做饭,必须把锅吊起来。城中的钱、粮都快用光了。军士也病疲不堪。但因为赵氏平时对晋阳百姓广施恩惠,所以还没有人心惶惶。但赵襄子害怕了,他对手下的主要谋臣张孟谈说:"城中粮食不足,财力已尽,士大夫纷纷病倒。我恐怕守不下去了,想举城投降,你看怎么样?"张孟谈请赵襄子不要再提投降的事,并自告奋勇到韩、魏两卿中去游说。

此时韩康子、魏桓子的心情也是十分复杂的。攻下赵氏之后,下一个会轮到谁呢?智伯的力量将更加强大。攻赵之前,智氏索地的事尚让他们心有余悸,攻灭赵氏之后又当如何呢?用"不寒而栗"形容韩、魏的心情,可能是恰当的。智伯在巡视被水浸灌的晋阳城时,得意地说:"我今天才知道,水可以使他人的国家灭亡。"韩康子、魏桓子二人听了此话,相互看了一下,别有一番滋味在心头。他们想智伯对自己也可以如法炮制,更加害怕了。这时张孟谈悄悄溜进了他们的营帐。

张孟谈对魏桓子、韩康子说:"我听说唇亡则齿寒。当前智伯率韩、魏之兵来讨伐赵氏。赵氏一亡,就该轮到韩、魏了。"韩康子、魏桓子一听,正说到了心坎上。于是他们表示:"这个关系我们心里也清楚。但害怕事情没做成,谋划却已泄露出去,就立刻会有大祸了。"张孟谈说:"计谋出于二位之口,进我的耳朵,有什么怕的。"到了这时候韩、魏两位也不绕圈子了，直截了当地和张孟谈谋划起联合进攻智伯的办法来。双方约定了进攻智伯的具体日期。张孟谈又悄悄回到城里，向赵襄子报告出行的结果。这时智伯还做着消灭赵氏的好梦呢！

这一天子夜，赵襄子派人杀了智伯手下看守河堤的军吏。赵氏之师把河堤决开，使河水朝智伯之军滚滚而去。智伯的军队在睡梦中被大水惊醒，仓促应战，乱成一团。这时韩、魏两家的军队由两翼夹击智伯军队。赵襄子的部下也从城中杀出，从正面攻击智伯军队。智伯的军队大败，智伯被杀，智氏被彻底消灭。赵、韩、魏三家平分了智伯的土地，实际形成三个诸侯国的局面，史称"三家分晋"。这件事发生在公元前453年三月。这三家"私室"像分割自己的土地一样，把智伯的土地瓜分掉，说明晋国"公室"也即奴隶主贵族彻底衰落下去。

张孟谈离间智伯与韩、魏之所以能取得成功，除了他对赵、韩、魏之间的利害关系，三家与智伯间的利害关系看得很清楚外，最根本的原因还是韩、魏与智伯间有着难以调和的矛盾。

愚蠢的智伯在推进自己消灭三家的计划时，根本没有考虑到如何巩固自己与韩、魏的暂时的联合，以先消灭赵氏。他蛮横地一下把三家全得罪了，韩、魏两家只是咬着牙等待时间而已。这类竞争对手组成的联盟是最容易被离间的。而进行离间活动的最好时机往往是功亏一篑之际。大敌将亡，貌合神离的联盟中竞争双方的利害关系更加紧张。暂时参加联合的双方不得不面对马上就要出现的争斗，做出抉择。这时，对利害的权衡，很可能导致联盟关系的转化。从这个意义上讲，张孟谈的间谍活动所选择的时机是恰当的。当然，张孟谈的见识与胆略也起了很大作用。

需要一提的是，智伯在这一事件中始终处于盲目乐观、日益骄横的状态。段规、任章为韩、魏二人出的献地给智伯的计策，起了很大作用。但智伯的谋士缔疵曾向他进言，韩、魏靠不住，并为他分析了韩、魏必反的原因。这并未使他猛醒，而且河堤的防守又是如此松懈。可见智伯之军从上到下已经骄傲自大到了何等程度。这也是张孟谈间谍活动能成功的重要原因。对间谍活动未必能全部有所察觉，甚至对大部分间谍活动能有所察觉也是十分困难的。但是只要有一定的警惕性，总能从大的政治、经济、军事形势来分析、推测敌人可能采取的间谍活动，有所预防，尽量减少损失。从许多蛛丝马迹也可以对敌人的间谍活动进行大致的分析，防微杜渐。实际上智伯的谋士缔疵正是从这两方面看出韩、魏必反的。遗憾的是智伯的骄横已到了无可救药的地步，以致身死族灭，一败涂地。

第三节 "东周"与"西周"

"三家分晋"之后，东周王室的力量已经衰落到一个小国的地步。但是在如此虚弱的周王室内部还演出了一场分裂活剧。分裂双方在间谍战方面也大打出手。

随着诸侯国在兼并战争中日趋强大，东周王室在政治上的号召力也越来越小。以致一些大的诸侯国已不屑于以周天子名义会盟诸侯，明确自己的霸主地位了。不仅如此，他们还积极介入周王室内部事务。

公元前 440 年，周考王封其弟揭于王城（东周都城之西），号西周，是为西周桓公。桓公死后，其子威公立。公元前 367 年威公又死去了。太子朝与威公的小儿子公子根争位。韩国、赵国支持公子根立于巩，号东周惠公。他据有巩、严阴、偃师等地。毂、城、缑氏、王城等地为太子朝所据。公子根所据三地号"东周"，太子朝所据三地号"西周"。周显王居住在成周（即河南洛阳）有一城之地，不得不依靠公子根。这样周王室内部又分裂成了两个小国。两个小国间明枪暗箭，开始了你死我活的争斗。

有一次"西周"的大夫昌他从"西周"逃到了"东周"，把"西周"的情况提供给了"东周"。"东周"君臣十分高兴，"西周"君臣则又是沮丧，又是生气。"西周"的大夫冯且对勃然大怒的西周君说："我有办法把昌他除掉。"西周君给了他金三十斤，去进行活动。冯且让人带了金子和一封信，溜到"东周"送给昌他。信上告诉昌他："事情如果能成功，就努力办好。如果不成功，急速逃归。事情久了就会败露，招来杀身之祸。"

这个间谍带着信出发后，冯且又让人告诉"东周"边境上侦察的士兵："今晚有间谍要到东周去。"士兵得到了这个消息后，加强了警戒，果然抓到了冯且派去送信的人。这个人被献给东周君。东周君看了此人身上带的信，马上让人把昌他抓起来杀掉了。

冯且的离间计用得十分巧妙。他的整个离间计由两个方面组成。一方面派人带书信送门去充当"死间"，以达到杀昌他的目的。另一方面为配合此行动，让人告诉"东周"间谍出发的具体时间。两方面的巧妙配合，说明当时对间谍的使用已达到了非常复杂、非常熟练的程度。遗憾的是冯且如何使间谍到"东周"的消息泄露给"东周"的"候者"，我们不得而知。如果他利用的是"东周"在"西周"的谍报系统，那么事情就更加有趣了。如果冯且只是采取派人直接送信给"东周""候者"的办法，那么东周君对此事的处理就过于简单了。对于如此巧合的一件事，只要稍微进行一下分析，就不难发现问题。即便昌他真是"西周"派去的间谍，"东周"也可以在发现之后装作不知道而加以利用。可惜东周君计不出此，中了离间计。对这类主动送上门的情报，要结合其前因后果认真对待，在处理上慎之又慎。

"东周"与"西周"斗法的事很多，在这里再举一个例子。

"东周"想要种稻子，"西周"却不放水到"东周"。"东周"很担忧。苏子①对东周君说："我可以作为使节到'西周'去让其放水吗？"东周君当然同意了。苏子到了"西周"，见到西周君说："您的谋略太过分了。现在不放水，可以使'东周'更加致富。因为'东周'的百姓除了种麦不能种别的了。您要是想破坏'东周'，不如放水，以影响其种的庄稼。放水，'东周'必然重新开始种稻子。等'东周'种稻后，您再把水控制住，'东周'的君臣百姓全都要仰仗'西周'，并且要听您的命令了。"西周君一听有道理，于是命令放水。

东周君一见"西周"放水，给苏子许多黄金作为报酬。西周君也认为苏子出了控制"东周"的好计策，同样赏给苏子许多黄金。

在这个例子中，苏子是以一种两面间谍的面目出现的。他受命于"东周"，去游说西周君放水。他的确达到了让"西周"放水的目的。然而他为了达到这个目标，给西周君提出的筹码是以放水来最终控制"东周"。因为"东周"一旦种上稻子，其选择余地就更小了。作为一个间谍，苏子以战术上的胜利来报答第一个主子，以战略上的长远收获来打动第二个主子。两人均被其玩弄于股掌之上，苏子也够阴险可怕的了。

我之所以举出此例来，因为这个例子集中地表现了战国时期策士间谍活动特点。由于列国相争，其利害关系往往犬牙交错十分复杂。多角外交关系也变化无常。这就给这些人利用各种矛盾、力量来达到自己设计的谋略，创造了条件。此外，战国之际各种学派百家争鸣，私家著述层出不

---

① 据《战国策》鲍本注：苏子非代则厉。也即是苏代或苏厉之所为。

穷。文化知识有了较大的发展，知识的传播由奴隶社会的学在官府，变成声势浩大的私人讲学。一个"士"的知识分子阶层形成了。同时殷、周以来的贵族血缘关系受到很大冲击。由于生产关系的大变化，甚至使一些鸡鸣狗盗之辈也成为诸侯座上客。工商业也发展了，出现了吕不韦这样的大商人。这些社会变化使社会对人才的需求更大了。出现了不仅君择臣，而且臣亦择君的状况。这些都使苏子一类人物的眼界大开，知识丰富，能力也强，活动周旋时余地也大。因此这些人在游说各国间，显示了自己政治上、军事上的能力与气魄，在谍报活动中也是如此。

同时由于孔子的儒家思想远未达到后来的地位，只是百家中的一家，新兴的"士"不少是出身卑贱的人，对于他们来说，在道德上没有太多"忠君"的顾虑，以学识角逐富贵、权力，是唯一利益所在，因此他们可以在自身活动中随意出卖某一主子。苏子在这种情况下的表现就是一个典型的"士"的谋略活动。谁受益，谁受损他可以不管，只要其计得授就行。

这就提出了一个问题：对于能力很强，但又根本无法控制，或很少受到束缚的间谍应当如何利用？间谍出于自身的利益，很可能在敌对双方间做出一些只以自己利益为转移的事情来，在这种情况下双方都可能做出错误的判断。

苏子一类人在战国时正是凭自己高出于一般国君的能力与智力来使自己的计谋得逞的。《战国策》中这类事例颇多，由于《战国策》中的记载有许多不详或矛盾之处，因而这类事例我们只举一个。从历史的大背景和当时这类人活动的共同点来看，这类事可以说是真实而又真实的。

第四节　左右逢源

宋国在战国时期已经成为一个在大诸侯国的夹缝中求生存的小国。

魏王进攻赵国的国都邯郸，派人到宋国去，要求宋国派兵一起进攻赵国，这实际上有命令宋国出兵的意思。宋国处于左右为难的境地。出兵将得罪赵国，自己也会受到损失。不出兵将得罪魏国，马上会大祸临头。

宋国君主派了一个舌辩之士秘密出使赵国。使节到了赵国，对赵王说："魏国军队强悍而势大。现在魏国要求敝国出兵，敝国如果不听魏国的话，恐怕将危及国家生存。如果帮助魏国征讨赵国，使赵受到损害，则是我国国君所不忍心做的。愿大王对敌国如何做才好给予指教。"

赵王听了，心中暗暗高兴，回答道："是呵，宋国的力量当然不如魏国，这一点我是知道的。如果削弱赵国使魏国更加强盛，对宋国必然也是不利的。这样我怎么能告诉你该如何做呢？"当然赵王是不愿宋助魏伐赵的，可是既然宋国已表明心迹，如何使宋国找到退路呢？他也没想出办法。使节却胸有成竹，他一看赵王对宋国表示理解，就抛出了早已想好的计策，他说："我请求能接受赵国边境的一座城池，以缓慢的进攻来拖延时间。只不过让士兵占领城池，装出攻击的样子而已。"赵王爽快地答应了："好！"

于是双方的精彩表演开始了。宋国军队出击赵国，并包围了一座城。魏王很高兴地说："宋国已经出兵帮助我了。"赵王也很高兴地说："宋国军队就停在那儿了。"因为宋军只是装出进攻的姿态。魏、赵两国相持了一段时间，魏军就撤退了。在这场冲突中，宋以秘密外交的间谍活动在魏、赵两国间"走钢丝"。最后魏国认为宋国听话，并对宋国出兵相助欠了一笔人情债。赵国也认为宋国出兵是不得已，对宋国没有怨恨。宋国真可谓左右逢源呵。

历史上这类事情屡见不鲜。特别是在比较复杂的政治、经济、军事斗争中，秘密外交活动与公开的外交活动相配合，使一国的真正意图往往难以分辨。对这类秘密外交活动的组织、开展，以及与此相对应的对这类活动的情报的窃取、破坏，成了间谍战的一个重要组成部分。

第五节　往日的友情

魏相公叔痤自知病将不起，求见魏惠王。他对魏惠王说出了一直放在心上的一件大事："门客卫鞅有奇才，愿您委以国政！"当他看到魏惠王满脸犹疑之色时，又神色庄重地对魏惠王说："如果大王不用，务必将其杀掉，不要让其逃出魏国。"魏王对左右说："公叔病得可够厉害的！真让人伤心。想让我委国政于卫鞅，又劝我杀掉他。岂不是太荒谬了吗？"他认为公叔痤确实病得头脑不清楚了，最终未采纳公叔痤的建议。

公叔痤回到家里，把卫鞅叫到床前对他说："我已对国君极力推荐你了，并对国君说如果不用你，就务必要杀掉你。你现在快逃吧。"公叔痤这样说，在他看来于公于私都尽了责，既对得起魏王，又无负于卫鞅。卫鞅听了后淡然一笑："魏王既然不听您的话用我，也一定不会按您的话来杀我。"果然魏王认为卫鞅何许人也，根本就没理卫鞅。于是卫鞅从容不迫地带着李悝《法经》等著作，西游入秦。

这时是公元前361年，前一年秦献公刚刚死去，秦孝公立。当时赵、魏、韩、楚、齐、燕等诸侯国，以及淮、泗之间的小诸侯都看不起秦国，认为秦国是不发达的夷狄之国，不允许秦国参加诸侯国的会盟。这对秦国君臣是极大的刺激。但秦国历来有从外面引进人才的传统。秦孝公下令："宾客群臣有能出奇计使秦国强盛的，我将让他当大官，并与他分封土地。"卫鞅正是在这种背景下到了秦国。

卫鞅到秦国后，经景监介绍见到了秦孝公。卫鞅先以"帝道"说秦孝公，秦孝公听了昏昏欲睡，卫鞅走后，秦孝公责备景监："你带来的客人是个迂腐无知的人，哪能用他！"景监见到卫鞅后埋怨了他一顿。卫鞅说："我说孝公以帝道，他不明白罢了。"过了五天，卫鞅又求见孝公，孝公听了后仍责备景监荐人不当。景监只好又埋怨卫鞅。卫鞅说："我用王道来说孝公，他没听进去。请让孝公再见我一次。"这一次见了孝公后，孝公十分注意地听了卫鞅的话。卫鞅走后，孝公对景监说："你的客人不错，可以和他谈谈。"卫鞅对景监说："我以'霸道'说孝公，看他的意思是想用'霸道'了。请再让我见孝公一次，我已经揣摩到他的心思了。"卫鞅又一次见了孝公，这一次孝公听得入了迷，不知不觉地用膝盖移到了卫鞅身边。卫鞅对秦孝公说："疑行无名，疑事无功。"鼓励秦孝公在秦国进行大胆的改革。秦孝公对卫鞅委以国政，秦国日渐强大起来。

秦国强大起来后，与其接界的楚、魏挡住了秦国向东发展的道路，于是秦军的刀锋首先指向了楚、魏。公元前354年，秦乘魏攻赵，大败魏师于元里（今陕西澄城东南）。公元前351年，卫鞅率军围魏固阳，固阳投降了。魏国开始尝到了卫鞅出走的苦果。但是魏国也不是没有还手之力。公元前350年，魏国进攻秦国，围定阳（今陕西延安东）。秦孝公不得不与魏惠王在彤会盟讲和。此时魏国的军队，在"三晋"中还是号称精锐的。

公元前344年，魏惠王以朝周天子为名，召集了一些小诸侯企图合攻秦国。这时卫鞅又出场了。他又回到了魏国，对魏王进行游说："不如先称王，然后谋划进攻齐、楚两国。"魏王被卫鞅花言巧语说动了，于是自称为王,并召集了宋、卫、鲁等小国在逢泽会盟,秦国也派了公子少官参加。盟会后,魏王率诸侯朝见周天子,魏王的得意劲儿就别提了。

可是魏王的好日子没过多久。公元前341年,卫鞅又率秦军进攻魏西部边境地区。第二年,卫鞅对秦孝公说:"秦国和魏国,好像人有腹心之病,不是魏吞并秦,就是秦吞并魏。"劝秦孝公下决心伐魏。孝公下了决心,以卫鞅为将,率军伐魏。

魏国派公子卬为将,迎击秦军。两军对峙,卫鞅却不急于作战。他早年羁留魏国时,与公子卬感情不错,常在一起游乐。于是卫鞅给公子卬写了一封信。信中说:"我早年与公子在一起很不错,现各在两国为将,实不忍相互攻击。想和公子相见盟会,重续往日之乐,饮酒而罢兵。以使秦、魏两国百姓得到安宁。"公子卬看信后认为卫鞅讲得有道理,就不顾部下的反对前往与卫鞅会盟。

双方见面,畅叙了别后之情。然后两人进行会盟,并饮酒祝贺罢兵。哪知卫鞅的酒杯刚放在桌子上,营帐外甲兵四起,冲入营帐把公子卬及其随从抓了起来。卫鞅立即率军进攻失去主将的魏军。魏军大败。此时魏国刚刚败于齐国不久,国内空虚。魏王接到失败的消息惊恐万状,只好割部分河西之地向秦国求和。魏王这时才后悔地说:"我恨当初没照公叔痤的话去办!"

因为破魏有功,卫鞅被秦孝公封之于商等十五邑,所以卫鞅又以商鞅之名,名垂史册。

卫鞅在他的谍报活动中既曾以说客的身份使魏王锋芒转移,又利用昔日的友情使公子卬大上其当。

卫鞅之所以取得成功,与魏国对其认识不够有很大关系。魏国君主首先就看不起他,认为他没什么大才。"逢泽之会"后,魏国仍对其没有认识,公子卬对其一直保持着往日一起游乐的印象,而没想到身为敌将的商鞅会如何动作。在间谍战中,敌我双方往往是你中有我,我中有你,甚至双方共事很长时期,人与人之间的感情是很复杂的。在这种情况下,对人的动机的判断也是很复杂的。看起来公子卬好像很笨,上了商鞅一个大当。而商鞅用的手法又是极其容易为人察觉的。实际上,每一个时代的人都受到当时道德、思想习惯的束缚。在奴隶社会、封建社会,人与人之间的关系还笼罩着一层含情脉脉的面纱,人之常情对人的诱惑力还是很大的,影响着人的判断力。商鞅的手法提醒人们在间谍战中,要对敌手进行认真研究，对其动机进行认真分析。在间谍战中不能抱有不切实际的幻想，随时保持清醒的头脑。

商鞅除了上述活动外，还在中国历史上首创了户口制度和连坐法。户口编制以五家为伍，十家为什，让居民互相纠察告发。不告发"奸人"，加以重罚。同一什伍中，一人有罪，他人连坐。商鞅建立的这种制度，一方面是为了加强对人民的控制，另一方面也是为了加强王权，制止本国大臣结党形成与王权对抗的势力。同时也是为了防止六国的游士在秦国活动。从这个意义上说，户口与连坐制度也加强了国家对间谍活动的防范。后来秦国对"山东六国"展开了大规模的间谍战，六国的间谍却很难对秦发生重大影响，与此是有一定的关系的。

第六节　减灶惑敌

孙膑是孙武的后代，他的活动时间大约与商鞅同时。孙膑曾与庞涓一起学习兵法。庞涓先入魏，当了魏惠王的将军。他认为自己的本事不如孙膑，于是悄悄派人把孙膑骗到魏国，并借故对孙膑处以残酷的膑刑（挖去膝盖骨）。孙膑之名即由此而来。

孙膑虽然失去了活动能力，但智慧并未稍损。他设法偷偷地见了齐国派到魏国的使节。齐国使节听了孙膑的宏图大论，很吃惊。于是悄悄地把孙膑弄到自己的车子上带到了齐国。齐国大将田忌盛情接待了他。当时田忌常与齐国诸公子赛马，老是输。孙子看了赛马后对田忌说："我能让您在赛马时取胜。"田忌信了孙膑的话，与公子们约下了赌注千金的马赛。到赛马那一天，孙子对田忌说："以您的下等马对他们的上等马；以您最好的马对他们中等马；以您的中等马对他们最差的马。"果然田忌一负两胜，得了千金。牛刀小试，显示出孙膑运筹之才。田忌马上向齐威王加以推荐。被齐威王任为军师。

公元前353年，魏国攻赵，包围了赵国都城邯郸。赵国向齐国求援。齐威王命田忌为将，孙膑为军师，率军援赵。田忌想直接去援救赵国，孙膑向他建议：魏国的精兵锐卒都在赵国打仗，国内尽是老弱残兵，与其救赵，不如伐魏。魏国必然撤军回救，赵国之围自然可解。田忌依照孙膑的建议率军伐魏。这年十月，邯郸虽已投降，但魏军听到国内求援的消息只好匆匆撤回。在桂陵（今河南长垣西北）魏军遭到了齐军的猛攻。此时魏军与赵军长期作战已伤亡很大，又加上长途回援疲惫不堪，被齐军打得大败。庞涓第一次领教了老同学的厉害。

公元前342年，魏国派庞涓为将，进攻韩国。战国之际真可谓风烟滚滚。韩国派人到齐国求救。孙膑向齐威王建议：韩、魏两国之兵正在相斗，还未到两败俱伤之时。此时我们出兵相助，无疑等于代韩接受魏军之锋芒。不如等韩、魏两国之兵都精疲力竭之际，再出兵援救，可以得到实惠和名声。齐威王同意，只许给韩国使节一个空头支票。但韩国因为齐国的口头承诺壮了胆，索性与魏国死拼，把希望寄托在齐军的来援上。

两国之军打了几次硬仗。齐国看差不多了，于是派田忌为将，孙膑为军师，出师救韩。这一次齐军故伎重演，直奔魏国都城大梁。

魏将庞涓一听这消息，慌了手脚，急忙放弃了继续攻韩，率师回救。魏国增派太子申为将，与庞涓一起率军十万迎击齐军。

孙膑听到了这个消息，对田忌说："三晋之兵，素称精悍勇猛而看不起齐国的军队。齐军的名声是胆小怯战。善用兵的人可以利用这一点。兵法说，百里争利上将军也会失利，五十里争利只能有一半军队赶到。齐军入魏境，可以先做十万锅灶做饭；第二天做五万个锅灶；第三天做二万个锅灶。"田忌依计而行。

庞涓每天派人去数齐军之锅灶。过了三天，庞涓看到齐军锅灶一天天少下去，高兴极了："我就知道齐军进入魏境就害怕了。三天内士卒已经跑了一大半。"庞涓把步兵甩在后面，自己率领精锐部队急速向齐军追去。

孙膑估算庞涓的行军速度，大约天黑时将至马陵（今河南范县）。马陵道路狭窄，两边多险隘便于设伏。孙膑命令士兵把一棵大树的皮砍下来，在树干上写上"庞涓死于此树下"。同时孙膑命令一万多善于射箭的兵士在路两旁埋伏，看到魏军举火就万箭齐发。

果然庞涓率精锐追兵在天黑时到了大树下面。庞涓命人点火看看树上写的是什么。火把刚点燃，两边箭如雨下，魏军乱成了一窝蜂。庞涓这时已看清了那几个字，知道已到了穷途末路，于是拔剑自杀。临死前还恨恨不已地说："遂成竖子之名！"太子申也为齐军所俘。孙膑因为马陵一战，声威大震，世传其兵法。

孙膑与庞涓的斗智实在是一场精彩的表演。古代谍报战中以假情报迷惑敌人者为数不少，但孙膑的假情报战却别出心裁。首先，他摸准了

"三晋"军队共有的心理：号称敢战，轻视齐军。其次，他对庞涓也不可谓知之不深。他知道自己的老同学也精通兵法，但骄傲浮躁。精通兵法就决定了庞涓也重视"先知"，也必然会以间谍手段来进行侦察。骄傲浮躁则注定了庞涓不会对得到的情报做进一步的分析。因此孙膑投其所好，在其认为齐军入境必怯的心理基础上制造"减灶"之假象。这种假情报的提供有别于主动上门对敌人散布假情报。孙膑只是制造出了一些客观上能导致敌人错误推论的现象，让敌人自己做出结论。孙膑在这里为我们展示了散布假情报的一种重要艺术。这就是不要急于让敌人接受什么，那样反而会使敌人生疑。而应该自然而然地在行动上做出一些合乎敌人想法的事来，使敌人自己朝有利于我的方向去行动。这种通过客观"示形"于敌，引导敌人做出错误判断的做法，在今天以现代科学技术为手段的假情报战中更是花样翻新，层出不穷。

孙膑此举不仅仅是诱使敌人指挥失措，也同时有反间谍的意义。《孙子兵法》中说："无形，则深间不能窥，智者不能谋。"要使我处于"无形"之主动地位，不能消极隐蔽战略、战役意图。最好的办法是寓无形于多形之中，寓真形于假形之中，使敌人摸不着头脑。

从另一方面看，敌人在行动中也总是通过种种假象来迷惑我们。因此对情报的分析，如果仅局限于从现象到现象，往往是要吃大亏的。庞涓就是如此。他在追踪孙膑的过程中，应该说还是注意观察敌人动静的，例如天天派人去数灶。但是首先他根本忽视了自己老同学孙膑"多智"这个特点，而这一点他是不可能不知道的。其次他在派士兵侦察中只凭"减灶"这一单一的情报就做出了"敌人逃跑大半"的结论，而忽视了对各种情报的综合分析。最后魏军的心理惯性，即认为齐军历来胆小的成见，使魏军全军覆没。

在对情报进行判断分析时，千万要警惕历史上形成的老见解、老观点、老印象在影响着对敌人的判断。从这一战例中也可以看到这些老见解、老观点、老印象也正是敌人要乘机加以利用的。心理上的惯性作用，往往导致受骗上当。

第七节 神秘的算卦人

公元前357年，战国时有名的舌辩之士邹忌到了齐国。他见了齐威王后，以鼓琴来比喻治天下之道，甚得齐威王的欢心。三个月后，他被授以相印。又过了些日子，因为颇有政绩被封于下邳，号成侯。邹忌操国柄后，与田忌不和。

公孙闲知道了这一情况，就给邹忌出主意："您为什么不向齐王献计由田忌统兵讨伐魏国？如果打胜了，您谋划有功；打败了，田忌就会进退两难。既无法战胜敌人，又无法向国君交代。"邹忌认为此计甚妙，于是就在齐威王面前把这个主意原样端了上去，并获得了批准。

没想到田忌将星高照，又有用兵之道，攻打魏国居然三战皆胜，在国君面前更加风光了。邹忌埋怨公孙闲出了馊主意。公孙闲绞尽脑汁又想出一个坏主意。他让人持黄金十两到集市上去找占卦人算卦，这人对占卦人说："我乃田忌之手下。田忌三战三胜，名满天下，今欲举大事，想占卜吉凶。"占卦人看着他手中的灿灿黄金，乱说了一通。算卦人放了十两金子，溜得不知去向了。这时公孙闲早布置好的人一拥而上将占卦人抓了起来，送到齐威王面前。在审讯下，占卦人把那个神秘算卦人讲的又说了一遍。齐威王当然能猜出"大事"是什么。这消息刚刚传出，田忌就知道了。他越想越生气，又没有邹忌那么多花花点子，索性率手下人攻打临淄，想把邹忌抓起来出一出恶气。行动失败后，田忌流亡国外。直到齐威王死后，田忌才得以返国，并在对庞涓作战时一显身手。

在这个事件中，公孙闲在离间齐王与田忌的关系上可谓煞费苦心，其办法也相当高明。他不是直接进行某些谣言的制造，直接对田忌进行诽谤攻击，而是采用让人伪装田忌下属，不慎将机密泄露的方式，使齐王深信不疑。这种办法在战国时期不仅用在列国之间的斗争上，而且在国内政治斗争中也经常采用。

当然，公孙闲这条离间计之所以能够成功，也还有其他条件。田忌是齐国很能打仗的大将，在三战三胜之后，有震主之威，这就使齐威王怀疑田忌有了心理上的基础。中国古代社会中，臣子成大功之时，往往是敌人反间较易于进行之时。因为此时也正是大臣与国君间的关系到了十分微妙的地步之时。神经过敏的君主，在满腹疑虑的情况下，很容易上敌手的当。另外，在臣子独当一面，有了较大实力，并有较强才干时，也往往容易为国君所猜忌。敌手也经常利用这一点进行离间。由于上述君主与大臣间的关系，谍报活动在这方面发挥了巨大的作用。因而其锋芒所向往往是对方的关键人物。关键人物的去留、荣辱，往往影响整个局面，甚至使形势逆转。这一点我们在后面的谍报活动中会不断体会到。

由于敌人在离间时仔细地研究了对方的心理（公孙闬就是摸准了齐威王的心理状态），因而这种离间计的辨别与处理十分困难、复杂。真可谓"明枪易躲，暗箭难防"！

第八节 张仪的间谍活动

在本书中用这样的题目还是第一次。但是用这样的题目来概括本节所记叙的人物一生的主要活动，却是十分确切的。张仪的一生是一个以间谍活动为其主要生涯的政治家的一生；又是一个以政治家面目出现的间谍的一生。张仪是他那个时期间谍战中的代表人物。他的身份及活动方式都反映了那个时代的特点。张仪的出现，标志着中国古代间谍史中，以战略间谍活动为其一生主要活动方式的战略间谍的出现。这种间谍又是从事高级谋略活动，并且有广阔的政治眼光与头脑的政治间谍，张仪的出现标志着中国古代间谍活动出现了一个高潮。

张仪是魏国人，早年求学于鬼谷子门下。学成后游说于诸侯，未得重用。（《史记》中说苏秦与张仪同学，并助张仪入秦。据马王堆汉墓出土帛书《战国纵横家书》，当属小说家言。）张仪到处碰壁，贫困潦倒，因为被怀疑偷楚相的玉璧而遭到痛打。他的妻子说："如果不读书还不至于此！"张仪虽然屁股上还隐隐作痛，但仍要做出好汉的样子，他伸出舌头让妻子看："舌头还在吗？"妻子以为他气疯了，笑道："还在。"张仪说："这就行了！"充分显示了他对自己的信心，不惜一切猎取功名的野心和战国策士的倔强性格。公元前329年，张仪到了正在招揽人才的秦国，受秦惠文王的赏识，参与朝政。公元前328年，张仪与公子华率秦军攻下魏国之蒲阳。张仪以"连横"的外交政策为招牌，被任为相，登上了历史舞台。

这时张仪作为一个谋略家的手腕充分显示出来。他劝秦王把蒲阳还给魏国。让秦国的公子繇作为人质到魏国以示友好。张仪也跟着到了魏国。他对魏王说："秦王对魏国很为宽厚了，魏国对秦国不能没有礼貌。"魏国在秦国的大棒与胡萝卜前只好交出了上郡十五个县。张仪又回到秦国任相国。

公元前327年，秦国把所占魏地焦、曲沃还给了魏国。公元前324

年，张仪又率军伐魏，取魏国之陕地而归。

魏国在秦国的频频进攻下，深感自己处于虎狼之口，势单力薄。在这种情况下，魏国想与韩、赵、燕、中山等国联合起来，对付秦国。为了打破这种即将形成的不利于秦国的"合纵"抗秦之势，公元前322年，张仪到了魏国。这时魏国刚刚在上一年大败于楚国，被楚国夺走了不少地方。著名辩士惠施的联齐之策又不成功，魏王将其赶走了。张仪到了魏国后说："想让秦国、魏国、韩国联合起来，进攻齐国、楚国。"实际他的真实目的是想分化这些国家，以"连横"之术打破"合纵"抗秦的阵线，让魏国做服从秦国的"领头羊"。

战国当时的历史条件是策士朝秦暮楚，择主而事。国君也对臣子的反复无常不太介意，而注重其本领。再加上魏王这时迫于楚国的威胁，想拉秦国来对抗楚国，于是张仪当上了魏国的相国。

既然双方各有其如意算盘，行动上就无法一致。张仪想让魏王听秦国的，看秦国的脸色办事。魏王却不理他那一套。

秦王一看魏国这样，十分生气。于是派兵攻占了魏国的曲沃、平周。虽然张仪的工作没有成效，秦王还是对张仪很好，暗地里给他十分优厚的待遇。张仪感到自己无功于秦，很惭愧。于是他就在魏国待下去，等待时机。魏惠王死后，魏襄王即位。张仪认为时机来了，他对魏襄王进行游说，希望魏襄王能与秦国联合。魏襄王坚持其父的既定战略方针，仍不听张仪的建议。张仪暗地里派人到秦国去，让秦国出兵攻魏，从外部施加压力，使魏国屈服。这时魏将公孙衍在齐、楚、赵、韩的支持下，以五国之师攻秦，被秦师迎击于函谷关，大败而归。第二年，齐国与魏、赵又翻了脸，大败两国军队于观泽。这一年（公元前317年），秦国的军队还大败韩、赵、魏军，斩首八万人。在这种情况下，慑于秦国的声势，在张仪的一再诱导下，魏国背叛了"合纵"之约，倒向了秦国。张仪也回到秦国去当了相国。

应当说张仪此行是成败参半。魏国倒向秦国，一是迫于秦国的武力，二是"合纵"诸国矛盾重重。张仪在魏国，其动机魏国君臣是清楚的，魏国之所以让其待在相位上，无非多了一条随时向秦国联络的渠道，在情况变化时以备不时之需。张仪的成功之处在于向秦国报告了魏国君臣的动向，同时使外部的武力手段与外交诱降结合起来，影响了魏国的战略决策。

不过正如我们看到的，魏国倒向秦国的主要原因是迫于形势。果然不过三年，魏国又背弃了秦国，倒向"合纵"抗秦。"合纵"抗秦的几国之中，楚国力量最强。张仪显身手的时候又到了。

公元前 313 年，秦王想讨伐齐国，但又担心齐、楚间的"合纵"之约，怕实力强大的楚国出兵救齐。于是派张仪到了楚国。

张仪到了楚国，对楚王说："大王如果能与齐国断绝合纵之约，我可以请秦王给您商於六百里大小的地方，秦、楚长为兄弟之国。"楚王当然很高兴，大臣也向楚王祝贺。只有谋士陈轸做出一副吊丧的模样，楚王大怒："我不用出兵就坐得六百里的土地；为什么你却要吊丧？"陈轸说："秦国之所以对楚国这么尊重，是因为有齐国与楚国联盟。如果背弃纵约，与齐国断绝关系，楚国就会孤立无援。秦国为什么要给贪婪而孤立的楚国六百里商於之地呢？张仪回到秦国，必然背弃对您许下的诺言。而大王您既断绝了与齐国的关系，又让秦国有了可乘之机。两国的军队必然一起杀到楚国。为大王您打算，不如表面上与齐国断交，暗地里还得保持联合。同时派人随张仪入秦。如果真给我们土地，再与齐断交也不晚。"楚怀王很不以为然地说："你先闭上嘴，等着看我得到土地吧！"于是把相印给了张仪，并给他很丰厚的赏赐。楚国与齐国断绝了关系，并派人随张仪到秦国去接受土地。

张仪回到秦国后，假装从车上不慎跌下来，三个月没有上朝，土地自然没有给楚国。楚王听了使臣的报告说："张仪认为我与齐国没有真的断绝关系吗？"于是做出了一个可笑的举动，派勇士到齐国去大骂齐王。齐王一怒之下与秦国联合起来了。张仪看时机已到，就上朝了。在上朝时，他见到了楚国的使者，对使者说："您为什么还不去接受土地，那块地从某处到某处，方圆六里。"这可比原来的允诺差了十万八千里。

楚王听了回来的使臣述说，气得七窍生烟。让张仪开了一个大玩笑，一定要出兵讨伐秦国。这时陈轸又献上一计："进攻秦国还不如送上一座名城，与秦国联合出兵伐齐。我们虽然失地于秦，却可收之于齐。"战国策士头脑运筹之快，令人惊叹。可楚王仍然不听，派屈丐率兵攻秦。秦国派庶长魏章迎击。公元前 312 年春，秦军与楚军在丹阳决战，楚军大败，甲士八万人被杀，屈丐等将领也被俘。楚国汉中六百里土地被秦国攻占。楚怀王恼羞成怒，又尽出国内精兵进攻秦国。楚军在蓝田被秦军击败。这时韩国、魏国看到楚国筋疲力尽也乘机出兵攻楚。楚王只得又割让两城给秦国，与秦国讲和。"六百里"土地使楚国损师失地，元气大丧。

秦国想以武关之外的土地与楚国黔中的土地交换。楚怀王余怒未消，对使者说："我不愿交换土地。只要得到张仪，我就献上黔中之地。"

楚怀王这次又想错了。消息传到秦国，张仪请秦王让自己到楚国去。秦王替他担心，他却早有成竹在胸。他对秦王说："现在的形势是秦强楚弱，只要大王在，楚国不敢把我怎么样。况且我和楚王的宠臣靳尚不错，而靳尚又与楚王的宠姬郑袖交好，郑袖的话，楚王没有不听的！"看来张仪在上一次到楚国时就已开展了秘密间谍活动，不但结交了权臣，还把楚王的弱点摸得一清二楚。

公元前311年，张仪从容不迫地进入了楚国，马上就被楚王抓起来，准备杀掉。张仪给了靳尚许多财物，于是靳尚为之游说于郑袖。他对郑袖说："秦王很喜欢张仪，要用上庸六县之地和美女来换回张仪。楚王喜欢土地必然尊重秦国，秦女进宫后地位必贵，而夫人您就会受到疏远了。"郑袖一听这话，可着急了，马上对楚王说："大臣都是各为其主。今天杀了张仪，秦王必然大怒，我请您允许我们母子到江南去，不要成了秦国的鱼、肉。"楚王冷静下来一想，秦国是惹不起，再加上郑袖哭哭啼啼，闹个没完没了，只好放了张仪，并以隆重的礼仪接待了张仪。

张仪一看楚王之所为，果然不出自己之所料，于是抖掉了囚室里沾上的晦气，又来神儿了。他对楚王装出十分关心的样子说："搞合纵的人犹如赶着羊群去进攻猛虎，明摆着不是对手。当前大王不服从秦国，秦国就驱使韩、魏两国进攻楚国，使楚国陷于危险之中。秦军攻楚，三个月之内就可使楚国处在危难境地，而诸侯的援兵在半年后才能到达。等待弱国的援助，而忘了强大秦国可以加给楚国的祸患，这正是我为大王担心的。如果大王能听我的话，秦、楚两国就可以长为兄弟之国，不互相攻伐了。"楚王又一次被张仪的三寸不烂之舌所打动，不但听了他的话，与秦国连横，而且把黔中之地献给秦国以示友好。

张仪心满意足地离开了楚国，又到韩国对韩王游说："韩国的土地多是险恶的大山，生产粮食不多，国家没有储备够两年吃的粮食，士兵不过二十万。秦国却有士卒百余万。以韩国之力抵抗秦国，和把千斤重的东西垂挂于鸟窝之上一样，必然没有幸免之可能！为大王打算，不如事秦而攻楚，既免去秦国进攻的灾祸，也取得了秦国的欢心。没有比这更好的计策了。"韩王糊里糊涂地同意了。

张仪出使可谓"不辱君命"。他带着丰硕的成果返回秦国。秦王封他六邑之地,号为武信君。

张仪的信心更足了,身上的风尘尚未落净,就又肩负着秦王的使命东行齐国了。他到了齐国,对齐王说:"搞合纵的人对大王游说,必定讲齐国以'三晋'(韩、赵、魏)为屏障,地广人多,兵强士勇,即使有一百个秦国,也奈何不得齐国。现在秦、楚已为兄弟之国;韩国献宜阳之地给秦国;魏国向秦国报效了河外之地;赵国割河间给秦国。大王如果不听秦国的,秦国可以让韩、魏、赵三国进攻齐国。到时候想与秦国联合而不可得了。"齐王听从了张仪的话,倒向了秦国。

张仪又西去赵国,对赵王说:"大王联合天下之力以抗秦,秦兵不出函谷关已有十五年了。大王的威势遍及山东六国(齐、楚、韩、魏、赵、燕)。我国很是恐惧,秣马厉兵,囤积粮草,不敢轻举妄动。但大王您做得太过分了,屡次威胁我国。秦国虽然处于偏僻遥远之地,但对赵国心怀怨恨已有一段时间了。现在秦国那点不起眼的军队已驻扎在渑池,……让我先来通知您和您的臣子。现在楚与秦已为兄弟之国;韩、魏已成为秦国的藩臣;齐国已向秦国献上盛产鱼、盐的地方;赵国的右臂已经断了。断一右臂的人与别人斗,势单力孤,想要没有危险是不可能的。……为大王打算,不如与秦国长为兄弟之国。"赵王也被张仪吓唬住了。

张仪于是又北游燕国,对燕王说:"现在赵王已到秦国朝见,并报效河间之地以表示臣服。大王如果不臣服于秦国,秦国将让赵国进攻燕国。况且当前齐、赵对秦国来说就像郡、县一样,不敢轻举妄动发兵攻伐。大王如果臣服于秦,可以长期免去齐、赵进攻的祸患。"燕王请献常山之尾五城,以求得秦国的和好。

张仪踌躇满志,踏上回国之途。但就在张仪想着如何报功时,秦惠文王死了,太子荡立,是为秦武王。太子荡当太子时就与张仪有矛盾,对张仪不满。他即位之后,许多平时与张仪不和的大臣也乘机讲张仪的坏话。张仪回国后就处于朝不保夕的地位。诸侯听到张仪失宠的消息,纷纷背叛了秦国,恢复了合纵的态势。

公元前310年,惶惶不可终日的张仪为躲避秦武王的报复,对秦武王说:"为大王考虑,山东六国有变乱,才便于大王多夺取土地。我听说齐王恨我。我所在的地方,齐国必然要加以讨伐。所以我请求到魏国去。这样齐国必然讨伐魏国。齐、魏打起来了,大王可以乘机伐魏、入三川,挟周王室之威，获得周室的天下图籍、祭器，成帝王之业。"秦武王认为这话不错，也乐得张仪离开秦国。就派兵车三十辆送张仪到魏国。魏国接受张仪当了相国，果然受到了齐国征讨。魏王十分惊恐，张仪对魏襄王说："大王不要害怕，我可以让齐国罢兵。"张仪派他的舍人冯喜到楚国，借楚国人为使到齐国。楚使对齐王说："大王听张仪的话来取悦秦国太过分了。"齐王大感不解："我非常痛恨张仪，正因为恨张仪，所以才讨伐魏国，怎么能叫听张仪的呢？"楚使说："张仪离开秦国，是与秦王商量好的计谋，让大王攻魏，秦国乘机夺取三川。现在大王果真伐魏，将使国内疲惫不堪，并且得罪了盟国。使张仪在秦王面前更有威信了。"齐王听了这话，就率兵回国了。

张仪为魏国退了齐兵，受到了魏王的感谢。不久张仪死于魏国。一代大间谍纵横列国，搅动政局，终于结束了其波澜壮阔的一生。

综观张仪的一生，我们可以看到正如前面讲的，是一个政治家从事间谍活动的一生，也是一个具有政治家眼光的间谍的一生。他的成功得力于其对当时的列国政治、经济、军事状况深刻了解和丰富的知识。在此基础上，他把政略、战略、外交与秘密谍报活动紧密地结合起来，使用得恰到好处。张仪在列国游说中主要利用了如下几条：

1. 诱之以利，对各国君主进行游说时，主要从利害关系上进行劝诱，并许以空头支票。

2. 利用矛盾，张仪对山东六国之间的矛盾洞若观火，这为他拆散"合纵"创造了条件。从根本上讲六国之间的固有矛盾是张仪能成功的重要客观因素。

3. 远交近攻的战略。远交近攻的战略是秦国在统一六国过程中遵循的不变之策。张仪对距秦近的国家以秦兵相威胁；对距秦国远的国家则以拆散"合纵"，形成连横之势相威胁，然后各个击破。

4. 张仪在魏、在楚的间谍活动，典型地表现了一个国家派间谍于内，并以实力相威胁，内外结合，迫使他国改变外交政策的手法。这种以间谍作为政治代理人的使用手法，可以收到比一般使用间谍大得多的效果。

张仪的活动在当时就引起纷纷议论。秦惠文王死后，攻击张仪的人就说他"反复无常，不守信用"。千百年后的今天，以历史唯物主义的观点客观地评价张仪的一生，应该说他的活动使秦国力量更加强大，并加速了秦国削平诸侯，统一中国的步伐。张仪此人的事迹十分复杂，司马迁在写张仪传时又使其事迹中混入了不少战国游说之士的说辞。对这样一位在中国间谍史上留下足迹的人,本节只是介绍其大略,并做一初步分析。进一步的研究则有待于后来者。

第九节　蛇足

公元前323年,楚国军队在柱国(官名)昭阳率领下攻打魏国,大破魏军于襄陵,夺取了八邑之地。昭阳率军乘胜转攻齐国。齐王食不甘味。

游说之士陈轸正好为秦国出使齐国。齐王向他讨教对付楚军之策。陈轸自信地说:"大王放心,让我去退楚兵。"

陈轸到楚军中求见昭阳。昭阳对这位名震列国的说客不敢怠慢,马上接见。陈轸对昭阳说:"我想听听楚国的法度,对击败敌军杀其将领的人,有什么奖赏?"昭阳说:"这样的人可以当上柱国的官,封上爵执圭(爵位)。"陈轸问:"还有比这更高的官爵吗?"昭阳答:"令尹。"陈轸说:"您已经当上了令尹。这是贵国的最高官职。请允许我打个比方。有人给他的门客一杯酒。门客们议论道:'几个人共饮一杯酒,不能都喝得到。我们在地上画蛇,先画成蛇的人独饮此酒。'一个人很快画完了,并举起酒杯说:'我还能给蛇添上足。'此人正在添足之际,另一位画好蛇的人把酒夺去喝了,并对他说:'蛇本无足,您给画上了足,就不是蛇了。'您现在楚国为相,率军破魏军杀其大将,功劳显赫,但职位却不可再高了。如今又移兵攻齐,如果打胜了,官爵不过如此,如果打败了,身死爵夺,对楚国也是个损失。这就与画蛇添足一样了。不如率军回国,齐国必定感恩戴德。这才是功成而不败之道呵!"昭阳说:"好!"就下令撤军了。

陈轸进行反间时,利用敌方将领私利来打动对方。这种办法之成功,需要先对敌军将领在本国的地位、社会关系、政治靠山、与君主的关系等方面有深入了解,才能打中要害。由于陈轸对各国间的关系研究得透彻,对各国内部君臣间、大臣间的关系了如指掌,所以几乎无往不利。

从类似的事例中,我们可以看到战国之际,对将领的监视并不严密,将领在率军出征时临机而断的主动性很大,甚至有较大随意性,这也是陈轸游说能得逞的原因之一。

第十节　陈轸避祸

　　游说之士不仅在列国间摇唇鼓舌，就是在一国之内也相互攻击，费尽心力。

　　上节中提到的陈轸，曾与张仪一起在秦惠文王那儿效力。张仪很嫉妒陈轸，怕他夺取秦国大权，就在秦王面前说："陈轸往来于秦、楚之间。作为国家使节，陈轸却挑唆楚国对秦国不友好，从中抬高自己的地位。此人为自己算计得很好，为大王打算却很糟。如果他一旦离秦而奔楚，楚王能不奉为上宾吗？"这支冷箭一放，秦王当然不高兴，不过他倒是直截了当地去问陈轸："听说您将离秦而到楚国去，可有此事？"陈轸痛快地说："对。"秦王怒形于色："张仪的话果真不错！"陈轸说："不光张仪知道，这也是路人皆知的事。昔日伍子胥忠于其君，诸侯争着要其为臣。曾参孝于其母，天下人都想以其为子。如今陈轸如果不忠于其君，楚国凭什么认其为忠臣呢？忠于其君而被弃置一旁，陈轸不到楚国去又当如何呢？"秦王听了这段坦诚剖白，继续给其以信任、厚待。

　　对待离间之计，首先不能盲目听信一面之词，要对攻击某人的话进行分析；其次要听本人的申辩；最后对于受到攻击的人来说，坦率地表明心迹是最好的申辩。

　　秦王对陈轸的怀疑虽然冰释，但由于张仪为相，陈轸在秦国毕竟不得志。于是他就真的到了楚国。

　　公元前 317 年，秦将樗里疾率军大败韩、魏、赵三国之师于修鱼（今河南原阳西南），韩将鲠、申差被俘，韩国形势危急。韩相公仲对韩王说："不能再指望盟国了。当今秦国早有伐楚之意。大王不如通过张仪与秦国求和，献名城一座给秦国。同时准备好军队，与秦国一起伐楚，这是一石二鸟之计。"韩王连连称赞："好！好！"当下准备派兵护送公仲到秦国求和。

　　消息传到楚怀王耳朵里，这位让张仪玩弄于股掌之中的昏君吓坏了，急召陈轸来商议。陈轸说："秦国早有伐楚之意。现在又得到了韩国名城和韩军相助，此乃秦国日夜祈祷之机，今天终于到了。楚国必将遭伐。大王如能听我的，就在国内进行动员，声言发兵救韩。让道路上充斥战车，让送信的使者川流不息地到韩国去，使韩王相信楚国会来救他。这样即便韩国不听我们的，韩王也定会感恩戴德。出兵伐楚时，就不会一心一意随秦军而动。秦、韩同床异梦，兵虽至，楚国也不会有太大损失。韩国如能听我的话不与秦讲和，秦必更加恨韩。韩、楚联合，韩国就对秦有不敬之心。这样就可以利用秦、韩两国之不和，使楚国免于灾祸。"对这番言论，楚怀王只有佩服的份儿，马上下令按陈轸的计策办。

楚国上下进行动员，国内一时充满了战争气氛。兵车排满道路，到韩国送信的使节络绎不绝。使臣到韩国对韩王说："敝国虽小，但已尽发精锐，不惜与韩国共存亡！"韩王听信了使臣的话，下令停止公仲的秦国之行。公仲说："使不得，眼下以大兵压境的是秦国，以虚张声势援救我的是楚国。大王仗楚国之虚名，轻易与强秦绝交，必将贻笑天下。况且韩、楚非兄弟之国，又非早有伐秦约定。秦、韩已成伐楚之势，楚王才答应救韩。这必是陈轸之计。大王已派人至秦讲和，现在又阻止我去，这是欺骗秦国。欺骗强秦而轻信楚国谋臣，大王必定后悔！"韩王听不进去，与秦国断绝了关系。

秦王大怒，增兵伐韩。秦、韩两军大战时，望眼欲穿的楚国援兵却迟迟不出。公元前315年，秦军拿下了韩国的石章。公元前314年，秦军又大败韩军于岸门。韩国不得不屈膝求和，并派太子仓为人质到秦国去。公元前312年，韩军助秦攻楚，总算报了受骗上当之仇。

陈轸搞的假情报制造活动和孙膑的"增兵减灶"有共同之处，都是用假象来迷惑敌人。不同的是孙膑是在一次战役中迷惑敌人，陈轸则是从整个国家外交、军事战略势态上制造假情报迷惑敌人。其制造假情报规模之大已到了举国动员的程度，使整个国家都显示出一种虚假的战略态势，难怪韩王要大上其当了。

假情报起着迷惑敌人，使之做出有利于我的判断和行动的重要作用。从战术到战略上都需要以这种手段来配合真正战术、战略意图的实现。但是在战略上运用、制造假情报更为重要，有时甚至对局势转变起着很大作用。孙子曰："上兵伐谋"，又曰："不战而屈人之兵，善之善者也。"战略假情报的散布，起着在战前就争取战略优势的作用。从某种意义上讲，散布、制造假情报，对假情报的判别，是双方战略交锋的序幕，双方在这一阶段相互猜测、试探，进行着看不见的斗智，夺取战略优势于无形。

陈轸对楚怀王进行的战略形势分析，为我们展示了制造战略假情报的必要条件。那就是：

1. 对战略形势的深刻分析。只有对形势有高屋建瓴的深入分析，才能有的放矢地去制造假情报。

2. 对敌人或潜在敌人的战略态势、领导人心理做深入分析。陈轸对韩王的想法分析是十分准确的。

3. 假情报从内容到形式要恰到好处。需要从不同方面、不同层次去综合制造战略假情报，才能形成一个国家完整的虚假战略态势。楚国在陈轸指导下，有行动（兵车出动，举国动员），有外交言辞，这才深深打动了韩王。

第十一节　又一位说客

公元前311年，秦国命樗里疾率兵攻打卫国之蒲（今河南长垣）。

樗里疾是秦惠文王的异母弟弟，为人多智，在秦国有"智囊"之美称。樗里疾带大军压境，吓坏了卫国守城官员。他赶紧请了胡衍做说客，去劝樗里疾退兵。

胡衍对樗里疾说："您攻打蒲，是为秦国，还是为魏国？为魏国而攻蒲就对了，为秦国则没有好处。卫国之所以还能作为一个国家存在，就因有蒲在。蒲地一失，卫国必为魏所吞。魏国强大了，秦国西河之外必危。秦王看您做了这件于魏有利，于秦有损的事，必然要怪罪您。"樗里疾说："那怎么办才好呢？"胡衍说："你暂停攻蒲，撤除对蒲之围。我为您去传话，定让卫君感谢您的恩德。"樗里疾点头称是。

回到城中，胡衍对守城官员说："秦军已知守蒲卫军疲惫不堪，扬言非攻下蒲不可。但我能让秦军解蒲之围，不再攻蒲。"守城官员赶紧赠他黄金三百斤，并许诺要上奏卫君给他高官显爵。胡衍大捞一把，蒲之围也解除了。

胡衍是以比樗里疾更高一等的战略形势分析，来打动"智囊"的。值得注意的是，张仪、胡衍一类的战国游士，在为双方游说时，利用自己在战略分析、政策分析中的长处，来为自己谋取最大的利益，有着极大的灵活性。他们在列国间的政治、外交、军事战场上，靠出售战略谋划来获利。由此可见战略情报、战略分析之重要。这类人之所以能成功，更深一层的原因就在于列国君主出兵作战时，缺乏对当时复杂的各国间战略形势的分析，因而不可能在战争指导上不受游士的影响。这些游士的成功，正填补了列国君臣宏观战略思维的真空。张仪之类的高级战略间谍能得逞其志，这是一条很重要的原因。对于战略问题，在决策前进行深入、广泛的推敲、论证，是能够在敌人的间谍活动面前，减少战略失误的前提。有了科学的分析，在执行时才有为一个战略目标毫不动摇的坚定性。

对战略目标的制定要有全局性、预见性和现实可能性。胡衍对樗里疾所做的攻蒲战略后果的分析，虽然另有所图，但不失为较好的战略分析。樗里疾能听他的，也不失智者之风。

当然，这些游士之所以能左右逢源，也是由于古代信息流通不畅，甚至闭塞所致。

第十二节　圈套

公元前311年，魏国大将翟章率军伐卫，接连夺取了两座城池，对气息奄奄的卫国来说，这是致命的打击。卫君为此愁眉不展。

魏国大夫如耳此时到了卫国。他对卫君说："我能为您退魏军，罢免对卫国威胁最大的成陵君，您看如何？"卫君大喜过望："先生真能如此，我们卫国愿世世代代听从先生的，为先生服务。"

如耳回国后见到成陵君，对他说："魏国曾攻打赵国，断羊肠，拔阏与，腰斩赵国为两段。赵之所以不亡，因为魏是合纵的首脑。今日卫国已快亡了，将要倒向西面的秦国。与其让秦国来解救卫国之危，还不如魏国放卫国一条生路。卫国对魏定会感恩戴德，永远臣服。"成陵君认为有理。

如耳又去对魏王说："臣奉命到卫国去。卫国是周王室的宗亲之国，虽然小，但多宝器。现在卫国已处危难之中，却不献宝器。这是因为卫国君臣心里认为攻打卫国还是饶恕卫国，全不是大王您能做主的。宝器如果献出来，也绝不会到大王手中。我想，首先说饶恕卫国的人，必定就是接受卫国好处的人。"如耳刚走，成陵君就到了。他把如耳的话又向魏王讲了一遍。

魏王耐着性子听成陵君讲完，下令撤军。但接着罢免了成陵君，并再也不见他了。

如耳如此陷害成陵君，究竟是为了争权还是图利，不得而知。但使臣为了一己之利，成了对方的间谍，倒是值得警惕的。

如耳成功的诀窍是，设了一个圈套让对方去钻，而且把成陵君与魏王都蒙在鼓里。

第十三节　苏秦的间谍活动

在这一节中，我们将看到一个和张仪极为相似的人物，一个以间谍活动为主要手段的政治家，一个具有政治家眼光和手腕的间谍。苏秦一生往来列国之间，扑朔迷离。其活动之复杂，任务之艰巨比张仪有过之而无不及。司马迁在为他作传时由于史料不多且混乱，已写成了小说家言。由于苏秦一生活动与本书中另外几个重要人物（如孟尝君、赵武灵王、乐毅、苏代等）相关，因此我们在此作一较为系统的描述。本节主要参考《战国纵横家书》及唐兰、马雍两先生的文章写成。对苏秦间谍活动的分析、叙述则是我做的。

苏秦是东周洛邑人，主要活动年代约在公元前 312 年到公元前 284 年之间。这里的"东周"是指西周小朝廷分裂后的那个"东周"。苏秦开始活动不久（公元前 309 年）张仪就死了。关于两人交往互斗的传说纯属子虚乌有。战国中另一游士苏代，《史记》载是苏秦之弟，其实是他哥哥。苏秦初出道时，苏代已成名了。《史记》在多处把苏代误为苏秦。苏秦一家，代、秦、厉三人皆从事纵横之术。《史记》载苏秦与张仪一起就学于鬼谷子，显然不确。但苏秦从事游说之前，必定对纵横之术耳濡目染，成竹在胸了。

苏秦活动初期，燕昭王正在燕国高筑黄金台招贤纳士。约在公元前 307 年前后，苏秦欣然而往。在此之前，公元前 314 年，因燕王哙让位于相国子之，酿成内乱。齐宣王乘机大举攻燕。燕王哙与子之俱死。燕国几乎被灭。公元前 311 年，燕昭王即位，励精图治，国力增强。为索要尚被齐国占领的十城之地，苏秦奉命出使齐国。苏秦凭着利齿伶牙居然打动了齐王，要还了十城之地，初露锋芒。

齐国虽然归还了土地，但燕国蒙受的奇耻大辱一直压在燕昭王心头。公元前 296 年，齐国又派陈璋伐燕，"覆三军，获二将"。公元前 301 年齐闵王即位后，用薛公田文（即孟尝君）为相，在孟尝君执政期间齐国伐楚、攻秦，宾服韩、魏，而且极力笼络赵国。因为此时赵武灵王胡服骑射，国力日强。齐国要攻秦，必须联合赵国。同时强赵与强齐距燕最近，弄不好可能形成两面夹击之势。因此燕国要复仇，必须离间齐、赵。

苏秦回到燕国后，燕国为了拉拢齐国派子为质入齐，苏秦此时大概也跟着去了，并在齐为臣。所以公元前 300 年，苏秦曾劝阻孟尝君入秦，这时齐国大权还在他手中。但孟尝君终于入秦做相，不到一年就狼狈逃回。此时，秦、赵、宋联合，赵武灵王派楼缓相秦，仇赫相宋。孟尝君则联合齐、韩、魏，抗秦于函谷关。秦国楼缓免相，穰侯为相，秦赵关系破裂，而赵、齐联合，齐国帮赵国灭了中山。李兑（奉阳君）围杀赵武灵王于沙丘宫而专赵国之政。公元前 294 年，田甲谋劫齐王，孟尝君出走，回到封地薛。齐闵王亲政。燕昭王此时已把苏秦作为心腹，他对苏秦说："我有深仇积怨于齐，想报仇已经两年多了。"苏秦为之献计："我们可以暗中派出使节，联络诸侯。派游士去游说、扰乱齐国。使齐国军队受挫，民众疲惫。"燕昭王认为此计可行："这样有五年时间就可以扬眉吐气了。"苏秦说："请等待十年。"燕王以车五十乘送他南下到齐国，劝齐王伐宋。这是苏秦"阴出使，散游士，顿齐兵，弊其众"战略计划开始实施。燕国为了表示顺从，也派兵支持齐伐宋。苏秦明确地提出了一套"弊齐"的间谍战略。

苏秦一直在其间谍活动中致力于诱齐攻宋。齐攻宋对燕十分有利。燕在齐国之北，宋在齐国之南，齐攻宋则使齐北部兵力减少；楚、魏均与宋接壤，齐攻宋，楚、魏都要去争地，势必导致双方矛盾激化；秦国是宋的保护国，齐攻宋，则齐、秦冲突必起。苏秦在其间谍外交中，一下就抓住了最敏感的地方。

苏秦第一次出使齐国，伐宋正合齐王之意，于是公元前 293 年兴兵伐宋。燕国派兵相助，率兵燕将为齐将所杀，这又成了燕国之奇耻大辱。

苏秦入齐后，凭他那三寸不烂之舌左右了齐国外交政策，使齐国三年内没有再攻燕，为燕国整军经武争取了时间。

齐闵王在攻宋取得一些胜利后，与孟尝君关系更加恶化。孟尝君到魏去做相国，先与秦联合攻齐，后又联合赵国。燕国此时也想与赵国联合谋算齐国。齐国大为惊恐，苏秦因此而辞职。可是奉阳君李兑要在齐国定封，指责苏秦谋齐，归罪于燕。齐闵王派公玉丹去赵，许蒙邑给李兑。燕昭王急了，又让苏秦勉为其难，入齐去挑拨齐、赵的关系。

此时赵国有两派，韩徐为与孟尝君一起谋齐，而李兑却企图勾结齐国。苏秦到齐国时，秦昭王的好友韩聂相齐。苏秦与韩聂订了反赵密约。

苏秦到齐国前让人传话给齐王，要求待以诸侯之礼。燕国在这种形势下有举足轻重之势。齐王为了让人知道齐、燕关系也同意了。大约在公元前289年，苏秦到了齐国。在他的建议下，齐王召回了攻宋的将军蜀子，联合韩、魏、秦等国来谋赵。苏秦又作为齐国使臣到了赵，取消了齐国以前派出使节的诺言，被赵国所拘。

值得分析的是苏秦被囚于赵时，给燕昭王写的信。在第一封信中苏秦讲了他活动的结果：如果事情进行得甚好，齐、赵将结怨，矛盾激化；如果事情进展一般，五国联合，不排除燕国；如果事情变坏了，赵将与齐、秦联合以攻燕。苏秦说："现在我想使齐国与赵国矛盾激化而排除与赵国联合。我对齐王说：'赵国与齐国和好，是企图算计齐国。'齐、赵必将相互憎恨。李兑、韩徐为不信任我，不想让我到齐国去，也不让我到韩、魏去。……我担心赵国不让我走。智者能使国家免难，却不能使自己免于危险……"苏秦为燕国费尽心机，也为我们留下了间谍活动的宝贵史料。这封信让人看到苏秦在极力挑动齐、赵不和。他对齐、赵关系，赵国内部关系一清二楚，同时提出了上、中、下三种可能，耐人寻味。间谍活动中那种心理状态充分暴露出来。但苏秦毕竟是苏秦，面对不测之前途，他还是坦然的。

第二封由苏秦派燕臣韩山带给燕昭王的信更有意思了。苏秦在信中说："我派盛庆回去通报后，韩徐为对我言语甚恶。死是件大事，但燕国之事未了而死，我是很难受的。所以我让使臣辛向您请求离开此地。您派盛庆对我说：'那样不利于国家，令我担忧。'我为此而不敢离赵。……现在齐王派李终到赵国来，对赵国拘禁我甚表愤怒。并且告诉李兑，派桥（人名）到宋国去当相国，与宋国开放边界。李兑对齐国很生气，派官员问我，我说不知道这些事。我所担心的是，齐、赵日相憎恶，李兑将认定是我之所为，恐日后就无法救我了。齐王为我说话，反不如不说。愿大王派人至赵反复为我求情，务必使我不再久留于赵。"

一个注视着事态发展，而又急于脱身的间谍形象跃然纸上。通过这封信也可以反映出苏秦的间谍活动方式。他与燕王间的联系，是通过公开的使节来进行的。这些信究竟是由以另外事由入赵的燕使与苏秦秘密联络而送出的，还是赵国对苏秦留有一定余地？恐怕是后者。因为苏秦在信中讲："李兑、韩徐为视臣甚善，已经有让我走的话了。"这样一名间谍在列国随意活动，一方面是由其外交身份所决定，另一方面也反映当时苏秦一类人成了各国外交的特殊媒介，因而各国对这类人常处于无所作为的状态，反间谍工作远未开展。

第三封信中，苏秦详细分析了李兑的动机：他首先想拉拢、顺从齐、秦两国，以定其封地（李兑此时已成了齐在赵的代言人）；其次，他想联络齐国以安定赵国。苏秦认为这是燕之大祸。赵、齐不相恶，则燕国不得安，灭齐大功不可成。但希望燕王拉他一把。燕王接到信后，派人告诉李兑，不要重用苏秦。燕王如此一来，即暗示苏秦是齐王重用的人不可靠。已充当齐国间谍的李兑，当然要与之交好了。

当时形势变幻莫测。齐国听了苏秦的建议暂不攻宋。大约在苏秦被囚于赵时，亲秦的韩夤虽离齐去楚，而反秦的周最，由魏至齐为相。他派人游说赵国的金投，不要攻齐。但秦国因赵国迟迟不攻齐，要转而攻赵。公元前288年初，秦伐赵梗阳。赵国又在考虑五国攻秦，因此对苏秦态度有了变化，想封他为相，帮助李兑联络各国。但对他不放心，不愿放他。只是由于燕昭王的掩护，李兑又与之交好，他才得脱身。

秦国为了联齐，先由秦将吕礼，假作逃亡到了齐国。使齐王赶走周最而相吕礼。公元前288年，秦国派穰侯魏冉亲至齐国，相约为帝，齐为东帝，秦为西帝。战国此时形成了两极相峙的局面。齐国的强大对燕威胁太大。燕也不愿坐视秦、齐如此划分势力范围。

在这种情况下，苏秦又为燕到齐，力主齐不应称帝，以便拉拢各国反秦。此时齐国又一次讨征宋国。苏秦大概也为此出了力。接着齐、赵会盟于阿，相约攻秦，逼其去帝号。苏秦参与了这一会盟。齐国很快出兵攻秦。秦昭王在称帝三个月后取消了帝号。

变化使人眼花缭乱，燕昭王也弄不明白了，甚至对苏秦产生了怀疑，想派人取而代之。大约在公元前288年冬，苏秦写信给燕昭王，信中说："燕齐交恶已久。我处燕、齐两国间，知道必被人怀疑。我的计策是：齐国必为燕之大患。我在齐能得大用，大者可以使齐不伐燕；其次可以使齐、赵关系恶化，以便大王之事。这是大王您期待于我的。我肩负着您的使命在齐已有五年，齐兵数次出击，从未犯燕。齐、赵关系时好时坏，时合时离。燕国不是与齐谋赵，就是与赵谋齐。齐国因为相信燕国而使其北部空虚，军队撤走。大王听别人之言而攻齐，使齐国不相信燕。赵国也由于怀疑燕而停止攻齐。齐、赵会盟于阿，大王您很担心。我参与其会，使他们相约攻秦迫使其去帝号。虽然燕国也要出兵出钱，却使齐、赵不得攻燕。齐国不称帝，使燕国君臣免去了对齐称臣的耻辱。齐国当初杀了张魋，我不愿到齐国来，并让属下转告您。大王您让盛庆对我说：'不到齐国去将不利于国家。'我冒死在齐、燕间搞外交。后来，孟尝君、韩徐为与大王相约攻齐。但赵国李兑却在齐国面前出卖了我，企图归罪于燕，因其想在齐国得到封地。公玉丹到赵国约和，李兑接受了。大王您担忧，非要我到齐国去。我到齐国后，使齐、赵关系恶化。因大王能断大事，我才敢放手办事，不惜以死任之。之后，秦国受到进攻，齐、赵都曾受到谋算。但齐、赵从未谋算燕国，并都在天下诸侯面前讨好大王。我虽没大功，但自问也无大过啊！"

这封信生动地刻画出一个大间谍与其主子间的关系。燕昭王为什么怀疑他？无非因为当初的意图是使齐、赵交恶，而苏秦却使齐、赵会盟。苏秦讲得很清楚，虽然齐、赵会盟，但祸水西去了。齐、赵未能谋燕，反而使燕处于左右逢源的地位。苏秦为燕国免受进攻费尽了心力。他主要有两条战略方针：一是引五国攻秦；二是利用齐、赵矛盾，使齐、赵无法联合形成对燕夹击之势。这一点苏秦不但做到了，而且使齐国北部边境处于不设防状态。

不久，燕国派兵两万攻秦，韩、赵、魏、齐也出兵了。这就是五国攻秦。苏秦达到了一生事业的顶点，他是五国攻秦的主要组织者，被赵国封为武安君。表面上是为了五国攻秦这一大战略目标，骨子里苏秦还是为燕国攻齐做准备。

公元前287年，齐国把攻秦之师调去再攻宋国。苏秦派人对齐王说，应尽力攻秦。这次攻宋，楚、魏也来争地，连鲁国也想分一杯羹。燕王与群臣想乘齐攻宋而攻打齐国。这一消息被齐闵王知道了，决定八月收兵。苏秦知道这一消息后，立即秘密地报告燕昭王。同时给燕昭王打气说："不要怕，齐王想攻燕也不行，更不敢。因为燕赵关系甚好。"他还同时派陈臣、许剪从韩、魏两国出发到齐国，为燕国说话。最后，他又写密信，告诉燕昭王要忍耐，沉住气等待时机。

齐与宋讲和后，苏秦回到齐国，又去燕国。他让人传话给齐王，要齐王休息士民，不必对宋、鲁动怒。后来苏秦又由燕至魏，经过赵国时写信给齐王，说李兑不愿齐楚相遇，怕齐国联秦，而希望与魏王再会面。

五国伐秦之师，各怀异志，逗留在荥阳、成皋一带，没有进展。齐国为了伐宋，把定陶给了李兑，平陵给了孟尝君，私下还与秦勾结。赵、魏也在暗中联系。秦国也在破坏五国联盟。魏国始终在动摇。苏秦从魏国写密信给燕王，已看出孟尝君想变，但希望齐国先变，这样才能激怒"三晋"反齐。苏秦对齐王企图联秦十分清楚，他此时尚未被齐王识破，与齐王保持着密切的联系。苏秦在密信中要燕昭王派人与孟尝君、韩徐为联系，坚定攻齐之约，而对反对攻齐的李兑，则不要与之言事。苏秦还劝燕昭王不要当攻齐之先锋，不要公开议论攻齐之事。他的意思是让赵、魏首先攻齐，而燕国随后。这封密信中还有一句话，显示出外界反映苏秦已不受燕昭王重视了。实际上还是老问题，苏秦一再延缓攻齐，已引起了燕昭王的疑心，所以才有前面的燕昭王扬言攻齐。在这关键时刻，苏秦的密报效果可想而知了。

公元前286年，齐国终于召韩聂为相，实现了齐、秦合作。于是第三次伐宋。这一次恰逢宋国内乱，齐灭宋。诸国震动。魏国首先献河内、安邑给秦国以求和，并拘禁了苏秦。齐国派苏厉去游说，才放他回齐国。

公元前285年，秦将蒙武攻齐河东。秦、赵会于中阳，和楚会于宛，都在酝酿伐齐。这时乐毅以赵相国的名义伐齐取灵邱，燕国仍未露面。苏秦曾写信给赵王，分析形势，要赵王还是与齐联合。此时苏秦仍在用两面手法蒙骗齐王。齐国派田章把阳武给赵国，派顺子为质。赵王想和了，但秦国不干，要增兵四万助赵攻齐。

公元前284年初，燕昭王去赵国，最终确定了五国的攻齐之局。乐毅率五国之兵攻齐，先从燕境攻齐北部边境。齐闵王过于信任苏秦，认为燕绝不敢攻齐。注意力集中于济西正面战场，"悉起而距军乎济上"。乐毅乘其无备从北线大举攻入，齐军溃不成军。苏秦的间谍面目暴露了，被车裂，死时年约五十岁。

与战国时其他游士不同，苏秦虽不无为自己打算之处，但终其一生是为了一个目标：使齐国疲惫，放松警惕；使燕国免受齐、赵等国的进攻；为燕灭齐创造战略条件。后人称其为"燕之尾生"[①] 当不是过誉之词。

张仪等游士的间谍活动很大程度上仍是由个人设计、策划的，"运用之妙，存乎一心"。苏秦的间谍活动则是君臣共同策划的，持续不断地为了一个国家战略目标而努力的长期战略间谍活动。主子与间谍在如何开展

---

① 据《战国策·燕策》记载，尾生与女子相约于桥下，女子不来，恰逢大水，尾生抱柱而死。

活动,以及间谍活动的方向上不断交换看法,不断排除疑虑。君主与间谍保持了不断的联系,并且为间谍活动进行了掩护。

从苏秦的间谍活动中可以看到,其他各国也通过派倾向于自己的人到对方做官来推行自己的政策。这些间谍为了自己的主人,都尽力影响所在国的外交路线,并由此而引起诸侯国的剧烈斗争。苏秦是其中的佼佼者。

苏秦的间谍活动有以下特点:

1. 公开的外交活动与翻云覆雨的秘密外交相结合。在他答应某国之时,也就是他与另一国家达成反对某国盟约之日。苏秦外交手腕灵活,双管齐下,在双方都押上宝,再视情况变化而定。

2. 战略目标的坚定与执行战略的灵活相结合。兴燕弊齐,是苏秦不变之终生目标。为达这一目的,他先是让齐攻宋,使其陷于孤立,后又使赵、齐交恶,接着又唆使齐、赵攻秦。总之,在战略大目标下,可以发挥最大限度的灵活性。从苏秦给燕昭王的信中可以看到这一点。间谍活动的组织者、指导者往往对间谍活动细节干预过多,甚至生疑。其实对高级战略间谍的活动不赋予极大的自由度是难以成功的。燕昭王不愧是招贤纳士之君,最终还是让苏秦放手去干了。

3. 苏秦时代的间谍活动,在间谍与间谍间也关系错综复杂。李兑、楼缓、孟尝君都是亦政亦谍的人物。这些人物或相互攻击,或相互勾结,掀起阵阵波澜。

4. 苏秦以对所在国最有权威之观察家身份,向燕昭王建议时,往往提出上、中、下三策。大间谍不光是简单地反映所见、所闻,更要反映自己深入分析、观察后得出的具有理性意义的看法。苏秦的书信是在他死后大量泄露出来的,上面只是做了一个初步分析,今后仍值得深入研究。

对苏秦及其时代的研究,使我们看到五国攻秦之所以失败,是由于五国间进行着你死我活、钩心斗角的斗争,根本无法一致对秦。我们也看到秦国瓦解五国之盟的间谍活动。五国中齐国势力与秦国相抗衡,地理位置又比秦国对其他国家威胁大。五国间不可调和的矛盾是苏秦活动能够成功的客观基础。苏秦和张仪一样是善于利用战略形势的人。

苏秦的活动最后导致齐国几乎覆亡,对改变战国时期列国力量对比起了很大作用。由于五国间的矛盾,以齐为主力合纵联合攻秦始终未成功。乐毅攻齐之后,齐国元气大伤。这使秦国得以利用可乘之机,先对"三晋"中较弱的韩、魏两国下手。苏秦的活动,为我们揭示了"山东六国"

何以挡不住强秦的另一面的原因。"山东六国"不像贾谊《过秦论》中激昂慷慨地讲的那样，有能人贤士，有堂堂正正之师。所谓能人贤士往往是别有任务，心怀鬼胎的游士；所谓堂堂正正之师，常常是各怀异志的乌合之众。"灭六国者六国也"，贾谊这句话倒是讲对了。

第十四节　火牛之阵

苏秦在列国间为燕国大肆进行间谍活动时，燕国也在乐毅的策划下整军经武，准备以武力报复齐国。

乐毅是曾当过魏文侯的将军的乐羊之后。乐毅喜欢研究用兵之道，曾受到赵武灵王的重用。赵武灵王在"沙丘之乱"① 中死去，乐毅离开赵国，到了魏国。此时燕昭王正以黄金台招天下贤士，他就又到了燕国。乐毅在燕很受重视，被封为亚卿。

公元前285年，燕昭王认为伐齐时机已到，找乐毅来商量伐齐之事。乐毅周历诸国，目光深远，他说："齐国曾称霸于诸侯，地广人众，单独攻齐是不容易的。大王一定要伐齐，不如约赵、楚、魏一起干。"燕昭王于是派乐毅到赵，派其他使节到楚、魏等国联络伐齐。齐国处于四面受敌的地位，这中间苏秦的间谍活动颇见功效。秦国也乐得利用这一局面削弱东方劲敌。

公元前284年初，燕昭王亲至赵国，与赵王进一步敲定了此事。秦王、魏王、韩王也进行了会商。燕昭王觉得终于能扬眉吐气了。乐毅被任命为上将军，率燕军精锐倾国而出。秦、韩、魏、赵等国也一起出兵。乐毅还被赵王授以相国之印，统一指挥五国之军。

齐国派将军触子率军迎击乐毅统率的五国之师。两军决战于济西。乐毅乘齐国不备，从北线发动进攻。齐国手忙脚乱，北线崩溃，济西决战也随之失败。五国开始分享齐国这块肥肉。

赵国进攻河间；魏国进攻原宋国之地；乐毅亲率燕军穷追齐军至临淄。此时楚国以救齐为名，出兵救齐。齐闵王以为有了救命稻草，就任命楚军将领淖齿为相。没想到淖齿反而杀了他，夺回了被齐国抢去的淮北之

---

① 公元前295年，赵公子成、李兑发动兵变，围赵武灵王（号称"主父"）于沙丘，赵武灵王饿死于沙丘宫。

地，并与燕军平分了齐国被占土地和财宝。燕昭王亲自到济上劳军，并封乐毅为昌国君。

乐毅指挥得胜之师，半年之间攻下了齐国七十余城，只剩下莒和即墨尚在齐军手中。莒人立齐闵王之子法章为襄王，战争处于久攻不下的状态。这时有人对燕昭王讲乐毅的坏话："乐毅智谋过人，转眼间攻下齐国七十余城。未攻下的只有两座城了。并非燕军攻不下这两座城，这两座城之所以三年不下，因为乐毅想仗兵威而慑服齐人，在齐国南面为王。如今齐国已服，乐毅还没有称王，因为他妻、子还在燕国。但齐国多美女，乐毅对妻、子也将忘记，愿大王早作打算。"燕昭王听了，摆酒大宴群臣，当众痛斥那个对乐毅放冷箭的人，并命武士将那人推下去斩首了。

燕昭王赐乐毅妻王后之服，赐其子公子之服，让燕相带兵护送到乐毅处，并封乐毅为齐王。看到燕昭王这番动作，乐毅自然感激涕零，誓死报效。称王之事当然纯属子虚乌有。列国看到燕国君臣相得，也不敢从离间其君臣关系上下手了。

攻击乐毅的人是否有什么背景不得而知，但燕昭王对此事的处置十分得体，显示了一个老练政治家炉火纯青的政治手腕。在大会上痛斥攻击乐毅的人，一方面做给列国看；另一方面也是做给乐毅看，"我是绝对相信你的"。至于是否称王，燕昭王心里也在打鼓，但他玩这一手使乐毅更为感激其知遇之恩，同时也防止了有人策动乐毅。前面提到，由于中国古代社会君臣关系的特点，大臣独掌重兵，成大功于外时，往往也是反间得行之际。由于燕昭王的贤明处理，他在位期间燕国君臣保持了上下一心之局。

公元前279年，燕昭王死，太子即位，是为燕惠王。燕惠王当太子时，与乐毅有矛盾。齐国即墨守将田单，认为施展离间的机会到了。

田单为人机警有谋，是齐国王族的远支亲属。燕未破齐前，他尚未被人知，只不过当个小官吏。燕国攻齐，田单率族人逃难，他先让族人用铁皮加固了车轴，又命把车轴突出于外的部分截掉。这样避免了逃难途中与别的车相撞。由于采取了这些措施，田单率族人平安逃到即墨。即墨大夫在守城作战中阵亡，田单被推为即墨守将。

田单决定利用燕国新君与乐毅的矛盾，他派人到燕国散布谣言："齐王已死，齐国未被攻破的城只有两座。乐毅怕被燕王杀掉，不敢回燕国。他以伐齐为名，实际想在齐国称王。齐人并未完全归附，所以他暂缓攻即墨以待齐人归降。齐人最怕的就是换别的将领来，那样即墨必破无疑。"谣言传到燕惠王耳朵里，他就派骑劫去代乐毅为将。乐毅怕回去真的被杀，跑到了赵国。燕军将士为此愤愤不平，上下离心。

看到反间奏效，田单又使出第二着。他命人散布谣言："我就怕燕军把被俘齐军士兵的鼻子挖掉，让他们走到队伍前面与齐军作战。"愚蠢的骑劫如法炮制。燕军的残暴，使守城齐军不敢有投降之心了。田单又派间谍到燕军中去散布："我唯恐燕人掘城外先人坟墓，令将士心寒。"骑劫又照办不误，命士兵掘坟焚尸。守城齐军看见了，痛哭流涕，誓与燕军血战到底。乐毅率军伐齐时，曾有一套占领军政策，禁止侵掠百姓，废除齐国苛政，礼贤下士，收到了一定效果。可经过骑劫这么一通胡来，已被破坏无遗。

田单此时与士卒共甘苦，亲自参加修工事，并把自己的妻妾编入队伍参加守城。同时他命令部队装出已虚弱不堪的样子，把精壮士兵隐蔽起来，由老弱病人、妇女登城守望。他还一着接一着地开展了欺敌、惑敌行动。

他先派人到燕军去约定投降日期。燕军士兵看到请降使节来了，兴奋得欢呼起来。田单又从百姓中凑齐了黄金千镒，送到燕军。本来已生厌战之心的燕军，认为战争快结束了，警惕性随之大为降低。

田单命士兵把城中千余头牛都披上画着五彩龙文的衣服，把尖刀绑在牛角上，牛尾绑上油脂。他还指挥士兵把城墙悄悄挖了十几个洞。出击那天夜里，田单命士兵点着牛尾，被火烧痛的牛从洞中蹿出直冲燕军。五千名壮士紧随其后。城中男女老幼把各种铜器敲得震天动地。梦中惊醒的燕军吓得魂飞魄散，狼狈而逃。将军骑劫被杀。田单率军乘胜追击，齐国的城邑都乘机驱逐燕军，很快恢复了齐国旧地。

田单把齐襄王从莒迎到临淄，开始治理刚刚恢复的齐国。田单被封为安平君。

燕惠王这才觉得办了蠢事。此时乐毅已被赵国封为望诸君；赵国企图以他的名气来吓唬燕、齐两国。燕惠王唯恐乐毅将为害于燕，就派人去责备乐毅，并向乐毅表明，当初不过是想让乐毅回国休息，让骑劫代乐毅为将也是左右人出的主意。乐毅当然已心灰意冷。在回信中，他回顾了自己和燕昭王兴兵伐齐的经过，并表示"夫免身立功，以明先王之迹，臣之上计也"，"忠臣去国，不洁其名"。燕惠王为了拉拢乐毅，封其子为昌国君。乐毅往来燕、赵两国间，最后死于赵国。

封建君主制度下，君臣关系往往是间谍能够攻破的薄弱环节。君主与得力将帅间信任与否，往往取决于君主的贤明与否。人亡政息，人事变迁，将给这种关系带来极大变化，缺乏一种制度来保证相互间的信任。这与君主一人"家天下"的独裁政治状况有必然联系。在后面的研究中我们可以看到，君主们为了防止将帅专权，往往采取派亲信进行监视等措施，成为影响将帅在战争中取胜的重要因素，也成为间谍战的一个因素。

田单散布的谣言是有意引导敌人做出引起齐国军民愤怒的事，通过曲折的手段来达到自己的目的。可见对敌方散布的假情报进行分析是十分困难的。要判定敌方真实意图，必须对敌人心理状态、风俗习惯、文化背景等有深刻全面的了解。否则，就会导致战略、战术及政策上的失误。而做出这些判断，对骑劫这一介武夫来说，的确是太困难了。

第十五节　人质之功

燕昭王在派苏秦为间谍，在列国中大肆活动的同时，还忧虑着燕国东北部的东胡。东胡是当时我国北部地区活动的众多游牧民族之一。其经济、文化比起当时战国诸雄要落后。但它仗着骑兵优势，经常对毗邻的燕、赵、秦诸国进行袭扰。这些民族内部已出现了奴隶主贵族。为了满足奴隶主贵族的贪婪要求，东胡在与燕、赵、秦等国的战争中常常残酷地掠夺人口和财物，使这些国家不得不想方设法对付。

燕昭王在东胡强盛的形势下，为了表面上结好东胡，派燕将秦开为人质，到东胡去。秦开是燕之"贤将"。这一人选，燕昭王是动了心思的。秦开到东胡后，颇受东胡统治者信任。过了一段时间，秦开就返国了。

燕昭王选准时机，发兵讨伐东胡，统兵将领正是秦开！由于秦开熟悉东胡情况，因此旗开得胜，东胡被击退到千里之外的地方去了。燕国在占领的东胡之地置上谷、渔阳、右北平、辽西、辽东五郡，大大拓展了领土。

《史记·匈奴传》对这段史实记载甚简，但值得我们重视。战国之际，互派人质是常有的事。但人质如果是经过刻意挑选的，则必然会在某一天起到一般间谍难以起到的作用。燕昭王以贤将为质，可以说从那天起，就为击溃东胡埋下了伏笔。有意识地派将来可能担当重任的将领深入未来战场（以公开身份去，且不冒风险），了解情况，其更深一层的意义在于一旦有事，这些将领可以凭借对敌人的深入了解率兵击敌。再没有比这更好的培训将领知己知彼的办法了。如果有意识地把这作为培训将领的一种必经之地，则将造就出目光远大，熟悉对方社会、政治、军事、文化诸方面情况的统帅。当然，派出去的人选应当是第一流的，并真正能了解情况，有研究能力的人。

东胡对秦开一类人毫无戒备，任其返国（是否逃回不得而知）是极为愚蠢的。当代间谍战中，对敌人或潜在敌人派出的使节、人质进行监视是起码的常识。但战国时，除秦国外，大多数国家并未自觉做到这一点，既无对这类人的监控，也无有效的出入境严格核查。

此外，战国之际，各国对自己国家内各类人才，尤其是深知内情的人才之去留，心中无数。当然要让一个国家的管理者对此胸中有数，并从有利方面予以利用，也确是一个难题！

在当代，通过派遣外交官、武官，培养熟悉对方国家军事、政治、经济的人才，已经成为制度化的渠道。例如，第二次世界大战前，日本派往有关国家的武官，后来几乎都成为统兵与有关国家作战的主官。通过派往有关国家长驻，培养自己的战略人才，应当是政府为推行自己的全球战略，高瞻远瞩地予以推动的战略举措。

第十六节　水之深浅

公元前301年，齐国以楚国背弃合纵之约，与秦国勾结为借口，联合韩、魏两国攻打楚国。齐将匡章、魏将公孙喜、韩将暴鸢率联军攻入楚国。楚怀王派将军唐蔑率军迎敌。两军隔泌水（今河南泌阳河）相峙，达六个月之久。

齐王沉不住气了，派辩士周最火速赶到齐军营，督促匡章赶快决战。周最是有名的舌辩之士，他以刻薄的语言讽刺匡章，并进行威胁。匡章面色凝重地回答："大王可以将我杀头、免职，使我家族受害。但大王不能强迫我在不该作战时去决战，在应当决战时不战！"

匡章命"候者"（专门进行侦察、警戒的士兵）去寻找可以渡河击楚的地方。楚军以乱箭齐射，使"候者"无法测量水的深浅。恰巧有一个在河边饮牲口的百姓看到了。他对"候者"说："水的深浅很容易知道。

楚军严阵以待之处,也是水浅之处。楚军防守不严密,士卒稀疏的地方,河水都是深的。"齐军"候者"非常高兴,马上请这人一起去见匡章。齐军终于选定了渡河地点。

当夜,匡章挑选齐军精锐,在漆黑的夜幕掩护下,与韩、魏军队一起向楚军发动袭击,双方决战于垂沙。

楚军万万没想到联军竟从楚军防守最严之处发动突袭,被打得大败。将军唐蔑被杀。联军占领了垂丘(河南泌阳北)。

"候者"的出现,表明战国时军中已有了专门进行侦察活动的人。战前侦察,尤其是对作战环境的侦察,已成了作战前的必行之事。战时战场情报工作要取得成效,必须取得熟悉当地环境的人的支持。这也就是《孙子兵法》中所讲的"乡间"。在这个战例中"乡间"是偶然发挥其作用的。要使"乡间"发挥更大作用,需要对敌方社会、经济情况乃至风土人情进行长期的研究、积累,才能一入其境就开展活动。

那位百姓对楚军的分析,实际上是通过间接推理,来推知了解对象(水之深浅)情况的。战时或平时,通过对敌军动向进行周密的归纳与演绎推理分析,可以使我们了解许多视线之外的东西,战略与战役、战术侦察都是如此。科学的研究分析方法,是影响谍报工作的重要因素。

第十七节　胆识过人的君主

前面已提到燕、赵、秦等国都受到东胡的侵扰。燕昭王为对付东胡,派秦开为质。在中国历史上赫赫有名的赵武灵王,则以"胡服骑射",推动军事改革来对付东胡。

赵武灵王名雍,公元前325年—公元前299年在位。他是一位励精图治的君主。公元前307年,为使赵国军队能在对外战争中取得对东胡、中山、秦、燕的优势,他下达了胡服令,命全国官吏、军人穿上胡服,以利于作战。赵国贵戚、大臣纷纷反对。赵武灵王断然说:"先王不同俗,何古之法?帝王不相袭,何礼之循?……故礼也不必一道,而便国不必古。"胡服令得以推行,赵国果然强盛起来。

公元前299年,赵武灵王传位给太子何,自称"主父",实际仍执掌赵国大权。

赵武灵王所以作这番改变,是为了在他率军经略远方时,国内保持稳定。他想西向图秦，决定亲自到秦国去探查虚实。

入秦之前，赵武灵王想亲率军队自西北攻打胡地，并想从云中、九原南下袭击秦都咸阳。可想而知，其到秦国去时，所经之处也一定与这一战略计划有关。

赵武灵王自称是赵国使节，到了咸阳。秦昭王根本没想到站在面前的赵国使节竟是赵国主父。接见完毕后，秦昭王觉得此人举止轩昂，言谈中口气甚大，不像一个普通使节，立即派人去追。但主父此时已经出了咸阳。秦昭王审问与他同来的人，才知道是主父亲自到了咸阳。这在中国古代史上是甚为少见的事。秦人为此大为惊恐。

根据深入秦国所做的亲身观察和搜集到的情报，主父认为秦国实力雄厚，决定移兵中山、东胡等地。

为了准备进攻中山，主父先派出了间谍，到中山去进行战略观察。他派李疵肩负着秘密使命出使中山。

回到赵国后，李疵对主父讲了自己出使中山的观感。他对主父说："中山国可以吞并，如果您不抓住时机进攻中山，恐怕这块肥肉就会被别的国家吞下去。"主父问他："您为什么提出这种看法，依据何在？"李疵说："中山国的君主，经常坐着他的御车到破旧小屋子里去拜访贤明有才之士。经常去的有七十多家。"主父不解地问："这是贤明之君呵！怎么可以轻易出兵讨伐呢？"李疵却发表了独到的见解，他分析道："中山王好士，全国百姓就会好虚名而不去务农。尊重贤士，农民就会懒惰，战士也因不受重视而松懈。像这样一味重视游士而不灭亡的，我还从未见过！"

主父觉得李疵讲得有道理，就遵从他的意见，派赵军进攻中山。公元前296年，赵国终于吞并了中山。赵国在战争中拓展了土地，成为战国"七雄"中实力较强的国家。

李疵深刻、犀利的战略眼光，独到的政治、经济战略分析，为赵国主父下决心灭中山提供了依据。在间谍战中，派出大专家、大学者、有战略眼光的参谋，对敌对国家或潜在对手，进行战略观察，非一般间谍刺探情报可比。以公开身份完全可以进行这类活动。因此，"以上智为间"，在制定大战略时，必不可少。

一国最高统帅深入虎穴，进行谍报活动，今天看来未免有些失之轻率，带有浪漫色彩。但是一国最高统治者必须对情报的重要性有所认识，对情报有其敏感性。在可能的情况下，进行某些实地调查，至少掌握第一手的情报资料，是进行重大决策时不可缺少的。

第十八节　诱捕

赵武灵王出关而逃，另一位国君可就没这么幸运了。这位国君陷入敌手并非由于他胆大，而是由于昏庸。

公元前 300 年，秦军大举攻楚。楚军死者达三万余人，将军景缺被杀。第二年，秦军又攻克了楚国的八座城池。秦昭王以大兵压境，写信给楚怀王，约其在武关（今陕西商南东南）会盟。

楚怀王接到信后，犹豫不决。大臣昭睢进谏："大王不要去，现在应发兵加强楚国的防卫。秦乃虎狼之国，不可轻信。它久有吞并诸国之心。"他儿子子兰却劝他前往会盟，子兰说："不能使秦国断了与我交好之念。"楚怀王最后决定应邀会盟。

听到楚怀王前来会盟，秦昭王立即命秦将率兵埋伏于武关，同时打出秦昭王的旗号，引诱楚怀王。

楚怀王的车队一入武关，秦军伏兵立即关闭武关，劫持楚怀王到了咸阳。秦昭王以对臣下之礼对待楚怀王。楚怀王这才后悔没听昭睢之言。秦国企图以楚怀王来换取巫、黔中两郡。楚怀王先受骗于张仪，如今又受胁迫，气得他干脆豁出来了，就是不答应秦国割地的要求。秦昭王也就把他扣在秦国。

楚国大臣为了安定国中，绝了秦国挟楚怀王割地的念头，立太子横为君，是为顷襄王。秦昭王恼羞成怒，发兵出武关攻楚，又夺取了楚国十五座城才住手。

公元前 297 年，楚怀王趁秦人不备逃跑了。秦国发觉后，立即封锁通往楚国的道路。楚怀王想经赵国回楚国。赵国不敢让其入境。楚怀王又想取道魏国，此时追兵已到，又将其抓了回去。楚怀王连吓带气生了病，公元前 296 年死于秦国。秦国把楚君的尸体送回楚国安葬。楚国人对秦恨得咬牙切齿，诸侯也对秦非常蔑视。秦、楚自然断绝了关系。

秦国在劫持楚怀王时，使用了外交欺诈手段与武力相结合的方法。秦王命一将军打着他的旗号出现在会盟地，表明在外交中制造假情报的手段已较为普遍和复杂了。这种对国内君主、将领的行踪进行冒名顶替的欺骗手段，往往使敌人的判断出现极大失误。

当然从秦国这次行动的总收益看，政治上损失大了一些。秦国的失误在于对楚怀王在楚国的地位、作用，做了过高估计。如果让楚怀王这个昏庸之君留在他的位子上，对秦国更为有利。

秦国的这种失误更深层的原因在于，中国封建制度虽然是一人"家天下"的独裁形式。但一旦君主被杀或被俘，这种封建政治制度就会显示出它是由一个地主阶级集团来统治的特点。只要国内不乱，会按程序产生新的君主，使制度运转如常。秦国也被这种"家天下"所迷惑，因此一意孤行，在楚怀王这张牌已丧失作用后，仍不及时改变策略。

间谍战中的秘密谋略斗争，归根结底是由当时、当地的政治、经济制度所决定，并通过各种制度起作用的。任何一种间谍战谋略、手段的运用，都要在具体环境中，进行整体的综合分析，才能看清其效能，预见其后果。

第十九节　鸡鸣狗盗

孟尝君田文，其父田婴是齐威王少子，被齐宣王任为相国。宣王死齐闵王即位，封田婴于薛。孟尝君继承其父封邑，又称薛公。

孟尝君在薛（今山东滕县南），广招宾客及逃亡者。门下食客有时竟达数千人。"养士"之风在中国封建社会以战国为烈，其中又以"四公子"（孟尝君、信陵君、平原君、春申君）最为有名。他们一般都是本国君主的亲戚，有雄厚的政治、经济实力。列国相争，各国内部阶级力量（奴隶主旧势力，地主新兴势力）对比发生着急剧变化。因此各国君主的权力常落入他人之手。各国对外招揽贤能，又给国内权臣、贵戚以"养士"为手段从事政治、军事活动创造了条件。大一统的帝国建立后，至高无上的皇上绝不允许亲戚、臣下以"养士"为手段形成自己的小集团。在每个封建王朝倾覆之前，总有一些势力在企图取而代之的过程中招降纳叛，但其环境所限也不可能超过战国。所以战国之"养士"有其绝无仅有的特色。"养士"是一个相当广泛的概念。所养之人从贩夫走卒、逃犯到落魄之士都有。当然张仪、苏秦一类的"士"是主要成分，地位且居于诸门客之上。

孟尝君笼络这些人可谓煞费苦心。除了好吃好住，无论贵贱一律有份外，孟尝君在与来投的宾客坐在一起交谈时，还让人在屏风后记录。他对门客的住所、来历、亲戚都有了解。客离去时，孟尝君已派人到他的住所和亲戚处去关照过了，并赠以钱物。得主如此，"士"当然为知己而死了。

秦昭王听说孟尝君有才干，很想一见。当然他还另有打算。秦昭王派泾阳君为质到齐国，以求孟尝君入秦，为孟尝君门客所劝阻。公元前299年，孟尝君终于到了秦国，被任为秦国相国。贤者招忌，何况孟尝君又是齐国贵戚。过了些日子，有人对秦昭王说："孟尝君贤明而有才，而且是齐国王族。现为秦相，在执行重大决策时，必先齐而后秦。秦国用他为相，必有危机。"秦昭王认为有理，就罢了孟尝君的官，把他关了起来，准备杀掉。孟尝君派门客到秦王的宠姬那儿求救。这位宠姬说："我想得孟尝君之狐白裘。"孟尝君仅有一件狐白裘，在谒见秦王时已献给秦王了。孟尝君遍问宾客，寻找办法。幸亏其中有一"梁上君子"挺身而出："我能找到狐白裘。"当天夜里，此人施展"狗盗"绝技潜入秦宫，把那件献给秦王的狐白裘盗出。那位宠姬得到狐白裘后，自然在秦王耳边为孟尝君吹了不少枕边风。秦王终于决定不再囚禁孟尝君了。孟尝君抓紧时机，改名换姓偷偷溜出了咸阳。夜半时分，一行人到了函谷关。秦国之法度，鸡叫才放人出关。此时天尚未亮，守城军官也未开城门。幸亏孟尝君一行中有人有"口技"之能，学起雄鸡报晓来。一鸡高叫引得群鸡相和，于是城门大开。孟尝君一行如漏网之鱼，乘机逃脱。

当初孟尝君收下这两位"鸡鸣狗盗"之士时，其他宾客都以此为耻。从这之后，宾客们才对这两个人另眼看待了。这件事发生于公元前298年。

孟尝君不仅靠宾客得脱大难，还靠宾客在别国充当内应，为他办事。

门客中有人与他的夫人私通。被人告发了，并劝他杀掉此人。孟尝君说："见到漂亮的容貌而相悦，乃人之常情。请不要再提他的错了。"

过了些日子，孟尝君招见那个与他夫人私通的人，对他说："您和我相交已久，大官没有可能得到，小官又太屈才。卫国君主与我交情至深，愿为您准备车马、财宝，请您带着这些东西到卫国去干事。"这人到卫国果然受到重用。

后来齐、卫关系恶化。卫君想联合其他诸侯谋齐。这个人去见卫君，对卫君说："孟尝君不知道我这个人不怎么样，因为我骗了他。"在为孟尝君开脱之后，他说："我听说卫齐两国上一代君主曾杀马宰羊，进行盟誓：'卫、齐之后代不得相攻伐，有相攻者，让其命运如同这些马羊！'现在您约天下之兵而攻齐，是背叛了先君盟约，而且欺骗了孟尝君。请您万勿再想攻齐。您如听我的平安无事；如不听我的，像我这样的不才之人，将以一腔热血溅湿您的袍子！"这已是赤裸裸的威胁了。卫君左思右想，终于停止了筹划中的行动。孟尝君为此也提高了他在齐国的威望。

孟尝君的门客所从事的间谍活动，显示了各种特殊才能的人在间谍活动中的作用。孟尝君广罗各类人才，但对各类人才有什么用武之地并没有明确目的。鸡鸣狗盗之辈只是在危急时才脱颖而出，可见养士的人并未把手下人才分门别类地组织起来，而是让他们待在手下备用。这使各类人才由于地位、知识不同而相互歧视。多少年后王安石在评论孟尝君时感慨地说："孟尝君特鸡鸣狗盗之雄耳，岂足以言得士。不然擅齐之强，得一士焉，宜可以南面而制秦，尚取鸡鸣狗盗之力哉。鸡鸣狗盗之出其门，此士之所以不至也。"王安石是以其所处封建正统思想与等级制久已确立的时代的政治思维来批评孟尝君的。实际上孟尝君能否"制秦"，是由当时大势所定的。孟尝君门客中像冯驩一类有学问和政治远见的人也不少。问题在于孟尝君没有把这些人很好地组织起来，各自安排于合适的位置，合力去为一个大战略努力工作，这才是失误之所在。

间谍活动需要根据不同对象组成人才体系，构成特定的人才结构以完成谍报的特定任务。孟尝君手下人才的集聚只是偶然的。这反映了那个时代间谍战的组织水平，在很大程度上仍然是自发的，组织度也相对松散。

"鸡鸣狗盗"之辈在中国古代社会后来的间谍战中再也没有恢复到与士大夫同列的地位，这一点与王安石所论是吻合的。

第二十节　善待敌间

公元前270年，秦军在将领胡阳的率领下，进攻赵国的阏与（今山西和顺）。阏与是险要之处，秦军包围后猛攻不下。告急文书到了赵国都城邯郸。赵惠文王非常着急，他首先把赵国倚为长城的凤将廉颇召来商议。赵惠文王问他："阏与可救否？"廉颇思索了一会儿，答道："道远险狭，难救！"赵惠文王又把另一名将领乐乘召来，问以援阏与之事。乐乘的回答和廉颇一样。听到这两位赵国名将令人丧气的回答，赵惠文王有些丧气了，但又心有不甘，他让人把赵奢召来问计。赵奢做出了截然不同的回答："援阏与之战如两鼠斗于穴中，将勇者胜。"赵惠文王大喜，命赵奢为将率军援阏与。

赵奢是个文武双全、颇具心机的人物。在此之前，他就显示出其不同于一般庸碌官员的胆识。他初登仕途时，不过是赵国一个管理催收田赋的小官。有一次他到平原君家去收租税，平原君的门客根本不理睬他。赵奢二话不说，按法立斩平原君用事者九人。平原君大怒要杀赵奢。赵奢毫无惧色地对平原君说："您在赵国贵为公子，现在纵容门客，就会使法律废弛。法律废弛国家就会削弱。国家削弱就会招致诸侯的进攻。诸侯一旦进攻，会使赵国灭亡，您还能有如此富贵吗？"平原君听了这番话，认为这是一个有才干的人，就向赵王推荐，让他掌管整个国家的赋税。果然使赵国财力有了很大增加，一般百姓也富了起来。赵奢因此也成了赵国的重要人物。

赵奢率兵出发，在离开邯郸三十里左右的地方停了下来。并传令军中：有对作战提出建议的一律处死！

秦军驻扎于武安城西，在检阅训练时，声势之大以至于鼓声、士兵的吼叫声混在一起，把武安城内房屋的瓦都震动了。赵军中一名军官对赵奢建议，应该火速去救武安。赵奢立即让人把他推出去杀了。赵军坚壁不出达二十八天之久，同时增修了营垒。

这时一名不速之客来到了赵军营垒，此人是秦军派来的间谍。赵奢明知其为间谍，却以丰盛的酒饭进行款待，然后让他回去。这名间谍回去后向秦军将领报告了所闻所见。秦军将领的高兴劲儿就别提了："赵军离开国都三十里就不走了，只管修营垒，看来阏与已经不会属于赵军了。"

赵奢让间谍走后，当即命令全军将士收拾行装，迅速向阏与开进，只用了两天一夜就出现在阏与附近。赵奢命令善于射箭的士兵在距阏与五十里的地方驻扎。等到秦军听到赵军突然出现的消息，全军出动进攻赵军时，赵军营垒已经修好。赵奢反客为主，成以逸待劳之势。

这时军士许历请求对军事有所建议。赵奢说："请他进来。"许历说："秦军想不到我军已到此地，他们现在正是士气旺盛的时候，气势汹汹，将军必须集中兵力于阵内迎击秦军，否则必败。"赵奢接受了他的建议。许历故意说："现在请按军令杀了我吧。"赵奢说："等待以后的命令吧。"许历接着建议："先占领北山的能够取胜，后到的就会失败。"赵奢采纳了他的建议，立即派士兵万人抢占北山。秦军随后才到，与赵军争夺北山被击退。赵奢乘机大举出击，大破秦军。秦军狼狈溃逃，阏与之围也随之而解。

赵奢率军凯旋，被赵惠文王封为马服君，许历也因功被封为国尉。

从战前廉颇、乐乘对此次作战的估计中，我们可以看到"道路遥远险峻狭窄"，成为他们出兵作战时的主要顾虑。的确，在这种情况下，秦军一旦侦知赵军行动，肯定会处于主动态势。路途遥远则粮草不易供应，沿途险峻狭窄则利于以少数部队据险设伏。但赵奢之所以"两鼠相斗于穴，勇者胜"，并不是死打硬拼，而是早已成竹在胸，通过谍报战来扭转不利的态势。

赵奢出邯郸，行三十里即作了长达二十八日的停留，首先是为了从心理上使敌人感到"赵军怯战"，产生麻痹。其次，他也是坐待秦军的谍报人员来观察赵军的情况。

应当进行分析的是赵奢在此并非以假情报、假象来迷惑敌军。他让秦谍看了赵军的实力，赵军在离邯郸三十里远的地方驻扎也是实情。同时他对秦谍也未进行任何有意的引诱，使其产生错觉。这是值得我们深思的。如果动脑筋作进一步的思索，就可以看到有意以"示形"来迷惑敌人，势必要真真假假都有。关键在于何时示之以真，何时示之以假。赵军长留不走，这是一个铁一般的事实。问题在于这个铁一般的事实，让敌人对赵军的作战积极性产生了极大的怀疑，以至于认为赵军不敢前来。从这一角度看，赵奢利用敌谍有其过人之处。正是长留二十八天和间谍的亲眼所见，使敌人完全放松了对赵军的监视、侦察。所以赵奢得以出其不意通过沿途险阻，出现在秦军面前。这是一个通过巧妙的间谍活动，取得战役主动权的事例。在战争中，尤其是在敌我力量相当悬殊，客观条件不利的情况下，利用谍报活动调动敌人，使敌人产生错误的判断，是使力量发生转化，变不利为有利的重要因素。

从秦军的一面看，对敌人的情报作孤立的静止的分析，是其失误的主要原因。当代的不少军事、谍报斗争事例也说明，即便对敌人的实力、态势有清楚的了解，但是如果对敌人的意图、动机做出错误判断，仍将导致重大失败。在间谍战中，对于敌人的意图、动机进行判断，是非常困难的。

另外，秦军对间谍的个别情报过于轻信，没有进行多方面、持续不断的间谍活动，以监视赵军，也是其失败的原因之一。

第二十一节　长平之役

　　赵奢为赵国立了大功。他的儿子赵括，却因为只知纸上谈兵，在与秦军作战中遭到惨败，使赵国元气大伤。

　　公元前262年，秦军在战国著名军事家白起的率领下进攻韩国。夺取了野王，断绝了上党与韩国间的联系。上党郡守冯亭表现出高度的外交灵活性和深谋远虑。他认为与其坐待上党被攻克，不如以上党归赵国所有。一旦赵国接受了上党，秦国必迁怒于赵，并进攻赵国。这样赵国必然与韩国一起抗击秦国。他派人向赵国表示了这一愿望。赵国君臣经过一场辩论，终于接受了上党，并封冯亭为华阳君。

　　公元前261年，秦军继续攻韩，夺取了缑氏、纶氏。接着秦军又进攻上党。赵国派部队进驻长平救援上党。公元前260年四月，秦将王龁进攻长平（今山西高平西北）赵军，廉颇率赵军抗击。长平之战正式开始。秦军在左庶长王龁率领下锐不可当，连败赵军。久经战阵、富有实战经验的廉颇采取坚壁不出的办法，以挫秦军之锐气。秦军多次挑战，廉颇拒不出战。在坚垒面前，秦军只好徒唤奈何。

　　面对老成持重的廉颇，秦国决定采用间谍手段迂回实现其目的。秦相国范雎命人以千金秘密潜往赵国，收买赵人进行反间。这些间谍散布谣言说："听说秦国所惧者，只有马服君（赵奢）之子赵括。廉颇容易对付，而且快投降了。"这些谣言传到赵孝成王耳朵里。他一直对廉颇屡败于秦军，并坚壁不出非常不满，数次派人去责备廉颇，现在更是不能容忍了。于是他就派赵括去取代廉颇统率长平的赵军。

　　赵括从小熟读兵书，谈论起行军打仗的事来，自以为天下没人能比得上他。赵奢在讨论兵事时也辩论不过他的儿子。但赵奢对赵括有一针见血的评价。他认为赵括只是熟读兵书，把打仗的事看得太容易了。将来赵国若用赵括为将，赵军要丧失在他手里。

　　赵括为将时，赵奢已死。只有蔺相如对赵王进行了劝阻。赵王不听。赵括之母极力反对赵括为将无效之后，只好向赵王请求，一旦兵败，不受其子牵连。赵王答应了。赵括前往长平。

　　秦国的间谍了解到这一消息，马上报告给秦王。秦王立即命白起为上将军前往长平前线统率秦军,命王龁为裨将,并严令军中有敢泄露白起为将的立即斩首。

赵括到前线取代廉颇之后,把廉颇在军中时制定的军纪军法全部更改,换上了他认为能执行自己一套打法的军吏。随后他就率军向秦军的营垒出击了。

白起命秦军假装败走,派骑兵从两翼迂回,包围赵军后路。赵军攻到秦军营垒前,反复冲杀,但遭到秦军的顽强抵抗,难以冲入。这时秦军已断绝了赵军退路,使其粮草供应完全断绝。秦军又发五千骑兵插入赵军营垒和冲到秦垒前的赵军之间,使赵军被分割为二。

秦王听到了这个好消息,认为与赵国决战之日已经到来。于是尽发国内十五岁以上的男子派往长平军中。长平之战成为秦、赵两国赌国运的对决。

这年九月,被围的赵军粮草供应断绝已达四十六天了。到了这时赵括才决定突围。他把士兵分为四队,轮番冲杀。但赵国的疲惫之军哪能抵得过秦国不断得到补充的劲旅,几次冲击均被挡回。赵括一看到了最后关头,亲自挑选精锐士卒,带领他们冲向秦军。在一阵如雨的飞箭之中,这位不知天高地厚的将军被射死了。赵军大败,四十余万赵军统统投降了白起。白起认为秦国进攻上党时,上党的百姓尚且不愿意归秦,这四十万降兵更不可靠。于是秦军坑杀赵军四十余万,只留下二百四十个年龄尚小的,让他们回去报信,以震慑赵国君臣。

长平之役后,秦军挟大胜之威,继续进攻赵国,公元前259年,白起分秦军为两路。王龁率军攻占武安,司马梗率军打下了太原(今山西句注山、霍山之间)。赵国的形势岌岌可危。但在此时,间谍又出场了。

韩、赵两国派游说之士到秦国去见应侯范雎,并赠以丰厚的财物。一个游说之士到了秦国后,对范雎说:"武安君(白起)已经打败赵括了吧?"范雎说:"是呀。"又问:"秦军即将包围邯郸了吗?"范雎答:"是呀。"此人话锋一转:"赵国一亡,秦王就是诸侯之王了。武安君也要当上三公这样的大官了。武安君为秦国南征北战,夺取七十余城。就是周公、召公、吕望的功绩也超不过他了。武安君当了三公,您能甘心做他的下属吗?到那时,虽然不想在他下边,也不可能了。再说天下百姓都不乐意当秦国的顺民。赵国一亡,其土地、人民必然为燕、齐、韩、魏几国君主所得,秦国所得无几。不如挟大胜之威允许赵国割地,也就可以不让武安君成其大功了。"

范雎心眼活动了，于是去对秦王说："我军久战兵疲，请允许韩、赵割地以求和，士卒也可以得到休息。"秦王听了他的意见。于是割韩国的垣雍（今河南原阳西南）、赵国六城，暂时停止了进攻。

白起功败垂成，只有仰天长叹，并因此激化了和范雎的矛盾。后来秦王于公元前259年九月，又发兵由王陵率领攻打邯郸。此时白起正在生病。秦兵久攻不下。秦王又想起了白起。白起看到灭赵时机已去，诸侯援兵也将到来，同时秦国在长平一战后国内空虚，因而称病不出。秦王派范雎亲自上门去请，白起不为所动。后来信陵君等演出了"窃符救赵"一幕，秦军大败。白起说："秦国不听我的计谋，今天怎么样！"秦王大怒，非要白起到前线去。白起自称病重，拒绝前往。范雎只好亲自登门去请，白起依然不听。秦王贬白起为士兵，派到阴密这个地方去。白起因病又滞留咸阳。诸侯之兵直逼函谷关，几次打败秦军。秦昭王更加迁怒于白起，命令他不得留在咸阳。当白起出咸阳十里，到了杜邮这个地方时，秦王和范雎终于决定除掉他。一代名将，就这样用君主赐给的宝剑自杀了。

在秦、赵之间扣人心弦的生死搏斗中，更加令人紧张的是双方针对对方主将所采用的间谍手段。相比之下，秦国君臣的谍报战手段运用得更为积极、主动。秦军在啃不动廉颇这块硬骨头后，立即转而采用散布谣言等方法迂回地干掉廉颇。同时，秦国间谍战的思考周密之处不仅在于去掉对方得力将领，而且主动想方设法让有利于自己的将领上台。这个"有利于"并非指的是"内间"，而是其才干足以把事情搞糟，甚至毁掉敌对国家的将领。能在间谍战中主动影响敌方人事安排，是非常不易的，在影响对方的同时，秦军秘密调换主将，并对这一情报采取了十分严格的保密措施。以间谍战影响敌方将领的去留，是具有重要战略意义的因素。我方将领人选的保密，则是达成对敌作战战略突然性的因素之一。相反，如果在适当的时间、地点，有意地把某些将领的任职公之于众，则可使敌人产生错觉。

韩、赵两国对于白起所搞的间谍活动也是非常巧妙的。可以说他们抓住了范雎和白起利害冲突的关键。这又一次反映出"离间计"得以施展，必须了解对方营垒中的人事关系。对君臣、大臣间的矛盾有深刻的了解。在漫长的中国封建社会中，大臣们之间这种尔虞我诈的冲突是经常的，以至于从这方面着手的间谍战成为中国古代间谍战中的一大特色。

第二十二节　离间游士

战国中晚期，秦国日渐强大，各诸侯国为了联合抗秦组成"合纵"联盟。秦国千方百计拉拢、瓦解这些诸侯国中的若干国家组成联盟，以对抗其他诸侯。以秦为主的联盟号称"连横"。"合纵"与"连横"的斗争，为战国游士从事间谍活动提供了舞台，成为当时间谍活动的一大特色。

秦昭王（公元前306年—公元前251年在位）执政时，秦国的宰相范雎听到了一个间谍报回的坏消息。主张合纵抗秦的游士聚集在赵国，议论攻秦的事。秦昭王很担心，范雎却一针见血地指出了这些游士的弱点："大王不用担心。我有办法让他们的打算告吹。这些人阴谋攻秦，并非与秦国有仇，不过是贪图富贵，借以谋取私利罢了。"范雎接着做了一个生动的比喻："大王，请看您的狗，现在有的卧着休息，有的在呆站着，有的到处乱跑。如果扔给它们一根骨头，它们就会狂吠着打起来。不过是因为有了争夺的目标罢了。"秦王明白了。

范雎早年在魏国备受屈辱，后来逃入秦国，因为向秦王建议削除国内权贵的势力，对外采取"远交近攻"的战略，而当了秦宰相。因此，他对六国（齐、楚、燕、赵、韩、魏）游说之士的心理状况一清二楚。

秦昭王采纳了范雎的建议，派一个叫唐雎的大臣带着能歌善舞的乐工歌妓及五千斤黄金到了赵国武安城中。唐雎在城中召开了盛大宴会，展示出灿灿的黄金，当众宣布："邯郸（赵国都城）有谁来领这些黄金！"于是把黄金散发出去。那些得了黄金的游士，当然一个劲儿地说秦国的好话，对秦国表示友好。那些与秦为敌的游士只好眼巴巴地看着。

唐雎回到秦国向范雎报告了他出使的成绩。范雎却不十分满意。唐雎再次出使前，范雎对其授以"锦囊"："您这次到赵国去，不必问黄金发给了谁，只要把黄金发完了就算为秦国立了大功！现在我派人再带上五千斤黄金，与您一起去赵国。"

唐雎回到赵国武安，按范雎之计如法炮制。果然，黄金刚刚送出去三千斤，原来聚集在赵国策划攻秦的游士就因为金钱的诱惑互相争斗起来，伐秦之说，当然也烟消云散了。

第二十三节 窃符救赵

在魏国的王宫里，魏安釐王正与一位贵公子下棋。忽然有人慌慌张张地来报告，北部边境传来了烽火警报，赵国的军队要侵入魏境了。魏王大惊失色，推棋而起，叫人通报各大臣紧急议事。那位和魏王下棋的贵公子却面不改色，徐徐地对魏王说："那不过是赵王率领随从在打猎罢了，并非要侵袭魏国。"说完对魏王轻轻一笑："请大王接着下棋吧。"魏王勉强定下心来，心不在焉地下着棋。过一会又从北部边境传来消息："赵王围猎，并非企图入侵。"魏王看了贵公子一眼，心头一动："公子何以知之？"公子说："臣之客有能深得赵王机密之事者，客随时报于臣。臣以此知之。"

这位能深得赵王之情的贵公子就是"四公子"之一、魏安釐王之弟魏无忌。他是魏昭王的小儿子，安釐王的异母弟弟。魏昭王死后，他被魏安釐王封为信陵君。

当时秦国的相国范雎因为其在魏国的遭遇，十分痛恨魏国，多次发兵进攻魏国。信陵君为了防止秦国的进攻，广招天下贤士，不分贵贱，一律予以厚待。四方之士纷纷聚集其门下，多时竟达三千人。因为其手下人才济济，以至于周围的诸侯国十几年不敢攻打魏国。

在魏安釐王和信陵君间出现了上面的一幕活剧之后，再加上信陵君的精明能干，使魏王戒心大增，不敢任其以国政。

公元前259年，秦国经过了短暂犹豫之后，又开始猛攻赵国。秦军挟长平之战余威，很快包围了赵国都城邯郸。秦兵围邯郸三年之后，城中已是粮草断绝，危急万分了。信陵君的姐姐是赵惠文王弟平原君之妻，几次派人给魏王及信陵君送信求救。魏王派老将晋鄙率军十万救赵。

秦王听到这一消息，派使者到魏国对安釐王说："我马上就攻下赵国。胆敢救赵的诸侯，在我攻下赵之后，一定移兵先进攻他！"魏王害怕了，马上命人传令给晋鄙，把军队驻扎在邺（今河北磁县南），坐观两军相斗。平原君派来求援的使者在赵、魏两国之间的道路上络绎不绝，但赵国日夜盼望的救兵却不见踪影。

平原君赵胜急了，派人对信陵君说："赵胜之所以愿和你有姻亲关系，是因为仰慕公子之高义，公子能救人之危，解人之困。现在邯郸投降秦国就在旦暮间，而魏国救兵还不来。公子哪里能解人之困呵！即便公子看不起赵胜，弃而不顾，使其降秦，难道不可怜您的姐姐吗？"

信陵君脸上有些挂不住了，几次请求魏王发兵救赵。当然此时他手下宾客也到了出力之时，千方百计对魏王进行劝说。魏王仍不为所动。信陵君一看实在无法，打算纠集宾客，凑集兵车百乘，去和秦军拼命。

这一小队人马路过魏国都城的东门时，信陵君看到了看管城门的侯嬴老头。侯嬴是个年已七十的穷老头。信陵君听说他有才能，曾派人赠以厚礼。侯嬴辞谢不受。信陵君于是大会宾客，亲自坐车去迎接侯嬴。侯嬴穿着破衣服也不谦让，上车坐在公子的上首。信陵君却毕恭毕敬地为他驾车。侯嬴又说要到市场上去看一个人。信陵君为之驾车到市场上，侯嬴故意和他熟识的那个屠夫闲聊起来。他看信陵君不仅未生气，反而更加和气了。此时满堂宾客都在等信陵君回来好开宴。没想到信陵君请了这么一个老叫花子似的人来，而且让他坐于上座，并亲自为他劝酒。侯嬴这时才对信陵君说："今天我为公子做的事不少了。以侯嬴这样一个守城门的人，公子能亲自驾车去迎送。我到市场上去和人谈话，久立不去，您神色安详。过客围观，而您却愈加恭敬。市场中的人都以侯嬴为小人，而以公子为长者，能礼贤下士！"信陵君于是为之摆酒，尊侯嬴为座上客。侯嬴向信陵君推荐那个屠夫，说："朱亥乃贤者，世人不知，所以混迹于屠夫中。"

信陵君数次派人请朱亥，朱亥从来也不对来人称一谢字。连信陵君也觉得这人有些奇怪。

当信陵君兵出东门又见到侯嬴时，眼睛一亮，他把自己要去与秦军一战的决心告诉了侯嬴。侯嬴却淡淡地说："公子努力去干吧！老臣不能跟您去了。"信陵君想起了往日的种种情形，不禁大为失望，只好率领着他那一小支人马继续前行。走了几里路，信陵君越想心里越不高兴，他想：几年来我对侯嬴的侍候不可谓不周，天下没有谁不知道。现在我将要去战死在沙场了，侯嬴却没有一言半语送我，莫非我有什么过失吗？

他掉转马头，又回到了侯嬴那儿。侯嬴笑着对他说："我知道您早晚会回来的。公子养士名闻天下。今日有难，没有别的办法，却率军去和秦军硬拼。这好比以肉饲饿虎，能有什么结果呢？这样还用得着养客吗？但是公子待我甚厚，公子往而臣不送，我知道公子必定会因为恨我而复回。"信陵君一听此言，再次请侯嬴为之出谋划策。侯嬴让信陵君把随从退下，对信陵君说："我听说晋鄙手中用来调兵的兵符，另一半总是放在魏王卧室。而如姬最得魏王宠爱，能出入魏王卧室，可以把另一半兵符偷出来。如姬之父为人所杀，如姬怀恨三年，想报大仇。自魏王以下的人都想找到那个杀其父的人，却找不到。如姬哭求于您。您派门下客杀了那个人，把人头献给如姬。如姬为报公子之恩可以为公子去死，只是没有机会罢了。公子如果肯开口请如姬帮助办这件事，如姬必定愿意。您就可以握有虎符去夺取晋鄙军的指挥权，北救赵国而西向击退秦军，这是和春秋五霸一样的征伐。"

信陵君听了侯嬴的点拨，如梦初醒。他立即遵计而行，去求如姬帮助窃兵符。如姬果然成功地偷窃了放在魏王卧室的另一半兵符。送给了信陵君。

信陵君出发前侯嬴又对他说："将在外君命有所不受，以利国家。公子即使对上了兵符，如果晋鄙不把军队交给您，还要向魏王请命，事情就危险了。我向您推荐的屠夫朱亥可以和您一起去。这人是个力士。晋鄙听命当然很好，如果不听，可让朱亥杀了他。"信陵君不由得黯然落泪。侯嬴看了他一眼："公子怕死吗？为何要哭？"信陵君说："晋鄙乃魏国凤将，素有威名。我去了恐怕他不会听，只有杀了他。所以才哭，岂是怕死呵！"于是信陵君请朱亥同行。朱亥笑着说："我乃井市一介操刀屠夫，公子却数次亲自上门探问。我所以没表示谢意，因为小礼对公子您没什么用。现在公子有危急之事，正是我为您效命的时机了。"于是朱亥与信陵君一起走了。

信陵君再度从城门路过时，对侯嬴的谋划深表谢意。侯嬴说："我应当跟您去，但年老不能同行。我愿计算公子的行期，在您到晋鄙军的那天，北向自杀，以送公子。"真是慷慨悲凉之至了。

信陵君毅然而行，到了邺。假传魏王之命，由自己取代晋鄙。晋鄙虽然把兵符对上了，但仍然怀疑，举手看着信陵君问道："眼下我率十万大军，驻扎在边境，这是国家重任。现在您只是单车来取代我，是怎么回事？"晋鄙不想听命。朱亥取出藏于衣袖的四十斤重的铁锥，杀死了晋鄙。信陵君接过了军队统帅权，校阅部队并传令军中："父子都在军中的，父亲回魏国去；兄弟俱在军中的，兄长回魏国去；无兄弟的独子，回去赡养双亲。"这样剩下了士气高昂的精兵八万人。信陵君率军进攻秦军，秦军被迫撤退。信陵君解救了邯郸，保存了赵国。看来信陵君也是一个善于用兵的人。

赵国之危既解，赵王和平原君给信陵君以盛大的欢迎。赵王再三拜谢信陵君，并称："自古贤人没有比得上公子的！"

侯嬴果然在信陵君到晋鄙军的日子，北向自杀了（赵国在魏的北面）。魏王对信陵君击杀晋鄙，偷窃兵符极为不满。信陵君就此留在了赵国，但他把魏军打发回去了。

信陵君在赵国同样礼贤下士，以致同样以"养客"闻名的平原君门客，都跑到了信陵君门下。

信陵君留赵十年不归，秦王乘机屡次出兵攻魏。魏王害怕了，派人到赵国去请信陵君。信陵君心中对魏王那口恶气还没有出完，很不愿意回去，并告诉门客："有敢替魏国讲情者死。"宾客都害怕了，没有人敢劝他回去。只有毛公、薛公两位有见识的门客去见信陵君，对他说："公子所以能受到赵国的重视，名闻诸侯，是因为背后有魏国。现在秦国攻魏甚急，而公子不为魏国担心。如果让秦国攻破大梁（魏都），毁掉先王宗庙，公子还有什么面目对天下人呢？"话还没讲完，信陵君已面色大变，立即准备车骑归魏。魏王见了信陵君相抱大哭，立即授以上将军印，由信陵君统率魏军。

公元前247年，信陵君派使节遍告诸侯，他已回到魏国，并联络诸侯一起攻秦。诸侯一听信陵君为将，都出兵相助。信陵君率五国之兵破秦将蒙骜之军于河外，乘胜追击一直到函谷关，使秦兵不敢出兵东伐。信陵君的威望、事业达到了最高点。

信陵君统军于魏，挡住了秦国一统天下东进之路。战场上未达到的目标，要通过间谍战手段达到。

为除掉信陵君，秦王派间谍携带黄金万斤到魏国去，找到晋鄙的门客对其进行收买。让这些门客在魏王面前诋毁信陵君说："信陵君出亡在外已十年了，现在为魏国大将，诸侯都愿在他的麾下，诸侯只知魏公子，不知魏王。信陵君也有意趁机称王。大家畏惧信陵君的威名，正准备共同立他当王。"门客们照计而行。秦国估计到信陵君在魏王心目中的地位，不会轻易动摇，又使了一个绝招。秦王几次派人到魏国去，假装祝贺信陵君当上魏王，并到处张扬、打听信陵君当了魏王没有。魏王天天听到诋毁信陵君的消息，不能不信。过了些日子，就派人代信陵君为将。信陵君知道自己因为被人诬陷而废置不用。为了进一步避免魏王的猜疑，就天天与宾客沉浸在醇酒妇人之中，过着痛饮狂欢的日子。公元前243年，一代英才信陵君在过量饮酒中死去。

信陵君一生事业，以间谍兴，以间谍衰。在君主身边有意识地安排耳目，并随时掌握其动态，在中国古代间谍史上，信陵君对间谍的使用可以说是比较"自觉"了。仔细分析起来，其安排在可能的敌手周围的间谍，绝不止一人，很可能是一批人。在这批人中，已有了初步的分工。有长期潜伏进行间谍活动的，也有负责传送情报的。否则绝不能做到赵王一举一动皆知。另外，从信陵君的谍报活动中，可以看出他已初步开始了对敌手中主要人物（如国君）活动规律、活动特点的了解、侦察。所以他才能在听到警报，而未得到间谍直接报告的情况下，断定赵王是在打猎。在这里我们看到，间谍活动范围大了，时间长了。由有事才进行间谍活动，到平时预伏间谍。由专门刺探有关战争、外交冲突等情报，到君主的日常活动情报。实际上绝不只与冲突事件直接有关的情况才称其为情报。只有平时对日常发生的大量事件及重要人物的日常活动进行搜集汇总，才能更深刻地了解突发性事件的意义。事情的发生突变总是日常一些事的延续。对领导人日常活动、兴趣等情报的研究，甚至在某种程度上有助于对其可能做出的决策进行分析。

信陵君在窃符救赵时，完全听从了侯嬴的谋划，利用了魏王身边的美女和刺客。这中间值得注意的是在如何使用间谍上，侯嬴提出了一个完整构想。信陵君门客的优势不仅在于能提供间谍，而且在于有一个为他使用间谍出主意的"智囊"。在激烈的间谍战中，间谍个人的素质、才干固然重要，但更重要的是对间谍使用的战略方向、使用方法、经营规划、使用策略上的研究和指导。正因为提出了使用间谍手段救赵的完整计划，侯嬴成为那次间谍活动的关键人物。

秦国在以间谍活动来除掉信陵君时，也用了一些脑筋。围绕信陵君与魏王关系这一致命问题，一方面让晋鄙门客去干，另一方面又通过使节制造出系列假象。同时针对魏王对信陵君的信任，几次三番进行活动。针对一个目标，以多种间谍手段去达成目的。在秦国除掉信陵君的行动中，显得十分突出。但是指向一个目标的间谍手段，相互之间的配合是十分重要的，否则就有弄巧成拙的危险。

信陵君深知间谍之重要，却坐视自己毁于敌手，这又一次说明战国之际反间谍的工作、手段还处于几乎是空白的状态。

第二十四　蹩脚的间谍

长平之役后，赵国得以幸存下来，但地位大不如前了。这引起了其他国家的觊觎。有人想乘机捞上一把。这回登场的是一个蹩脚的间谍——燕国的丞相栗腹。

公元前251年，燕王喜命丞相栗腹到赵国去，以五百金为赵王祝寿。此行表面上的目的是与赵国交好，燕王喜是否还有其他目的，不得而知。不过从当时形势看，燕、赵两国疆土相连，常处于相互戒备状态。作为一国丞相，栗腹想乘机了解一下这个竞争对手的情况，是很自然的事。

完成外交使命后，经过一番观察，栗腹回到了燕国。他对燕王喜说："赵国壮者皆死长平，其孤未壮，可伐也。"从栗腹的话可以看出，必是燕王喜有所垂询，他才讲这些话的。燕王喜为慎重起见，又召昌国君乐闲咨询。乐闲说："赵国乃四战之国。其民众习于作战，不能对它进行征讨。"燕王喜不以为然地说："我国以众多的军队征伐赵国很少的军队，以二对一的力量进行讨伐，总可以吧？"乐闲说："不可。"燕王喜有些生气了："我国以五对一的力量讨伐之，这回总可以了吧？"乐闲仍然回答："不可！"这可把燕王气坏了，他怒形于色。群臣看到这个样子，于是都附和着认为可以伐赵了。

燕王于是起二军，兵车两千乘进攻赵国。一路由栗腹率领进攻鄗（今河北高邑东南），一路由燕将卿秦率领进攻代（今河北蔚县东北）。

赵国起用廉颇为将，迎击燕军。赵军击破栗腹的军队，并杀了他。卿秦也被赵军所俘。赵军乘胜追击五百余里，包围了燕国都城。燕王喜只好对赵国割地求和。

栗腹实在是一个蹩脚的间谍。他只凭对赵国的一次走马观花的出使，就认定赵国不堪一击。一国首脑对间谍工作重要性具有深刻的认识，同时也具备对情报的敏感性是十分重要的。但是切忌领导者仅凭自己的一点观感，一点情报就去做出决策。相比之下乐闲对赵国的分析倒是值得人深思的。"赵国乃四战之国，其民习兵"是他的主要论据。在这个短短的分析中，对赵国历史、人民素质、心理等因素都做了简要说明。对情报的分析必须是立体的、综合的、多因素的，同时也必须是历史的、发展的。只有这样，才能确切估量出个别情报的意义。作为一个领导者，对情报的分析和最后做出决策，应当重视专家对情报的最后综合结论，切忌带有个人感情色彩，对情报的某一片断予以过分重视。燕王喜和栗腹不仅过于相信某一片面、直观的感性情报，而且在后来的讨论中感情用事，听不进不同意见，导致了惨败。

第二十五节　成功的水利家与不成功的间谍

当代英国的著名汉学家、《中国科学技术史》这部巨著的作者李约瑟博士驻足关中平原，不禁感慨地赋诗道："灿烂的阳光照耀着浩浩平原，远远青山；它促使大地上五谷茂盛，茁壮成长；正如当年秦国的老郑国来到这里，灌溉渭北地区、建立秦邦时一样。"他称赞郑国是"纪元前三世纪伟大的治水工程师，他设计和组织了陕西渭河以北地区①的灌溉工程"。

中国古代，大项水利工程对历代以农为本的政府来说，无疑属于"战略性工程"。水利对中国历史影响之巨大，是稍微用心阅读一下二十五史就可以感觉到的。因此，间谍一旦涉足其间，可能对一个国家经济产生巨大影响，进而影响一个国家的政治、军事，事情往往变得更加复杂，其影响也非一般间谍活动可比。

郑国何许人也？让我们随着倒流的时光，把目光回溯到两千多年前的关中平原吧！

公元前246年，秦国关中平原上服劳役的百姓成群结队，来来往往，一派繁忙景象。原来有一个名叫郑国的精通水利工程的水工到了秦国，向秦国的统治者（此时秦王嬴政刚刚即位不久）建议从仲山（今陕西泾阳县境内）开凿灌渠，引泾水（源于甘肃，时在秦境）东注洛水（即今陕西北洛河），可以使秦国关中的盐碱地得到改良，土地得到灌溉。秦国的统治者接受了他的建议，下令开凿灌渠。

郑国是韩国人。他到秦国来，另外有秘密使命。此时已是战国末年。秦国于公元前316年消灭巴、蜀两个小国；公元前256年灭西周；公元前249年灭东周。（这里东周、西周是东周小朝廷分裂成的两个小国）秦军向东，不断进击函谷关外的所谓"山东六国"，而首当其冲的又是韩、魏、赵三国。这时秦国的军事、经济实力不断增强，东周、西周的灭亡说

---

① 当时是秦国领土。

明秦国在政治上也觉得可以放手地进行一统中国的事业了。

在这种情况下，韩国君臣天天提心吊胆。以武力对武力，每况愈下，能不能找到其他的办法呢？想来想去，韩国君臣发现秦国喜欢大兴土木，愿意搞浩大的工程。如果能以一项大工程来绊住秦国的手脚，岂不是妙计一条吗？于是郑国肩负着这个使命，西行入秦了。

工程进展顺利，可是工程必须占用大量壮丁和物资，对国家财政是巨大的负担。工程进行到一半时，秦国觉察出郑国是间谍。此时秦王嬴政已经亲政。郑国在接受秦国官员审问时，毫无惧色。他说："我是作为间谍到秦国来的。但是，如果能使灌渠修成，对秦国来说有莫大的利益。"秦王权衡利弊，做出一个英明的决定：让他继续把水渠修完。

水渠修成之后，长达三百余里，灌溉农田面积四万余顷，增强了当时秦国农业对旱、涝灾害的抵抗力。在得到渠水灌溉的土地上，粮食亩产达一钟（相当于今六十四斗）。关中平原成为民众粮丰的沃野。秦国的经济实力进一步增强，为最后吞并六国创造了条件。

郑国，这个我国古代间谍史上著名经济间谍的命运，史书上没有明确记载。不过从秦国以他的名字来命名那条水渠——郑国渠来看，他最后的命运不会是太坏的。

以破坏敌人的经济实力来达到自己的目的，是间谍战的重要组成部分。在中国封建社会中，间谍的破坏活动理所当然地要集中于当时的主要产业——农业上。韩国君臣采取的办法是饮鸩止渴。虽然几年中占用了秦国的大量人力、物力，但从中长期看，大大增加了秦国国力，为后来秦国以势不可当的势头吞并六国创造了条件。

在间谍战中，运用经济手段进行破坏，是个十分复杂的问题。在以自然经济为主的封建社会，尚且产生了如此出乎意料的有益于敌方的后果，那么在经济、科技联系如此紧密的今日世界就更是一个值得深思的问题了。因此，间谍战中，经济破坏手段的运用，是一个需要系统、全面地加以研究的问题。需要对敌方经济状况，与各方经济联系，利益之所在有透彻的理解。

应当特别指出的是秦国对郑国所做出的决断。秦国在战国时，之所以能在混战中逐渐取得凌驾于诸侯国之上的军事、经济实力，与它实行了在引进人才方面的大胆开放政策有极大关系。对郑国这个水利专家，秦王显示出了气魄和眼光。任何有真才实学的人，只要为我所用，都可以让他一展宏图。实际上在战国纷乱之际，我们看到的是一个策士纵横的好时机。这些策士有见识，有头脑，但也有其个人利益。在列国选用的策士中，难免鱼龙混杂，其动机、背景十分复杂。在这种条件下，是为了防止个别人可能带来的危害而将大多数有用之才拒之门外，还是大胆地起用各类人才，趋利避害，秦国统治者选择了后者。实际上秦国对各种人才也有对其控制的一面，对郑国就是如此。一旦发现其为间谍，只要加以控制，只让其尽一个水利家的职责，那么这个间谍也就无法危害秦国了。

诱使对方做出有利于我的经济战略决策，或做出对其本身经济发展不利的战略决策，在现代更是一个关系国家生存的大问题。在这方面，大有文章可做。因此，研究经济发展战略，研究世界各国经济发展情况，以知己知彼，实为谍报工作中的重要因素。一旦在这方面误入歧途，其危害比任何间谍造成的危害都要大，都要深远。

需要特别指出的是，在全球化日益深化的今天，打着技术专家、经济学家旗号，以所谓"咨询"、"顾问"名义活动的间谍为数甚多。他们往往用专业知识包装自己，受本国政府某些机构之命，到其他国家从事误导、干扰这些国家战略决策，影响这些国家国内政局，寻找、发展代理人或利益集团，甚至破坏这些国家经济、社会发展的使命。这类以专业知识为游说资本的间谍或身份模糊不清的人，活动能力、活动空间比较大，往往能够迷惑一部分人，对发展中国家有一定的诱惑力、影响力，需要特别予以警惕！

第二十六节　吞并诸侯的间谍战略

郑国作为一名间谍被发觉，秦国统治者虽然做了恰当的处置，但仍引起了一场反对外来之士的轩然大波。

秦国宗室、大臣纷纷到秦王嬴政那儿进言："诸侯国来的人，大都为其主子进行游说，充当奸细。请大王将他们统统赶走。"秦王在为郑国之事震惊之余，同意了他们的意见。住在咸阳的游士纷纷打点行装，人心惶惶，准备离开秦国。

被驱逐的人中，有一个叫李斯的人。此人是楚国上蔡人，在本国当过小吏。他晚年为秦二世所杀前，曾以无限的怀恋之情回忆起在家乡与儿子一起，牵黄犬出上蔡东门追猎狡兔的情景。对这种恬适的小康日子，李斯并不满足。有一次他看到办公房子附近厕所中的老鼠肮脏之极,而且很怕人和狗,官仓中的老鼠却安然大嚼,而且无人和狗的惊扰。李斯深有所悟:"人之处境好坏犹如这老鼠,在于自己的努力与选择罢了!"他放弃了小吏的位子,去争取当一只"官仓之鼠"。在那个"游士纵横"的年代,他也走上了大多数追名逐利者所走的路,拜在著名思想家荀卿门下,学帝王之学。学成之后,他迫不及待地拜别老师:"秦王想吞并天下,此乃游说之士的良机。人生最大耻辱莫过于卑贱,最可悲的莫过于穷困潦倒,终老于贫贱之位、困苦之地了。"于是这只"仓中鼠"匆匆忙忙地西窜入秦。此时秦庄襄王刚死,吕不韦执掌大权,李斯先抱住了这条粗腿。日子一长,吕不韦知道了李斯的本事,派他当了"郎"这么个官。李斯已能见到秦王嬴政了。他乘机向秦王进谏,得到了垂青,被提升为长史,眼看要青云直上了。听到逐客令,犹如在他头上泼了一桶凉水。但是,他不甘于受命运的摆布,他要抗争,于是精心炮制了一篇能打动秦王嬴政的文章。这就是文笔甚佳、流传后世的《谏逐客书》。

李斯在《谏逐客书》中,对秦王列举了游士对秦国所做的贡献,并晓之以利害,显示了他对时局及游士这一阶层的地位有十分深刻的认识。秦王嬴政被打动了,他下令收回成命。秦王能从谏如流,的确是关系秦国能否完成统一大业的英明之举。秦国得以在各国汇聚来的人才的支持下,继续其吞并诸侯的统一战争。秦王嬴政之所以能听李斯的进谏,除了他的气度和李斯文章的力量外,还另有原因。那就是在秦王的记忆中,这个极富才华的人曾向他提出一个很有创见的间谍战略。

李斯的谍报战略主要有如下内容:

1. 乘秦国实力大大强于诸侯国,加紧行动,使之无法再度形成"合纵"之势。否则"虽有黄帝之贤,不能并也"。这是李斯提出的军事、间谍战略的共同目标。

2. 间谍战略的主要打击对象是各国用事之臣,干扰敌方战略决策。

3. 主要手段是派间谍持金银财宝秘密进入诸侯国,对各国权臣、名士进行收买、分化瓦解。对不听从收买的以"利剑刺之"。对敌方君臣进行离间,使之内部混乱,上下离心,以利于达成秦国之战略目标。

4. "使良将随其后",间谍活动与武力进攻相结合,军事活动借助间谍活动创造的条件,对诸侯国给予最后一击。

关于这个间谍战略的提出与制定还另有一种记载。魏国人尉缭到了秦国，对秦王嬴政建议：愿大王不吝惜财物，贿赂各国掌权之臣，扰乱其决策。这样不过需三十万金，"则诸侯可尽"。尉缭是战国时有名的军事家，有此见识不足为奇。但从时间上看李斯进言是在郑国被发觉之前，尉缭则是在秦王收回逐客令之后才到秦国的。从内容上看，二者大致相同，但李斯的建议更为完整，尉缭的建议更具体一些。这也从另一方面表明，这一战略是为适应秦统一中国战争之需要而产生的。这一战略被秦始皇采纳也是经过一番思考，由于李斯、尉缭等人极力促成才确定下来的。李斯在秦居总揽全局之位，尉缭亦居国尉之重地，两人对这一战略进行了积极的推动。

从事战略间谍活动的间谍和间谍活动的战略，在此之前就出现了。但是把间谍活动战略作为长远国策来加以制定、推行，秦统一中国的谍报战略尤为值得重视。这一战略集中体现了那一时期间谍活动的特点：间谍的主要构成是游士；主要活动方式是游士对各国君主以游说方式干扰其战略决策；主要打击对象是敌方君臣；离间其君臣关系，干掉敌国忠心耿耿的才智之士。间谍战在战国后期主要表现为秦国在一条秘密战线上与"山东六国"的角逐，当然这不排除"山东六国"间相互钩心斗角。

为了完成一个长远的政治、军事甚至经济战略，必然要有一个与之相配合的间谍战略。间谍战中，为了长远目标，也必须有计划，有完整的战略目标、战略措施去开展活动。应急式的、穷于应付的间谍工作方式，从战略角度看是不允许的，也是效果不佳的。只有具备一个与之配合的间谍战略，才能提高其他方面战略制定、执行中的预见性，及时地排除障碍。从间谍工作的战略发展来看也是如此，具备明确战略指向的间谍工作才是一种艺术，是一个有机的整体；从系统功能角度来看，各种间谍活动才能充分发挥效能，相互配合。否则，只能是零乱的，低效的；从战役、战术角度看，间谍战的活动方式在低层次的某种意义上又可能带有"临时应付"的色彩。但是也应以间谍活动的战略为背景展开，并与间谍战略及其他方面的战略相配合。

军事、政治、外交、经济等手段的适时配合，是间谍战发挥威力的外部因素。只有这些外部因素与间谍活动有机地、自觉地配合起来，间谍在敌内部做的工作才能扩大战果，转化为军事、政治、外交、经济等方面的有利条件。外部因素的有力、适时的配合也将为间谍的活动创造更有利的条件。从这个意义上讲，间谍战略自然地融入了"大战略"，成为"大战略"的一个重要组成部分。当今世界,为了制定、推行"大战略",各国政府纷纷成立了"国家安全委员会"一类的最高层次的战略协调机构,而情报工作首脑是其中必不可少的人物。这既表明了谍报工作在"大战略"中的地位,也表明谍报工作的战略制定与推行,已与"大战略"密不可分,并必须作为其中一部分才能更好地发挥作用的现实。间谍战略已是国策中必不可少的有机组成部分,对它的制定与推行,必须在最高层次上进行决策与协调。

第二十七节 背后的冷箭

秦国君臣周密地制定了武力征讨与间谍战相配合的战略后,便依计而行。

秦军锋芒首先指向韩、赵、魏三国。公元前236年,赵国军队攻燕。秦王以救燕为名发兵攻赵,夺赵国九城。

就在这一年,秦王嬴政命已被免去丞相之职的吕不韦迁到蜀(今四川成都)居住。吕不韦罢相之后住在洛阳,门下游士甚多。官虽然丢了,诸侯派来问候的人仍络绎不绝。这使嬴政十分担心,干脆将其全家驱逐到了秦国腹地。在此之前,秦国对王公、大臣的防范已很严了。公元前255年,秦国河东守王稽就因与诸侯往来被秦昭王所杀。吕不韦与小小的河东守当然不一样了。他是阳翟(今河南禹县)巨贾。在赵国做买卖时,遇上了正在赵国当人质的秦公子子楚。吕不韦长袖善舞,对生活十分清苦的子楚予以资助,成为密友。吕不韦为子楚打通了当时秦国太子安国君正夫人华阳夫人的门路,使之成了安国君的正式继承人。安国君委托吕不韦做子楚的师傅。吕不韦身边有一位已怀上吕不韦孩子的从赵国买来的姬妾。子楚一见,惊为天人,求为侍妾。吕不韦很生气,可后来一想,这笔政治生意马上就要翻本了,就索性大大方方地把美人送给了子楚。赵姬生下嬴政,被子楚立为夫人。在吕不韦帮助下,子楚逃回了秦国。

秦昭王死,安国君即位,子楚当了太子。一年后,秦孝文王死,子楚即位,是为秦庄襄王。公元前247年,秦庄襄王死,嬴政即位,吕不韦被尊为仲父,有门客三千。嬴政长大后,与操秦国大权的太后(即赵姬)、吕不韦、嫪毐(与太后私通的宦官)矛盾激化,终于兵戎相见。公元前238年,嫪毐乘嬴政外出,发兵叛乱。嬴政坚决镇压,车裂嫪毐,幽禁太后。一年后吕不韦罢相，迁居洛阳。全家迁蜀之后，吕不韦觉得终日头上像悬着利剑，终于自杀了。吕不韦的门客、党羽也受到追查。秦国对大臣的监视更为严密了，再加上商鞅在秦创立的"连坐"制度，使六国间谍活动余地大为缩小，秦国在间谍战的这一方面占有了优势。

　　清理了内部后，秦王嬴政挥军东向。公元前234年，秦将桓齮率军攻赵，斩首十万，杀赵将扈辄。秦军正气势汹汹地向前推进时，一块硬石头碰坏了秦军的刀锋。赵将李牧走上了抗秦前线。

　　李牧（？—公元前228年）长年驻守在赵国北部的代、雁门等地，防御匈奴。匈奴利用骑兵优势，经常侵掠赵国北部。李牧出任守将后，得到赵王授权可以委派官吏，把市场交易所得税收及北部边境地租充作军用。李牧用这些钱使士兵吃好喝好，身强体壮。他还严格地训练部队骑马、射箭。他派了许多间谍深入匈奴，同时命士兵严密监视匈奴动向，有敌情即举烽火报警。匈奴军一来，李牧就命军队撤入城堡。这样过了几年，匈奴以为李牧胆怯，赵国的兵将也认为李牧胆小。赵王几次派人催他出战，他照样坚守不出。赵王大怒，撤换了李牧。

　　接替李牧的将领，匈奴一来必战，但每战必败。赵王只好又派人去请李牧。李牧坚辞不出，赵王命令他必须去。李牧说："大王既要用我，请允许我和从前一样，方敢奉命。"赵王同意了。李牧到前线后照样坚守不出。他手下的将士天天吃饱喝足，求战心切。于是李牧精选了战车一千三百乘，骑兵一万三千人，艺高胆大的士兵五万名，弓箭手十万名，进行大规模训练、演习。

　　李牧命边境上的百姓赶着牲畜漫山遍野地放牧。小股匈奴部队被吸引过来了。李牧又命赵军假装败北。匈奴首领单于率大军进击。李牧命赵军分左右两翼大举出击。养精蓄锐多时的赵军势不可当，斩杀匈奴骑兵十万余人。此后十余年，匈奴兵不敢犯境。

　　一代名将开始与秦军对垒。公元前233年，李牧大破桓齮于肥。桓齮怕秦王治罪，逃到燕国去了。李牧因功被封为武安君。公元前232年，李牧率军再败秦军。秦国只好把兵锋移向韩、魏两国。公元前230年，韩国灭亡。

　　公元前229年，秦军卷土重来，由王剪率领攻赵。赵军由李牧、司马尚率领迎击。

　　这时，李斯制定的间谍战略发挥作用了。秦国对赵王迁宠臣郭开了解甚深。就是这个郭开，受了秦人收买，在赵王想起用出亡在外的名将廉颇时，收买了赵王迁派去探望廉颇的使者。使者回来后说："廉颇精神尚好，能吃饭。不过与臣相谈的那一会儿，已三次上厕所了。"使廉颇重回赵国的希望成了泡影。秦王派人带了重金去贿赂郭开。郭开收下金子后，到处散布谣言："李牧、司马尚想造反。"昏庸的赵王迁听信了这一谣传，命赵葱和齐将颜聚去替换李牧。李牧拒不受命。赵王派人把李牧抓起来杀了！司马尚也废了。一代名将就这样死于背后射来的冷箭。

公元前228年，秦军在王剪率领下大败赵军。赵葱被杀，颜聚逃走。秦军乘胜克邯郸，俘赵王迁。只剩赵公子嘉率一些宗室、大臣跑到代，自立为代王。依靠与燕国联合，苟延残喘。

李牧在与匈奴作战中"示弱于敌"、"后发制人"。广泛地使用间谍，是其执行"后发制人"战略取得成功的必要条件。

然而就是这样一名优秀统帅，却毁于间谍之手。相比之下，在军事行动中以间谍手段侦知敌人军情固然重要，主动地以间谍打入敌人内部，除去敌将领更为重要。秦国统一中国的间谍战略，可称得上攻敌心腹的战略，其对统一中国战争的作用也于此可见了。

第二十八节　风萧萧兮易水寒

就在秦国君臣按既定方略，一口口地吞食诸侯国时，各国也不甘坐以待毙，刺客之剑已指向秦王嬴政。

燕国太子丹，作为人质曾在赵国居住。在那里，他遇见了与其父子楚一起待在邯郸的少年嬴政。两人同为人质，关系不错。后来嬴政当了秦王，太子丹又作为人质到了秦。在趾高气扬的君主眼里，可怜的人质当然算不上什么。太子丹无法忍受，逃回燕国。秦军年复一年东侵，太子丹暗中收罗壮士两千余人，准备对付秦兵。韩、赵、魏等国日趋衰弱，燕国西部屏障已失，战火马上就要烧到燕国了。

太子丹找师傅鞠武商议应付之策。鞠武劝他不要因秦王无礼就触犯秦国，并表示慢慢想办法。秦国将军樊于期，因得罪秦王逃到燕国。鞠武反对太子丹收留樊于期，并建议将樊于期送往匈奴，使秦失去攻燕的借口。然后西约韩、赵、魏，南联齐、楚，北约匈奴，才可进攻秦国。太子丹认为此计所需时日太久，况且樊于期远道来投，不能因惧怕强秦而送其入匈奴。他请鞫武另想办法。鞫武向他推荐田光，可谋划抗秦大事。

田光在鞫武再三邀请下，见到了太子丹。太子丹命左右人退出，对田光说："燕、秦势不两立，请先生为我留意这方面的事。"田光感慨地说："您现在才听说我，精力旺盛时却不为您所知。我精力已衰，不能给您的国家大事出力了，但好友荆轲可供您驱使。"太子丹一听，马上请田光帮忙，田光答应了。出大门时，太子丹对送他的田光说："我对先生讲的国家大事，请先生千万不可泄露。"田光微微一笑。

田光对荆轲转达了太子丹的意思，希望荆轲能为太子丹所用。随后他说："愿足下赶快到太子丹那里去，就说田光已死，以表明我绝不会把机密讲出去。"于是就自杀了。

荆轲见到太子丹，转达了田光的话。太子丹放声痛哭，并对荆轲说："我之所以告诫田先生不要把事情讲出去，是为了成大事。如今田先生已死，岂是我所想的呵！"接着太子丹对荆轲讲了想让他劫持秦王，逼迫其退还诸侯之地的设想。如果秦王不答应，就杀了他。这样秦国大将率重兵于外，而国内大乱，就会引起王室与将领间的猜疑。那时再合纵抗秦，必败秦国。荆轲听了之后，沉思许久才说："这确是国家大事，荆轲愚笨，恐不能担此大任。"太子丹恳求再三，荆轲才答应了。

荆轲被尊为上卿，住在豪华官邸里。太子丹每天去看望，并赠以车骑、美女，让他过着随心所欲的奢侈生活。

荆轲（？—公元前 227 年）是卫国人，卫国人称其为庆卿。他曾对卫君有所建议，卫君不用，他到了燕国。他好读书击剑，结交豪杰。在燕国，他常到市场中和屠夫旁若无人地饮酒高歌。受太子丹重用后，表面上他尽情享受，暗中却一直在对谋刺行动紧张谋划。

秦国攻灭赵国后，秦军已到了燕国南部边界。太子丹沉不住气了。他去对荆轲说："秦兵渡易水是朝夕间的事。您虽然想耐心等待时机，但已来不及了。"荆轲道："太子不来找我，我也要拜访您去。现在我入秦，缺乏让秦国相信我的东西。秦王为抓回樊于期将军，曾悬赏千金和万户封邑。如能得到樊将军之首和燕国督亢的地图献给秦王，秦王必对我大加赏识，那时就可以按计划行事了。"太子丹于心不忍："樊将军穷困来归，我不忍为私事而让别人伤心，请想想别的办法。"

荆轲见太子丹无法说通，就悄悄去见樊于期，对他说："秦国对将军残忍至极，您父母、宗族全死于刀下，现在还悬赏千金和万户之邑要将军之首。您有何良策？"樊于期仰天长叹，痛哭流涕地说："于期每念及此，常痛入骨髓，只恨无报仇之策！"荆轲此时才说明来意："愿得将军之首，献给秦王。秦王必大喜而召见，那时我左手抓住其衣袖，右手剑刺其胸，将军之仇得报，燕国之危可解。将军以为如何？"樊于期以手扼腕，咬牙切齿地表示："这正是于期日夜所思的，今日终于有了报仇之策！"毅然引剑自杀了。

太子丹听了这个消息，立刻乘车到了樊于期住所，伏尸大哭。痛哭之后，只好按荆轲之计，将樊于期的头放在盒子里封好。太子丹还从赵国人那里寻得一把价值百金的锋利匕首，命工匠在匕首上抹上毒药，并用活人做了试验。这把匕首只要沾上被刺人的血，其人必死无疑。

太子丹还为荆轲选了一个叫秦舞阳的副手。此人勇悍鲁莽，十三岁时杀人，路人不敢正眼看他。荆轲为了等待一个好友同行，迟迟不出发。太子丹有些疑心，就试探他："是否先派秦舞阳去？"荆轲大怒，大声说："太子为什么把一勇之夫派往有去无回之处，况且是持一把匕首入安危莫测之强秦。我之所以多留几日，是为了等我的好友一起去。既然太子生疑，那么请与您告别吧！"

太子丹和知道此事的人身穿白衣，头戴白帽，为荆轲送行。萧萧易水边，荆轲好友高渐离为他击筑（一种古乐器）。荆轲慷慨高歌："风萧萧兮易水寒，壮士一去兮不复还。"送行的人先是痛哭流涕，后来又为荆轲的气势所感染，一个个义愤填膺。荆轲一行渐渐远去，坐在车上的荆轲却始终未回头一顾。他像离弦之箭直指秦王。这是公元前227年。

到了秦国，荆轲先用金钱打通了关系，对秦王宠臣中庶子蒙嘉进行了贿赂。蒙嘉向秦王讲了燕使的来意。秦王正为秦兵屯于易水，将大举攻燕而得意，现在听到燕使带着樊于期的头和燕国督亢地图来到，更为高兴。他以为燕国已吓破了胆，于是传令在咸阳宫接见荆轲。

秦王与群臣隆重地接见燕使。荆轲捧着装有樊于期头的匣子，秦舞阳捧着装地图的匣子，进了咸阳宫。秦舞阳毕竟是一介武夫，一进宫就被秦宫中的气势所震慑，露出畏惧之色。秦国大臣们发现此人可疑，荆轲说："北地蛮夷之人，未见过大王，所以害怕。请大王不必介意，使其能完成使命。"秦王对人头不怎么感兴趣，对荆轲招手道："把手中的地图呈上。"荆轲从秦舞阳匣中取出地图，走到秦王面前，徐徐展开，一边为他讲解。秦王把地图完全展开时，一把锋利的匕首出现了！荆轲左手拽住秦王衣袖，右手持匕首向秦王刺去。秦王大吃一惊，一跃而起，半截袖子留在荆轲手中！秦王想拔剑自卫，但剑太长，无法从鞘中拔出。秦王只好狼狈地在宫内绕柱而逃。群臣吓得面无人色。秦国法度森严，上殿见王不得带任何兵器，无命令不得上殿，急得秦王侍卫拔剑聚在殿下哇哇直叫，却不敢上殿救驾。秦王也顾不上发布命令了。森严的法度反而约束了秦兵行动。大臣中有人赤手空拳去和荆轲扭打。侍医夏无且用药囊击中了荆轲。这时有人提醒绕柱狂跑的秦王："大王把剑放在背上拔出。"秦王放剑于背，从肩上伸手过去，拔出了长剑。秦王不愧为一世之雄，当即以剑砍断了荆轲的左腿。荆轲拼死把匕首掷出，不幸未中秦王，刺到了殿中的铜柱。秦王又连刺荆轲七剑。荆轲知道事情已彻底失败了，倚在柱子上，傲慢地大笑道："事情之所以未成，是因为我想生擒你，逼你签订条约，以报太子。"此时侍卫们才提剑上殿，杀死荆轲。秦舞阳也死于剑下。秦王被荆轲的勇气所震慑，久久没说出话来。

　　秦王被荆轲行刺所激怒，立即命王剪率军攻燕。公元前226年，秦兵攻克燕国都城蓟（今北京城西南）。燕王喜和太子丹率精兵跑到辽东继续抵抗。秦王命李信率军穷追。燕国已危在旦夕。燕王听信和燕国一起抗秦的代王的建议，杀了太子丹，准备把人头献给秦王。但秦国已对太子丹的人头不感兴趣了。公元前222年，秦军攻占辽东，俘获了燕王喜，燕国灭亡。同年秦军灭代，俘获代王嘉，赵国残余势力也被消灭了。在此之前，秦国于公元前225年灭魏，公元前223年灭楚。"山东六国"只剩下齐国了。

　　战国时代，以武力胁迫敌国君主，使其做出让步不乏其例。荆轲刺秦王虽然失败了，但这次行动却较为全面地反映了那个时代这类刺客的活动方式和特点，反映了这类活动的水平。

　　首先，这类刺客胁迫君主的行动，属于以间谍刺杀活动达到政治目的的高级战略谍报活动。并非人们想象的一勇之夫的鲁莽举动。这类活动常发生于外交场合，如蔺相如在渑池之会上以死威胁秦王；春秋时鲁国大夫曹沫以匕首劫持齐桓公迫使其退回鲁地等。在外交场合，有更多的接近、劫持的机会。在这种行动中刺杀并非目的，夺取外交上的胜利才是目的。可以说这是那个时代外交战与间谍战相结合的一种形式。脆弱的君主政体，导致一旦君主被劫持，只好以国家利益屈从于刺客的行动。

　　其次，荆轲刺秦王反映了那个时代这类活动达到的水平与方式。

1. 自觉地自始至终严格保密。保密是这类行动成功的前提。
2. 以各种方式骗取敌人的信任。
3. 费尽心机研究了行刺的方法，从专门制作的有毒匕首，到巧妙隐藏匕首的方式，准备周到、细致、专业。
4. 制定了最高战略目标（劫持秦王，订立有利于诸侯的盟约）；最低战略目标（杀掉秦王，使秦国陷于内乱）。由此看出，太子丹组织这次行动不仅仅是着眼于刺杀秦王，更主要的是着眼于整个战略形势的改观。荆轲深刻地体会了太子丹的意图，在行动中力求达到最高目标。
5. 行刺活动通过行贿，收买等手段进行。荆轲在行动中充分显示出他的政治头脑，他先收买了秦王宠臣，并散布了燕国已吓破胆的欺敌之言论。如果荆轲能和他等待的那个人一起去秦国，事情可能还会有所不同吧。总之，荆轲之流充当刺客，绝不仅仅是一勇之匹夫所为。

最后，荆轲的行动，反映出当时君主的保卫工作已经制度化。秦宫中的一幕也提醒人们，智者千虑必有一失。为了某种目的，敌手的谋杀活动，往往不顾一切外交礼仪、舆论、声誉，甚至由有堂堂外交身份的人来进行。

从当时形势来看，荆轲如能成功，实际上也是无法使秦王履行诺言的。因为当时秦国已占很大优势，即使刺死秦王，仍扭转不了秦统一天下的大趋势。与太子丹的组织行刺相比，秦国的间谍战略从根本上动摇了各国的根基。秦国的间谍战略是积极主动的进攻战略，太子丹的行动则是穷于应付的间谍活动，两者的巨大差别就在于此。

另外，为间谍活动制定高、低两个不同目标也是耐人寻味的。在间谍一旦投入行动即无法继续进行联系的那个时代，间谍活动的成败很大程度上取决于间谍在现场对情况的判断。荆轲为了不负太子丹之望，执着于最高目标，以致一事无成。如何规定间谍的活动目标，是个很值得研究的问题。这里面有如何发挥间谍主动性的问题，也有间谍对目标的价值判断与指挥者是否一致的问题，以及双方如何协调的问题。在通信手段发达的今天，这些问题依然存在。

第二十九节　间谍包围中的君主

战国晚期，出现了一个奇怪的现象：秦军势如破竹地灭韩、平楚、定魏、吞燕、并赵之际，山东六国中实力最强的齐国却坐视不救，毫无作为。公元前221年，秦军在灭燕之后，马不停蹄地从燕国南部攻入齐国都城临淄（今山东益都西北），齐国军民竟无起而反抗秦军者。这是为什么？一方面此时秦、齐力量相差悬殊；另一方面秦国早有准备，有把握兵不血刃地拿下齐国。

齐王建是昏庸的君主。他执政前期，在其母——贤明的君王后帮助下治理国家。君王后对秦尤为警惕，对诸侯恪守盟约。齐国位于最东边，作为"三晋"的后盾，如能全力以赴支持处于抗秦第一线的韩、赵、魏三国，将对局势发挥巨大的影响。牵制齐国，也成了秦国吞并六国的关键。由于齐国的位置和当时山东六国自顾不暇，齐国四十余年不受兵锋之扰。

"生于忧患，死于安乐"。事到临头，吓得战战兢兢的齐王建一筹莫展，只好派人去找相国后胜商量。

后胜是个颇有背景的人物。君王后死后，齐国大权就落入了他的手中。李斯指挥的间谍也在此时进入齐国，以巨金收买了后胜。后胜成为秦谍后，大批派遣手下门客入秦。秦国对这些人一律重金收买。他们回到齐国后，在后胜举荐下，纷纷窃据要津，从诸方面影响齐王建。在间谍的包围中，齐王建既不助五国抗秦，也不整军经武。在间谍们的劝说下，他废除了"合纵"，在外交上屈从秦国。对五国的求援，他置之不理，沉浸在歌舞升平之中，成了耳不聪，目不明的亡国之君。

后胜奉命到来之后，齐王建问以战守之策。后胜见时机已到，就力劝齐王建赴秦国见秦王，以求罢兵。这个主意连愚蠢的齐王建也觉得太过分了。他垂询别的大臣，没想到前后左右的大臣、亲信几乎众口一词地劝其朝秦。此时齐国大军尚在，也有少数人出来反对投降。然而，在周围间谍的影响下，齐王建还是未经一战就做了俘虏。秦王把他迁到共这个地方居住。齐国军民由于多年不进行作战训练，缺乏战争意识，以致秦军长驱直入国都时，竟无敢于奋起抵抗者。

秦国统一中国的战争降下了帷幕，这最后一幕，是以秦国间谍战的辉煌战绩和齐国的悲惨结局而结束的。齐国百姓在伤心亡国之余，作歌谣讽刺齐王建："松耶、柏耶，住建共者客耶！"意思是齐王建成了亡国之君，和他一起在共遭拘禁的还有那些宾客吗？亡国之音，沉痛而发人深思！

公元前221年，各国灭亡。这一年作为秦始皇统一中国的重要年代载入史册。秦始皇统一中国的最后一幕，也是战国间谍战的最后、最精彩的一幕。

　　秦国在这场间谍战中以一个窃据要津的间谍，掩护其他的间谍，建立了间谍网，成功地影响了齐国的国策。这个间谍战例表明，身居高位的间谍，对一个国家的破坏力、影响力远非一般间谍可比。这种间谍的培养要采取拉出去、打进来的方式，花费重金，待以时日，等待其爬上去。这类间谍可以利用权势来形成自己的羽翼，因而也难以发现。一旦形成完整的间谍网，就将对整个国家的战略制定与执行带来灾难性的后果。

　　六国之所以被吞并，除了政治、经济、军事等方面的原因外，秦国推行了一个成功的间谍战略也是重要原因。这既是一次间谍战，也是一次军事、外交、间谍诸手段在战略上相互配合的成功范例，充分显示了秦统一六国的间谍战略的威力。

本篇小结

　　春秋战国的间谍活动，范围广，规模大，方法多，对后来的间谍活动产生深远影响。

　　春秋时代，是我国谍报活动由自发的、偶然的行动，转变为自觉的、有组织、有周密准备的活动的形成期。尽管对间谍的使用、组织还十分粗糙，但毕竟开始有意识地用间谍活动来为政治、经济、军事目的服务。间谍活动的开展也表现出一定的准备和计划性。

　　春秋时代，我国古代间谍史上各类间谍活动都出现了，间谍活动的主要方法、形式也初露端倪。春秋前期、中期，这些间谍活动及各类方法的使用还带有自发性与偶然性。到春秋末期，从文种、子贡等人的间谍活动中，我们看到的已经是对各种间谍活动方式的综合的熟练运用。此时，自觉的、系统的间谍战略也开始出现。

　　与此相适应，春秋时人们开始意识到防止间谍活动的重要。不过此种防谍活动尚处于自发阶段，是无意识、无组织的。

　　春秋时代，各国君主利用间谍活动来达到吞并或反吞并的目的。各国君主、大臣间也利用间谍来达到消灭异己，争权夺利的目的。间谍活动在列国纷争，由奴隶社会向封建社会转变中起了催化剂的作用。这也是春秋时期间谍活动频繁的主要原因。

　　春秋末期，子贡一类的"士"出现在间谍战舞台上，标志着我国古代谍报活动由自发向自觉,由无组织、无计划向有组织、有计划转变已经完成。

春秋时代固定的间谍机构虽未形成,但间谍活动的组织已颇为严密。这种活动有时是由君主、参与机密的大臣进行组织、指挥的;有时是进行间谍活动的个人如子贡,自己策划的。这反映了人们对间谍活动的高度重视。实际间谍活动随着历史经验积累,逐渐上升为高水平的谋略活动,对间谍活动规律的认识不断深化。在此基础上产生了中国古代间谍史上的第一次理论综合,这就是《孙子兵法·用间篇》。它的出现既反映了间谍活动的重要地位,反映出间谍活动由自发转向自觉,也表明产生了对这类活动的理论思维。

当我们终于从紧张、激烈而复杂的战国间谍战中走出来,喘口气时,我们不能不为战国时各类间谍的精彩表演而惊叹和产生某种敬佩。战国间谍战是我国间谍史上的一个高潮,某些著名间谍的活动,其水平之高,谋略之复杂,在漫长的封建社会中,甚至达到了令人难以企及的高度。春秋战国之际,诸子百家形成了中国古代思想史上的空前盛况。从春秋开始至战国而达到其高峰的间谍活动,也以其丰富多彩而永垂史册。在春秋时出现的诸种间谍活动基本方式,到战国时更为纯熟了。各类间谍以其鲜明的个人风格,大胆的间谍活动,为后世从事间谍活动者树立了典范,成为研究、引证、仿效的对象。

春秋时由子贡开其端绪,到战国时蔚然成风的游士从事间谍活动,是战国谍报活动的第一个特点。班固在《汉书·艺文志》中说:"纵横家者流,盖出于行人之官。……言其当权事制宜,受命而不受辞,此其所长也。及邪人为之,则上诈谖而弃其信。"班固道出了当时游士活动的某些特点,即这些人开始是以外交官的身份从事游说的。这些人以政治家、高级谋略家的身份,为各国充当外交使节来进行间谍活动。在儒家思想已居于统治地位时,班固把这些人称为"邪人","上诈谖而弃其信。"这些人的活动中,不乏朝秦暮楚,玩几方于股掌之上的人,但这并不能否定他们是有作为的政治家。即便是翻云覆雨之时,也不时闪现智慧之光。他们的活动特点,很大程度上是当时历史条件决定的。列国争雄,"士"一类战略研究人才成为各国争夺的对象。"得士者昌,失士者亡"绝非夸张。这样给这些人较大的回旋之地。君择臣,臣亦择君,成为当时君臣关系的一个特点。我们在间谍战中看到的游士,常常昂首挺胸屹立于君主之前,侃侃而谈，为帝王师。这些以政治家身份进行间谍活动的人的精神风貌，绝非后来中国封建社会知识分子可比。他们议论风发，无所顾虑，发挥了极大的主动性，以赤裸裸的利害关系打动君主、离间君臣或破坏敌方联盟，以大手笔写下了光辉篇章。

这里有必要深入分析"士"的兴起与战国谍报战的关系。顾颉刚先生认为："吾国古代之士，皆武士也。士为低级之贵族，居于国中，有统驭平民之权利，亦有执于戈以卫社稷之义务，故谓'国士'以示其地位之高。"但春秋时，孔子"有教无类"，出现了由"学在官府"向"学在民间"的学术思想下移的传播，一些平民得以学而优则仕，进入统治阶层。春秋战国之际剧烈的社会动荡，使各阶层间人员流动加剧。"士"这一阶层的成分、来源愈加复杂。此时的"士"也由武夫变成了文武兼备或仅凭三寸之舌纵横于诸侯的文人。这些社会地位不高的人，为了实现理想或猎取功名，只有靠向统治者"出售"自己的一技之长来挤入上层社会。新兴封建地主阶级与奴隶主阶级的激烈斗争，又为这些人提供了机会与舞台。因此尽管这些人常常改换门庭，但在人才"卖方市场"的情况下，君主们对他们没有很强的控制力。"士"也极易为他人所用。这些具有较强战略意识与活动能力的人，整日奔走于诸侯、卿相门下，或待价而沽，或窥伺方向，搅起了一场场轩然大波。列国纵横的现实，使他们得以充分表演。如果没有特定的历史条件，他们也只好老老实实地为某一统治者效忠。

春秋战国之际，由奴隶社会向封建社会转变，政治、经济、思想上发生了极大的变革。百家争鸣，游士在活动中思想束缚较少。儒术只是百家中的一家，忠君爱国、君君臣臣等儒家正统思想尚未禁锢知识分子的思维，因而表现出"上诈缓而弃其信"。封建道德伦理尚未以正统方式确立，功利主义盛行，使这些人能更大胆泼辣，肆无忌惮地活动。正是由于上述深刻的历史背景，使战国的间谍活动达到了某种程度上中国古代社会后来者无法企及的高峰。

由于上述特点，产生了战国间谍活动的第二个特点：各种间谍活动与高级谋略活动紧密相连，有时则浑然一体。当然从广义上讲，间谍活动是谋略活动之一种。这里讲的是间谍活动与政治、经济、军事、外交等谋略相对区分下的结合。这一点十分清晰地体现在许多人是政治家、外交家、军事家、高级间谍或间谍战指挥者，一身而数任的情况中。

第三个特点：由于上述间谍活动之状况，战国时对间谍尤其是高级间谍的监控十分薄弱。相比之下，秦国既能用人，又能对这些人有所防范，这也是秦国在间谍战中处于主动地位的原因之一。

第四个特点：出现了周密计划的间谍战略，并成功地运用于秦国的统一战争。秦国的间谍战略不仅仅是由李斯、尉缭提出的，从范雎相秦昭王时就已被统治者奉为国策。范雎向秦昭王建议采取"远交近攻"的外交、军事战略的同时，建议采用"毋攻其地而攻其人"的间谍战略，瓦解各国君臣，打击搞"合纵"的游士。

第五个特点："士"一类人物在间谍战中进攻性极强。他们之所以能得逞，不仅是由于其高明的间谍技巧，更多的是得力于对当时列国纷争环境的透彻了解和远见卓识。因此，他们在某种程度上成为君主们制定政策时不可缺少的人物。这样，就使战国间谍常常可以把间谍战的锋芒指向国君，指向战略制定、执行的过程，破坏国君的战略部署，干扰其战略决心，离间其联盟；指向列国中的得力将相，使之或被收买，或被猜疑，或死于国君剑下，或被弃之不用。战国间谍战，称得上是中国古代谍报史上最为炫人眼目的篇章！

第三篇
秦、两汉、三国的间谍活动

秦始皇"奋六世之余烈",统一了中国,建立秦朝(公元前221—前206年)。他在全国推行郡县制,在中央设立三公九卿,形成了一整套中央集权制度。在经济上,他统一了度量衡制度,统一了币制。在文化上,他命李斯作小篆,通行天下。在军事上,他在战国长城的基础上,修筑了万里长城。在建立这些赫赫之功的同时,他大修阿房宫、骊山墓,征发的刑徒就达七十余万人。在全国造成了"丁男被甲,丁女转输",民力耗尽的局面。秦朝的倾覆在他执政时就已埋下了种子。

秦二世即位后,以严刑峻法治天下,"刑者相半于道,而死人日成积于市"。广大农民"孤寡老弱不能相养","道死者相望"。在这种情况下爆发了陈胜吴广领导的农民起义。

秦朝覆灭,各派势力中原逐鹿。刘邦、项羽两大势力的角逐,以刘胜项败而结束。

刘邦建立汉朝后,面临着匈奴的进扰和国内异姓诸侯王的反叛。反击匈奴和镇压国内异姓王(后来是同姓王)的反叛,成了这一时期间谍史的重要内容。

西汉末年(公元前206—公元25年),土地兼并又严重起来,"豪强大姓,蚕食无厌;苛吏徭役,失农桑时"。"水旱为灾;县官重责更赋租税"。"酷吏殴杀;治狱深刻"。王莽企图以"变法"挽救时局,反而加速了赤眉、绿林农民起义的爆发。王莽政权覆亡后,照例免不了一场厮杀。经过激烈角逐,刘秀登上了帝位。东汉政权诞生了。

东汉末年(公元25—220年),地方官僚的巧取豪夺再加上宦官、外戚、"党人"三股势力的争斗,使农民又陷入水深火热的境地。在镇压"黄巾"等农民大起义的过程中,曹操、刘备、孙吴三股势力分别据有中国北部、四川、江东。三个政权(公元220—280年)鼎峙,在间谍活动中展开了斗智。斗智的结果统统归于灭亡。一个代表高级士族利益的司马氏政权——晋出现了。

  这一漫长历史时期的间谍活动围绕三条主线展开：国内各种政治势力之间的政治、军事博弈；地主阶级政治、军事力量与农民起义军之间的斗争；长城内的中央王朝与边境游牧民族政权之间的斗争。值得指出的是，长城内的中央王朝与边境游牧民族政权之间的斗争，在间谍战方面逐步形成了某种"范式"，在后来的历史时期反复出现。

第一章　秦汉之际的间谍活动

第一节　锥秦博浪

公元前221年，秦始皇统一中国，自号"始皇帝"。但这只是在军事上消灭了六国势力。秦始皇称帝后，在政治、经济、文化诸方面继续大刀阔斧地进行着他的统一大业。

政治上，他采纳李斯的建议，废分封，行郡县，分全国为三十六郡。郡下设县。郡、县官吏由皇帝任免，领取俸禄，无世袭权。皇室宗亲、子女"以公赋重赏之"，不再分封土地。在中央设丞相、御史大夫、太尉三公；奉常、郎中令、卫尉、太仆、廷尉、典客、宗正、治粟内史、少府九卿；形成了一套影响深远的中央高度集权的封建君主专制制度。

经济上，秦始皇在全国统一了度量衡制度，使全国经济联系更为紧密，便于中央政府财政税收管理，打破了诸侯割据时的封闭混乱状态。他还统一了币制。对全国的车轨，定轨距为六尺宽度。在此基础上，他大修驰道，从九原至云阳，"堑山湮谷，直通之"。驰道宽五十步，两旁植树。这种"国道"的气势，在今天也让人叹为观止。

文化上，秦始皇命李斯作小篆，作为统一文字，通行天下。

军事上，他在战国长城的基础上，命蒙恬继续修筑万里长城。因为国内统一了，匈奴就成了主要防范对象。在国内，他下令收缴民间兵器，销为钟镰，铸铜人十二，置于宫中。

尽管如此，他仍觉得有必要经常巡视各地，以巩固秦朝统治，并对六国余孽进行威慑。

公元前218年，秦始皇东巡的车队浩浩荡荡地经过博浪沙（今河南原阳东南）这个地方。在随行人马的前呼后拥下，队伍中有三十六辆一模一样的皇帝乘坐的车子。队伍正风尘仆仆于驰道之上，突然路边飞出一个大铁锥（即铁锤），击中了三十六辆御车中的一辆。护驾的卫士、官吏吓得惊慌失措。等他们镇静下来，进行搜捕时，刺客早无踪影了。气急败坏的秦始皇下令在全国进行为期十天的大搜捕。十天后刺客仍杳无踪迹。秦始皇是个有大气魄的人，他继续东巡，到了之罘，在那里刻石歌颂自己的丰功伟绩，然后返回咸阳。

回咸阳后不久，他又与武士微服出行。其目的不外是暗中了解国家治理情况，或许也对官吏的政绩进行考察。公元前216年，秦始皇与四名武士微服出行，夜间在咸阳兰池遇"盗"。多亏武士拼命抵抗，才把这些"盗"杀了。在全国又一次开始为期二十天的大搜捕，但仍和上次一样不了了之。

秦始皇遇"盗"，是否有别的背景，不得而知。但他在博浪沙遇到的大铁锥，却是一个面目如俊美妇人的文弱书生策划的。他就是后来名垂史册的张良（？—公元前186年）。

张良是韩国世家子弟，祖父、父亲都曾当过韩国丞相。秦灭韩时，张良年纪尚小，未来得及在韩为官。韩亡时，张良家尚有奴仆三百人。他散尽家财求刺客谋刺秦王，连弟弟死了都顾不上安葬。这个文弱贵公子，却有着烈火般的复仇之心。

张良四处漫游，终于找到了一个勇武有力的壮士，愿为刺客。张良为他制造了重一百二十斤的铁锥。秦始皇车队经过时，早已隐蔽在路旁的刺客掷出铁锥，即行逃脱。张良也改名换姓到下邳躲了起来。

在下邳（今江苏宿迁西北），张良有一天漫步桥上，遇见一个老人。老人的鞋掉到了桥下。这个穿着破旧的老头不客气地说："孺子，下桥去给我取鞋。"张良的公子哥儿脾气正要发作，又一想这人年纪大了，就忍了这口气吧。于是下桥为老人拾回了鞋。没想到老人又抬起脚让张良帮他穿上。张良想好人做到底吧，恭恭敬敬为他穿上了鞋。老人大笑而去。张良目瞪口呆地看着老人的背影。老人又返身而回，对他说："孺子可教，五日后清晨在此与我相会。"五天后，张良如约而至，老人早到了，并责怪他姗姗来迟，相约五日后再会。五天后，鸡一叫张良就去了，没想到老人又先到了，责备之余，再约五日后相会。这一次张良还不到半夜就去了。过了一会儿，老人来了，于是传给张良一部书。老人对张良说："读此书可以为帝王师。十年后，你和你辅佐的人就会兴起，再过十三年后咱们相遇。济北榖城山下有块黄石就是我了。"说罢飘然而去。张良等老人走远，一看那部书，是《太公兵法》。

这段故事近于神话，司马迁也不完全相信。张良一生行事，显示出其颇受黄老思想影响，有所谓"仙风道骨"。但司马迁之所以把这段逸事写入《留侯世家》中，无非想说明，张良在行刺秦始皇时尚无"为帝王师"的谋略与气魄，后来得益于磨炼和奇人的传授。

其实分析一下张良行刺的策划，不难看出他当时已工于心计。

其一，在行刺前，他必定获得了秦始皇出巡路过博浪沙的准确情报。

其二，为行刺寻找到了合适人选。从当时驰道宽度和皇帝的护卫情况看，只有能以重物从远处击杀秦始皇这一种行刺的可能。为此张良还专门制造了行刺的武器。

其三，行刺的地点选择得很好，否则刺客绝不会轻易脱身。张良事先也一定为行刺后的隐蔽，准备了退路和地点。

张良行刺秦始皇，在中国古代谍报史上写下了组织更为精密的行刺活动的新篇章。

博浪一击，尽管秦始皇行动事先已泄露，但由于有三十六辆同样的车，行刺仍未成功。帝王的保卫措施加强了。行刺者即使事先得到有关时间、地点的情报，但如果对行刺时周围情况、行刺对象的行动特点没有更细致的分析，仍可能失败。即便知道了更具体的情报，临场一击时还可能受刺客当时心态和技能发挥等因素的影响。有些行刺行动为了增大成功可能，采取了同一行动中多名间谍同时下手的办法，但仍面临着失败。其中重要原因就是行刺对象出其不意地改变行动计划，而这是很难加以预料的。

第二节　先入关中

张良的大铁锤即使击中了秦始皇，也未必能使秦王朝垮台。动摇秦王朝统治的是统治者自己。

公元前215年，秦始皇命蒙恬率兵三十万北击匈奴，夺取了河南地（今黄河河套西北部）四十四个县。大规模修筑长城，征发民夫甚多。公元前214年秦始皇又征发逃亡者、商人为士卒攻南越（今岭南地区）。其后又迁发罪犯五十万到五岭驻防。公元前212年，他派蒙恬率民夫、军士修从九原到云阳的"直道",工程险峻,直到他死时也未修好。

如果说上述行动虽然给人民带来了重负,但对国家还有一些作用的话,那么他大修阿房宫、骊山墓就纯属帝王的穷奢极欲了。为修阿房宫、骊山墓,征发的刑徒达七十余万人。今日秦始皇墓附近出土之兵马俑陪葬坑,还可令人想见当年工程之大,耗费之多!秦末农民大起义的远因,在秦始皇时就已出现了。秦始皇死前,有人刻"始皇帝死而地分"于陨石上。大风暴要来了。

公元前210年七月,秦始皇病死于出巡道上。他的少子胡亥与赵高、李斯密谋篡改遗诏,赐长子胡苏、大将蒙恬自尽。胡亥即位,是为秦二世。秦二世上台后,继续修建阿房宫。他听信赵高的话,以严刑峻法治天下,"刑者相半于道,而死人日成积于市"。为了压服秦宗室中的不服者,他杀公子十二人,公主十人,牵连而死者更多。在尖锐的阶级矛盾之外,统治集团内部也陷入混乱。大权落入了赵高手中。秦二世对农民的搜刮,使广大人民处于"衣牛马之衣,食犬彘之食"的境地,"孤寡老弱不能相养","道死者相望"。

公元前209年,陈胜、吴广领导的农民起义爆发了,各处义军起而响应,成风起云涌之势。

揭竿而起的义军中有两支部队逐渐壮大起来。这两支部队是由两个性格十分鲜明的人率领的。一支部队由沛人刘邦(公元前256年—公元前195年)领导。刘邦字季,在秦朝统治下曾任泗水亭长。他平时不务正业,贪杯好色,常喝得大醉。脸皮很厚,但颇有容人之量。其父常训斥他不如其兄能持家。若干年后当了皇帝,他仍不忘此事,在为父亲做寿时说:"现在您看我与兄长谁的家产多?"他敢吹牛,善交游。他的义军骨干是萧何、曹参等沛县(今江苏沛县)县吏、乡党。

另一支部队由项籍领导。项籍字羽,下相(今江苏宿迁县西南)人。年少时学了一阵剑,很快厌烦了,又去学书,没几天书本又扔到一边去了。叔父项梁很不满意地责问他,他语出惊人,要"学万人敌"。项梁教其兵法,他很高兴地学了一阵子,又学不下去了。项梁的父亲是楚将项燕。项籍与叔父项梁为避仇人,躲避吴中,交结吴中豪杰。陈胜起义后,项梁派项羽杀死会稽郡守殷通,得精兵八千人。所谓"八千江东子弟"即指此,是项梁、项羽的基本队伍。这支部队有浓厚的六国遗族色彩,也有较强的江东地域性。实际上后来项羽定都彭城(今江苏徐州),也与他起家江东，认为与根据地近一些稳妥有关。这影响着这个集团后来的一系列决策和兴衰。

在看到秦始皇声威赫赫的东巡车队时，项羽说："彼可取而代之！"刘邦带人到咸阳服徭役时，得观秦始皇威仪，不胜羡慕地说："大丈夫当如此也！"不同的政治、文化背景及性格于此可见。

公元前208年，陈胜兵败被杀，义军群龙无首。义军将领在薛集会。在这次会议上，范增（公元前277年—公元前204年）这个七十老叟建议立楚怀王之后为最高统帅，以加强义军号召力。此时义军纷纷立六国之后为王，反映了农民起义军的局限性，客观上也表明六国残余潜在势力也不小。项梁在民间找了一个为人家放羊的楚怀王之孙熊心，立为楚怀王。

不久项梁战死，项羽代统其众。这时章邯（秦朝少府，秦军对抗义军的主将）在打败项梁军后，率军北攻赵，围赵王歇于钜鹿。楚怀王派宋义为上将军，项羽为次将，范增为末将，救援赵国。

楚怀王曾与诸将相约，"先入关中者王之"。他手下诸将认为项羽过于残暴，刘邦宽大为怀有长者之风。所以楚怀王派刘邦收拢陈胜、项梁的残余士兵，去进攻秦朝最后的根据地——关中。

公元前207年八月，刘邦率义军威逼咸阳，很快攻克了武关。赵高在此之前，杀了李斯，独揽大权。此时，怕秦二世追究其罪，先下手逼二世自杀，立秦二世之兄的儿子子婴。子婴设计杀了赵高，派兵到峣关抵御刘邦军的进攻。

刘邦听说秦军在峣关（今陕西蓝田东南）设防的消息，立即要派兵攻打。此时刘邦手下已聚集了一批人才，除前边提到的张良外，郦食其、陆贾等说客也参加了刘邦军。张良这时站出来对刘邦说："秦军尚有战斗力，不可草率进攻。听说秦军守将乃屠户之子，商人可以利诱之。请您派人在周围山上多竖旗帜以为疑兵，另派郦食其带着财宝去收买秦军守将。"

听了张良的建议，刘邦派郦食其带着财宝去收买秦将。秦将在财宝和郦食其的三寸不烂之舌进攻下，果然被打动了，想和刘邦联合起来，西向进击咸阳。刘邦非常高兴，准备同意秦将的要求。张良劝刘邦道："这只是秦将想叛秦，恐怕士兵不会听从的。如果士兵不听他的，事情反而麻烦。不如乘其将领欲降，全军懈怠之际攻打他们。"刘邦采纳了他的建议，率部向秦军发动了突然进攻，秦军大败。刘邦率军追击，在蓝田再败秦军，终于兵临咸阳城下。

张良在这次间谍行动中，再次表现出他的行动特点：对行动考虑周密而细致。在这次行动中军事行动与间谍活动配合巧妙，保证了战役的胜利。在瓦解敌国、敌军的间谍活动中，对敌人领导人物、将领能够起到的作用及其影响的判断是十分重要的。只有对此有正确判断，才能适时地在敌人营垒中发挥间谍的作用。所谓适时，必须与当时当地对间谍活动的要求结合起来。张良在峣关面临的首先是瓦解敌军的问题，因此间谍的作用先是收买敌将。后来根据具体情况，以军事进攻解决了问题。如果过于相信敌人将领的力量，可能会使问题过于复杂。况且敌军将领提出的计划也不是一个完全投降的计划。灵活地改变间谍活动的目标，灵活地根据间谍活动修正军事计划，是张良的高明之处。

第三节　收天下图籍

公元前206年，刘邦军至霸上（今陕西西安东南），秦王子婴（自贬为秦王）素车白马，印绶系在脖子上，封皇帝玺、符、节，在轵道（亭名）旁等候刘邦军前来受降。将领中有人建议杀了子婴。刘邦说："当初怀王派我入关，就因为我能宽容。况且子婴已降，杀之不吉。"派人把子婴看了起来。仅仅十五年，一个声威远震的大帝国覆灭了。

刘邦军进入咸阳后，从上到下都有一种大功告成的感觉。将领们争先恐后地跑到秦朝储藏财宝的地方，瓜分财宝。刘邦这个亭长，在富丽堂皇的宫室、温柔的娇娃美女、狗马、珍宝面前也走不动路了。当初看到秦始皇的车队，不就想着这一天吗？他沉浸在温柔乡中了。

只有几个人保持了清醒的头脑，其中一人就是萧何。

萧何（？—公元前193年），沛县人，曾为沛县吏，与刘邦关系甚密。因为办事有才干，秦朝御史曾推荐他到朝廷做官。萧何再三推辞了。刘邦起事后，萧何为丞，成了管理刘邦军日常事务的大管家。其在刘邦集团中的地位一直如此。正是由于萧何有在秦为吏的背景，因此他深知图籍文书的重要。

在诸将为追寻财宝大动脑筋时，萧何带人先进入了秦丞相府，把丞相府图籍妥善地保管起来。萧何还妥善收藏了御史的律令（秦法）。秦朝珍贵的国家档案、文件统统落入刘邦集团之手。

刘邦在樊哙、张良劝说下，忍痛告别了秦宫的温柔乡，回到了霸上军中。他还与关中父老相约："父老苦秦苛法久矣！诸侯约，先入关中者王之，吾当王关中，与父老约，法三章耳：杀人者死，伤人及盗抵罪。余悉除去。"约法三章，提高了刘邦的政治地位，争取了关中父老的拥护。与此形成鲜明对照的是，项羽在新安（今河南新安西）坑秦军降卒二十万于城南。

项羽要率军入关了。一场暴风雨向刘邦军袭来。在今后的日子里，刘邦军屡败屡战，多次重新崛起于战场。萧何收天下图籍，是一个重要因素。由于萧何这一行动，刘邦集团得以知天下阨塞、户口多少、强弱之处。萧何长期以粮食、壮丁补充、支持刘邦军，更是得益于这些图籍。

在此之前，这类重要图籍已日益为政治家所重视。秦惠文王时，司马错与张仪辩论伐蜀问题，司马错即有"据九鼎，按图籍"之说。秦军在统一中国的战争中，可能已重视了对图籍的收集。萧何的行动则是在中国古代间谍史中，自觉地视敌人档案、文书为第一等资料的一次搜集战略情报的活动。这一活动由高级官员亲自负责，完整地接收了秦朝的档案、文书。使刘邦集团在战略情报资料占有、国家治理等方面，比项羽集团有了较大优势。间谍工作中需要收集大量的背景材料、基础材料。对这些材料的收集、整理则是谍报工作中的基础工作，而敌人的档案、文书则是这些背景材料、基础材料重要的组成部分。档案、文书不仅为军事行动奠定基础，也是一个国家征收赋税、实行法制的重要依据。萧何的行动显示了他的远见，反映出刘邦集团中起家于"沛县吏"一类人的素质。

类似的行动在中国古代历史上成为改朝换代之际或某个政权灭亡之际，战胜者的例行行动（见附表）。这类行动对中国历史影响深远。主要有以下几方面的作用：

1. 根据敌方档案、文书确定新王朝的对内对外政策。新王朝上台后，"殷鉴不远"，亟须借鉴前朝覆亡之教训。前朝或敌国之文书、档案在这方面可以说起着"治国安邦"的作用。

2. 学习作用。这在游牧民族入侵之际显得特别明显，由于双方文化、经济的差异，游牧民族不仅收集档案、文书，而且广泛地搜集一切"文化"的象征物，诸如法驾、卤簿、仪仗甚至太监、宫女，都在搜集之列。这种情况下，文化仿效、移植的目的很明显。

3. 根据敌方档案、文书，清查从前敌方的间谍活动。但往往由于牵扯面过广，采取付之一炬，以安众心的办法。

4. 天下未靖时，利用敌方档案、文书，作为与下一个敌手开展军事、经济、外交斗争的依据。

5. 根据前朝执政情况，制定新朝财政、法律制度。

从以上意义与作用看，难怪这种行为成为历史上改朝换代时的"例行公事"了。

第四节　鸿门宴上

刘邦向关中进击时，宋玉、项羽、范增等率军援救赵王歇。公元前207年，援军进抵安阳（今山东曹县东），宋玉命军队停留四十六天之久。宋玉、项羽由于战略上的矛盾，加上平日就不和，发生冲突。最后项羽乘参见宋玉之机，杀了宋玉。楚怀王只好让他当了上将军。项羽立即率军北进，演出了"破釜沉舟"的一幕，大败章邯所率秦军。项羽威震诸侯，成为诸侯上将军，后来章邯怕秦二世治罪，也率军向项羽投降了。

公元前206年，刘邦攻下咸阳不久，项羽也挥军西向，问鼎关中。刘邦派兵守住函谷关，企图阻止项羽入关。项羽军势不可当，打进了函谷关。项羽军进抵戏（今陕西临潼东北）。刘邦待在霸上军中，不敢去见项羽。刘邦军中的左司马曹无伤，秘密派人对项羽报告："沛公（刘邦此时称沛公）想在关中为王，让子婴为丞相，占有秦国珍宝。"项羽大怒，积极准备与刘邦军作战。当时项羽军四十万人驻扎在新丰鸿门，刘邦军只有十万人。

范增为项羽献计："沛公在山东时，贪财好色。入关后却不取财物，不恋美色，其志不小。要抓紧时间进攻他，万勿坐失良机。"谁知项羽身边的左尹项伯（？—公元前192年）虽是项羽的叔父，却与张良很有交情。他听到这个消息连夜赶到刘邦军中，告诉了张良，并拉张良和他一起走。张良却说："沛公正处于危境，扔下他走是不义的。"张良赶忙去向刘邦详细报告了此事，并问刘邦是否有曹无伤所说的那些打算，又是谁向他建议的。刘邦大吃一惊，说是鲰生建议守住函谷关不让诸侯入内，可以在关中称王。他连连问张良："这可如何是好？"

张良问刘邦："大王的士卒能挡得住项王之士卒吗？"刘邦说："当然不行。但现在如何办呢？"张良把项伯的事向刘邦讲了。刘邦脑子转得也快，马上召见项伯。他亲自给项伯劝酒，并与之结为亲家。刘邦向项伯表示绝不敢反叛项王，并表示派人守住函谷关是为了防盗，请他务必在项王面前为之开脱。项伯兴冲冲地走了，并对刘邦说："明日要早点来向项王谢罪。"

第二天，刘邦早早到了楚军中，对项羽低声下气，毕恭毕敬地进行了一番表白。项羽听了刘邦的花言巧语，很高兴，竟愚蠢地对刘邦说："这是您手下左司马曹无伤所言，要不然我何至如此待你呢！"项羽留刘邦在军中赴宴，危机在继续发展。

范增在席间按原来约定，三次举起玉玦，示意项羽该下手杀掉刘邦了。项羽却认为刘邦一副可怜相，不敢造反，产生了恻隐之心。范增这个老狐狸急了，让项庄在席前舞剑助兴，实际上是让他在席间乘机击杀刘邦。千钧一发！没想到此时项伯也拔剑起舞，故意用自己的身体掩护刘邦，使项庄无法下手。张良赶忙离席，到营门口对等在那里的刘邦部将樊哙说："事情危急万分，项庄舞剑，意在沛公！"樊哙立即带剑持盾，闯入大营，对项羽怒目圆睁。项羽也感到有些意外，握紧宝剑问："这位客人是什么人？"张良答："乃沛公御手樊哙。"项羽说："壮士！赐酒。"樊哙拜受了。项羽又命人赐给他肉。樊哙把生肉放在盾上，用剑切着吃了。项羽看他粗鲁得有趣，就问他："壮士还能饮吗？"樊哙大笑："死都不怕，何惧一杯酒！秦王当年如狼似虎，杀人无数，刑掠百姓唯恐不多，致使天下皆叛。怀王与诸将军约，先入咸阳者王！如今沛公先破秦军入咸阳，封闭宫室，不近秦宫宝物，还军霸上，以待大王。派将守关是为防盗和预防不测。沛公劳苦功高，没有封侯之赏。大王却听信小人之言，想杀有功之人。这是继承秦朝之残暴，我想大王不会这样做的。"看来樊哙在鸿门宴上扮演的不仅是一介武夫的角色。樊哙在未到楚军之前，一定与刘邦、张良研究过对策，否则一介武夫不会讲得如此条理清晰、天衣无缝。

项羽听了这些话，只好对樊哙招招手："坐。"樊哙与张良坐在了一起。过一会刘邦说要上厕所，把樊哙也叫了出去。项羽派都尉陈平叫刘邦入席，刘邦对樊哙说："尚未与项王告辞，如何是好？"樊哙说："现在人为刀俎，我为鱼肉，管不了许多了。"刘邦留下白璧一双，玉斗一对，让张良代致项羽、范增，并对张良说："等我到军中之时，你再入帐。"说完率樊哙等人如漏网之鱼，匆匆由小路逃回军中。

张良估计刘邦已到军中，就又回到大营，对刘邦不辞而别表示歉意，并献上玉璧、玉斗。项羽只好收下玉璧。范增看着张良声称是刘邦送给他的那双玉斗，拔剑便砍，一边痛心疾首地说："谋夺项王天下者必沛公也！"

刘邦回到军中，立即杀了曹无伤。

又过了几天，项羽军西进，在咸阳屠杀了投降的秦朝官吏、士卒、百姓，杀了秦王子婴，一把火烧了阿房宫。项羽还发掘了始皇冢，带着抢掠的美女、财物东归。曾有人对他进言："关中形势险要，土地肥沃，可以作为都城，成霸业。"项羽却根本不听。关中的地方势力和百姓，却由于其残暴行径而对其恨之入骨。

项羽入关后，派人到楚怀王那儿复命。楚怀王坚持"先入定关中者王之"的前约。项羽表面上尊楚怀王为义帝，自己号称西楚霸王，在彭城（今江苏徐州）建立了小朝廷。公元前205年，他强迫楚怀王迁往长沙郡。楚怀王行至江上，受项羽密令的衡山王吴芮、临江王共敖、九江王英布命手下人截杀了他。

项羽分封诸侯。封刘邦为汉王，占有巴、蜀、汉中三郡，又封秦降将章邯为雍王，司马欣为塞王，董翳为翟王，挡住了汉王东进之路。

刘邦看到项羽如此欺负自己，想立即起兵与项羽争个高低。萧何劝他说："大王认为汉中这地方不好，可比让项羽砍头好多了。"刘邦不高兴地说："为什么谈到死呢！"萧何说："我军比不上项羽军，屡战屡败，不死还能干什么！愿大王到汉中去，善抚汉中百姓，招揽贤士，占据巴蜀。那时再夺取三秦（章邯、司马欣、董翳等秦国降将占有的关中地），天下还是您的。"刘邦掂量一下，也只好如此，就答应了。为了酬谢张良之功，他赐给张良黄金百镒、珠二斗。张良把这些财宝又转赠项伯。刘邦此时也想起了项伯这条内线。他又通过张良厚赠给项伯不少财宝。通过项伯在项羽面前美言，刘邦尽得汉中之地。

诸侯要回到各自的封地去了。张良也要随韩王成到封地去，（张良起兵先从刘邦，又当了韩王成的司徒，入关时又随刘邦）临别之际，对刘邦建议：烧掉所过栈道，表示无东归之意，让项羽放心。刘邦依计而行。项羽真的以为天下已定，摆出霸主的架势，对其他诸侯作威作福。殊不知战略上他已失去了重要的几分。

项羽在鸿门宴上的失误不是偶然的。从根本上说，项羽仍是六国遗族的政治思维方式。入关之后全无天下一家的概念，屠咸阳，烧秦宫，说穿了无非是替楚国向秦复仇而已。相比之下，刘邦在关中的政策表现了刘邦集团"争天下"的政治思维。因此，项羽对关中的战略地位毫无认识，鸿门宴上束缚他的是那套霸主之仁。他毫无实行秦始皇"家天下"的认识与决心。在他势力极盛时也不过是自愿放弃关中，到彭城去当西楚霸王。因此鸿门宴上他绝非一念之差，而实在是因为他不过把刘邦看成一个普通的诸侯罢了。项羽是要保留诸侯的，只要不影响他的霸主地位就可以了。至于行郡县，铲除诸侯，在他的政治蓝图上从未出现。领导人对战略目标、方向的认识，乃至个人的好恶往往决定间谍活动的成败。这不仅表现在正确的战略指导是开展间谍活动的前提，可以使军事、经济、政治、谍报等方面的战略完美地配合起来，而且也表现在领导人战略认识上的失误，往往使正确的间谍活动无法发挥其作用。

刘邦及时拉拢项伯，获益匪浅。严格地讲，项伯不是间谍，只是一种政治上模棱两可的人。但这种人往往成为间谍活动中积极予以利用的对象。耐人寻味的是项伯后来被刘邦封为射阳侯，赐姓刘氏。

相比之下，项羽既不知用间，也不知保护情报来源。鸿门宴上，拉开了楚汉相争的序幕，也拉开了楚汉间谍战的序幕。

第五节　嫁祸于人

项梁在听取范增的建议立楚怀王的同时，也听了张良的意见立韩公子成为韩王，以张良为司徒，给千余士卒让韩王成去攻打旧韩地。项羽自称西楚霸王，分封诸侯，仍封韩王成为韩王。但项羽因痛恨张良为刘邦出谋划策，不让韩王成到其封地去。这样，张良回到韩国时，韩王成却随项羽到了彭城。不久韩王成就被废掉，并被杀死了。

此时形势发生了很大的变化。项羽分封的诸侯王不听招呼互相打了起来。在旧齐地，项羽封田都为临淄王，田安为济北王，齐王田市为胶东王。这使未得到封地的田荣十分不满。他赶走了田都，杀死了田市，自立为齐王。后来他又联合颇有实力的彭越，杀死了济北王田安，成为旧齐地的唯一发号施令者。

张耳、陈余是旧魏国的名士。魏亡之后，秦国曾悬赏捉拿二人。两个人改名换姓隐藏民间，充当里正的卫士。秦末农民大起义爆发后，两人先是怂恿陈胜部将武臣为赵王。武臣死后，他们又立赵贵族赵歇为赵王。赵王与张耳被秦军章邯围于钜鹿。张耳派人向陈余求救，陈余推辞再三，后来才派了五千人往救。解围之后，张耳怒斥陈余，陈余一怒之下把将军印交了出来，向张耳示威。没想到陈余转了个圈子回来时，张耳已在门客的劝说下收回了陈余的兵权和属下。陈余弄假成真，只好带数百人出走。

项羽分封诸侯，封张耳为常山王，赵王歇为代王。有人说陈余也有功。项羽听说他在南皮，就以南皮附近三个县封陈余。陈余当然心怀不满。田荣占有旧齐地后，陈余向田荣借兵攻打常山王张耳。田荣答应了。一时狼烟四起。诸侯混战更加激烈。

此时刘邦在汉中积极做反攻准备。在萧何的再三推荐下，他拜韩信为大将。同时命萧何筹备粮草。

公元前206年八月，经过充分准备的刘邦军在韩信率领下，暗度陈仓，出其不意地击败章邯。塞王司马欣、翟王董翳投降了刘邦。刘邦军又夺回了咸阳，关中落入刘邦之手。项羽一听这消息，立即命楚军对刘邦军展开进攻。两军在阳夏对峙。项羽还任命故吴令郑昌为韩王，以牵制汉军。

就在项羽想以全力对付刘邦时，他接到了张良自韩地来的信。信上说："沛公之所以这样干，是因为想如约得到关中。不敢进一步向东出击。"更妙的是，张良把齐、梁的反书一齐送给了项羽。反书上表明，齐国想和赵国联合起来，共同消灭楚国。项羽看了张良的信和齐、梁反书，认为汉王不会进一步东进，更为紧迫的是消灭齐国田荣。于是楚军北上征讨齐国去了。项羽又一次坐失了良机。

公元前205年，张良从韩地悄悄溜回了刘邦军中，成为刘邦首屈一指的谋臣。

张良的这次谍报活动很有其特色。其一，他利用了项羽把刘邦看成是一个志在割据的诸侯的心理，使项羽对刘邦的战略企图做出了错误判断。其二，张良能得到齐、梁反书，并送给项羽。肯定他曾与齐、梁（梁当是彭越，彭越后被刘邦封为梁王）有过联络。张良为了在刘邦出击的方向上，减少楚军的压力，故意采取了泄露同盟者情报的办法，使项羽的兵锋转向田荣。

在历史上，这种故意泄露联盟间情报，嫁祸于同盟者的事例屡见不鲜。这种泄露情报的方式容易使敌人相信，尽管所泄露的情报有真有假，但都可以用来达到干扰敌人战略决心的目的。在错综复杂的国际斗争中，故意泄露同盟者或其他国家的情报，同样可以起到转移对方注意力和战略打击方向的作用。

从另一方面看，对这类情报作出正确的判断，并采取正确的战略行动是一件十分困难的事。需要在平时对敌方的战略意图进行坚持不懈的研究，才能不为一时一事所迷惑、动摇。

第六节　背水一战

公元前205年，刘邦军乘项羽北上攻齐，联合魏、韩、赵等诸侯军队，乘虚攻占彭城。刘邦军一入城，又犯了老毛病。大家沉溺于金银珠宝、美女佳肴的享乐之中。项羽得知这个消息，留下将领继续攻齐，亲率精兵三万回师彭城，以迅雷不及掩耳之势大败刘邦。诸侯又叛汉而降楚。

刘邦逃到荥阳，收集败军。萧何从关中征集了一些壮丁发往荥阳，刘邦军又振作起来。项羽军赶到荥阳。刘邦命灌婴为中大夫，秦军投降的骑士李必、骆甲为左右尉，率骑兵攻击楚军骑兵，在荥阳以东大败楚军。双方形成相峙之局。刘邦军筑甬道（两侧有垣墙之粮道），取食于敖仓（荥阳北），以逸待劳吸引了楚军主力。刘邦命萧何辅佐太子守关中，以法令进一步整顿后方。随后，刘邦命韩信（？—公元前196年）为左丞相，督军攻打魏王豹。

韩信很快击败魏军，活抓魏王豹送往荥阳。韩信向刘邦建议，愿率军三万人北攻燕、赵，东击齐，南绝楚粮道。这是个有远见卓识的战略建议，其实质是，从楚军联盟的薄弱环节入手，对楚军实施大规模的战略迂回包围，孤立楚军。刘邦同意了，并派此时已投靠刘邦的常山王张耳协助韩信出击。

韩信很快又攻下了代国，擒代相夏说。顺便补叙一下，陈余与齐王联络，借兵袭张耳。张耳跑了之后，陈余迎代王赵歇为赵王。赵歇以陈余为代王。为了辅佐赵王，陈余一直留在赵国。刘邦为了纠集一切力量攻楚，曾派人约陈余发兵。陈余知道张耳在刘邦处，非要见张耳人头才肯出兵。刘邦把一个长得极像张耳的人杀了，蒙骗陈余。陈余依约发兵。后来刘邦兵败，陈余也发现上了当，又背叛了刘邦。

公元前204年，韩信军挟得胜之威东击赵国。陈余和赵王歇一起率号称二十万的大军驻扎于井陉口（今河北井陉，太行山主要隘口之一）。这时赵国谋士广武君李左车向陈余建议:"韩信、张耳乘胜而来,但离根据地越来越远。乘胜之师,其锋不可当。但千里运粮,将士脸上就会有饥色了。现在井径险途,车不并行,骑不成列。行军数百里,其粮必在最后。请拨我三万人为奇兵,由小路断绝其辎重。您却森严壁垒,不和汉军作战。这样汉军进退两难,也掠夺不到粮食,不出十天,二将之头可献到您面前。否则,必为这二人所擒。"陈余却不以为然,摆出一副名士派头说:"义兵何用诈谋。况且韩信兵少而疲惫。如果此时避而不战,诸侯会认为我们胆怯,纷纷前来攻打我们。"陈、李二人的这番议论被韩信派去探听情报的间谍打听到了。

韩信听间谍说李左车之计不为陈余采纳,放下心来。其实他的部队素质也很成问题。在韩信破魏定代之际,刘邦每次都派人调走他的精兵,放到荥阳正面战场上去。韩信此时根据敌我情况,作出了更大胆的决定。

韩信率军推进到井径口三十里驻扎下来。半夜,韩信派轻骑二千人,每人手持红旗一面,由小道绕到赵军营寨后面的山上隐蔽起来。韩信对率军前去的将领说:"赵军见我撤退,必定倾巢而出。那时你们迅速进入赵军营内,拔下赵军旗帜,树起我军的红旗。"把这两千人打发走后,韩信传令军中:"今日破赵会食。"诸将半信半疑地答应了。

第二天,韩信先派万余人背绵蔓水为阵,并命人树起大将之旗,大吹大擂地向赵军挑战。赵军果然倾巢出动。汉军抵抗了一阵,装作败走,与背水列阵的汉军会合,苦战赵军。汉军无地可退,拼命作战。赵军久战不下。

此时韩信预先埋伏的二千轻骑冲入赵军营寨,拔下赵军旗帜换上汉军红旗。赵军一看大惊,纷纷逃走。汉军前后夹击,斩陈余于泜水。

韩信悬赏千金,活捉了李左车。他恭敬地替李左车松绑,并向他请教下一步的方略。李左车说:"我乃败亡之虏,不足以与将军商量大事。"韩信说:"陈余如果能听足下的话,韩信已被擒了。因为没用先生之谋,今日韩信才得以向您求教。"

的确,即便是"背水一战",也是以确切的情报为基础的。后人用"背水一战"来形容不留退路的行动,实在有些误解韩信了。

第七节　出其不意

韩信采纳李左车的建议，按甲休兵，镇抚赵国，派说客到燕国去晓以利害。慑于韩信的声威，燕国就范了。韩信还向刘邦推荐张耳为赵王，以安定赵地，刘邦同意了。

公元前204年五月，荥阳形势又趋危急。刘邦留韩王信守荥阳，自率骑兵数十逃到成皋。十月，刘邦突然闯入修武韩信、张耳大营，自称汉王使节，直入韩信卧室夺取了统军的印信、符节，并召集诸将宣布军队由他统率。刘邦的高明之处就在于时时防止部下拥兵自立。韩信只好按刘邦的命令，统率余下的赵国士兵去攻打齐国。

这年九月，刘邦派颇有战国策士之风的郦食其到齐国，劝说齐王归汉。此时齐王田荣已在与项羽作战时败死，其弟田横拥立其子田广为齐王，抗击楚军。郦食其凭着三寸不烂之舌，居然打动了齐王田广，使其同意助汉攻楚。但郦食其的说辞中有"王疾先下汉王，齐国社稷可得而保也。不下汉王，危亡可立而待也"的话。也就是开出了保存齐国的条件。但是刘邦集团的政治要求是要消灭这些割据者的。刘邦之所以容忍几个诸侯王，后来不得不封韩信、彭越等为王，只是出于策略考虑。而田广所以接受这一条件，也是为了维持齐国的继续生存。

本来田广听说韩信已东进，十分害怕，命将军华无伤、田鲜率军驻扎历下防备汉军。此时既已达成协议，并派了使节去汉商量联合抗楚之事，田广就命历下驻军撤除了守备。郦食其和他天天饮酒为乐，庆祝化干戈为玉帛。

韩信进军途中，听到郦食其游说成功的消息，一度想停止进攻。这时在军中的说客蒯通对他说："难道汉王有诏命将军停止前进吗？为何要停止推进呢？况且郦生一介书生，凭三寸之舌，下齐七十余城。将军以数万之众，一年有余才拿下赵国五十余城。您为将数年，反而比不上一介书生的功劳吗？"这一席话，给韩信点出了继续前进的理由，也激起了韩信的功名心。汉军渡河继续向齐国进击。

公元203年十月，韩信率军突然向齐国发起进攻，由于守军毫无防备，历下守军很快溃败。汉军攻占了临淄。

这下可坑了郦食其。齐王认为他是来当间谍的，把他烹杀了。齐王率兵败走高密，并向项羽求救。这年十一月，韩信又在潍水大破齐、楚联军，杀死了率军二十万援齐的楚将龙且，虏齐王田广。田横自立为齐王，被汉将灌婴追杀，逃到彭越那里。齐国被彻底攻占了。

攻下齐地后，韩信派人到汉王处请求封自己为"假王"，以镇抚齐国。刘邦正与项羽苦战，听到这话，气就不打一处来："我困于此，早晚苦盼你来助我，原来想自立为王！"张良、陈平两位大谋士在桌子下面碰刘邦的脚，并在他耳边悄悄说："如今与项羽作战正处于不利地位，难道能禁止他为王吗？不如答应他的请求，使其自守其地。否则就会发生变乱。"刘邦猛然醒悟，倒也"随机应变信如神"，马上气哼哼地说："大丈夫平定诸侯，可以为真王，为何要当假王呢？"韩信被立为齐王，征韩信处精兵击楚。

汉王这一政治上的让步，后来证明是关系全局的。韩信当上齐王不久，项羽也派了说客武涉到韩信处游说。他讲了一大堆汉王的坏话，并分析了项羽的有利形势，最后说："当今二王之事，权在足下，足下右投则汉王胜，左投则楚王胜。项王今日亡，则次取足下。足下与项王有故，何不反汉与楚联合，三分天下王之。"这下却刺痛了韩信。

韩信是个抱负极大的人，微贱时为其母选墓址，挑了一个地势较高、四周宽敞、交通便利的地方。他认为那地方将来定会成为繁荣的大城市，那样就会有成千上万的居民拱卫着他母亲的墓。秦末农民大起义爆发后，韩信参加了项羽的队伍，但久不得志，这才投奔汉王。想到辛酸的往事，他委婉地拒绝了武涉："我事项王，官不过郎中，位不过执戟。汉王授我上将军印，予我数万众。对我关怀备至，言听计从，我才有今日。汉王如此待我，背之不祥，我虽死不易。"前面出现的蒯通也劝韩信自立为王，韩信仍不忍背汉。蒯通于是装狂为巫，以避祸。

六国游士遗风在郦食其、武涉、蒯通等人身上充分显现出来。当时天下分崩，这些人往来于几方之间，晓之以利害，说之以形势，在一定程度上还很起作用。郦食其见汉王时，自称"高阳酒徒"，气度和要价不输于战国策士。

韩信袭齐，办了刘邦早晚要办的事，郦食其无意中充当了"死间"。所谓"死间"，就是令我方间谍（或被利用人员）自己也信以为真地去用假情报惑敌或欺骗敌人。间谍战中，此类事情颇多。从间谍战角度看，即使仅仅从行动的保密要求出发，有时也不得不对自己人示之以假象；有时为了更大的目的，更不得不如此。从另一方面看，我们对敌人的一切活动也要认真分析，因为有时敌人也会来这一手，以一些的确不明真相的人来欺骗我们。

当时韩信的确处于一种微妙的半独立状态。由于汉王处置得当，使敌人间不得行。这告诉我们，战争中同盟军的政治、军事、经济利益是非常敏感的。要善于处理好这方面的关系，才能防止敌人从中挑拨。同盟军间的关系是以看得见的好处为基础的。对自己的将领，则只有待之以诚，信之不疑，才能防止敌人离间。形势危急时，尤其要小心谨慎地处理好这类关系，避免为敌所趁。

第八节　巧言如簧

秦末农民大起义中，有一支由英布率领的起义军。英布（？—公元前195年），六县（今安徽省六安市东北）人，因犯法受到黥刑（在面上刺字），又名黥布，曾在郦山为刑徒。秦末他率义军归属于项梁，项梁死后又归于项羽。因在作战中勇冠楚军诸将，功劳甚多，而被封为九江王。

齐王田荣叛楚，项羽派人到九江征兵伐齐，英布只派了几千人去应付。项羽由此对英布不满，几次派使者去责备他。此时刘邦已出兵东向，项羽还想用英布这员勇将，所以没和他撕破脸。

公元前205年，刘邦与项羽在彭城大战失利，逃到虞。他对周围的人发火："你们这些人不足以和我讨论平定天下之大计。"谒者随何问："不知您所指何事？"刘邦说："谁能为我出使淮南，使英布背楚，牵制项王留齐数月，那时我取天下就没什么问题了。"刘邦的长处在政略的运用。他派人策反英布，既看到了项、英双方离心，又看到了项羽分封诸侯，造成独立于项羽的政治势力的恶果。

随何挺身应命，率二十余人出使淮南。

随何等在淮南三日未得见英布。其时楚、汉相斗正烈，英布心存顾虑。随何对英布的太宰说："九江王所以不愿见我，想必因为楚强汉弱。这正是我此行的原因。我见到大王，大王认为我讲的对，当然愿意听。如果讲得不对，我们二十余人甘愿被杀，以证明大王与汉不两立，与楚一心。"太宰向英布转告了这些话。随何等受到了接见。

随何对英布侃侃而谈："大王与项羽俱为诸侯，之所以向楚称王，必以楚国之强，可以依靠。项王伐齐，身先士卒。大王应尽发九江兵，亲自为楚军冲锋陷阵。可您却只发了四千人助楚。这是臣子之所为吗？汉王入彭城，项王还在齐地，大王应该尽发九江兵渡淮。楚、汉激战彭城，大王统率万人之师，无一兵一卒渡淮，这也是臣子之所为吗？大王是在坐观胜败罢了。"在点出了英布心事后，随何又说："大王以虚假之态对付楚国，而又想依靠楚国，我以为不应这么做。但大王不叛楚，是因为汉弱。楚兵虽强，但天下都认为其背盟约、杀义帝，有不义之名。汉王聚集诸侯，守城皋、荥阳，有蜀、关中供应粮草，深沟高垒，分兵防守险要。楚军却深入敌境八九百里，运粮于千里之外。现在汉军坚守不动，楚军已进退两难。所以楚军不足恃。即使楚军胜了，诸侯也会人人自危，不敢相救。因为那时楚国之强足以消灭天下别的诸侯的军队了。所以依楚不如依汉，形势是很明朗的。大王不依靠万无一失的汉，却去依靠危亡之楚，我为大王感到不解！我不是说九江之兵可以亡楚。只要大王发兵背楚，项王必定会留下，只需数月，汉取天下就没问题了。那时我和大王提剑归汉，汉王必裂土分封，九江必然仍是大王所有。"英布说："就照先生之言办吧。"实际上留了一手，并未泄露出去。因为此时楚国的使节也正在九江。

这一天，楚使正在力劝英布发兵助楚攻汉。随何知道了，就大步闯入英布会见楚使的厅堂里，不客气地坐在楚使的上首，对楚使说："九江王已归汉，楚国凭什么让他出兵！"英布惊呆了。随何接着说："事已至此，无法挽回，请杀楚使，不要让其回去报信。立即与汉王合力抗楚。"英布只好说："照先生说的办。"

公元前204年十二月，英布杀楚使，出兵攻楚。英布军牵制了楚军龙且部数月之久。兵败后英布与随何从小道投奔汉王。汉王命其到九江收拾旧部。英布的使者在九江召集了几千人归汉，英布的妻子却被杀了。汉王给英布补充了军队，让他驻扎在成皋。项羽又多了一个骁勇善战的敌手。

随何的离间活动，最大特点是故意将自己与英布之间的活动"示形"于敌。作战中"示形"于敌，是为了造成敌人错觉，使其按照我们的意图来行动。谍报战中"示形"则更为复杂。随何的"示形"起了逼英布进行抉择，并加速倒向汉王的作用。间谍活动一般来说，是以秘密方式进行的。然而有时突然使其曝光，也自有其妙用。

第九节　陈平的谍报战略

　　陈平（？—公元前 178 年），阳武（今河南原阳东南）人。在鸿门宴时他已露面，不过当时在项羽手下任都尉之职。

　　陈平年轻时，虽然家境贫寒，却好读书，四处游学。其兄是忠厚长者，默默地耕种着三十来亩地，维持两人的生计。这引起了陈平嫂子的不满。陈平长得仪表堂堂。村里有人讥讽他说："阁下贫困之极，为什么长得这么肥？"他嫂子在旁边说："也同样是吃粮食呵！有小叔如此，不如没有！"这话传到陈平之兄耳朵里，他休掉了妻子，仍然供养陈平。

　　陈平成年后，到了娶妻的时候，富人当然不愿把女儿嫁给他，穷人更是害怕女儿跟这么一个浪荡汉一起喝西北风。陈平高攀不上有钱人家，又不甘心娶穷人女儿为妻。这样陈平的婚事拖了许久。乡里有一个富人张负的孙女，出嫁五次丈夫均很快死了，这当然是"克夫"之命了。陈平却想娶她。但张负看他那副落魄的样子，名声又不好，虽然是再嫁之女也不太情愿。有一次陈平为人家操持丧事，可能也顺便弄一点收入。张负尾随陈平到了家门口。陈平家在一个偏僻小巷，破席为门，不堪入目。张负刚要回去，突然发现门前有不少马车留下的痕迹。张负心中暗暗吃惊，他从这些车马遗痕中看出，有不少有名望、有地位的人愿意屈尊来访陈平。说不定这小子有一天……回去后，张负倒贴财物、酒肉，嫁孙女给陈平。陈平成了富人之婿，交游日广。

　　在村社仪式上，乡中父老请陈平帮助分肉。陈平分得甚为均匀，受到父老称赞。陈平感慨地一声长叹："如果能让我宰割天下，也会像这块肉一样。"表达了一个不得志的青年知识分子的非凡抱负。

　　陈胜领导的农民大起义爆发后，陈平这样的人当然乘机而起。他先投魏王咎为太仆，因为给魏王献计不听并招致别人攻击，投奔项羽。在项羽手下，他因为显示出办事能力，被封为信武君。此时刘邦平定三秦，殷王也跟着反楚。陈平率部击降殷王，被任为都尉。没多久，汉王攻下了殷，项羽没来由地要杀定殷将吏。陈平把印信封好，留下了项羽所赐金银，仗剑只身逃奔刘邦军。渡河时，摆渡人看他一身官员打扮，想杀他图谋钱财。陈平从摆渡人不安的神态中看出了他的意思，于是把衣服脱下来放在船上。摆渡人看他确是"赤条条来去无牵挂"，这才将其渡至对岸。陈平的机智于此可见。

陈平到了修武汉王军中，通过魏无知的关系求见汉王。汉王开始不十分重视他。陈平说："我有要事而来，其事不能过了今日。"汉王耐着性子听他侃侃而谈，越听越来劲儿。他问陈平："您在楚国任何官职？"陈平回答："任都尉之职。"当天刘邦就任命他为都尉，负责监护、协调诸军。为了提高陈平的威信，汉王常与其同乘一辆车出入。一时间汉军将领议论纷纷："汉王得一楚国逃卒，不知其本领高下就予以重用，还让他来监督我们！"言外之意，这太过分了！汉王反而更加信任陈平。

汉王攻占彭城后，为项羽所败，双方在荥阳对峙。陈平在韩王信手下任亚将，驻扎在广武。这时周勃、灌婴等将领乘机在刘邦面前攻击陈平："陈平虽然长得一表人才，未必有真本领。听说他在家时盗其嫂，在魏又不为人所容，跑到楚国。在楚又混不下去，才又跑到汉。如今大王任之以高官，让他监督诸军。我们听说陈平收诸将财物，给钱多的，驻军、打仗都能到好地方去，给钱少的就只能到坏地方。此乃反复无常之小人，愿大王明察。"看来几位老粗将军这次着实下了番功夫，把陈平的经历从头到尾调查了一遍。当然向汉王报告时，又凭着主观愿望着意渲染了一番。

刘邦听了手下主要将领的强烈意见，不能置之不理了。他就去问魏无知。魏无知回答得很干脆："我向您推荐的是陈平的本事，陛下所问的却是陈平的品德。即便现在有尾生一类的人，但对胜败无益，陛下能用这样的人吗？楚汉相争，我向您推荐有奇谋的人，是看他的计谋是否有利于国家。盗嫂受金又有什么值得您怀疑的呢？"

刘邦无法责备魏无知，心里还是不痛快，又把陈平找来责备："先生在魏待不下去，就跑到楚国去，现在又跟随我，不能不让人产生疑虑。"陈平坦然道："臣事魏王，魏王不能用臣的计策，所以去项王那里效力。项王不能信任人，所以才到大王这里。臣光着身子而来，不受诸将之金无法办事。臣的计策有可用的，愿大王采用，如果真的一无可用，金子还都在，请您派人封好入官，允许我离开。"汉王一听这坦荡荡的表白，立即表示歉意，并厚赐陈平。他正式任命陈平为护军中尉，全权监督诸将。这下将领们再不敢说三道四了。

从陈平的话中可以看到，陈平此时已开展了他的间谍活动，并对刘邦有所建议。金子是用来从事情报活动的，所以陈平一提刘邦就明白了，于是厚赐之。用来进行间谍活动的经费化暗为明，有了一定的增加。值得注意的是，陈平不仅从事间谍活动，还监督诸将。显然，陈平集组织间谍活动与反间谍活动于一身，已成为刘邦手下主要的谋略活动负责人。

公元前204年十二月，项羽军几次攻破了由荥阳至河的甬道，刘邦军的粮食来源成了问题。刘邦派人对项羽建议，割荥阳以西求和。此时韩信已平魏、破代、灭赵。这种条件下求和显然是缓兵之计，但也反映出当时刘邦的困难处境。项羽却不答应求和。

刘邦忧心忡忡地对陈平感叹："天下纷纷，何时可定呵！"陈平坦率地对汉王说："项羽依靠的骨鲠之臣亚父（范增）、钟离昧、龙且、周殷之辈，不过数人耳。大王如能出数万金，行反间，间其君臣，使其相互猜疑，必然引起他们内部相残。汉乘其内乱举兵而攻之，定能破楚。"汉王当即同意，出黄金四万斤给陈平，听其使用，不加任何干涉。

陈平得到了充足的间谍活动经费以后，立即以大量黄金收买楚军将士，让他们散布谣言："钟离昧等将军，为项王立了不少功劳，却不能裂地封王。他们想和汉王联成一气，先灭了项王，再分割项王的土地为王。"

这些风言风语刮进了项羽耳朵里，果然引起了项羽对钟离昧等人的猜忌。项羽和他手下的主要将领开始离心离德了。

但是项羽手下最厉害的那个被他称为"亚父"的范增，又该如何对付呢？陈平另有妙计。项羽的使节到了汉军驻地，陈平命人款待以诸侯的饮食。陈平到了楚使驻地，进门一看，假装惊讶地说："我以为是亚父的使节，原来是项王的来使！"陈平回去后，马上命人撤掉楚使隆重丰盛的饮食，换上马马虎虎的饭菜。楚使心里十分不悦，回到楚军，绘声绘色地向项羽做了汇报。项羽果然对范增大起疑心。项、范之间猜疑，引起的直接结果是，项羽不听范增劝告，延缓了攻下荥阳的日期。

项羽猜疑范增的事儿，传到范增耳朵里。范增没想到自己这么大年纪了，还要受人怀疑，一气之下对项羽说："天下事差不多定下来了，君王自己干吧，请放我回去。"项羽答应了。范增以衰老之躯，满腹抑郁，还没走到彭城，就发病死了。在间谍战的角斗场上，项羽方已派不出任何"选手"了。

项羽围荥阳更急了。刘邦采纳将军纪信的建议，命其伪装成汉王欺骗项羽。陈平组织了巧出围城的行动。荥阳东门大开，先走出了二千多名妇女，纪信伪装成汉王坐王车出城门，对楚军说："粮食已尽，汉王愿意投降了。"围城已久的楚军听了情不自禁地高呼"万岁",都围到东门观看妇女和汉王的风采。刘邦乘机率数十骑从西门逃之夭夭。留下了韩王信与周苛、魏豹守荥阳。项羽发现笼中鸟已飞走,问纪信:"汉王在哪儿?"纪信说:"已经出走了。"项羽的愤怒、羞愧可想而知。他马上命人烧死了纪信。如果范增还在,大概不会出现这种情况吧!

陈平的间谍战略,虽然在战役、战斗中未能阻止楚军的进展,但离间了楚军将帅,消灭了楚军的"智囊"。在楚军上层指挥系统中造成了人才缺陷,导致了楚军战略指挥不力。

陈平的离间计,主要指向是项羽与将领之间的政治关系。项羽自己造成的分封局面,反过来使自己内部常常处于紧张状态。陈平的离间计中花样翻新的是,采取故意示敌以疏忽的办法,骗敌人上当。随何是以真相示敌,陈平则是以故意办错了事来引起敌人向一定方向猜想。这种以自己的疏漏来引起敌方猜想的办法,比起有意散布的假情报更容易使敌上当,因为它是经过敌人自己分析而得出的结论。就好像小孩玩的游戏一样,大人代替他玩反而不高兴,只有自己亲手干才有意思。

从某种意义上讲,完美的谍报工作,就是要让敌人心理上得到满足,处于一种自我感觉良好的状态。在战场上,军人用子弹消灭敌人;在谍报战中,间谍用各种麻醉剂消灭敌人。

第二章　西汉的间谍活动

第一节　伪游云梦

公元前202年十月，刘邦率军追击项羽军，双方战于固陵。由于事先约好的韩信、彭越未率部赶到，汉军吃了个大亏，只好坚守不出。

在此之前，项羽看到自己侧翼已处于汉军包围，后方又有汉军侵扰，粮草也接济不上，于是与汉王刘邦相约以鸿沟为界中分天下，言和罢兵。项羽还送还了彭城之战时俘获的刘邦之父和妻子吕雉。汉军上下都松了一口气。

但张良、陈平却看到战略优势已转到汉军一面，劝刘邦追击楚军，这才有固陵之战。

刘邦问张良："诸侯不来，如何是好？"张良劝汉王刘邦封韩信、彭越为王。刘邦咬咬牙，答应了。果然，韩信、彭越率军参战了。

公元前202年十二月，汉王及诸侯军围项羽于垓下。项羽突围到乌江边，自杀身死。刘邦礼葬项羽，尽定楚地。在率军经过定陶（今山东菏泽东南）时，刘邦故伎重施，闯入韩信军营，夺走了统军印信，剥夺了韩信对军队的指挥权。大敌已灭，刘邦对主要矛盾的转移看得很清楚。因为韩信最善用兵，而且在齐日久，很可能拥兵自重。所以先切断他和部下的联系，再慢慢收拾他。

公元前202年二月刘邦称帝，是为汉高帝。他立韩信为楚王，封地在淮北，都下邳；彭越为梁王；改衡山王吴芮为长沙王；粤王无诸为闽粤王；封臧荼为燕王。七月，赵王张耳死，其子张敖继承王位。九月，燕王臧荼反，刘邦亲自率军出击，活捉臧荼。另立长安侯卢绾为燕王。刘邦认为韩王信的封地距军事要地太近，韩王信在楚汉战争中又表现出军事才能，因此改封他在太原，以晋阳为国都。韩王信以匈奴常常犯边为由，请改国都在马邑，得到了同意。

刘邦统一天下后，基本沿袭了秦朝政治制度。他听从娄敬、张良的建议定都关中的长安。由于定都关中，西汉王朝在面对诸侯国的叛乱时，才得以背靠关中，在战略上处于主动地位。刘邦还减免田租，对从军作战士兵及其家庭给予终身免赋税、徭役的待遇。他还大封功臣，赦免因秦末动乱逃入山泽的农民。

天下初定，中央政权和北边的匈奴、内部的异姓诸侯王的矛盾日趋尖锐。

楚王韩信到了封地淮北，可称衣锦还乡了。他的第一件事是找两个人。一个是在河边洗衣服的老太太，另一个是当地无赖。这两个人都让韩信想起满腹心酸的青年时代。

韩信年轻时，家中很穷，又不会做买卖等谋生手段，只好到淮阴城边的淮水旁钓鱼。有一个给人家洗衣服的老太太挺可怜他，就给他一些东西吃，一连几十天。韩信吃饱了肚子，对老太太表示："日后必有重报。"没想到老太太很生气："大丈夫还不能养活自己。我靠给富贵公子干活才混口饭吃，岂指望你报答！"

韩信人虽卑贱，却爱佩剑。淮阴城中的一个少年无赖对韩信说："你虽然个头大，好带刀剑，心里却很胆怯。你敢刺死我吗？不敢，就从我胯下爬过去。"韩信打量了那人一下，居然从他胯下爬了过去。

韩信回到家乡，找到那个无赖，任命他为楚国中尉，并对诸将说："这是壮士。当初侮辱我时，难道不能杀掉他吗？杀之无用，所以一直忍到今天。"他还派人找到那个给他饮食的老太太，赐以千金。

此时项羽部将钟离眛也逃到楚国隐蔽起来。钟离眛往日与韩信有交情，所以韩信将其收留。钟离眛是项羽手下得力战将，几次使刘邦处于危境。听说钟离眛在楚，刘邦下诏捕捉，韩信置之不理。韩信就国之后，巡查封地内的县邑都带着军队，前呼后拥。这些情况都被刘邦掌握了。

第二年，有人上书告楚王韩信企图造反。史书记载耐人寻味，上书的是何人，语焉不详。不过从干掉韩信这一历史事件的前因后果看，刘邦在异姓诸侯国耳目甚多。

刘邦征求诸将意见，大家都力主发兵武力解决。刘邦又去征求陈平的意见。陈平问他："密告韩信造反，还有别人知道吗？韩信知道吗？"刘邦说，没有别人知道此事，韩信也不知道。看来上书是经过秘密渠道给刘邦的，陈平也不清楚。弄清了这两点后，陈平又问刘邦："陛下手下之将有用兵超过韩信的吗？"刘邦摇摇头："没有能比得上的。"陈平帮刘邦分析了形势后，提出了办法："古代天子巡狩会诸侯，南方有云梦①，大王可以出游云梦为名，会诸侯于陈。陈在楚国西界。韩信听说天子出来游山玩水，必以为无事，而出迎陛下。陛下顺便即可将其擒住。只需一名壮士就可以办了。"刘邦马上命人到诸侯国传诏：朕将南游云梦。随后就出发了。

韩信收到诏书，弄不清刘邦葫芦里卖的什么药。刘邦离楚国越来越近了。韩信想发兵造反，又认为自己无罪，刘邦不会把自己怎么样。但又担心觐见刘邦时可能会被抓住。有人给他献计，杀了钟离昧，皇上必定高兴，就可确保无事了。韩信把想法对钟离昧说了。钟离昧说："汉之所以不击楚，因为我在。您要想抓起我去讨好刘邦，今日我死，明天就轮到您了。您非忠厚长者。"说完就自杀了。

韩信带了钟离昧的首级，在刘邦还未到阵地时，就赶去迎接。刘邦见到韩信后，立即命早已准备好的武士把韩信绑了起来，载于后面的车上。韩信在车上高叫："果然像人们讲的'狡兔死，走狗烹；高鸟尽，良弓藏；敌国破，谋臣亡。'天下已定，我当然该烹了。"刘邦只回答了一句："有人告你谋反。"到了洛阳，刘邦赦免了韩信，封其为淮阴侯。这是政治上逐步解决的办法，还有其他异姓诸侯国呢！

后来韩信在与刘邦论用兵时说："陛下不善用兵，而善于驾驭将帅，所以我才被陛下所擒。"高明的军事才能一旦碰上圆滑、无赖的政治手腕，就无所施展了。韩信在京城过着闷闷不乐的日子。樊哙等将领见到他仍是恭恭敬敬的，这更引起他无限的感慨。昔日的威风，早年的夙愿，唉，只好待机再起吧！

刘邦、陈平在秘密战中成功地用公开行动掩盖秘密行动，暗藏杀机，终于不费一兵一卒，使韩信束手就擒。

秦朝虽然实行了郡县制，但寿命太短，因而对地方政府的监视主要是通过行政系统实施的。刘邦建立汉朝后，中央对地方势力的监视加强了。除了正常的行政渠道外，从韩信事件看，还另有秘密渠道。这些渠道在平

---

① 云梦泽，古之大湖，原在湖北京山南。

时是朝廷耳目,一旦有事则成为间谍战的工具。

第二节 白登之围

公元前 215 年,在蒙恬所率秦军打击下,匈奴头曼单于率部从河套地区和政治中心头曼城后撤七百余里。秦朝移民到河套地区进行屯垦。

秦末天下大乱,接着是楚汉相争,无暇顾及边境。匈奴重新回到了河套、阴山一带,并在阴山设立了一个制作弓箭的军事手工业基地。匈奴族的经济,以畜牧为主,逐水草而居。狩猎在匈奴人生活中也占有重要地位。《史记·匈奴传》载:"儿能骑羊,引弓射鸟鼠。少长则射狐兔,用为食。士力能弯弓,尽为甲骑。其俗宽则随畜因射禽兽为生产,急则人习攻战,以侵伐其天性也。其长兵则弓矢,短兵则刀铤。利则进,不利则退,不羞遁走。"这段话虽然有对少数民族的偏见,但对匈奴的生活及军事行动特点,不失为形象的描述。

游牧为主的经济状况和人习攻战的民族素质,使匈奴奴隶主贵族在与当时中央王朝作战中处于比较主动的战略地位。尤其是河套地区,是匈奴进窥中原的前进基地。使汉朝一开始就面临着匈奴的军事威胁。

公元前 209 年,头曼单于的儿子冒顿,杀头曼单于自立为单于。冒顿(?—公元前 174 年)是个勇武而有谋略的统帅。他杀父自立,标志着奴隶主贵族的世袭权力在匈奴作为一种制度确立了。氏族部落和部落联盟原有的奴隶主贵族机构的作用随之基本消失。权力统一于匈奴单于,形成了我国北方地方性奴隶制政权。匈奴政权机构分为三部分:一是单于庭(单于所在中央部分,直辖匈奴中部);二是左贤王庭(管辖东部);三是右贤王庭(管辖西部)。单于既是匈奴最高统治者,也是政府首脑。左右贤王是地方最高长官。

冒顿上台后,对内镇压敢于不服从他的部落,对外进行扩张,使匈奴控制的地区南起阴山,北抵贝加尔湖,东至辽河,西逾葱岭。"控弦之士"号称三十万。

公元前 201 年九月,冒顿率兵包围马邑(今山西朔县西北)。韩王信几次派人向冒顿求和。刘邦发兵援救他,但因其几次派使者到匈奴去,因而怀疑其有二心。刘邦派使者去指责韩王信。韩王信本来从原封地迁至马邑,就心怀不满。在此之前刘邦又贬韩信为淮阴侯,他更为害怕了,就与匈奴联合，以马邑降匈奴，共同进攻太原。

公元前200年十月，刘邦亲自率军击韩王信，大破其军于铜鞮。韩王信逃入匈奴，收拾残兵败将，与匈奴一起谋划攻汉。韩王信是在秦末战争中锻炼出来的将领，他逃入匈奴，无疑对匈奴攻汉在战略、谋略上产生极大的影响。

中国古代，长城一线常常是中央王朝与少数民族政权对峙之处。长城两边的民族在文化、经济上存在着较大的差异，由此产生了军事行动、军事思想上的差异。中央王朝尽力了解长城外游牧民族的情报是为了以静制动，对机动性强的游牧民族及时地予以防御，甚至"犁庭扫穴"进行长距离出击。长城外的游牧民族则尽力了解中央王朝的情况，以便进窥中原。韩王信一类人物常常起了对少数民族传播先进的军事、文化、经济思想和技术的作用。越是文化、经济差异大的对立双方，越在谍报方面有着极大需求。长城两侧这类活动亦为中国古代谍报活动一大特色。不同文化、经济背景的对手互派间谍的意义，远比同一文化、经济背景的对手互派间谍的意义大。一是因为双方相互需要了解的东西太多，以致对方稍微重要的人物逃亡，都可以提供大量信息；二是因为由先进一方逃到落后一方的间谍往往能对整个民族、国家的素质提高，起到战略作用。

韩王信逃入匈奴，命其将王黄、曼丘臣立赵国后裔赵利为王，收拾残余部队与冒顿一起谋攻汉。匈奴派左右贤王率军万余及韩王信的残兵，出击晋阳，汉军迎击，在晋阳、离石连败匈奴。匈奴又聚兵于楼烦，汉军主动出击，再败匈奴。匈奴屡战屡败，实际上有诱敌企图，汉军却乘胜追击。

刘邦听说冒顿驻扎在上谷（今山西繁峙西北），就亲自坐镇晋阳（今山西太原西南），派人侦察匈奴的虚实。派去的人是以使节身份前往的。冒顿故意把精锐部队、肥壮牛羊统统隐藏起来，只留些老弱妇孺、病瘦牲畜，给汉使看。

前后十批汉使归报刘邦，都认为匈奴可击。刘邦不愧是马上皇帝，为了把情报搞准确，派大谋士刘敬（即娄敬，因劝刘邦定都关中有功赐姓刘）出使匈奴，以便最后下决心。

刘敬从匈奴回来后，对刘邦说："两国相斗，理应炫耀自己的力量。但臣往匈奴，只见老弱妇孺和病瘦之畜，这定是故意示弱于我，然后伏奇兵以争利。匈奴不可伐！"此时，出击匈奴的汉军已过了句注。汉军开拔已有二十余万，如离弦之箭。但如果刘邦此时断然阻止部队出击，也为时不晚。不过刘邦之所以未待刘敬回来就出兵，表明前十批使者的报告，已在他脑海里形成了定见，不易挽回了。果然，他又拿出了早年对待儒生的态度，大骂刘敬："你以口舌得官，还敢妄言阻止我军的行动！"命人把刘敬押往广武囚禁。

刘邦率大军到了平城（今山西大同以东）。汉军三十二万大军中，多数是步兵。此时塞北天寒，雨雪交加，士兵中手指冻坏者，十之二三。行军困难。汉军长途追击，已成强弩之末，骑兵与步兵也脱节了。

这时冒顿率精锐骑兵四十万突然出现，围刘邦于白登（今大同附近之高地）。双方苦战七天。汉军粮草接济不上，无法突围。在这千钧一发之际，护军中尉陈平又一次大显身手了。他派人秘密去见冒顿的阏氏（单于的皇后），赠以丰厚的财物。使者同时带去了一幅美女图，展示给阏氏看："汉朝有如此丽人。当前皇帝被围白登，急于将其献给单于。"阏氏被打动了，去对冒顿说："两主不相困。今得汉地，而终非单于能居之地。况且汉主有神灵相佑，单于察之。"此时冒顿正等待王黄、赵利等率韩王信的队伍按期来会。二人迟迟不来，引起冒顿的怀疑，担心二人与汉合谋。于是命军队把包围圈开了一个口子。刘邦率军乘着大雾弥天，以强弓硬弩为掩护，脱围而走。陈平所献奇计，史书中蒙上了一层神秘色彩。我认为美人计的记述是有依据的。打动阏氏，仅有财物是不够的。何况刘邦转战北地，不可能带过多的珠宝财物。当然从陈平起家于用财物行间看，在军中带着这些东西和画工，也有可能。也就是说，陈平有一套自己的人马。刘邦走阏氏的路子得以脱身，这一点是肯定的。

刘邦回到平城，汉军后援部队已开到。双方各自撤军了。到了广武，刘邦马上命人放了刘敬，并亲自表示歉意："不听您的话，以致被围平城。我已经把那十批说匈奴可击的使者都杀了。"刘邦还封刘敬为建信侯，食二千户。总算认了错，但却不失皇帝威风，死要面子。

刘邦久历戎行，却上了冒顿的当，主要原因有三：其一，匈奴以战场上节节败退和示弱于敌的办法来迷惑敌人，表现为有计划的、不断欺敌的行动；其二，虚假情报多次重复，构成了刘邦的先入之见；其三，刘邦满足于用公开、半公开的手段收集情报，对这些情报未进行深入分析。历史经验表明具有合法身份的间谍，往往成为敌人有意迷惑的对象。由于其合法身份，所得情报也就大受局限了。

实际上匈奴的诱敌之计也是做过了头，以至于刘敬觉得反常。刘敬对匈奴的分析是从现象到本质十分精辟的。这又一次表明，必须派遣具有高度分析能力和知识的人，才能在公开或半公开的情报活动中有所收获。对敌人战略意图的总体判断，绝不能只根据一时一事，甚至同一层次，同一活动方式的人所提供的情报做最后定论。要尊重反对意见，尤其是某一方面专家、权威的意见。

　　另外，刘邦判断失误，也是由于平时对匈奴没有一个持续不断的大量收集背景情况并进行分析的组织所致。因为缺乏可供参考的情报，因而对前后截然相反的意见只能从个人好恶去判断。如果平时对匈奴人力、物力有基本了解，可能会得出匈奴在"示弱"的结论。

　　刘敬与其他十批汉使，看到的情况完全相同，得出的结论却南辕北辙。这说明对于情报的分析判断非常重要。搜集情报资料固然重要，但必须有高水平的情报分析才能完整地理解情报资料中包含的信息。

　　陈平打动阏氏，说明关键时刻，在决策权高度集中于一人时，以间谍影响领导人决策更易于实现，对于政治经验不多的冒顿更是如此。遗憾的是妙计不施于前，而施于"白登之围"后，不亦晚乎！在楚汉战争中，军事战略与间谍战略的巧妙配合消失了！军事上有攻有守，间谍战由于其特点、性质（预知敌人决策，并破坏其正确决策），则必须经常处于主动的、进攻的态势之中！

第三节　地者国之本也

　　上一节中讲了冒顿故意示弱引诱刘邦上当的事，实际上冒顿这一手在他对东胡的战争中早就运用自如了。

　　冒顿杀其父自立单于后，附近的东胡（北方另一游牧民族）派使者来索要其父头曼的千里马。冒顿征求群臣的意见。群臣纷纷说，千里马是匈奴的宝马，不要给他们！冒顿却说："怎么能与别人作邻国而吝惜一匹马呢？"于是让东胡的使者领走了千里马。过了些日子，东胡以为冒顿害怕他们，就又派使者来对冒顿说："想得到单于的一位阏氏。"冒顿把左右大臣找来商量。大臣们都愤怒地说："东胡太无理了，竟敢来求阏氏！请下令进攻他们！"冒顿居然又意态安然地说："与人作邻国何敢爱惜一女子！"于是挑选了他喜爱的阏氏，送至东胡。

东胡更加骄横了，开始企图西侵（东胡在匈奴以东）。东胡与匈奴间有无人居住的土地千余里。东胡、匈奴的军队各自在自己边境上挖了地洞坑道，作为边境侦察、警卫之用。东胡派使者对冒顿说："你们和我们地洞坑道之间的弃地，你们是到不了的，我们打算占有它。"冒顿问群臣的意见。群臣这次意见可不一致了。有的说，反正是弃地，给他可以，不给他也行。冒顿却大发雷霆："地者国之本也，为何给他。说可予东胡者，全部斩首。"说完出门上马，号令国中：在进攻中落后者斩！匈奴骑兵出其不意地突袭东胡。

　　东胡王还沉浸在自己的前两次外交胜利之中，对匈奴可能的进攻，根本未作防备。冒顿率骑兵突然出现，使他手忙脚乱。冒顿大破东胡军，消灭了东胡。匈奴的力量进一步强大起来。在此基础上，冒顿单于又东征西讨，建立了强大的匈奴政权。

　　冒顿以假象惑敌，前后两次，手段不同。对东胡是表示自己意志上的软弱，对刘邦则是表示自己力量上的不足。两次以假象来迷惑敌人的共同点是，一而再，再而三地持续进行欺骗，直到敌人上当为止。以假象迷惑敌人，创造战机。前面已经分析过，对敌人的意志、企图的判断是情报工作中最困难的。冒顿单于在这方面的表演是颇为精彩的。是以意志上的假象惑敌，还是以实力上的假象惑敌，或是把两者巧妙结合来惑敌，就要视敌人和我方的情况而定了。这也就是所谓"运用之妙，存乎一心"吧！

第四节　兵马未到黄金先行

　　平城之役后，韩王信逃入匈奴，为匈奴率兵侵掠汉的边境。公元前200年，匈奴兵攻代，刘邦的哥哥代王刘喜弃国而逃，刘邦贬其为郃阳侯，立皇子如意为代王。也就是在这一年，长乐宫成，刘邦自栎阳（今陕西临潼东北）迁都长安。此时韩王信仍然继续为患边境。公元前199年，刘邦亲率军击之于东垣。公元前198年，赵相贯高的家人上书告贯高等谋反之事（贯高曾图谋乘刘邦过赵之际刺杀刘邦）。刘邦命人捕赵王张敖及贯高等解送长安。废张敖为宣平侯，迁代王如意为赵王，并派了有胆识的大臣周昌为赵相。因为赵王此时还是个孩子。列侯陈豨以赵相国的身份统率赵、代边境防卫匈奴的汉军，士兵也很听他的。

　　陈豨此人颇有战国时信陵、孟尝等人的劲头儿，广招门客、礼贤下士。有一次他从边境回到内地，路过赵国邯郸，随行宾客乘车达千余乘，把邯郸的官舍都住满了。

赵相周昌一看陈豨这气派，十分不安。陈豨一走，马上要求回朝见刘邦。见到刘邦后，他汇报了陈豨广揽宾客的情况，并认为如果让陈豨统兵在外日久，恐怕会出乱子。刘邦不愧是老奸巨猾的君主，他命人追查陈豨宾客在代的很多违法之事，这些事都和陈豨有牵连，实际上是由此入手来整治陈豨。

陈豨当然不会坐以待毙，他秘密地命门客到匈奴处与韩王信手下的将领王黄、曼丘臣联络，准备叛乱。

公元前197年七月，刘邦的父亲死了。刘邦故伎重演，命人召陈豨前来吊唁，企图像解决韩信那样不费一兵一卒把陈豨抓起来，但是由于他派人追查陈豨宾客不法事于前，此时陈豨根本不会上当了。由于公然抗命，已经和刘邦形成了对抗局面，这年九月，陈豨自立为王，并胁迫官吏，攻占了赵、代的一些地方。同时以王黄、曼丘臣等为外援。

刘邦对此做出的反应，是一个政治家所能做出的十分出色的反应。他首先传令，赵、代官吏受陈豨胁迫而跟着走的，一律赦免。随后亲往邯郸，分析了军事形势，认为"豨不南据漳水，北守邯郸"不会有多大作为。常山守尉丢了二十城，仅保五城，周昌请斩之。刘邦问："守尉也跟着造反了吗？"周昌答："没有。"刘邦说："那是他力量不足的缘故。"刘邦立即赦免了守尉。刘邦又封赵地的勇士四人为千户。有人对此不理解，认为许多昔日从刘邦征战的人还未受到封赏，却一下封这四个人千户，有点无功受禄。刘邦对此回答道："这不是你们所能理解的。陈豨造反，邯郸以北都被其占领。我以羽檄调天下兵，还没有来的。手头可用之兵只有邯郸一处，我哪能爱惜这点官位呢。"刘邦任四人为尉，并让他们跟随左右以示对他们的信任。赵地子弟都十分高兴，决心与刘邦一起抗击陈豨。

前线稳定下来后，刘邦该了解敌人的情况，筹划进攻了。他问左右："陈豨手下的将领是什么人？"左右回答他："是王黄、丘曼臣，都是旧日的商人。"刘邦说："朕知道了。"这是意味深长的。在这一瞬间，刘邦会不会想起了他进攻峣关秦军的旧例呢？我们不得而知。不过刘邦在军事斗争中，一直是充分开动他的政治家头脑的。他十分重视对敌方将领的出身、能力、性格等各方面的了解。他率军与项羽军在荥阳对峙时，派郦食其去游说魏王豹反楚归汉。郦食其回来后说，魏王豹不愿意。刘邦就问郦食其:"谁任魏王大将之职?""柏直。"刘邦说:"是个乳臭未干的小儿,哪能抵挡韩信!"又问:"骑将是谁?""冯敬。"刘邦又说:"是秦将冯无择的儿子,虽然有才能,但挡不住灌婴。步军将领是谁?""项他。"刘邦评论道:"不能抵挡曹参,我没有可以担心的了。"已被任命为征魏主帅的韩信也问郦食其:"魏国没用周叔为大将吗?"郦食其说:"是柏直任大将。"韩信轻蔑地说:"无能之辈!"果然很快汉军就攻下了魏国。从汉王君臣的对话中可以看到,刘邦等人对魏国将领的了解极为详细,对方的出身、品德、才干、年纪等一清二楚。看来这是刘邦临敌制胜的先决条件之一。

刘邦在打听清楚陈豨将领的情况后,兵马未动黄金先行,派人对陈豨的将领进行收买,每人送金千斤。陈豨的将领纷纷投奔汉军。公元前196年冬,刘邦军在太尉周勃率领下攻入太原,抵定代地。刘邦亲率军进攻东垣,由于陈豨部下多受汉军金者,所以抵抗不力,很快就被攻下来了。陈豨派王黄向匈奴求救,自己也逃入匈奴。

按照原定计划,刘邦军与燕王卢绾军应当两面夹击陈豨。可是就在陈豨军破之时,燕王卢绾(公元前256—前193年)派张胜到匈奴那里去通报消息。卢绾与刘邦同乡同里,两家过从甚密,两个人曾一起读书,情同手足。刘邦为亭长时为躲避秦吏督责常跑到卢绾家躲藏。刘邦起义后,卢绾追随左右,备受重用。刘邦对他的宠信超过了萧何。燕王臧荼被消灭后,刘邦又立当时已当上了太尉、长安侯的卢绾为燕王。此时他派张胜入匈奴,是为了告诉匈奴陈豨军已破,言外之意让匈奴不要支持陈豨。

张胜到了匈奴后,正好遇见了前燕王臧荼的儿子衍。可见匈奴大量网罗汉朝的上层人物为之服务,进行秘密活动。臧衍见了张胜后说:"您之所以在燕受到重用,因为您熟悉匈奴的情况。燕国之所以能存在到现在,因为诸侯多次造反,兵戈连年不断。现在您为了燕国,急着想消灭陈豨。下一个就该轮到燕国了。您和燕王就会成为汉王的阶下囚。您何不让燕国暂缓进攻陈豨,而与匈奴联合。燕王就可以长在燕为王,即便汉朝进攻也平安无事。"张胜认为讲得很对,就唆使匈奴援陈豨攻燕。大大减弱了陈豨叛军的压力,使其逃脱,并得以继续为患边境。

燕王卢绾怀疑张胜与匈奴勾结,上书朝廷,请以谋反罪灭张胜家三族。张胜从匈奴回来后,向卢绾详细讲了他之所以这样做的原因。卢绾如梦方醒,尽管他与汉高祖关系非同一般,此时利害所在,也不得不另有考虑。可是请族张胜家属的公文已经发出了,只好胡乱以他人充数,蒙混过去。让张胜在燕与匈奴间充当间谍,并派范齐到陈豨处去互通信息,协调行动。

陈豨在边界骚扰不断,此时刘邦却有了更为重要的事情。刘邦征陈豨时,派人征兵于梁王彭越。彭越称病不往,派了手下将领率兵到邯郸,去应付刘邦。刘邦大怒,突然派兵袭击彭越,勇武善战的彭越措手不及被抓了起来。最后彭越被灭三族。彭越死后,刘邦以其肉遍赐诸侯,以儆效尤。

看到异姓诸侯王逐步被剪灭,淮南王英布也发兵反叛。公元前195年,刘邦破英布军于蕲西,英布败走被杀。

陈豨谋反时,刘邦率军亲征,让韩信也随军前往。韩信称病不去。原来在陈豨回长安之际二人已有密约:乘刘邦亲自率军出击之际,韩信从内部起事,这样两人认为天下可图。韩信派人到陈豨处联络:"弟举兵,我从长安助一臂之力!"韩信与家臣日夜密谋,准备诈称诏书赦罪犯、奴隶,袭击留守的吕后、太子。部署已定,就等待陈豨的回信了。这时韩信的门客得罪了他,韩信将其囚起,准备杀掉。门客的弟弟上书吕后,揭发了韩信谋反的情况。吕后和萧何密谋,令人诈称从刘邦处来了使者,说陈豨已被擒获斩首。大臣们都纷纷祝贺,萧何欺骗韩信说:"虽然你有病,还是凑合着进宫朝贺吧。"韩信听说陈豨兵败,心中就犹豫了,跟着萧何入宫。吕后马上命隐蔽宫中的武士们把他绑了起来,斩于长乐宫中,并尽杀韩信家三族(父族、母族、妻族)。

这样英布败死之后,异姓诸侯国在内地的主要势力已经消灭,刘邦又开始对付边界上的陈豨。公元前195年,太尉周勃率军击斩陈豨。陈豨的裨将投降了汉军,并揭发了卢绾派范齐与陈豨密谋的事。

刘邦知道此事后,派使者召卢绾进京。卢绾称病不行。刘邦又派辟阳侯审食其、御史大夫赵尧去迎接燕王入京,并对燕王左右的人进行调查。卢绾更加害怕了,称病不行。他的亲信也藏了起来。但燕王卢绾讲的对刘邦不满并怨恨吕后、刘邦杀功臣和异姓王的话,却被审食其了解到了。审食其回去详细具奏,刘邦大怒。此时又有一个从匈奴投降汉朝的人揭发,张胜逃在匈奴,为燕国充当使者。刘邦认为卢绾造反确定无疑,就于公元前195年二月派樊哙率兵击卢绾,并大赦燕国吏民被胁迫反叛者。卢绾率领全部宫中人员和家属,骑兵数千跑到长城外待着。此时刘邦正在病中。

卢绾还想等刘邦病好了，有个缓和的机会。这年四月，刘邦死于长乐宫，这个戎马一生的皇帝，在死前用军事、政治、间谍等手段，基本消灭了异姓诸侯国，为西汉的强盛和统一奠定了基础。刘邦一死，卢绾率众逃入匈奴，匈奴封其为东胡卢王。但寄人篱下的日子毕竟不好过，卢绾常受匈奴的欺负，因而思归。过了一年多，卢绾死于匈奴。他的妻子终于回归故土。

刘邦在晚年与异姓诸侯国的斗争中，利用间谍手段打击、瓦解敌人的技巧更加熟练了。值得注意的是，他在斗争中对商人出身的将领之弱点，有着十分明确的认识。在间谍战中，对敌人领导层构成的分析，是十分重要的。因为对敌人领导层构成的分析，决定着对敌人决策能力、决策特点的认识，决定着对敌人的弱点采取何种打击方法。我们看到刘邦在分析敌人将领弱点之所在时，是把对敌人将领出身、经历、特点的认识与对敌人一类人或某一层次的人的出身、特点的认识联系起来的。这样他才能立即做出恰当的对策：以黄金收买之。

汉朝中央政权与异姓诸侯国的殊死搏斗，以中央政权的胜利而结束。新的矛盾，同姓诸侯国与中央政权的矛盾又产生了。我们接着去探寻在双方斗争中出现的间谍足迹吧。

第五节　错派使节

白登之围后，刘邦对强大的匈奴经常以武力侵扰北边，十分烦恼。刘敬向刘邦献计，以长公主嫁给单于为妻，并赠以财物，结成翁婿关系，这样就可以牵制匈奴。这就是作为汉代对匈奴的一大政策——"和亲之策"。正如刘敬为刘邦分析的那样，汉朝当时天下初定，士卒疲惫，从武力上是打不败匈奴的。"和亲之策"在当时对汉朝不失为一种安边之策。

刘邦接受了刘敬这一建议，不过打了折扣，由于吕后不忍心让长公主去不毛之地，取平民家女子冒充长公主嫁给单于为阏氏。这一政策虽然对匈奴有牵制作用，却难以制止匈奴侵扰。不过由于汉朝力量尚未壮大到足以对匈奴进行大规模出击作战的程度，汉文帝刘恒（公元前202—前157年）继续奉行这一政策。但由于用人失当，使这一政策未能发挥应有的作用。

公元前174年，匈奴冒顿单于致书汉文帝，表示愿与汉和亲，双方在边境和平共处。汉文帝复书匈奴单于，表示同意，希望匈奴守约有信，并派使者给冒顿单于送去了丰厚礼物。过了不久，冒顿单于死了，其子稽粥立，号老上单于。汉文帝派宗室女入匈奴和亲，为单于阏氏。派宦者燕人中行说跟随宗室女入匈奴。当时匈奴与汉地相比，是一片荒凉的草原，被汉人视为畏途。中行说十分不愿意去。小人物的意愿当然不会被皇帝所重视，他还是被硬着头皮派往匈奴。不过在去之前，他咬牙切齿地说："既然非要我去，我就要给汉朝制造麻烦！"

中行说陪同宗室女到了匈奴，马上投降了老上单于，把汉朝底牌全部告诉了匈奴。老上单于十分宠信他。匈奴很喜欢汉地的缯、絮、食物。中行说却说："匈奴的人数还比不上汉朝一个郡，但所以强大是因为衣食不仰仗汉朝的供给。现在单于您改变习俗，喜欢汉朝的东西。汉朝以其全部物产的十分之二耗于匈奴，匈奴的人心就会倾向于汉朝了。"他还以汉地的食品、衣物与匈奴的食品、衣物对比，来说明他的论点，认为汉朝食物衣服不适用于匈奴。他还教匈奴对民众、畜物进行统计课税。他在对汉朝的外交上也起了很坏的作用。他唆使单于按照他的指点，侵袭汉边。

公元前166年，匈奴老上单于率骑兵十四万人入侵朝那（今甘肃平凉西北）、肖关（今宁夏固原东南），杀北地都尉孙印，劫掠了很多百姓、牲畜，同时派奇兵烧了回中宫。匈奴的侦骑，已深入到甘泉。汉文帝派中尉周舍、郎中令张武为将军，发兵车千乘，骑兵十万驻扎在长安防备匈奴入侵。以东阳侯张相如为大将军，成侯董赤、内史栾布为将军。出击匈奴。匈奴在塞内停留了一个多月，自行撤退。汉军追击，没有任何收获。此后匈奴更加骄横，屡次入侵，给汉朝带来了很大的危害。

公元前162年，汉文帝再次与匈奴和亲，双方关系有了短暂的缓和。公元前161年，匈奴老上单于死，子军臣立为单于。汉文帝又与匈奴和亲。这时中行说又成了军臣单于的主要谋士。在中行说挑唆下，军臣单于很快背弃了和亲之约，率军入侵上郡、云中，杀戮人民，掠夺牲畜甚多。汉文帝十分紧张，派中大夫令免为车骑将军屯飞狐，苏意为将军屯句注，将军张武屯北地，坚守边境，防止匈奴入侵。同时命周亚夫为将屯长安西细柳，刘礼为将屯霸上，徐历为将屯棘门，防止匈奴深入。汉文帝亲往长安附近驻军营寨劳军。边境上一时烽火不断，十分紧张。

几个月后，匈奴看到汉朝加强了戒备，边境上已开到重兵，就撤离了边境。汉军也撤回了。

公元前 157 年，汉文帝死去。终其一生，对内轻徭薄赋，自奉节俭，实行与民休息的政策。他宠爱的慎夫人衣不曳地，帷帐无文绣，以示俭朴，起示范作用。汉文帝当皇帝二十余年，宫中的宫室、苑林、车骑、服御无所增加。他曾想作露台，一打听需要百金，于是感叹地说："这是一般人家十家的财产呵。"因而作罢。对内政策方面，汉文帝取得了很大成功，汉文帝、汉景帝治理天下的时期，被称为"文景之治"。汉朝国力有了很大的恢复和发展。

但是由于其用人失误，在对外政策上没有取得很大的成功。汉文帝的用人之误，并非误在选才不当，而误于没有考虑除了个人才能因素之外的个人意愿和利害关系。由于忽视了这方面的考虑，使自己派出去的使节成了叛逃于匈奴的间谍。中行说是个久在汉宫，深知汉朝底细的宦者，其叛变后的危害是可想而知的。正如前面讲到的，由先进文化的民族叛逃到文化相对落后的民族去的人，总是有意无意地起着传播先进文化知识的作用，其影响非一般间谍可比。中行说这种接触汉朝机密的人就更是如此。

在人类历史发展中，除了生产力发展这个决定性因素之外，人的各种需求也起到了极大的推动作用。人的复杂的需求及性格、爱好等特点，也同样作用于间谍战中，在触及间谍个人动机时尤其如此。汉文帝的失误实在是值得深思的。不过对于独裁惯了，视他人如奴仆的皇帝来说，我们又实在难以想象他会去倾听、照顾一个小宦官的要求。

当今世界，随着技术的发展，互联网的普及，文化知识的普及，社会基础设施的复杂彻底提高，个人因为自身利益没有得到满足，铤而走险，给社会、国家造成危害的可能与能力均在提高。在使用和运用间谍时，同样要注意个人意愿和利益。

第六节　马邑之伏

汉文帝死后，汉景帝刘启继续执行和亲政策。匈奴虽然不时进行一些小骚扰，但总的来说，没有进行过大的入侵。公元前 141 年，汉景帝死。雄才大略的汉武帝刘彻（公元前 156—前 87 年）即位后，改变了文、景两代对匈奴以和亲为主，辅之以消极防御的政策，转为战略上的主动出击。当然这一战略转变的前提是"文景之治"后，汉朝的国力日益雄厚，军事力量大为增强。

公元前 154 年，汉景帝下决心平定了以吴王刘濞为首的同姓诸侯国的"七国之乱"。吴王刘濞被杀，胶西王刘卬、楚王刘戊、赵王刘遂、济南王刘辟光、菑川王刘贤、胶东王刘雄渠都畏罪自杀了。中央政权进一步巩固，余下的同姓王，很难再与中央政权对抗，并且处于严密的控制之下。在这样的经济、政治背景下，汉武帝开始了他一生中对匈奴进行的大规模征讨。而这一系列征讨的起点就是"马邑之伏"。"马邑之伏"是西汉王朝军事上由消极防御战略转向积极进攻战略的转折点。

公元前 134 年，匈奴派使节到汉，请求和亲。熟悉匈奴情况的大行令王恢认为："汉与匈奴和亲，率不过数岁即背约。不如勿许，举兵击之。"御史大夫韩安国反对说："汉数千里争利，则人马疲，虏以全制其敝，势必危殆。臣以为不如和亲。"汉武帝看到大臣多同意韩安国的意见，也同意与匈奴和亲。

第二年，雁门马邑（今山西朔县）的土豪聂一通过大行王恢向武帝建议：匈奴刚刚和亲，对边境警惕性不高，可以利引诱他出来，伏兵袭击，定能大破匈奴。

汉武帝召见公卿讨论和战大计，自己先发表了倾向于进攻匈奴的意见。王恢当然表示拥护。韩安国再度表示反对，认为匈奴是轻极悍极之兵，至如风去如电，畜牧为业，弧弓射猎，逐兽随草，难得而制。王恢再次发言反驳韩安国，他说："现在我讲攻击匈奴，并非深入匈奴去穷追，而是利用单于的欲望，引诱他到边境上。我们再选精骑壮士秘密埋伏起来，……必定可以活捉单于！"汉武帝最后拍板采纳了王恢的主张。

这年六月，聂一以做买卖为名，进入匈奴，对单于说："我能够斩马邑令丞，以城降，财物可以全为您所得。"单于很高兴，同意出兵。聂一回到马邑后，斩了一名死囚，装作令丞的头悬挂在马邑城下，对单于派来的使者表示已按计而行，并对单于使者说："马邑长吏已死，可急来。"单于听了使者的回报，大喜过望，立即率十万骑兵入武州塞（今山西左云）。

这时汉武帝命卫尉李广为骁骑将军，太仆公孙贺为轻车将军，大行王恢为将屯将军，太中大夫李息为材官将军，御史大夫韩安国为护军将军，由韩安国统一指挥诸将。汉军三十万埋伏于马邑旁山谷中待机。王恢、李息率军从代出击，袭击匈奴辎重。看来是万无一失了。

单于入塞后，在前往马邑的百余里途中，只见牲畜遍布原野，却没有放牧的人。单于觉得甚为奇怪，就派人夺取附近的汉军哨所。正好雁门尉史在边境巡防。看见匈奴入塞，进入哨所指挥抵抗，被匈奴抓住了。雁门尉史知道汉军的作战计划，全部告诉了单于。单于听后大惊说："我原来就怀疑有诈。"于是率军撤退。汉军在马邑埋伏，单于中途而返，当然一无所得。王恢、李息率军本来准备乘匈奴大败，夺取辎重，此时也不敢出击了。王恢撤军回去后，汉武帝认为面上无光，马邑之伏又是王恢首倡，于是下王恢于狱。王恢在狱中自杀。

单于认为雁门尉史是天赐匈奴，于是封其为天王。和亲的局面被打破了，匈奴更加频繁地向塞内进扰。雄才大略的汉武帝也毫不畏惧，命卫青等人率军出击。西汉王朝开始了穷追匈奴于朔漠的大规模反击。

王恢企图诱敌于马邑，以逸待劳，针对匈奴骑兵飘忽不定的特点，应当说是一个不错的战略设想。但是由于泄密使这一战略设想归于失败。首先汉朝让百姓全都躲藏起来，而牛羊遍野，这一反常情况就足以让匈奴起疑。其次汉朝作战企图下达过早，下达层次过低，连尉史这类小官也知道了全部作战计划。马邑之伏的失败表明，在间谍战中诱敌之策已发展得十分纯熟，但在大规模的战略诱敌时如何防止情报泄露却缺乏制度与技巧，更确切地说是技巧太拙劣。

从间谍发展史看，大规模的诱敌行动要想消极地防止情报泄露几乎是不可能的。防止情报泄露的最好办法是主动散布真真假假的情报，使敌人真假难辨，无从判定我方意图。正如《孙子兵法》中讲的："故形兵之极，至于无形；无形，则深间不能窥，智者不能谋。"变化万端，真假俱现，让敌人莫测高深，才是保守秘密之道！

第七节　淮南王的阴谋

"夫道者，覆天载地，廓四方，柝八极；高不可际，深不可测；包裹天地，禀授无形；原流泉浡，冲而徐盈；混混滑滑，浊而徐清。"

"是故圣人内修其本，而不外饰其末，保其精神，偃其智故，漠然无为而无不为也，澹然无治也而无不治也。"

"且夫圣人者，不耻身之贱，而愧道之不行，不忧命之短，而忧百姓之穷。"

"是故圣人法天顺情，不拘于俗，不诱于人；以天为父，以地为母；

阴阳为纲，四时为纪。"

这几段带有明显黄老色彩颇为深奥而充满哲理的话，出自西汉时的一本书《淮南鸿烈》。"鸿"广大之谓也；"烈"光明之谓也。淮南者，淮南王刘安也。由此可见《淮南鸿烈》①这部书气魄非凡。这部奇书是淮南王刘安（？—公元前122年）网罗门客，在他主持下编著的一部大书。书的内容十分复杂，但其主要成分是汉初黄老清静无为思想的继续，也夹杂了孔、墨、申、韩的思想。从我们前面引的几段就可以看到黄老"无为而无不为"的思想与积极用世的思想相混杂。在汉武帝听从董仲舒的意见"罢黜百家，独尊儒术"的形势下，这部书却高扬黄老的旗帜，这是需要有点勇气的。西汉诸侯王以著书名世者又只有刘安一人。如何理解这一复杂的政治、思想方面的问题呢？我们只能从淮南王刘安这个人说起。

刘安的父亲淮南王刘长（公元前198—前174年），是汉高帝之子，公元前196年被封为淮南王。刘长于公元前174年派人勾结闽越、匈奴，相约发兵谋反，被朝廷发觉，派人去把他抓了起来。汉文帝赦免了他的死罪，命令以囚车将其押往蜀地居住。由于谋反未成，变成了阶下囚的刺激，刘长在半路上绝食而死。汉文帝十分悲痛，毕竟是手足之情。民间也有"一尺布尚可缝，一斗粟尚可舂，兄弟二人不相容"的谚谣。汉文帝不顾贾谊反对，封刘长的几个年纪尚幼的儿子为列侯。后来又以旧淮南地分为三，以阜陵侯刘安为淮南王，安阳侯刘勃为衡山王，阳周侯刘赐为庐江王。公元前154年，吴、楚等诸侯国造反时，吴王刘濞派了使者到淮南，约其起兵造反。刘安想起兵响应，淮南相（汉朝在诸侯国的最高行政长官）对他说："大王如果一定要响应吴，我愿为将，请您把兵交给我带领。"淮南王把兵权交给了他。淮南相既已掌握了军队，就不听淮南王的命令，加强对吴的防卫，拥护中央政权。正好此时朝廷也发兵来救淮南，淮南得以保全，刘安也因而得以保持其王位。衡山王、庐江王也都和朝廷站在一起。吴、楚等诸侯国被消灭后，汉景帝为了嘉奖他们不附和吴、楚等国的行动，改衡山王的封地为济北。衡山王死之后，又改封庐江王为衡山王，王江北。

淮南王刘安侥幸得以继续当他的诸侯，却仍然不安分。他一面以小恩

---

① 《淮南鸿烈》，即《淮南子》。

小惠，在封国收揽人心，一面广招宾客数千人，让这些宾客为其著书立说。这样《淮南鸿烈》就产生了。刘安和一般汉室诸侯不一样，好读书鼓琴，不喜声色犬马。说他有才干也罢，有野心也罢，总之以一个诸侯王的身份而有大志，就使其处于一种十分复杂的环境中。西汉诸侯王是不得干预朝廷政治的，除了在封国安享荣华富贵外，个人才干没有施展之处。而且这些诸侯王都在朝廷派来的相的严密监视之下，稍有过错就会被借机削除。淮南王刘安选择了造反一逞其野心的路。这条路在当时是行不通的。天下安定，且已归于一统，从历史发展来讲，也是没有什么进步意义可言的。

这样，不管《淮南鸿烈》（又称《淮南子》）这部书被后人赋予什么样的哲学史、思想史上的重大意义，就刘安当时政治目的来讲，这部书在很大程度上是为了掩饰其政治野心，争取一个好学术的好名声。用现代语言来讲就是制造一个"公共关系"形象。为了掩盖真正的野心，故而大谈"无为而无不为"；因不甘心于做一个诸侯王，又忍不住要讲两句"且夫圣人者，不耻身之贱，而愧道不行，不忧命之短，而忧百姓之穷"的话，示天下百姓仁爱之心。刘安著此书，也是为了迎合汉武帝的爱好。汉武帝喜好文学，刘安以此书进于汉武帝，博得了汉武帝的欢心。因为刘安又是他的叔父，汉武帝格外尊重他。

在一派温文尔雅的外表掩护下，刘安对中央政权开展了他精心策划的间谍活动。西汉时同姓诸侯王早就对中央政权开展了各种间谍活动。吴王刘濞就曾招降纳叛，拒绝汉朝官吏的追捕。他还以黄金收买汉朝大臣，使之在朝廷为自己讲好话。梁孝王刘武更为猖獗，竟在谋士公孙诡、羊胜的策划下，刺杀朝廷中反对自己的大臣十余人。淮南王刘安是个饱学之士，在开展间谍活动方面，当然也就颇有其独特之处。

淮南王刘安入朝觐见武帝，见到了当时执掌大权的丞相武安侯田蚡。武安侯对他说："当今皇帝无太子，淮南王是高祖的孙子，您行仁义于天下没有不知道的。皇帝一旦归天，除了您还有谁能立为皇帝呢？"淮南王刘安心中大喜，马上赠之以丰厚的财宝。田蚡是个十分贪财的人，经常接受诸侯王的财物，以丞相之尊受人之金当然要为之说话了。不过他对淮南王，还有政治上预押一宝的意思。

除了拉拢丞相外，刘安还另有一手。他有个女儿刘陵，聪明而能言善辩，很得他的宠爱。刘安让他的这个女儿携带大量金钱，到长安去，为之侦察朝廷动向。同时以金钱收买拉拢武帝周围的亲信、大臣。有了刘陵常驻长安，刘安对朝廷的情况了如指掌。

公元前127年，汉武帝采纳中大夫主父偃的建议，颁布推恩令。推恩令允许诸侯王除嫡长子继承王位外，如果想以诸侯国内的土地分封其他儿子，可以报告朝廷，由皇帝批准。这实际上是在进一步削弱同姓诸侯国。同年，汉武帝赐淮南王几杖，允许他不到长安朝见皇帝。汉武帝这一系列行动，实际上反映了他对诸侯王的警惕。同样的行动，汉文帝时也有一次。当时汉文帝赐吴王刘濞几杖，示意其安享天年，不要有造反之心。

淮南王刘安的太子刘迁，娶了皇太后外孙修成君的女儿（即汉武帝的异姓姐之女）为妃。淮南王刘安恐怕阴谋泄露，就让刘迁作出不喜欢她的样子，三个月不与之同席。刘安反而作出一副很同情太子妃的样子，假装对太子大发雷霆，把太子迁与妃关在一间房子里，强迫他接近太子妃。但太子迁仍然不和她亲近。太子妃只好求去。刘安一面假惺惺地上书谢罪，一面为终于能送走太子妃大为高兴。

就在刘安加紧谋反准备时，太子迁又给他闯了祸。刘迁自以为剑术高明，没人能比得上。听说郎中雷被用剑高明，就要和他比剑。雷被一再推辞。刘迁非要比试不可。在比剑中，雷被刺伤了刘迁。刘迁因此怀恨在心。正巧这时朝廷征集愿意参加出击匈奴的勇士，雷被怕刘迁报复，表示愿意参加出击匈奴。刘迁在淮南王刘安面前讲了雷被的坏话，刘安免除了雷被的官职，并痛骂了他一顿。雷被逃到长安，上书说自己被免职的经过。廷尉责成河南令调查此事，并逮捕太子刘迁。刘安坐卧不宁，想发兵造反，在十几天中犹豫不决。不久汉武帝又正式下诏书，派人去审讯太子刘迁。淮南相对刘安默许寿春丞扣留太子刘迁，不遣送河南令发落，十分气愤，上书武帝，认为刘安不敬。刘安派人去劝说淮南相，淮南相不听。刘安来个先下手为强，指使人诬告淮南相。廷尉在处理此事时，发现了刘安的劣迹。刘安探得这一消息后，立即派人到京城观察动静。此时朝中公卿纷纷要求逮捕刘安，刘安更为紧张了。太子刘迁建议，汉使来时让人装作卫士站在旁边，如果事情不妙，就干掉使者，同时刺杀淮南中尉（负责淮南军队的汉官），再造反不晚。刘安同意了。最后汉武帝派个中尉讯问此事，仅以削二县之地了事。

刘安被削二县不但不稍有收敛，反而十分委屈："吾行仁义见削地。寡人甚耻之。"加紧进行谋反活动。他和手下的第一名谋士中郎伍被策划起兵之事。① 伍被认为造反是亡国之言，刘安大怒把他的父母抓起来，关了三个月。三个月后，刘安又把伍被召来询问造反之事。伍被认为汉朝天下治理得法，造反是无法成功的。刘安大怒，吓得伍被赶快伏地谢罪。刘安又问他："山东有变，汉必使大将军（指卫青）为将而制山东（指原六国之地），公以为大将军何如人也？"伍被通过亲近卫青的人和派往长安的淮南使者，详细了解了卫青的情况。他认为卫青"虽古名将不过也"。伍被建议只有刺杀卫青，然后才可以举事。就在刘安与其谋士按照地图部署兵力，策划作战方略时，一件意外的事发生了。

公元前122年，当时汉武帝的推恩令已在诸侯国发生了作用。淮南王刘安有两个儿子，一个儿子刘迁为太子，另一个儿子长子刘不害因为不得淮南王刘安的喜欢不得封侯，刘迁也因为其是庶出而不尊重他。刘不害的儿子建，因此对刘迁怀恨在心，阴结宾客，想干掉刘迁，以其父代之。刘迁知道了这件事，数次将其抓起来，并加以刑讯。刘建知道刘安、刘迁的阴谋，于是指使人上书，说淮南王孙建知道淮南王的阴谋。武帝派河南令调查此事。刘建全部讲出了淮南王刘安和刘迁的谋反之事。

此时刘安正在宫中做皇帝玉玺及将相印信，同时还准备采纳伍被之计，让人假装获罪，西入长安到卫青处做事，准备一旦有事就刺杀之。他还与伍被谋划，借宫中失火，杀掉淮南相等官吏，乘机发兵。事情已如箭在弦上，就在紧要关头，汉武帝的使者来到淮南，并要逮捕太子刘迁。

刘安和太子刘迁企图把淮南相、内史、中尉等官吏招来杀掉，然后起兵。淮南相不明真明，到了宫中。内史却借故推辞不往。中尉已得汉武帝诏书，干脆对前往招他的人说："臣受诏，使不得见王。"刘安看掌握实权的内史、中尉不上当，只好放了淮南相。刘迁看到这种进退两难的局势，企图以自杀来阻止进一步追查，但自杀未遂。伍被这个一直在贪图富贵和忠于朝廷之间选择的人，此时却向来逮捕太子的人告发了淮南王的阴谋。于是在汉使指挥下，包围王宫，逮捕了王后和太子，淮南王宾客在国中者也全部落网，阴谋造反的证据也被搜到了。汉武帝派宗正持符节到淮南治刘安之罪。宗正未到，刘安畏罪自杀了。衡山王因为参与淮南王谋反

---

① 《淮南要略》云："养士数千人，高才者八人，苏非、李尚、左吴、田由、雷被、伍被、毛被、晋昌号曰八公。"

也自杀了。牵扯淮南王、衡山王一案而死的人达数万人。伍被也被处死了。

从双方最后关头的搏斗看，汉王朝对诸侯国的控制已非常严密，连兵权都不在刘安手中，因此成功的可能性是很小的。淮南王刘安以一本书留名于中国古代思想史；以一个工于心计的人留名于中国古代间谍史。他的间谍活动为我们展示了中国封建社会，中央政权与地方势力斗争的一个侧面。

第八节 大漠旌旗

"马邑之伏"拉开了西汉王朝大规模反击匈奴的序幕。"马邑之伏"后四年，即公元前129年，匈奴入上谷杀掠吏民。汉武帝命车骑将军卫青出上谷，骑将军公孙敖出代，轻车将军公孙贺出云中，骁骑将军李广出雁门。四路大军各有万余骑，向汉、匈通商的关市实施反击。

四路人马中卫青攻至龙城（匈奴单于祭天处），斩首七百余人；公孙贺一无所获；公孙敖败于匈奴；李广亦败于匈奴，被俘后逃脱。这次出击战果不太理想，但毕竟改变了过去汉军只是在边境上消极防守的状况，为后来的出击作战摸索了经验。

公元前127年，匈奴攻入上谷、渔阳，杀掠吏民千余人。汉军在卫青、李息率领下，出云中以西至陇西，反击匈奴。汉军俘获匈奴数千人，牲畜百余万只，赶跑了匈奴白羊、楼烦王，重新占领了黄河河套西北部地区，置朔方郡，筑朔方城。河套地区水草丰美，是匈奴南下侵掠的休息地和出发地，历来为长城内外的汉民族政权和匈奴政权所重视。河套屏障着阴山南麓，这一地区的占领，改善了汉朝的战略态势。

公元前124年，汉武帝命车骑将军卫青率骑兵三万出高阙，大行李息、岸头侯张次公率军出右北平，苏建、李沮、公孙贺、李蔡等率军出朔方，共十余万人，闪击匈奴右贤王庭。匈奴右贤王以为汉军不会长驱直入，喝得大醉。夜里汉军包围了右贤王的驻地，右贤王狼狈地带着爱妾一人、骑兵数百突围而逃。此次战役俘获匈奴右贤裨王十余人，男女一万五千余人，牲畜近百万。这次战役反映了汉军在与匈奴作战中，作战方式有了明显改变，开始以神速的突击，对付出没无常的匈奴。

公元前124年秋，匈奴入侵代地，杀都尉，劫掠千人。第二年二月汉武帝命大将军卫青率军出定襄，斩匈奴千余人。过了一个多月，卫青再次率军击匈奴，斩首、俘获匈奴万余人。但汉军也受到一些损失。右将军苏建、前将军赵信所部三千余骑兵与匈奴遭遇，苦战一天伤亡很大。赵信原是匈奴小王，投降汉朝后封为翕侯。此时形势危急，匈奴又诱降，赵信就率余下的八百余骑兵投降了。苏建单人独骑回到卫青处。

赵信投降后开始发挥和前面出现的中行说同样的作用。匈奴单于十分宠信他，封他为次王，并把单于的姐姐嫁给他为妻。赵信积极地为单于出谋划策，建议单于率部撤至大漠以北，在那里等待长途行军后，人困马乏的汉军，乘机进攻他们，不要再与汉军在靠近边境的地方作战。这是一个精明的判断。他看到了双方实力逆转，再在靠近西汉边境与供给充足、以逸待劳而又能长途奔袭的汉军作战，对匈奴十分不利。因而大步后撤，以大漠为屏障，消耗汉军作战力，待其给养困难，再转入反攻。

公元前 120 年，匈奴侵入右北平、定襄，杀掠数千人。第二年，汉武帝与群臣商议，认为翕侯赵信替匈奴出谋划策，以为汉军不能轻易地越过沙漠久留。我们现在大举进攻，必定能达到我们的目的。这年春天，汉武帝命大将军卫青、骠骑将军霍去病各率精锐骑兵五万人，另外征集私人马匹四万匹载运军需，运输、护送辎重的步兵数十万，出击匈奴。汉军中的勇士都在霍去病军中，因为霍去病军在这次战役中预想担任主要任务。所以出发前，根据俘获匈奴兵的口供变更了部署，原准备出定襄的霍去病军，因听俘虏说单于在东，而改出代郡。由卫青率军出定襄。

匈奴单于因听了赵信的话，以为汉军即便过了大漠也人马疲惫，匈奴可以轻而易举地战而胜之，所以把辎重放在更北边，自己率了精兵在大漠边上等着汉军。准备给汉军致命一击。

卫青率军出塞千里，正好遇见等在漠边的单于军。卫青立即命以武刚车（兵车）环绕起来，形成车阵，而另以精骑五千冲击匈奴，匈奴也以万余骑应战。双方激战到日暮，大漠上风沙大起，两军相互看不见。卫青命汉军左、右两翼出击，侧击并包围单于军。单于看到汉军人多势众，而且很有战斗力，完全不像赵信预料的那样。他知道久战对匈奴不利，只好率精壮的骑兵数百，从汉军包围圈的西北角冲出去。汉军和匈奴军在夜色中混战，伤亡大致差不多。汉军左校审问抓住的俘虏，说单于已在天未黑时逃走了。汉军立即以轻骑夜追，卫青率大军随后。追击二百余里，没有擒获单于，但斩首匈奴万余人。汉军直追到寘颜山（今蒙古杭爱山南）

赵信城（匈奴为赵信所建），获得了大批匈奴屯粮。汉军除以粮食补充军用外，停留了一天，尽烧其城和余粮而还。卫青率领的汉军共斩首匈奴一万九千人。

霍去病则率军出代郡两千余里，到漠北碰上了左贤王的军队，斩获甚多。霍去病率军继续追击，沿途不断夺取敌人的粮食，因而长途作战军食不乏。霍去病军一直打到狼居胥山（今内蒙古克休克滕旗西北），活捉匈奴屯头、韩王等小王，将军、相国、当户、都尉等八十三人，斩首、俘获敌人共七万余人。

这一仗是西汉对匈奴的决定性一仗，西汉损失颇大，但匈奴更受到了致命打击。这一战之后，"匈奴远遁，而幕南无王庭"，从根本上改变了边境的战略态势。

此次战役西汉之所以取得胜利，除了战略指挥得当，军队远征组织补给得法，将领战术运用灵活等原因之外，充分利用了赵信对匈奴的建议所造成的局面也是重要因素。汉武帝得知赵信的建议被匈奴采纳，显然是运用了一些谍报手段的。在我方情况已为敌人所得的情况下，如何利用这一不利因素使之转化为有利因素，在间谍史上是一个十分有趣的问题。汉武帝正是利用了敌人尽知我情的心理，采取了相应对策，组织马匹四万匹，步兵数十万，下决心保证渡漠的给养供应，而达成了战役的突然性。被敌人知晓的情报，在我方迅速变更部署的情况下，就会成为迷惑敌人的"假情报"了。

从匈奴一方分析，赵信的建议是言之有理的，至少汉军渡漠组织那么多马匹、人力保证给养，对匈奴来讲是以逸待劳的。问题在于单于把这一战略情报分析静止化，孤立化了。既没有考虑西汉当时的国力所能达到的出兵能力，更没有考虑到汉军可能采取灵活的作战方式，因而在大漠边上远离辎重，去迎击并未人困马乏的汉军，导致了失败。

此次出兵作战前、作战过程中，汉军都十分重视从抓获的俘虏口中获取情报。这反映出在战时军事情报的获取方面，已成为行军作战的必备条件，成为军事将领的常识。但是汉军出击前得到的单于在东的情报是错误的，如果带兵将领不是卫青，如果汉军不是以两路实力大致相当的精兵出击，那么与单于作战的汉军的处境也将是很艰难的。西汉在对匈奴的作战中，情报来源一靠使者，一靠边境上派出骑兵深入匈奴去侦察。后来匈奴也意识到使者负有某种谍报使命，因而常常扣留使者。边境上的侦骑所能获得的情报毕竟是有限的，而且大多是战术情报。在与匈奴作战中，西汉的谍报工作开展得颇为艰难。

第九节　天马西来

公元前126年夏，一个衣衫破旧，手持光秃秃汉节的人，领着一个讲一口匈奴话的妇人和一个孩子，进入了长安城。遥望汉室宫阙的斗拱飞檐，他不禁感慨系之。十三年了，终于又重睹中原风物、家乡父老。他抚摸着早生的华发，回忆起辗转到过的西域诸国，又不禁顿起雄心。汉武帝接见了他，封他为中太大夫。他就是以"凿空"西域而彪炳史册的张骞（？—公元前114年），在世界史上他也称得上是个大人物了。

公元前138年，投奔汉朝的匈奴人带来消息，匈奴破大月氏，以其王之头为饮器。大月氏举国逃跑了，对匈奴恨之入骨，但苦于势单力薄，无法复仇。汉武帝正准备反击匈奴，就想联合大月氏互为呼应，使匈奴陷于被动。但要到大月氏去，必须经过匈奴，旅途艰险。汉武帝公开招募能往匈奴的人。当时汉朝国力正处于上升阶段，那个时代人的精神风貌确是意气风发，十分恢宏的。出使远方，弘扬国威，是一些有远大志向的人建功立业之途。正在朝廷为郎官的汉中人张骞当即自告奋勇，出使西域。

张骞率百余人取道匈奴向西域进发。在匈奴被扣留，押解到匈奴单于那里。单于十分傲慢地对张骞说："月氏在我北面，汉使为什么要到那去呢？如果我想派人到南越去，汉朝肯让我的使节去吗？"张骞被扣留了十多年，在匈奴娶妻生子，但其志不改。后来他寻机从匈奴逃出，西行数十日到了大宛。

大宛国早听说汉朝的富庶，想和汉往来，但一直未能有人到汉去。见到张骞十分高兴。张骞对大宛王说："我是为汉出使大月氏，而为匈奴所囚，乘机逃脱。如果大王派人送我到大月氏，使我能够完成使命，那么返回汉之后，汉朝必定会给大王数不清的财物。"在大宛王派人帮助下，张骞到了康居，又转往大月氏。此时大月氏占了大夏（今阿富汗北）的故地，报仇之心已淡了。张骞住了些日子，不得要领，就回国了。在回国途中又为匈奴所扣。待了一年多，单于死了，匈奴内乱，张骞才乘机逃归。张骞出使西域，辗转万里，对西域诸国的风土人情、地形物产、政治军事情况有了深入了解。史称张骞"凿空"。

张骞出使，为当时人们打开了眼界，也打通了汉与西域各国的联系。汉与西域诸国有了频繁的商业、政治、军事交往。汉朝的物品不断地从西域输入中亚，乃至欧洲。其中主要的是丝绸。丝绸之路即由此得名。西域诸国的各种物产也纷纷传入汉朝。其中有一种东西更为引人注意，那就是大宛所出产的汗血马，又称天马。

公元前104年，汉武帝听出使大宛的汉使回来说，大宛有善马在贰师城，但不愿意让汉使看见。汉武帝以骑兵击匈奴，对马十分感兴趣。听说大宛还有名马，汉武帝就派使者持千金及金马一匹，前往大宛，与大宛王交换大宛贰师城的名马。

大宛国由于与汉朝交往颇多，不乏汉朝来的财物。大宛统治者和大臣们商量，认为汉朝离大宛甚远，而且沿途水草地中的水不能饮用，从北面走有匈奴，南面走乏水草又是荒无人烟之地，汉使一批数百人，到大宛的只有一小半人。大军根本不可能到大宛来。再说贰师城的马是大宛名马，不能给汉朝。

汉使听了大宛的答复大怒，破口大骂并击破了金马，扬长而去。大宛君臣当然也气得不轻，认为汉使如此轻视大宛，实在不能容忍。在汉使回去的路上，让郁成王杀死了他们，抢夺了财物。

消息传到长安，汉武帝龙颜大怒，派李广利率骑兵六千，步兵数万人进攻大宛。因为战争的目的是到大宛贰师城取名马，所以李广利的官职也是贰师将军。

李广利率军出击，先进攻郁成王所在的郁成，久攻不下，给养也缺乏，只好撤至敦煌。这时他手下士兵只剩下出征时的十分之一二。李广利上书武帝：道远乏食，士卒不患战而患饥，人少不足以拔宛，愿且罢兵，益发而往。

汉武帝大怒，派使者前往玉门关，声称："有敢入关的军人，一律问斩！"李广利只好率兵驻扎在敦煌。这年夏天，汉朝在与匈奴的战争中又损失了二万人，群臣认为应放弃对大宛的用兵，专力对付匈奴。汉武帝却又给李广利增兵六万余人，牛十万口、马三万匹、驴、骆驼万余匹。另有供应给养的士卒、百姓随着出征，天下骚动。

公元前102年，李广利率领得到补充的军队再次出击大宛。李广利率军攻下了轮台后，包围了宛城。李广利接受了上次围城久攻不下的教训，在军队中带着水工，以备特别之用。在进攻宛城之前，他已命宛益生诈入宛城，绝其水源。大宛人不知道挖井，只靠城外流进来的水维持生存。水源断绝之后，宛城内十分恐慌。围攻了四十余天后，宛城内的大宛贵人密议："宛王毋寡（王名）藏善马，杀汉使。现在我们杀了宛王，献出善马，汉兵如果还不退，再力战而死也不晚。"于是他们杀了宛王毋寡，命人拿着他的头去见李广利。使者对李广利说："请不要进攻我们，我们愿献出全部善马，供你们随意选择，并给你们粮食。如果你们不答应，我们将杀死全部善马。康居（西域之一国）的救兵也将到了。到那时我们内外夹攻与汉军作战，请您仔细考虑一下该如何办。"李广利此时听说大宛城中刚刚找到了一个汉人，已经知道打井取水了，而且存粮很多，就答应了大宛的条件。

大宛尽出其善马供汉军挑选，并给汉军粮食。汉军选了善马数十匹，一般的马三千余匹，立与汉朝亲近的大宛贵人昧蔡为宛王，双方结盟而罢兵。郁成王跑到康居，李广利派人去康居追捕。康居慑于汉军的威力，只好献出了郁成王。追捕他的骑士恐怕他跑了，砍下了他的头送给李广利。

天马西来，汉武帝十分得意，作《西极天马》之歌表示庆祝。说实在的，这是汉武帝的愚蠢举动。为了几匹好马，兴师动众，白骨露于荒野，国力损耗甚大。不过通过这次战争，西域小国更加臣服于汉朝，双方关系进一步密切了。

在征讨大宛的战争中，破坏敌方水源成了对战争影响甚大的因素。派遣间谍对敌人的生活、生产条件进行破坏，是间谍战的一个重要方面。不过从事这方面破坏的间谍，其破坏对象应是关键部位，最好是不可替代的部位。李广利第二次出征大宛是动了一番脑筋的。间谍在这方面的活动也有战略性、战役性、战术性之分。郑国可以说是在战略上从事这方面破坏活动的间谍，宛益生则是在战役上从事这方面破坏活动的间谍。在从事这方面活动时，如何与军事、政治活动有机地配合，则是大有值得研究之处的。

在农业社会，这方面活动是很简单的。在防范这方面的破坏活动时，也不需要十分复杂的组织和手段。不过从大宛城找到汉人挖井，可以得到启发，那就是一旦遇到这方面的破坏活动，而又未能及时阻止时，一定的技术人员和技术储备是安全保障。

第十节　不斩楼兰誓不还

楼兰又名鄯善国（今新疆婼羌县治卡克里克），是西域的一个小国。其民以畜牧为生，逐水草，能打仗。楼兰处于汉与西域诸国往来的交通要道上。汉和西域各国相互通使，贸易的马队相望于道，驼铃不绝于途。一年中多的时候光使节就有十几批。楼兰多次攻劫汉使，并为匈奴充当耳目。在我们这个故事里，很有趣的是楼兰这个夹在汉、匈奴间的小国在间谍战中的处境。楼兰如何为匈奴充当耳目呢？有两种方法，其一是侦察汉使出访的目的，劫夺文件；其二是侦察汉的兵力部署、调动情况。汉使王恢等屡遭楼兰抢劫，回去向汉武帝报告，楼兰有城邑，兵力薄弱易于进攻。于是在公元前108年，汉武帝派赵破奴率军数万人在经常出使西域熟悉情况的王恢协助下进攻楼兰。

赵破奴率轻骑七百人闪击楼兰，活捉了楼兰王。汉军还攻破了车师，向乌孙、大宛等国炫耀武力后归国。这次作战后，汉朝的防卫工事一直修到了玉门关，使西域道上的安全保障大为加强。楼兰王向汉朝表示臣服。

匈奴听到这个消息，就出兵进攻楼兰。楼兰只好送一子到匈奴当人质，送另一子至汉当人质，可谓用心良苦了。

李广利出兵打大宛，匈奴想进攻李广利，但又觉得他的部队人多气盛，不敢直接进攻。匈奴派骑兵到楼兰，准备截杀汉使，断绝其与朝廷的联系。这件事被镇守玉门关的将军任文知道了。消息的来源是抓到的俘虏。他向汉武帝报告了这一情况。汉武帝派任文领兵把楼兰王抓了起来。楼兰王在汉武帝面前很直率地说："小国在大国间，不两属无从自安，愿迁国人居汉地。"汉武帝不愧是个雄才大略的人，他很赞赏楼兰王的直言，就放其归国了，并命其为汉窥伺匈奴。

后来楼兰王死，楼兰国请在汉为人质的王子回国即位。但这个王子在汉犯法，已被处以宫刑。汉武帝只好让人推辞说："王子侍奉皇帝，很得宠爱，不能让其回去，请另选其次当立者。"楼兰立了新王，新王仍然送一子于匈奴，一子于汉为人质。新王又死了，匈奴得到了这个消息，马上把在匈奴为质的王子送回国即位。汉朝的使节过些日子也到了楼兰，对楼兰王宣布了让他进京朝见天子的诏书。楼兰王鉴于前两个人质都不得还，借故推辞了，并倒向匈奴，为匈奴进行间谍活动，多次拦截、杀害汉使。

双方矛盾激化了。楼兰王的弟弟尉屠耆投降了汉，把楼兰王的底细全部告诉了汉朝，为汉武帝决策提供了依据。

公元前77年六月的一天，汉武帝死后执掌朝廷大权的大将军霍光把精通西域事务的平乐监傅介子（？—公元前65年）找来，商量如何对付楼兰、龟兹的事。傅介子也是那个气魄宏大时代的张骞一流人物，其敢作敢为又超过了张骞。他是北地人（今甘肃庆阳西北），以从军起家。在龟兹、楼兰多次劫杀汉使时，傅介子求使大宛。他奉命到楼兰斥责楼兰王，纵容匈奴劫杀汉使。楼兰王表示服罪，并对傅介子说："最近刚有匈奴的使节路过，应该到乌孙去，不过先要经过龟兹。"傅介子从大宛返回，到了龟兹。龟兹王说："匈奴的使节从乌孙回来，还在此地。"傅介子一不做，二不休，率与其一起出使的士兵杀了匈奴的使节。回到长安后，傅介子报告了出使的情况，被拜为中郎，后又升为平乐监。

此时这个敢作敢为的人正在思索着对付楼兰的办法。过了一会儿，他胸有成竹地对大将军霍光说："我经过龟兹时，发现龟兹王容易与人亲近，易于刺杀。我愿意前往刺杀他，让西域诸国也知道汉朝的威力！"霍光说："龟兹道远，先到楼兰去试试吧。"

于是傅介子带着士兵和许多金子出发了。出发之后，傅介子一路扬言，这些金子都是赐给藩国的。到了楼兰，楼兰王既倒向匈奴，因此有所警惕，不想和傅介子等人接近。傅介子装出要离去的样子，到了楼兰的西部边境，对陪同翻译的楼兰官吏说："汉朝派使者持黄金、锦绣，行赐诸国。大王不到我这来受赐，就要去西边诸国了。"并拿出黄灿灿的金子向官吏显示。这个官吏赶忙返回向楼兰王报告。楼兰王一听真有这么多金钱，就亲自来见傅介子。傅介子把带来的金子、锦绣陈列于桌上，与楼兰王坐在一起喝起酒来。傅介子看楼兰王和他的侍从都已喝得烂醉，就趁机对楼兰王说："天子让我秘密地和大王谈话。"楼兰王就起身和傅介子到了帐篷中，把随从都赶了出去。这时傅介子带来的两名壮士，从后面以刀刺穿其胸膛，楼兰王当时就咽了气。和他一起来的楼兰贵人吓得四散而逃。傅介子安慰他们说："因为楼兰王对汉有罪，天子派我来诛楼兰王。应当立前在汉为人质的太子为王。汉朝的大兵马上就到。不要乱动，乱动国家就要被消灭了。"傅介子带着楼兰王的头回到了长安，被封为义阳侯，参加刺杀楼兰王行动的人都被封为侍郎。

傅介子的行动震撼了西域诸国。后来汉立被刺的楼兰王之弟尉屠耆为王，更其国名为鄯善。并为之刻了印章，赐宫女为夫人，准备了车骑辎重，十分隆重地送回国去。楼兰王向汉朝要求，派将领到楼兰国的伊循屯田，作为他的后盾。从此汉在伊循城派遣了司马一人，吏士四十人，使楼兰在相当长的时间内为汉所用。汉朝的使节得以更加放心大胆地来往于西行道上。

汉、匈奴对于楼兰的争取、利用，反映了西汉与匈奴间谍战的一个侧面。在尖锐复杂的间谍战中，对立的双方往往利用处于中间状态的小国来进行谍报活动。这种通过代理人来进行的谍报活动，常常由于该国的政治倾向而受到影响。西汉最后采用了间谍行刺的手段，从政治上解决了楼兰的问题。在解决这一问题时西汉起用了精通西域事务，对西域诸国君主之弱点了如指掌的傅介子，因而取得了成功。傅介子的谋刺行动特点有二：其一是以堂堂外交使团的名义进入楼兰，在行刺成功之后伴随着政治上、宣传上的攻势（立尉屠耆为王；汉军即到；乱动将导致国家灭亡）。这是以公开行动为掩护，谍报战与政变、心理战相结合的一次行动。因此，行刺成功后很快稳定了局势。其二是通过对敌人首脑人物弱点的认真分析，引诱敌人首脑上当。从这个例子可以看出，对领导人物个人爱好、行动特点的研究，是这类行动成功的重要保证。

第十一节　以静制动

公元前99年，李广利率军进攻匈奴，军出酒泉时，与匈奴右贤王军遭遇，斩首、活捉敌人万余名。但是在回师途中，为匈奴大军包围。这时有一名假司马挺身而出，率领百余名勇士，拼死杀出一条血路，使李广利脱围而出。回京后汉武帝亲自召见了这名军官，并命他解开战袍，仔细察看了他周身上下二十余处大小伤痕，忍不住对群臣称赞他："真将军也！"立即任命其为中郎将。这个军官就是西汉著名的军事家，提出为后世所效法的"屯田之策"的大战略家赵充国（公元前137—前52年）。

赵充国，字翁孙，陇西郡上邽县（今甘肃天水西南）人，熟知边境的情况和风土人情，以骑士起家，后因善骑射被补入羽林军。赵充国爱读兵书，一生戎马，历事武帝、昭帝、宣帝三朝。在与匈奴、氐人的边境战争中积累了丰富经验。汉宣帝时，西羌族与匈奴联合，侵入汉地。汉宣帝又想起了这位久历戎行的老将军，此时他已七十多岁了。

公元前 61 年春，汉宣帝派御史大夫丙吉去探望他，实际是看看还能否起用他。赵充国豪气冲天地说："带兵去和羌虏作战，还没有能超过老臣的！"汉宣帝派人问，与西羌族作战需用多少兵力。赵充国说："百闻不如一见，臣愿马上出发到金城，再以地图和作战方略上奏。"汉宣帝答应了赵充国的要求。

赵充国到了前线，认为平定羌族需骑兵万余。可是要以万余骑兵渡河，恐怕要受到羌族的阻击。赵充国命三名军校乘夜先悄悄渡河，在对岸扎营。然后大军依次渡河。这时有羌族骑兵数百人在大军周围来回奔驰。赵充国认为，我军长途跋涉，不可追逐这些敌骑。况且这些敌骑都是敌军精锐，很难制服。另外他们可能还担负着诱敌的任务。攻击敌人应以全部消灭其为目标，不要贪小利。他派出骑兵四处侦察是否有敌兵。当他得知四周尚无敌兵时，连夜率军至落都（今青海乐都县）。当他到了落都扎营后，喘了一口气，对军中的官兵说："我知道羌人不善用兵了。"

赵充国对羌人作战，采取了稳扎稳打的战法。派出间谍进行大范围的深入侦察，行军时随时准备投入战斗，宿营时必须把营垒修得十分牢固。汉军稳步推进到了金城（今甘肃兰州西北）。赵充国十分爱护士兵，让他们好好休息，因此士兵作战积极性很高。但是羌人一再挑战，赵充国却坚守不战。汉军抓住了一个羌人，这个人对赵充国说："羌族的上层人物在互相责难，天子派赵将军来了，赵将军年已八九十，善用兵。现在想拼死在战场都不行了。"

西羌族中，力量较大的是先零羌和罕、开羌部落。先零羌与罕、开羌原本有仇。赵充国利用这一点进行分化瓦解。他对羌族诸部宣称："天子告诸羌人，犯法者能相捕斩除罪。斩大豪有罪者一人，赐钱四十万；中豪十五万；下豪二万；大男三千；女子及老小千钱；又以其所捕妻子财物尽与之。"这时汉宣帝却又调兵遣将，征发了六万人前往边境。赵充国提出安抚罕、开羌，先对付先零羌的方略。汉宣帝不同意，派乐成侯许延寿、酒泉太守辛武贤率军攻打罕、开羌。赵充国上书反对，并认为应集中全力对付先零羌。汉宣帝看了赵充国对形势做的深入、精辟的分析也信服了，同意赵充国的作战方针。

先零羌见汉军长期坚守不出，渐渐放松了警惕。六月，赵充国终于率汉军进击先零羌的驻地。汉军突然出击，先零羌毫无准备，只好纷纷逃跑。先零羌淹死于湟水者数百人，投降、被杀的五百多人。汉军缴获车四千辆，牛羊十万余头。汉军进抵罕、开羌所在地，赵充国禁止军队进行烧杀。罕、开羌一看赵充国对他们以诚相待，就投降了汉军。

公元前61年秋，汉宣帝有些着急了，又下令赵充国赶快进击。此时赵充国刚得了一场重病，汉宣帝的忧虑也是考虑到赵充国的身体因素，恐怕赵充国突然逝去，局势恶化。此时在赵充国的怀柔政策感召下，已有万余羌人投降。赵充国看到了这一趋势，不顾违反上命的危险，毅然上书，建议罢骑兵，兴屯田，以待其敝，并分析了屯田的好处在于"益积蓄，省大费"。在中国古代社会，屯田是在军事行动中减少国家财政支出、支持长期战争的重要战略措施。在今天也仍有其现实意义。

经过反复讨论，汉宣帝终于同意了赵充国的屯田之策，命令其他部队撤回，只留下赵充国率部屯田。同时恐怕西羌进攻分散屯田的部队，汉宣帝命令这些部队在撤回之前出击，给羌人沉重的打击。

第二年，赵充国就上书请罢屯田兵。他认为西羌的实力已经消耗得差不多了，剩下的已不成气候。汉宣帝批准了他的请求。这年秋天先零羌首领扬玉被手下的若零等人刺杀，率四千余人降汉。赵充国稳扎稳打，屯田与怀柔、分化的方略取得了成功。

赵充国在与羌族作战中显示出了一个老将成熟、老练的指挥艺术和风格。他的指挥艺术的一个重要方面就是重视情报的作用。赵充国的作战方略，仔细思索一下，与战国时李牧的作战方略有很多相近之处。其中主要一点是长期坚守，多派间谍进行广泛的侦察。这是长城以内的农业民族对付游牧民族的重要手段，也是以静制动、以逸待劳的重要手段。推而广之，在战争中要藏于九地之下，窥伺良机，后发制人，必须以运用间谍手段尽得敌情为前提。

第三章　东汉的间谍活动

第一节　昆阳之战

西汉晚期，封建地主阶级疯狂地进行土地兼并，赋税日重，广大农民苦不堪言。农民起义不断发生。西汉朝廷已坐在一个四处冒烟的火山上。

封建统治阶级感到危机四伏，力求找到一个能使他们摆脱危机的人。这时王莽登台了。公元8年王莽（公元前45—公元23年）脱下了"假皇帝"的外衣，当上了真皇帝，定国号为"新"。

这是一次水到渠成的改朝换代。王莽是汉元帝皇后王政君的侄子，王家是西汉末逐渐掌握朝廷大权的外戚集团。王政君的几个兄弟王凤、王商、王音及侄子王莽先后担任过大司马这一掌握政务和军权的要职。汉哀帝死，汉平帝即位时是一个九岁孺子，大权落在大司马王莽手中。

王莽善于伪装，以小恩小惠收买人心。公元前5年，全国大旱，蝗灾甚重，人民流离失所。王莽上书献钱百万，田三十顷，赈济灾民。王莽之妻衣不曳地，看见她的人还以为是仆人，经过长期准备，王莽终于达到了改朝换代的目的。

王莽上台后，开始了一系列托古改制的行动。他提出"王田制"，企图以此来缓和日趋尖锐的阶级矛盾。结果农民未得到好处，自诸侯卿大夫到庶民因买卖田宅、奴婢而抵罪的"不可胜述"。王莽集团是一个大地主集团，和大工商业者、大高利贷者关系甚密。以王田名义没收的土地，正好满足了王莽集团的贪欲。推行"王田制"，使王莽集团与其他地主集团的关系紧张起来，也使中央官僚、贵戚集团与地方土豪的关系紧张起来。

王莽还进行了多次"币制改革"，使用名目繁多的货币（如金、银、龟、贝、钱、布等），扰乱了社会经济正常运转，物价飞涨，人民破产。

王莽集团却乘机发了财。

在对外政策上，王莽大开边衅，使汉族与少数民族关系紧张。为了镇压少数民族对边境的侵扰，多次调动大军进攻。国家财政紧张，不得不增加赋税，这又进一步加重了农民的负担与苦难。

王莽的一系列倒行逆施，使本来已十分尖锐的阶级矛盾白热化了。公元17年临淮人瓜田仪起义。琅琊人吕母起义。同年，"绿林军"起，以王匡、王凤为首，以绿林山（今湖北当阳境）为根据地，数月内聚众七八千人。

公元18年，琅琊人樊崇率青州农民起义，很快有众十万余人。因起义军全军把眉毛涂红，称为"赤眉军"。

河北义军蜂起，主要有城头子路和刁子都部下二十余万人；铜马部数十万人以及青犊、尤来、五幡等部。活动范围在河北、山东、河南等处。

公元22年四月，绿林军为躲避绿林一带的瘟疫和王莽军的重点进攻，分为南北两路。南路由王常、成丹率领称"下江军"。北路由王匡、王凤、马武、朱鲔等率领，称"新市军"。新市军北攻南阳，接着攻随县。平林人陈牧等聚众数千人响应，称为"平林军"。汉宗室没落贵族刘玄此时投奔了平林军。同年冬，汉宗室刘縯、刘秀兄弟率宾客、部族，聚众七八千人于舂陵（今湖北枣阳东）举兵起义。刘縯、刘秀是南阳豪强。刘秀（公元前6年—公元57年）深沉、有谋，胆识过人，平时就爱结交豪杰，招纳亡命。起兵时，刘秀才二十八岁。

公元23年，刘縯、刘秀部与下江军联合，于沘水西大破王莽军。刘縯又大破严尤、陈茂统率的王莽军于淯阳。起义军局面越来越大，想找一个能号召天下的人。和历代农民起义一样，他们也乞求于过去朝廷的亡灵。刘玄空手而来，没有真正控制局面的实力。正因为这一点，刘玄被新市、平林、下江等义军的将领推为皇帝，改元更始。刘縯被封为大司徒，刘秀被封为太常偏将军。这年三月，刘秀率军攻下了昆阳（今河南叶县）。

王莽感到更始政权的军队威胁最大。他派大司空王邑、司徒王寻，在洛阳征兵四十二万，号称百万，进攻绿林军。五月，王邑、王寻率军与严尤、陈茂部会合，进攻昆阳。刘秀率部数千人在阳关（今河南禹县西北）与王莽军遭遇。刘秀率部很快撤回昆阳城内。此时王莽军的确来势汹汹，运粮的辎重千里不绝，军中还驱赶着虎、豹、犀牛、大象等野兽助威。绿林军将领为王莽军声势所慑，纷纷主张撤退。这时侦察的骑兵来报，敌军已到城北，队伍长至百里，看不到尾。诸将请刘秀快想办法。刘秀认为："当前兵谷既少，外寇强大，并力御之，功庶可立；如欲分散，势无俱全。且宛城未拔，不能相救，昆阳即破，一日之间，诸部亦灭矣。"刘秀是有战略眼光的，诸将只好听他的，死守昆阳。

刘秀布置完城防后，率十三骑从城南门夜出，寻找救兵。大战在即，王莽军开到城下的已达十万人，刘秀差点儿冲不出去了。

王莽军中此时对进攻昆阳也展开了辩论。严尤对王邑说："昆阳城小而坚，绿林主力在攻宛城（今河南南阳），马上发兵进击，攻宛之敌必然逃走，昆阳那时就会不战而降。"昆阳是宛城东北屏障，也是掩护绿林主力攻宛的重要据点。义军攻下宛城，北可以攻洛阳，西可以威逼长安。昆阳一撤，绿林军攻宛设想必然全部失败。宛城围解，昆阳自然失去其价值。刘秀、严尤都看到了这一点，但王邑并未接受严尤的意见。王莽军被紧紧吸在昆阳城外。

王莽军与义军在昆阳激战，久攻不下。此时刘秀已到郾、定陵一带征集义军。经过努力，刘秀组成了一支万把人的义军回援昆阳。

刘秀率援军进到昆阳城外，亲率精骑千余人，离主力四五里处列阵。王寻、王邑只派了数千人出战。刘秀一马当先，杀入敌阵，义军为之振奋，斩杀敌人数十人。义军将领大受鼓舞，纷纷说："刘将军平日遇小敌即胆怯，如今见大敌却奋勇当先，太奇怪了。愿助将军再次进攻。"义军诸部再度出击，又斩首敌人千余名。刘秀发觉王莽军士气低落，战斗力不强，采取了一个散布假情报的措施。

义军攻下宛城已三天了，刘秀尚不知道。但他派了一名使节，装作为城中守军送信的样子，试图冲进城去。使节在途中装作不慎把信件丢了。王寻、王邑看了士兵捡到后上送的信件，惶惑不安起来。原来信上写道：义军已攻下宛城，援军不日可到。宛城一下，王寻、王邑军就处于进退维谷之境地。这一假情报，使王莽军在昆阳城下处于无所作为的状态。高级指挥官意志沮丧，军无斗志。

义军却在几次小捷中提高了士气。刘秀精选敢死之士三千人，从城西水上向敌人阵地核心进击。由于从昆水一侧出击，有出其不意的效果，王莽军大乱。昆阳城内的守军也乘机擂鼓呐喊，内外夹攻。王寻被杀于军中，王莽军在大雨中狼狈而逃，相互践踏而死者甚多。这时溃水暴涨，王莽溃军淹死者不计其数。辎重、财物全为义军所夺。那些野兽也在大雨中四散了。

昆阳之战后，刘秀乘胜攻下了颍川，父城等五县也望风而降。王莽军主力在昆阳之战中被消灭。同年九月，绿林军攻克长安，王莽逃到未央宫的渐台上，被商人杜吴所杀。短命的新朝灭亡了。王莽军与义军实力相去甚远，要取胜"士气"是一个重要因素。刘秀伪造的书信，从战略形势的判断上，严重干扰了敌方统帅，使其举棋不定。这样在"治气"上，刘秀已打赢了这场战争。刘秀这一应用假情报的事例表明，在战役中如果能出色地运用战略、战役、战术方面的一系列假情报，就能深刻地影响整个战争的进程。谍报战可以运用于国家战略（最高层次的综合战略）、军事战略（与此平行的经济战略、政治、外交战略等）、战役、战术等不同层次。在战役中应用假情报，需要迅速、及时。

另外，刘秀编造的假情报，却反映了义军攻下宛城的真实情况。这发人思索。在战争中及时地把一些情报（包括真实的情报）向敌人传播，可以起到瓦解敌人意志，导致敌人意志消沉、采取消极措施的作用。对己方则可激励士气。第二次世界大战时苏联战时情报局经常发布的战报就起到了这个作用。在这一点上，间谍战与宣传战、新闻工作有机地联系在一起了。

互联网时代，庶民议政，"自媒体"蜂起，新闻舆论领域的进入门槛大大降低，成本也大大降低。通过舆论、消息对敌手进行诋毁、瓦解、破坏的渠道空前增加，方式繁多，形态隐秘，间谍战与宣传战、心理战结合，将日益对国际舞台上的搏杀产生深远而广泛的影响。

第二节　借刀杀人

昆阳战后，刘縯、刘秀兄弟声望日高。这使刘玄十分不安。其他义军将领也怕刘氏兄弟势力日大。刘玄找了个借口，杀了刘縯。刘秀马上从父城到宛向刘玄谢罪。在宛城，刘秀不与亲信、部下交往，对刘縯的部下也只有寥寥数语，从不讲自己昆阳之功，甚至不为刘縯服丧。看到刘秀这般动作，刘玄反觉心里有愧，拜其为破虏大将军，封武信侯。不久，刘玄派刘秀以破虏大将军行大司马事，持节北渡河，镇慰州郡。刘秀到了河北，对州郡长官一直到下属佐吏进行考察，赦免囚徒，废除王莽苛政，恢复汉制，收揽人心。同时广招贤才，自成局面，开始了他统一中国的大业。

刘秀率军与他在河北的劲敌王郎作战。这一次他又使出了制造假情报的手段。在他的部下任光为他做的檄文中扬言："大司马刘公率城头子路、刁子都百万之众，从东来，消灭诸部反叛。"利用农民起义军的声威，使进攻颇为顺利。公元24年五月，刘秀消灭王郎，攻克邯郸。

刘秀初步平定河北后，刘玄天真地派人立他为萧王，并命刘秀入朝。刘秀对使节说："河北尚未平定。"拒不应召。同年冬，刘秀趁赤眉军进攻更始政权，吞并了刘玄在河北的谢躬军。双方已经决裂了。

刘秀在河北击败了铜马起义军，收编了这支部队，又击破青犊、五幡等义军，收编了河北的地方势力，拥兵数十万，在赤眉、绿林争斗中举足轻重。但刘秀集团在领导人才水平、素质上更具有极大优势。除南阳亲戚、部族外，他又招揽了不少贤士。刘秀军中有不少能文能武的将领，这是他与其他开国皇帝的不同之处。

公元25年六月，刘秀称帝。同年，刘秀军从战略上对绿林军以三十万兵力防守的重镇洛阳取包围态势。

洛阳守城主将是朱鲔、李轶、田立等。其中李轶是最初和刘秀一起举事的主要将领之一。李轶的兄长李通也是刘秀部下主要将领，在劝说刘秀起义时发挥了重要作用。更始帝登场后，李轶倒向了更始，反过来攻击刘縯、刘秀。

刘秀的将领冯异利用这一历史渊源，写信给李轶。信中分析了守军形势，劝李轶"亟定大计，论功古人，转祸为福在此一举"。

李轶看到当时赤眉军攻长安，形势危急，洛阳又四面受围，心里也非常害怕，但对投降刘秀又心存疑虑。于是他采取预押一宝的办法，先给冯异写了回信。他在信中表示愿为刘秀效力。回信之后，李轶在与刘秀军作战时采取了消极回避态度，使刘秀军得以集中兵力于别处，一步步紧缩了对洛阳的包围。对别处绿林军的告急，李轶也坐视不救。

冯异看到李轶果然兑现了他在信中所表示的意愿，为了奏明他的功劳，把他的信送给刘秀，并奏明了他暗助汉军的情况。刘秀看过信却另有想法。他命令冯异，故意把李轶的回信泄露给洛阳另一守将朱鲔。朱鲔得到这一情报，勃然大怒，立刻派人刺杀了李轶。原来刘秀对李轶有着其人"多诈不信人，不能得要领"的评价，经过权衡他决定抛出李轶。果然，李轶被杀使洛阳守军人心涣散，相互猜疑，不少人投奔了汉军。

九月，赤眉军攻入长安，更始帝狼狈出逃。刘秀封更始帝为淮阳王，以收揽绿林军人心。十月，朱鲔率军投降。刘秀定都洛阳。

在刘秀的一系列散布假情报的活动中，我们可以看到战时宣传和公开情报，方式多样，目的复杂，就情报工作这方面的问题来讲，可以构成一门单独的情报宣传学（情报与宣传的嫁接）。就其手段来讲也日趋复杂。

从刘秀除掉李轶的行动看，对敌人有意散布的情报进行判断，主要难点在于对敌人的真实意图，要洞若观火。离开对敌人意图的探寻，即使情报是真实的，也仍会落入圈套。

第三节　诱敌出战

公元 27 年正月，刘秀率军大破赤眉军。赤眉军立的皇帝刘盆子率领百官投降，赤眉军的主要将领樊崇也率残部投降。两支最大的农民起义军都已为刘秀所消灭。但是在全国各地仍有不少势力强大的割据者。青州的张步就是一个。

公元 29 年十月，刘秀命耿弇率军进攻张步。耿弇是刘秀手下能文能武的将领之一，从小饱读诗书，后来又对将帅之事产生了兴趣，为人有权变。

张步听到耿弇率军前来的消息，派其大将费邑驻扎于历下，防备汉军。同时还派兵屯于祝阿、泰山钟城。张步军的实力比耿弇所率军要强。面对这种情况，耿弇率军渡河，先击祝阿。汉军从天亮开始攻城，不到中午就把城攻下了。刘秀集团善于利用宣传来瓦解敌人的特色又一次表现出来。耿弇命令部队故意放开包围圈的一角，让祝阿的百姓逃到钟城去。钟城的守军和百姓一听祝阿已破，惊恐万状，倾城而逃。

费邑看到这种局面，赶紧派其弟费敢率军防守巨里。耿弇兵临巨里城下。他命令士卒加紧修缮攻城工具，并对部队宣布，三日后要尽全力攻打巨里城！耿弇一面大肆作出攻城的姿态，一面让人悄悄地把抓住的敌军士兵放了回去。

敌军士兵回去后，把耿弇进攻巨里的日期告诉了费邑。

到了那一天，费邑果然率精兵三万人来救巨里。耿弇听到费邑军出动的消息，十分高兴。他对部下们说："我之所以修缮攻城工具，就是想引诱费邑出来击败他。今天他来正好落入圈套。"他立即分兵三千人监视巨里的守敌，亲自率领精兵在附近的山冈上迎击费邑军。

费邑军在以逸待劳的汉军迎击下，被打得七零八落。汉军在阵前杀死了费邑。耿弇命人拿着费邑的首级向城中劝降。巨里城不攻而下，费敢逃回张步那里去了。耿弇乘势平定了济南。

张步在耿弇的打击下节节败退，逃到了平寿，苏茂率军来救张步。苏茂埋怨张步轻敌，致使步军屡次失败。张步虽然不愿意听，但也无言以对。这时刘秀派人分别告诉张步和苏茂，"能相斩者，封为列侯。"张步先下手为强，杀了苏茂，向耿弇部投降。

刘秀封张步为安丘侯。青州（今山东黄河以东胶东地区）全部为刘秀占领。

耿弇对张步的作战中，由于巧妙地利用敌军士兵，变被动为主动，以相对劣势的兵力夺得了战争的胜利。刘秀巧妙地利用敌人处于"穷寇"地位时的心理，使之自相残杀，坐享其成。这又一次反映了刘秀君臣在统一中国的战争中，谋略和谍报运用上的优势。

第四节　连丧两将

公元33年正月，陇西的割据者隗嚣病死。公元34年十月，隗嚣的儿子隗纯在落门（今甘肃武山东）被攻破后，向汉军将领来歙投降。经过四年的反复争夺，刘秀终于平定了陇西。陇西一平定，刘秀就急不可待地对手下将领表示："既平陇，复望蜀。""得陇望蜀"的成语即源出于此。可是刘秀在此还有一句话："每一发兵，头发为白。"年仅二十八岁起兵的刘秀，至此不能不为一统天下迟迟不能实现而感叹，心情之迫切是可以理解的。陇西的攻占也确实为全力攻蜀创造了条件。

割据蜀地的是公孙述。他看到刘秀得以专心对付自己的形势，派兵支持隗嚣的将领王元占领河池（今甘肃徽城西），抗拒汉军。汉军在来歙的统率下击败王元，占领了河池、下辩，并乘胜攻入蜀地。

就在汉军节节推进时，蜀中敌将十分恐慌，决定派人行刺来歙。这一天夜深人静，来歙已酣然入睡。一个人影闪入了来歙的帐篷，手起刀落。来歙从剧痛中醒来，利刃已中要害。来歙咬紧牙关，派人叫来了一起出征的将军盖延，以军事相托。他还强自挣扎着写了给刘秀的遗表，在表中表示："臣夜人定后，为何人所贼伤，中臣要害。臣不敢自惜，诚恨奉职不称，为朝廷羞"。写完投笔于地，自己拔下利刃，带着深深的遗憾气绝身亡。刺客却杳无踪迹，逃之夭夭。将军不死于疆场，却死于刺客刀锋之下，的确是件让人不能瞑目的事。

汉军的进攻并不因为来歙的被刺而稍缓。公元35年八月，汉将岑彭破公孙述将侯丹于黄石（今四川涪陵东），然后率军以迅雷不及掩耳之势疾驰二千里至武阳（今四川彭山县东），绕到蜀军主力的后面，其派出的精骑已进逼成都。公孙述以为神兵天降。

这时刘秀已移驻长安，汉军成全力攻蜀之势。岑彭命将领臧宫率领由公孙述军降卒组成的另一支部队，分路进击。臧宫随机应变，把刘秀派使节送给岑彭的七百匹战马截留，多树旗帜，士兵擂鼓呐喊，大败在沈水阻击汉军的延岑军十万。臧宫军乘胜进抵平阳（今四川绵竹县）。这时刘秀又使出了他攻心为上的老办法，写信给公孙述，劝其投降。公孙述说："废兴命也，岂有降天子哉。"决心拼到最后。

这年十月的一天，天刚刚黑。有一个自称是蜀中亡奴的人向岑彭投降。岑彭把他收留下来。夜深了，这个人溜进了岑彭的帐篷，月光下白刃一闪，汉军的一员大将又成了刺客刀下之鬼！岑彭和来歙一样，是刘秀手下的文武全才，早年当过王莽政权的地方官吏。其用兵纪律严明，秋毫无犯，入蜀后深得当地百姓之心。岑彭死后由郑兴代统其军。

公元36年十一月，吴汉、臧宫率汉军大破公孙述军于成都城外。公孙述受重伤逃回城里，当晚死去。延岑率军投降，刺客最终未能挽救公孙述的命运。

岑彭、来歙都是南阳人，是刘秀集团中能独当一面的骨干，也是有政略和谋略的大将之才。然而二人却先后丧于公孙述刺客之手，说明二人在深入敌境后，缺乏这方面足够的警惕性。以大将之才丧命于刺客，不能不说他们在反间谍方面有着明显的弱点。来歙遇刺后刺客飘然而去，岑彭轻信一个自称"亡奴"的刺客。这都表明当时在战争中远未发展起一套对敌军间谍的审讯、防范制度。可以说在战争中善于识别敌人的间谍，善于保护自己不做无谓的牺牲，是为将之道的重要组成部分。

在战役进程中，敌方将领和我方将领常常成为敌人在战役这一层次进行间谍战的重要打击目标。古代战争中的"斩首"行动，主要针对的是敌军统帅、重要将领。对统帅、将领的人身打击可以起到双重效果，一是可以暂时使敌人指挥陷入混乱，处于群龙无首、难以有所作为的被动状态中；二是如果敌方一名无可替代的杰出将领遇害，将使整个战役局势出现改观。当然这就需要间谍活动与军队的行动在时间上紧密配合。而这一点在古代却囿于通信手段的局限无法做到。因此公孙述两次行刺成功，却未扩展成军事上的胜利。

从另一方面看，汉军在主将遇刺后立即推出其他将领接掌了指挥权，从而有效地避免了陷入混乱。在战时对敌人这方面行动的防范和应付，一方面要有一套行之有效的战时战场反间谍机构和制度，有一套行之有效的对战俘进行甄别的机构和制度；另一方面还要有一个万一出现主帅阵亡遇刺等情况时的应急计划。战场上瞬息万变意外的因素是很多的，只有预先有计划、有制度才能保证有条不紊地转移指挥权，使战役少受影响。

第五节　边境侦骑

边境的防卫森严笔者是深有体会的。在边境对间谍渗入的预防，也需要一些专门措施。当年笔者在祖国最东北角抚远县远眺对岸异国群山，发现对岸的山总是光秃秃的。据说是为了防止有人越境，每年深秋故意把山上草木烧个干净，有些地方还用直升飞机喷上些白色的东西。当然，我们这一边也是加紧巡逻，不过没那么多花样罢了。后来我在研究间谍史时，发现汉代就已采取了类似的办法。居延汉简中载："戍卒宁望之迹，多不胜举，在天田夜中布沙，平明视迹之有无，以定敌人来入与否。"①

东汉刘秀执政时，在边境上还采取了其他措施。东汉军队、民夫在边境大修工事，还制作了一种适于对匈奴进行侦察瞭望的叫作楼橹的战车。这种战车要用几头牛来拉，车上有高高的瞭望楼。实际上是机动观察站。这对及早发现匈奴骑兵有很大的作用。刘秀注意边境的防守，与当时东汉初年的形势是分不开的。

在刘秀集团尚未平定天下时，匈奴、乌桓等游牧民族就经常侵扰边境。刘秀也多次派出军队抵抗，但在战略上总是处在守势。公元37年四月，吴汉率征蜀之师奏凯还朝，刘秀大宴群臣，以高官厚禄大封诸将。刘秀不用诸将参与国事，并绝少言及军旅。刘秀这番动作一方面是为了更好地巩固自己的政权，另一方面也是示天下百姓无意于战争。这时刘秀诏告

---

① 陈直：《摹庐丛著七种》（读子日札），齐鲁书社1981年版，第19页。

边境官吏："边吏力不足战则守,追虏料敌,不拘以逗留法。"允许边境官吏在与匈奴战争中采取较为灵活的战术。

刘秀的这些措施都是为了给国内百姓休养生息的机会。战乱之后的贤明君主总是随之带来一个让社会恢复生机的时代,这在中国历史上是一个反复出现的现象。但是内乱之后,经过一段休养生息,国力强大的政权总要奋起抗击外来侵略,这也是不以人的意志为转移的。统治者想偃武修文、韬光养晦也办不到。公元39年,刘秀就命吴汉、马成、马武等进击匈奴。对匈奴的长期作战开始了。

尽管汉军在边境上多次大破匈奴军,但仍扭转不了被动挨打的局面。这在农业民族与游牧民族沿长城一线的农业区与游牧区对抗时,是不可避免的。游牧民族天然具有来去自由、飘忽不定的优势,使他们常常处于主动地位。除非像汉武帝对匈奴进行的"犁庭扫穴"的战争那样,不惜一切代价穷追猛打。而这在东汉立国之初又是为国力所不允许的。

公元46年,汉、匈奴对峙的形势发生了很大变化。匈奴地连年旱灾、蝗灾,赤地千里,草木尽枯,人、牲畜因饥饿和生病而死亡大半。匈奴实力大受影响。这时匈奴内部也进行着激烈的权力之争。呼韩邪单于孙、乌珠留单于的儿子比,在其叔父呼都而尸道皋若鞮单于即位时,被封为右薁鞬日逐王,驻于匈奴之南,管领南边八部及乌桓之众,手下有四五万人。单于死,其子左贤王乌达鞮立为单于,不久新单于又死,其弟左贤王蒲奴立单于。比因为不得单于之位,怀恨在心。蒲奴单于恐汉朝乘其弊进攻,派使者到渔阳请求和亲。汉光武帝刘秀派李茂出使匈奴。比于公元47年秘密派了汉人郭衡到西河太守处,请求内附。郭衡并非空手而来,他带了匈奴的地图送给汉朝。由此可见,当时汉朝对匈奴的情报知之甚少,同时也可以看到地图已被公认为关系国家安全的机密文件。

公元48年春,匈奴八部大人共议拥立比为呼韩邪单于,并向汉朝表示愿意内附,为汉朝保卫北部边境。汉朝答应了这一请求。这年冬,比自立为呼韩邪单于。在汉朝支持下,公元49年春,呼韩邪单于派其弟左贤王莫率兵万人击北单于,大破其军。北单于不得不率众后撤千余里。匈奴分裂为南、北二部,使边境形势逆转,也为汉朝开展间谍活动创造了条件。

公元49年,辽西乌桓大人率九百余人入京朝贡。刘秀设盛宴款待并赐予珍宝。朝贡后乌桓人中有不少愿意留下为汉朝效力。刘秀封其渠帅为侯、王、君、长者八十一人。乌桓是东胡的一支，匈奴冒顿单于大破东胡王后，余下的东胡人分别聚集于乌桓、鲜卑两部。乌桓部落主要聚集于乌桓山，鲜卑部落主要聚集于鲜卑山。乌桓在相当长的时间内，受到来自匈奴和汉族中央政府的进攻。同时乌桓也经常向这两个政权进攻，时而联合汉击匈奴，时而依附匈奴进攻汉。东汉初年，匈奴压迫乌桓。乌桓乘匈奴内乱，旱、蝗灾连年，于公元46年大举进攻匈奴，使匈奴北迁数千里，漠南地空。

汉光武帝对这些人的安置是煞费苦心的。他命令把这些人安置在边境诸郡，担负着招揽乌桓人的任务。凡招揽来的人，给予衣服、食物，让他们为汉朝做侦察工作，协助进攻匈奴、鲜卑。后来汉光武帝又接受了班彪建议，置乌桓校尉，专门管理归附的乌桓人的事务，并兼管鲜卑人的事务。从这可以看出汉光武帝利用内附的游牧民族，在边境上设立了一系列的情报机构，充分利用这些人来搜集情报。刘秀的这一政策与汉武帝对乌桓曾采取的政策大同小异，汉武帝也曾把乌桓族安置于边境，并设乌桓校尉管理，防止他们与匈奴交通。

南匈奴于公元50年，遣子入侍，表示愿意对汉称臣，并贡献珍宝。刘秀厚赐单于，并拨赠了粮食、牛羊，派中郎将段郴、副校尉王郁出使南匈奴，为之立单于庭于五原（今内蒙古包头市）西部塞八十里处。单于远迎汉使，十分诚恳。汉使返回报命后，刘秀诏命其入居云中郡（治所在今内蒙古托克托县）。后来又允其迁往西河郡美稷（今内蒙古伊盟东胜附近）。

南匈奴内附后，为汉朝在北部边境充当屏障，使北部边境获得了相对的安宁。刘秀还命汉军协助南匈奴，冬季驻扎，夏季撤回。在南匈奴入居的朔方、五原、云中、定襄、雁门、代郡等地，都由当地匈奴首领率领，帮助当地郡县官吏守边，更重要的是进行侦察和巡逻。以游牧人对游牧人，进行间谍工作就容易多了。南匈奴在更大规模上发挥了乌桓人的作用。刘秀在边境间谍工作中是有一条一定之规的。

由于南匈奴为汉军耳目，给北单于造成了很大威胁。他归还了一些掠去的民众，对汉朝表示善意。匈奴骑兵南下经过汉军防卫工事时总是表示：是去进攻亡虏右薁鞬日逐王的，不敢侵犯汉民。渐渐地北匈奴失去了往日的主动地位，力量日趋衰弱。公元51—52年北匈奴连续遣使请求和亲。公元55年，北匈奴又遣使奉献。边境日安，往日流落的百姓纷纷返回家乡，生产也有所恢复。

　　汉朝与北匈奴的来往引起了南匈奴上层一些人的疑虑。南匈奴须卜骨都侯等人心怀不满，秘密派人到北匈奴去，企图勾结北匈奴叛乱。这是公元65年的事。此时汉光武帝刘秀已死，汉明帝刘庄在位。越骑司马郑众奉诏出使北匈奴。北匈奴单于想让郑众下拜，郑众宁死不屈。北匈奴将其囚起来，不给水火，郑众发誓绝不屈服于北匈奴单于。单于只好放其南归。在回去的路上，郑众发现一些形迹可疑的人，郑众立即命令部下进行跟踪侦察，果然在这些人中抓到了须卜骨都侯派往北匈奴的密使。郑众把这一情况报告了汉明帝，并建议"更制大将，以防二虏交通。"汉明帝命置度辽营，以中郎将吴棠行度辽将军事，率黎阳虎牙营士屯五原、曼柏。命骑都尉秦彭率兵屯于西河郡美稷县。经过这样一番部署，有效地防止了南匈奴中企图叛乱者与北匈奴的交通。这年秋，北匈奴果然派骑兵入侵朔方，企图与南匈奴叛乱者里应外合，但因汉朝早已有备，只好劫掠一阵撤了回去。汉朝利用乌桓、南匈奴为之进行边界上的间谍活动，有效地在东汉初年改变了被动态势，争取了一个相对和平的、养精蓄锐的时期，为后来大规模反击北匈奴奠定了基础。

　　利用间谍对游牧民族进行较为深远的战略侦察，是农业民族在与游牧民族战争中争取主动权的重要条件。李牧、赵充国等将领已充分注意到了这一点。汉朝统治者在利用游牧民族来对付游牧民族时，主要采取"本族化"的方式进行间谍活动。同时，还有与之相配合的民族政策和一整套方法。以游牧民族中的首领率领原部族的民众，进行谍报活动，在汉与匈奴边界形成了一整套依靠游牧民族民众搜集情报的谍报网。

　　汉朝统治者的这些做法和政策是值得深思的！

第六节　神箭立威

　　公元75年春，匈奴北单于派左鹿蠡王带兵二万人进攻车师（西域诸国之一）。当时，西域诸国时而依附东汉，时而又不得不迫于压力倒向匈奴，地位微妙。东汉在此之前曾派奉车都尉窦固、驸马都尉耿秉、骑都尉刘张等率军出敦煌，进击车师。车师王在东汉大军威力下不得不低头称臣。

　　为了西域长治久安，朝廷在窦固的建议下，设置了主管西域地区事务的西域都护一职。派陈睦为都护，司马耿恭为戊己校尉、关宠为己校尉，驻守车师各地。这些驻军一方面可以防备车师国可能的反叛，另一方面可以给车师王撑腰。

匈奴军来袭的消息，由车师王派人飞报耿恭。耿恭立即派司马（汉军武官）带数百人前往救援。区区数百人在茫茫大漠、草原中，根本不是匈奴铁骑的对手。几百名汉军很快被消灭了。匈奴军攻破车师国都，杀死了归附于东汉的车师后王安得。

匈奴军连战皆捷，又进攻耿恭率军驻扎的金蒲城。耿恭出身将门，面对气势汹汹的匈奴骑兵，他知道硬拼无济于事，决定以计取胜。

他命士兵在箭头上涂上毒药。同时让人故意散布消息给匈奴："汉家神箭，如果被射中必有更大灾祸。"匈奴将领不信，仍然命大军攻城。城上箭如雨下，匈奴军纷纷倒地。由于伤亡惨重，左鹿蠡王只好下令暂停进攻。当匈奴兵带伤者回到营帐时，奇怪的事情真发生了。凡中箭的匈奴士兵，都从伤口开始发生红肿、溃烂。这下匈奴兵吓坏了。左鹿蠡王等匈奴将领也怀疑可能上天真是保佑汉军。士兵们纷纷议论："汉军有神灵保佑，实在可怕！"当天夜里风雨交加，更加重了匈奴兵将这一感觉。此时耿恭却悄悄率军，在伸手不见五指的夜幕掩护下潜至匈奴营寨边上。一声信号，汉军奋勇杀进匈奴营帐，匈奴军本来就人心惶惶，此时更加混乱，很快就被汉军击败了。①

耿恭并未被匈奴军暂时的撤退所迷惑。他发现疏勒城旁有涧水流过，如果能占领此城，对抗击匈奴更为有利。于是率军进驻疏勒城。同年七月，匈奴骑兵果然卷土重来，包围了疏勒城。匈奴将领发觉水源是疏勒城攻守的要害，就派兵切断了疏勒城旁涧水入城的渠道。耿恭率军死守，城内缺水已到了从马粪中压出一点水来解渴的地步。耿恭率军挖井，向下深挖十五丈仍不见水。他亲自下井去挖，地下水终于涌出。见到清凉的井水，汉军士兵和城中百姓为之精神大振，齐声高呼："万岁、万岁！"耿恭命人把水装在桶中，运上城楼，对着匈奴军方向倒下去。清水哗哗地顺着城墙流下来，匈奴将领惊得目瞪口呆。城中明明没有水，这水难道是老天爷所赐？这一次匈奴军确认汉军有神灵保佑，很快撤军了。

愚昧和无知在间谍战中，是进行欺骗和散布假情报的最好助手。在间

---

① 《后汉书》卷十九·耿弇列传第九。

谍战中，以自己的武器装备以及其他优势来吓唬敌人，动摇敌人心理，是非常有效的。问题在于，在当今要做好这方面工作，必须有各方面专家参与，才能把"故事"编得和真的一样。

第七节　威震西域

汉光武帝刘秀执政时，无暇外顾，因此西域诸国与汉基本上处于关系若断若续的状态中。从东汉初年的状况看，也只能如此。只有先整治好内部，增强实力，才能着手向外发展。随着汉朝实力增强，匈奴分裂为南北两部。汉朝不满足于等在长城线上被动挨打的状况，开始转入战略进攻。这时，西域诸国的动向，作为对付北匈奴战略的一部分，自然引起了人们的关注。时代的需要必然推出满足这一需要的人物，这样的人物也果真登场了。

公元73年二月，汉朝开始对北匈奴大举进攻。汉明帝命祭彤、吴棠率汉军和羌、胡、南匈奴士兵混合组成的部队一万一千骑出高阙塞；窦固、耿忠率酒泉、敦煌、张掖等处的驻军及羌、胡士兵共一万二千骑出酒泉塞；耿秉、秦彭率武威、陇西、天水招募来的士兵及羌、胡士兵万余骑出张掖、居延塞；骑都尉来苗、护乌桓校尉文穆率上谷、渔阳、右北平、定襄等郡的驻军及乌桓、鲜卑的士兵共一万一千余骑出平城塞。四路大军进击北匈奴。从军队的构成上可以看出当时汉朝动员了几乎全部边境上的精锐。同时形势对汉有利，是一次各民族联合对北匈奴的作战。汉朝企图以"犁庭扫穴"式的穷追猛打给北匈奴以毁灭性的一击。

但是这次出击的战果并不理想。只有窦固一路进到天山，击北匈奴呼衍王部，斩首千余级，追到蒲类海（今新疆巴里坤西北），占领伊吾庐，置宜禾都尉，留下部队进行屯田。其他三路皆无功而还。北匈奴对出塞的汉军采取了避而不战的策略。这在农业民族对游牧民族的战争中也是常见的。游牧民族的机动性，使其可以大步地向后撤退。

在窦固军中，有一个年轻人显露头角。他在蒲类海与匈奴作战中，斩首甚多，得到了窦固的注意。这个在军中任假司马之职的年轻人，就是后来扬名西域的班超。

班超（公元32—102年）字仲升，扶风安陵（今陕西咸阳东北）人。班超出生于东汉一个著名的知识分子家庭。其父班彪是东汉初年的著名儒生，受到汉光武帝的赏识和信任。班彪勤于著述，尤其专心于史籍。班超的哥哥班固在其父所著《史记后传》基础上续成了《汉书》，为一代良史。在这样一个家庭里班超自然是耳濡目染，广泛涉猎了各种书籍。然而班超却与其兄不一样，他不想在笔墨中讨生活。其时距张骞通西域的时间并非太远，张骞立功于万里之外的壮举常常激励着他，有时甚至不能自已。当时班超家境并非富裕，他受雇于官府抄书。对这枯燥的工作，班超有一天忍不住投笔于案，长叹道："大丈夫无他志略，犹当效傅介子、张骞立功异域以取封侯，安能久事笔砚间乎？"旁边的人都笑他，班超说："小子安知壮士志哉"！

公元73年，汉军四路出击北匈奴之役后，班超受窦固的派遣，怀着"立功于异域"的壮志，和从事郭恂率吏士三十六人出使西域。一个年轻人勇敢地接受了复杂的政治、军事使命的挑战。他将用自己的勇气和智慧在西域为自己闯出一番事业。

东汉初南匈奴、乌桓、鲜卑先后附汉，北匈奴把西域诸国作为它的人力、物力主要补充地，加紧了对西域诸国的控制。当时雄踞西域的于阗王和龟兹王都是北匈奴扶植的傀儡，北匈奴经常派使者驻在这些国家进行监督，征收物资。

班超出使西域首先到达的是鄯善国。鄯善国的国君一开始对班超等人十分尊重，接待周到。后来班超发现鄯善国对他们的态度日渐冷淡，招待也不周了。班超召集与他一起出使的三十六人分析情况，班超认为："必定有北匈奴的使节到了，鄯善王犹疑不定，不知到底投向哪一方好。聪明的人见事于未萌，何况现在事情已十分明显了呢。"班超召来鄯善国派来服侍他们的人，诈唬他说："匈奴使者已来数日，现在什么地方？"服侍他们的人以为班超已了解了全部情况，十分害怕，就把北匈奴使者的情况全说了。班超把这人关了起来，召集三十六人共同饮酒。酒喝得差不多了，班超说："诸位与我俱在绝域，欲立大功，以求富贵。现在北匈奴的使者到了才数日，而鄯善王已经对我们十分怠慢了。如果让鄯善王把我们抓起来送往匈奴，我们的骨头就会在荒原上让豺狼啃咬了。我们应该怎么办？！"三十六人都说："现已在危亡之地，我们生死都跟随司马！"班超气冲斗牛："不入虎穴，焉得虎子。现在之计只有乘夜以火攻北匈奴使，他们不知道我们人多少，必然十分害怕，可以将其全部消灭。消灭了北匈奴使，则鄯善国必然胆破，功成事立矣。"这些人认为还须进一步和从事郭恂商量一下，班超大怒："吉凶决于今日，从事文俗吏，闻此必恐而泄露我们的计谋。死而无所作为，非壮士也。"三十六人齐声说："好！"同意了班超的计划。

当夜，班超率三十六人前往匈奴使节住的地方。当晚有大风。班超命十人持鼓躲于房后，见火起就鸣鼓，大声呼叫。其他的人在门口手持兵器和弓弩埋伏。班超顺风放火，后面的十个人鼓声大作，拼命呐喊。北匈奴使节乱作一团。班超奋勇当先，亲手杀了三名北匈奴使节。班超和手下人共斩北匈奴使节三十余名，其他百余人都烧死了。北匈奴的庞大使节团就这样完了。

班超事毕之后才告诉郭恂。他把北匈奴使节的头给鄯善王看，鄯善国被汉使的行动震慑，马上送子入汉为人质。窦固上报了班超的功劳。汉明帝命班超为军司马，继续出使西域。窦固想给班超增兵，班超说："愿意率领原来从我出使的三十余人足矣。如有意外发生，人多了徒添麻烦！"何等的自信，何等的气魄！

班超又到了于阗。于阗王广德在北匈奴的支持下刚刚击破莎车，成为雄踞西域南道的势力。班超到时，北匈奴常驻在那儿的使节也知道了。于阗王广德对他们十分无礼。于阗国的巫说："神发怒了，想要汉使的好马，来祭祀他。"广德派国相私下求班超交出马来。班超早已通过秘密渠道知道了这个情报，就假装同意，但要让巫亲自来取马。过了一会巫来了，班超立即将其斩首，并鞭打了国相数百下。班超命人将巫的首级送给于阗国王。广德知道班超在鄯善的行动，很是恐惧，就主动杀了匈奴的使者，表示愿臣服汉朝。于是西域诸国纷遣子入侍，与中央政权断绝六十五年的西域，又重新恢复了关系。

班超随后在西域诸国镇抚，以少数兵力利用各国之间的矛盾，纵横自如。

公元84年，班超在汉朝派来的由假司马和恭等四人率领的八百名士兵的增援下，发疏勒、于阗兵击莎车。莎车用重金秘密收买了疏勒王忠，使之背叛了汉朝。班超另立疏勒府丞成大为疏勒王，尽发疏勒国不反者进攻忠。攻打了半年之久，康居派兵来救。这时月氏刚与康居联姻，班超派使节带了很多锦帛赠送给月氏，让月氏劝说康居王罢兵。康居王果真罢兵，把忠带回国去。由此一役可以看出，班超对西域诸国关系之通晓，对他成功起了很大作用。

公元 86 年，忠说动了康居王，借兵回到损中。同时忠还与龟兹王密谋，派使节到班超那里诈降。班超知道了忠与龟兹王的阴谋，但仍装作不知道，答应了忠的请降。

忠听了使者的回报大喜，马上率轻骑前往班超处。班超密布兵士于接待忠的房子里，同时大摆宴席招待忠。忠入席后，看到班超对他十分热情，渐渐放松了警惕。乘忠正在喝酒时，班超大喝一声。早已埋伏好的兵士冲了出来，把忠绑了起来，当即斩首。班超既擒其首领，乘机进攻忠所带领的轻骑，击杀七百余人。西域南道被打通。

第二年也即公元 87 年，班超发于阗诸国的士兵二万五千人进攻莎车。龟兹王派左将军率温宿、姑墨、尉头兵五万人援救莎车。兵力对比对班超不利。班超召集将校及于阗王商议，在会上班超说："现在兵少不敌，不如各自散去。"并约定等待夜间的鼓声，一齐撤兵。于阗王东撤，班超则率军南撤。班超故意把这个决定散布出去，并把抓到的敌人士兵悄悄放了回去。

跑回去的士兵向龟兹王讲了班超军的动向，龟兹王亲自率万骑到莎车的西界去拦截班超，命温宿王率八千骑到东界去拦截于阗王。

班超得知敌人已经出动的消息时，正安然坐在大营里。他立即命令将领秘密地收拢部队，在鸡叫前向莎车军的营垒进攻。莎车军做梦也没想到班超前来进攻，吓得四处奔逃，被斩首五千余人，缴获了不少牲畜、财物。莎车国投降了。龟兹等国的军队看莎车已破，也各自退去。

班超逐渐制服了西域诸国，只有焉耆、危须、尉犁三国不服。公元 94 年秋，班超发龟兹、鄯善等八国兵共七万余人及汉军吏士、商人一千四百人进攻焉耆。军队到了尉犁边界，班超派人去传话给焉耆、尉犁、危须三国国君："都护①前来是想镇抚三国，如果想改过从善、赶快派大人来迎，当有重赏，王侯以下官员事情完毕就可以回去了。现在要赐给各位国王采锦五百匹。"焉耆王广派了左将北鞬支带了牛、酒去迎接班超。班超责怪他为什么不让焉耆王亲自来迎。有人建议班超杀了他。班超认为那样将引起焉耆王的怀疑。他厚赐左将北鞬支，让他回去了。焉耆王广和国内的大臣亲自迎班超于尉犁，班超又让他回去了。

焉耆王仍然对班超放心不下，派人拆了通往焉耆城要道上的桥梁。班

---

① 东汉于公元 91 年置西域都护，以班超为都护，驻龟兹。

超从别的路进军，突然出现在焉耆城二十里处扎营。焉耆王大惊，率众奔逃于山中。在此之前焉耆的左侯元孟曾作为人质在东汉的都城待过。元孟派人秘密地给班超递送情报，班超却把送情报的秘密使节杀了。表示不信任元孟，同时也向焉耆王传递了一个信息。

班超于是大会西域诸王，扬言要厚加赏赐。焉耆王广、尉犁王汎以及他们的王公大臣都来了。但危须王等却没有来。班超已经达到引诱敌人的目的，此时就现出了本来的面目。他十分震怒地问焉耆王广："危须王为何不到？国相腹久为何逃亡？"以此为借口，将焉耆王广、尉犁王汎等全部抓了起来，在陈睦故城将这些人全部杀掉。

班超既已达到擒贼先擒王的目的，乘机纵兵进攻，斩首五千余级，活捉一万五千人，获牲畜三十万头。立元孟为焉耆王。此役之后，西域五十余国全部向汉朝纳贡。班超被封为定远侯，威镇西域，实现了他立功异域的理想。

班超以汉使的身份出现于西域，最终以汉朝在西域的政治代表的身份威镇诸国，其所实际统率的汉军为数很少，这不能不说是一个奇迹。班超之所以能创造这个奇迹，汉朝在当时的势力已十分强大，影响所及，西域诸国不得不考虑其威力，是一个重要原因。然而班超个人的极大魄力也起了很大作用。

在其袭杀匈奴使节时，他是以外交官身份毅然进行间谍活动的。在第三方国土上敌对双方的外交使节相互斗争，这是屡见不鲜的事。班超果断地袭击了北匈奴的使节，使鄯善国慑于汉朝的威力不得不俯首称臣。从班超后来以谍报战取胜的一系列活动看，班超这个外交官深知西域民情、政情，并有自己了解情报的渠道。

班超的谍报手段、行动方式，除袭杀北匈奴使外，都已在中国古代间谍史上屡见不鲜。其在中国古代间谍史上占有一席之地的是，以一个外交官身份开展了极为大胆的间谍活动，并为后世留下了一个外交官在情报活动中的巨大足迹。这一足迹在当今世界间谍斗争的舞台上已不乏后继者，但仍是让人回味的。

班超的大胆行动，流风所被影响了东汉一代的对外间谍活动。公元111年十二月，杜琦等人与羌人合谋，占据了上邽。汉阳太守赵博派门客杜习刺杀了杜琦。杜习被封为讨奸侯。公元114年九月，东汉官员尹就招募刺客除掉与羌人勾结的吕叔都等。蜀人陈省罗应募，刺杀了吕叔都，被封侯赐钱。公元 117 年二月，任尚遣当阗种羌榆鬼等刺杀杜季贡，榆鬼被封为破羌侯。同年九月，护羌校尉任尚再度招募效功种羌号功，刺杀了零昌，号功被封为羌王。公元 143 年十一月，匈奴中郎将马寔，派刺客杀了匈奴首领句龙吾斯。公元 158 年十二月，北中郎将张奂，利用乌桓干掉了匈奴、屠名（匈奴分支）首领，使南匈奴丧失了入侵能力。以上只是举其大略。

以行刺敌人首领为主要目标的间谍活动，是一种攻其腹心，节约人力、财力、物力而效果甚大的行动方式。遗憾的是继班超而起的这些间谍，虽然孤身一人或几人从事了艰巨的行刺活动，但在史书上仅仅留下了一句话。

第八节　增灶之计

公元 110 年二月的一天，太尉李修手下郎中虞诩的家门口，出来进去的人都是一脸悲戚之色。原来虞诩被任为朝歌长，不日即将去上任。以太尉手下郎中荣任大县之长，应该是件高兴的事，为什么这些人却要生离死别般地与虞诩道别呢？原来这朝歌（今河南汲县东北）却不是轻易去得，能安享富贵荣华的地方。当时该处有宁季等数千人攻杀长吏，屯聚为患，州郡不能禁。

虞诩却一派从容不迫，悠然自得的风度。他心里有数。当时西北部的羌族人起义反抗汉朝统治，连年激战，此起彼伏。大权在握的大将军邓骘认为，应该放弃凉州。虞诩尖锐地提出了反对意见，指出放弃凉州，将使局势更为严重。李修采纳了虞诩的意见。虞诩却因此被邓骘所怨恨。当时邓太后临朝，邓骘是太后的哥哥，权势极大。他把虞诩派到朝歌去，是想让虞诩去碰这个棘手的宁季集团，给虞诩点利害看看。虞诩这副若无其事的样子可不是故意装出来的。他对送行的人说："不遇盘根错节，何以别利器乎！"信心十足地到朝歌上任了。

虞诩到了朝歌，谒见河内太守马稜。马稜十分惋惜地说："您是读书人，应当在朝廷筹划大计，却反而到朝歌来了！"虞诩说："刚命我当朝歌长之日，士大夫纷纷前来吊丧，是认为我对朝歌贼没有办法。朝歌处于韩、魏之交，背太行而临黄河，去敖仓（东汉屯粮处）百里，而青冀之人流亡万数，贼不知开仓招众，劫库兵守成皋，断天下右臂，此不足忧也。"虞诩从大形势上看到了宁季不足惧，请求太守允许他不拘一格招收破敌之人。得到太守同意后，他命令手下人专招杀人抢劫、偷盗、不务正业者，赦免了他们原来的罪过，派他们打入宁季一伙中。

这百余人打入宁季一伙中后，虞诩让他们引诱宁季的部下到官兵埋伏的地方劫掠。宁季部下果然上当，跟随虞诩派去的人到了设伏的地方，这时官兵四起围杀，斩首数百人。

虞诩还想了一个妙法。他秘密地派贫苦的善于缝纫的衣匠到宁季集团中去为他们缝补衣服。在缝补衣服时，用彩线在衣服上留下约定的暗号。宁季的人穿了这种衣服一出现，就遭到官军逮捕、击杀。在虞诩的严厉打击下，宁季集团的人纷纷四散，朝歌又归于平静。

虞诩在朝歌露了这一手，提高了他的声望。此时羌人造反愈演愈烈，虞诩又被召唤到与羌人作战的战场上去。邓太后认为他有将帅才略，提升其为武都太守，并亲自在朝廷接见，厚加赏赐，对其寄予很高的期望。虞诩离开京城，率部向西羌人进击，其时为公元115年十月。行至陈仓崤谷（今陕西宝鸡西南），听到了羌人数千人在前面阻击的消息。虞诩马上命令部队停止前进，并宣称要上书请派援兵，等援兵一到就出发。羌人听到这个消息，就分散了兵力到各县去抄掠。

虞诩知道羌人兵力已分散的情报后，火速进军，日夜兼程百余里。进军时虞诩命令每个军吏、士兵各做两个灶，随着进军的日子每日倍增。部下很不理解，他们问虞诩："当年孙膑和庞涓作战是每日减灶，现在您却增灶。兵法说日行不过三十里，以防万一，您却日行二百里，这是为什么呢？"虞诩回答道："羌人兵多，我们兵少。慢慢走就会被他们追上，急行军就不会让他们摸清实力。羌人见我们灶日增，必然认为郡里的守军来迎。我军众多且行军迅速，羌人必然不敢追我。昔日孙膑示弱而今我示强，是因为形势有所不同罢了。"果然一路上羌人不敢迫近虞诩的部队。

虞诩率军到达武都郡，郡兵却只有不到三千人，在赤亭（今甘肃微成西南）为羌人万余围攻已数十天了。虞诩到后，命军士手中的强弩先不发，而以小弩射敌。羌人以为汉军弩劲小射不远，于是大举攻城。虞诩此时命令持强弩者，二十弩射一人，其结果可知。羌人大恐，急忙撤退。虞诩命令开城门突击，斩杀了不少羌人。第二天虞诩命令士兵全部列队而出，由东郭门出，北郭门入。出入一次，换一回衣服。羌人看汉军出出进进好几趟，弄不清人数到底有多少，更加惶恐了。

虞诩估计敌人的潜力已经用尽，可能要撤退了。于是密遣五百人在羌人可能撤退的归路设伏。羌人果然后撤，汉军伏兵大举袭击，斩杀羌人甚多。羌人散入益州。虞诩在这一带修筑堡垒，招还流亡的百姓，赈济穷人，渐渐地使这一带又恢复了生机。

虞诩对付宁季集团的间谍手段是派间谍打入敌人内部进行破坏。打入敌人内部的间谍可以用多种手段来进行分化、瓦解，破坏敌手的工作。虞诩则把打入敌人内部的间谍作为引诱敌人上当的手段，放长线，钓大鱼，把间谍活动与军事行动有机地结合起来，收到了很好的效果。

虞诩通过对羌人的"示强"，来达到自己的目的，反孙膑之意而用之。在谍报战中，必须根据自己的实际情况来运用假情报。在许多情况下"示强"可以起到迷惑、震慑敌人的作用，对于处于弱势地位的一方尤其重要。虞诩对假情报运用之妙，可以说已到了得心应手的地步。

虞诩对间谍的招募也是让人玩味的。在同一社会阶层中招募间谍，如果控制得法，以毒攻毒，其效果是不错的。

第九节　宫中的黄巾

东汉是刘秀在大地主豪强支持下建立的政权。地主豪强享有政治特权，连朝廷官吏都畏惧他们。这些人横行乡里，疯狂地兼并土地。东汉末年，地主阶级与广大农民间的矛盾日趋尖锐。

汉和帝即位时才十岁，窦太后临朝，实权掌握在其兄窦宪手中。外戚开始控制朝政。窦宪和其后也是以外戚身份入掌朝政的梁冀二人，势力甚大，刺客遍布京师，稍有得罪，即派刺客刺杀之。梁冀还收买宫廷侍卫、宦官监视皇帝的一举一动。汉和帝长大后与窦宪权力冲突加剧，但满朝皆是窦氏党羽，只好借助宦官郑众等人，才除掉窦宪兄弟。但宦官又成为东汉末年政治舞台上一支重要力量。外戚与宦官两股势力在政治舞台上你杀我砍。这两大势力的伸张，堵塞了不少较为正直的读书人的仕途。这些人是一些太学生和代表中下层地主利益的官僚。他们自命"清流"，抨击时政，攻击外戚、宦官。他们被视为"党人"，在政治舞台上不断受到打击，不少人甚至"禁锢"终身，不得为官。

汉灵帝时，窦太后临朝，其兄窦武掌权。窦武企图与陈蕃、李膺等官僚、士大夫合谋消灭宦官。宦官却先下手杀了窦武、陈蕃和他们的追随者。

宦官集团大权独揽，更为疯狂地掠夺农民，民不堪命。汉灵帝甚至公开卖官。政治黑暗，进一步加剧了社会矛盾。公元107年到公元184年，农民起义就有60多次。民间流传着"发如韭，剪复生；头如鸡，割复鸣。吏不必可畏，小民从来不可轻"的歌谣。人民已经要与统治者拼命了。

张角（？—公元184年），钜鹿人，创立了"太平道"，自称"大贤良师"。灵帝时以为人治病传道为掩护，积极准备起义。张角的准备工作做得深入、细致，在历次农民起义中堪称典范。十余年间，入道徒众数十万人，遍布青、徐、幽、冀、荆、扬、兖、豫八州。张角分徒众为三十六方，大方万余人，小方六七千人，每方各设首领。实际是披着宗教外衣的军事组织。张角还提出了"苍天已死，黄天当立"的革命口号，动员徒众反抗政府。

值得一提的是张角很重视对东汉政府的情报工作。为此张角曾数次潜入京师，觇视朝政。张角势力之大，竟渗入了宫中。州郡地方官对张角的活动竟不敢过问。连"宫省直卫"① 也有加入"太平道"的。

黄巾的一角甚至飘入了宫中。由于"太平道"声势浩大，又有宗教外衣做掩护，一些大宦官出于恐惧和投机的心理也与张角交往。其中主要有中常侍封谞、徐奉、张让等。

公元184年二月，大方马元义收荆、扬徒众数万人，与中常侍封谞、徐奉相约以三月五日为期，内外夹攻，大举起事。张角还派人潜入京师在寺庙及官府衙门上，以白土醒目地标上"甲子"的字样，作为起义军打击的目标。张角的准备工作可谓周密了。这时出了件意外的事。张角的弟子唐周上书向朝廷告密。东汉朝廷把马元义抓了起来，车裂于洛阳，并杀"宫省直卫"及信"太平道"的百姓千余人，命冀州官员追捕张角。中常侍封谞、徐奉勾通张角的事被朝廷发觉，两人获罪被杀，张角知道事情泄露，连夜通知诸方一起发动，义军四起，皆以黄巾为标志。轰轰烈烈的黄巾起义爆发了。

汉灵帝这时才觉得"党人"还有可用之处。他责怪中常侍张让："你们常说党人图谋不轨，把他们禁锢起来，有的杀了。现在党人能为国效

---

① 皇帝的侍卫。

力,你们反与张角勾结,难道不该杀吗?"张让等大宦官都叩头说:"是故中常侍王甫、侯览所为。"汉灵帝只好作罢。其实就是这个张让也与黄巾秘密有来往。皇甫嵩、朱儁等镇压黄巾起义时,在缴获的义军文书中发现了张让宾客写给黄巾的信。汉灵帝又一次大为震怒,张让叩头求饶,最后也不了了之。上奏此事的王允(就是设计杀董卓的那位),反而受到张让的报复被捕下狱。由此可见黄巾渗透之深。通过这些人,黄巾肯定及时掌握了朝廷的动向。

张角的间谍活动不仅反映了农民起义军的高度组织和斗争艺术,也在中国古代间谍史上留下了光辉的一笔。这样大规模的间谍活动,在中国古代间谍史上也不多见。尤其是以宗教为掩护,秘密地发展间谍组织窃取情报。

宗教组织与情报工作的关系从来是十分复杂的。中常侍们以及那些"宫省直卫"与张角的联系不能不带有政治投机成分。但这些养尊处优,正处于得势地位上的人如何倒向黄巾。是否还有宗教上、心理上的原因,仍有进一步研究之必要。在宗教组织、情报机构周围,常常有一些模糊不清的边缘组织,对这类边缘组织要认真予以研究,以防患于未然。

第四章 三国的间谍活动

第一节 举火为号

黄巾起义在统治者的残酷镇压下失败了。但黄巾起义极大地冲击了东汉政权,摧毁了中央政权对全国的统治。在镇压黄巾起义过程中,一些高层官僚及地主阶级中下层的代表,如袁绍兄弟、曹操、孙坚父子、刘备等乘机而起,掌握了一些实力。东汉政权在各地的封疆大吏如刘表、刘璋、董卓等也乘机自成割据局面。后来曹操把汉献帝这块牌子抓到手,"挟天子以令诸侯",东汉王朝实际上已经结束了。三国间谍战就是在群雄角逐的背景下展开的。

公元198年,当时已占有冀州的袁绍,为稳定后方,向当时幽州的统治者公孙瓒大举进攻,公孙瓒军全部缩进了易京(今河北雄县北)。

易京是公孙瓒的老巢,易京城外有十道深沟,城中存粮三百万斛。公孙瓒想据此和袁绍作持久战。在当时割据者混战的情况下,这种想法未必没有一点根据,但毕竟是一个使自己陷入被动的想法。

袁绍军久攻不下。公元199年,袁绍尽发其军围攻易京。

公孙瓒看到袁绍倾全力而来,心里虚了。派儿子公孙续到农民起义军黑山军那里去求援。儿子出发后,公孙瓒还不放心,想亲自出马,被部下所阻。

公孙续和黑山军统帅张燕率军十万,分三路来救易京。援兵尚未到易京城下,公孙瓒就派出了使者,溜出城去给公孙续送信。信中与公孙续相约,举火为号,内外夹击袁绍军。

使节被袁绍军的侦察人员抓获,信被搜了出来。袁绍派军队按信中约定时间,举火为号。公孙瓒果然以为援军已到,率军从城中杀出。早已埋伏好的袁军等公孙瓒率军一到，突然发起进攻。公孙瓒军大败，狼狈逃回易京。

袁绍军挖地道加紧攻城。看到大势已去，公孙瓒就举火自杀了。袁绍成了当时势力最大的割据者。

谍报手段的运用，只有与正确的战略方针相结合才能发挥效用。在公孙瓒消极防御的战略指导下，谍报手段的运用也仅仅是消极的，传递一些情报的简单活动而已。在传递手段单一的条件下，一旦出问题，就面临灭顶之灾。

实际上即使在被包围态势下，也有开展主动、积极的谍报工作之可能。如可以多派使节持不同密信，使其不辨真伪；或故意传递假情报迷惑敌人。刘秀在昆阳被围时就通过散布假情报干扰了敌人。公孙瓒计不出此，只有坐等灭亡。

公孙瓒对命运所系之密信不予以形式上的适当掩饰，表明至少在东汉末年，后来流行的一些类似密码的通信方式尚未在军事通讯中作为制度固定下来，并受到高层重视。

情报工作的开展，首先要从积极的、主动方面去考虑，才能有最大的效果。

第二节 成功的反劫持

公元193年，曹操（公元155—220年）以其父被陶谦部下所杀为借口，进攻徐州。留下得力将领夏侯惇守濮阳。这时曹操很信任的张邈突然倒向另一割据势力吕布。

曹操家在鄄城。夏侯惇得知张邈叛变，立即去救，正好遇上吕布军。双方混战一场，吕布攻占了濮阳，夺取了曹军辎重。曹操占有的兖州只剩鄄城、东阿、范三城尚在曹军手中。

吕布又派人到夏侯惇处诈降。夏侯惇过于轻信，竟被诈降者乘机劫持，他们命令曹军交出财宝。曹军人心惶惶，不知如何办才好。

这时夏侯惇部将韩浩挺身而出，率部下士兵守住营门，召集曹军将吏，命他们稳定军心，维持军纪。随后韩浩亲至夏侯惇被劫持的营帐。他对劫持者怒喝："你们这些叛逆，胆敢劫持大将军，还想活命吗？我受命讨贼，岂能因一将军落入叛贼之手，就放过你们！"说完痛哭流涕地对夏侯惇说:"我只能按国法办事,别无他法。"立即命令士兵消灭劫持者。

劫持者一看吓不住韩浩,赶紧跪下求饶:"我们只是缺钱花罢了,别无他意。"韩浩痛斥他们,把他们全部砍了头。夏侯惇也获救了。

曹操率军回救,听到此事,夸奖韩浩:"卿此可为万世法。"把韩浩反劫持的做法写成法令,颁布全军:"今后有敢劫持人质者,都要奋力进击,不必顾虑人质。"此后在曹军中再也未发生劫持人质的事。

韩浩是聪明果断的将军。曹操更是聪明过人的统帅。他从韩浩的行动中看到了反劫持的较好方法,并使之制度化。

国家、军队的重要人物在斗争中常常成为敌方攻击、劫持的对象。除防患于未然外,万一攻击或劫持成功怎么办?对付这类事件,一是要有一个应付一旦这类事件发生立即自动生效产生新的继任者的制度;二是要首先安定内部;三是要显示绝不屈服的决心,制度也是一种决心的显示,有了制度反而使敌人意识到此类行动之无用,从而减少这类事件之发生。

当然,粉碎这类活动时,一则以武力,一则应尽力考虑智取,以保存人质生命。但在关系国家、军队命运之际,为一两个人的生命屈从于劫持者,只能向敌人显示自己的懦弱。甚至会使敌人一而再再而三地继续进行类似活动,以求一逞。

第三节　官渡之战

公元196年,曹操迁汉献帝于许昌。同年,他采纳枣祗、韩浩的建议广开屯田,统治区内的农业有了恢复,军粮问题基本解决。

有了政治、经济上的有利条件,曹操在几年间东讨西杀,先后消灭、吞并了袁术、吕布、张绣、睦固等割据势力。公元200年又击败刘备,占有了徐州。

占有幽、并、青、冀四州的袁绍,对曹操势力日益扩展十分不安。他率军向曹操压来,官渡之战爆发。

公元200年八月,袁绍率军从原来的驻地阳武向前推进,张辽、徐晃率曹军出战,失利后退回。袁、曹两军在官渡(今河东中牟东北)对峙。袁军数十万,连营数十里。曹军在数量上处于劣势。曹操率军在官渡苦撑,粮食也不多了,动了撤兵之念。大谋士荀彧写信给他,认为正当争夺天下的关键时刻,袁绍能聚人而不能用人,坚持下去必能取胜。曹操才又坚持下去。

持久作战，粮食成了谁能挺到最后的关键。曹操派兵截击了袁绍的大运粮队，又勉强相持了数月。曹操没办法，只好对运粮的官吏说："过十五日就可击破袁军，不用再让你们辛苦了。"

这时喜从天降，袁绍的重要谋士许攸投奔曹营。出兵前荀彧就对许攸有所分析，此人贪财、多智，其家人不守法度。袁、曹相峙于官渡时，许攸曾建议袁绍长途奔袭许昌，未被采纳。后来因袁绍不能满足他的贪欲，其家人又因不法被留守后方的审配所囚，终于使其倒向曹操。

听说许攸来了，曹操拍手大笑："这下我的大事必成了。"许攸问曹操粮草还有多少，曹操说："至少可支一年。"许攸说："不对，请您再说一个数。"曹操说："可支半年。"许攸仍认为不对。最后曹操不得不说实话："刚才是和你开玩笑，粮草只够支持一个月了，有何良策吗？"许攸立即献计，请曹操派轻兵奔袭袁军在故市、乌巢的运粮队。

曹操听从许攸之计，亲率精兵五千夜袭乌巢的袁军运粮队。曹军皆用袁军旗帜，对袁军运粮队发动了突袭。经过激战袁军大败，袁军护送粮草的将领淳于琼等被杀。

袁绍听到曹操进攻淳于琼的消息，命部将张郃、高览等进攻曹洪防守的大营。张郃等听到淳于琼军已破，反而投降了曹操。袁绍军大败。袁绍和儿子袁潭弃军而逃。

曹军尽获袁绍的辎重、图书、珍宝。俘获袁军甚多，斩首七万余人。曹军困难时，军中不少人与袁绍暗通消息。曹操把这些缴获的书信付之一炬。

官渡之战后，冀州郡县望风而降者不少。袁绍主力被消灭后，一蹶不振，奠定了曹操统一中国北方的基础。

曹操集团在出师前对袁绍集团的骨干做出了深入分析。荀彧认为：袁绍迟重少决，失在后机；御军宽缓，法令不立；士卒虽众，其实难用；外宽内忌，任人而疑其心。袁绍手下的"田丰刚而犯上，许攸贪而不治。审配专而无谋，逢纪果而自用，此二人留知后事，若攸家犯其法，必不能纵也，不纵，攸必为变。"因而许攸来投，曹操立即信之不疑。袁绍自己外宽内忌，曹操却有用人不计其德，唯才是举的名声。袁绍又不善于调节骨干分子间的关系。在用人上的差异，也是许攸毫不犹豫地倒戈的重要原因。

历史上，类似许攸这种不请自来带有高级战略情报的间谍屡见不鲜。其转变成间谍固然与本身的欲望利害有关，其转变后领导者的识人、用人之术也很关键。汉光武帝故意泄露李轶叛变之情报，使之被杀。做法不同，道理却是相通的。

曹操烧毁自己内部通敌书信，与刘秀烧毁部下与王郎相通的书信如出一辙。自萧何入关收秦朝图册、档案，对敌人基本资料的重视已成了情报工作的一般常识。对密信的处理，实际上是这类工作的一部分。随着封建社会的延续，历次政变、战争中，收取敌档、烧毁密信，渐渐成了趋向于半规范化程序化的行动。这表明，在同一类型社会，同质的国家中，由于社会基本条件相同，人的道德、文化背景相同，谍报工作在相当长时间内（社会条件变化不大）是会在某些方面形成一定模式的。如春秋战国时，集政治家、外交家、间谍于一身的情况，后来很少出现，因为当时的政治、文化、道德背景已不复存在了。

第四节　火烧赤壁

　　大江东去，浪淘尽，千古风流人物。故垒西边，人道是，三国周郎赤壁。乱石穿空，惊涛拍岸，卷起千堆雪。江山如画，一时多少豪杰。

　　遥想公瑾当年，小乔初嫁了，雄姿英发。羽扇纶巾，谈笑间，樯橹灰飞烟灭。故国神游，多情应笑我，早生华发。人生如梦，一尊还酹江月。

——苏轼《念奴娇·赤壁怀古》

东坡风流，游于假赤壁，一曲大江东去，流传千古，绘声绘色地描述了赤壁之战中的人物、场景。赤壁之战，是曹操一生中的憾事。而赤壁之战中的一个重要人物黄盖，却没有入东坡词的荣幸。如果没有他，曹公水师灰飞烟灭却还要费一番周折。

官渡战后，曹操马不停蹄地进攻袁绍势力。公元202年，袁绍在曹军的压力之下抑郁地病死了。经过东讨西杀，曹操基本肃清了袁氏在青、并、幽、冀几州的残余势力。只剩下袁尚、袁熙逃到辽西乌桓蹋顿单于处，勾结乌桓窜扰边塞。为根绝袁氏势力，安定边塞，公元207年八月，曹操率军出卢龙塞（今喜峰口到冷口），进击乌桓。在田畴的向导下，曹军堑山堙谷五百余里东指柳城。未至二百里，乌桓蹋顿单于、袁尚、袁熙率骑数万迎击曹军。曹操登高而望，发现敌人多而不整，纪律涣散，命张辽率兵进击。乌桓兵大乱，曹军斩蹋顿单于，胡、汉降者二十余万人。袁尚、袁熙率数千人投辽东太守公孙康。公孙康慑于曹操的威名，斩袁尚、袁熙及和他们一起进攻曹军的辽东单于速仆丸的头，送给曹操。

凯旋途中，曹操看着水竭不流，冰坚可踏，士兵们在刺骨的北风中跋涉的情景，顿生无限感慨，随口吟出一首流传千古的绝唱《步出夏门行》："神龟虽寿，犹有竟时；腾蛇乘雾，终为土灰。老骥伏枥，志在千里；烈士暮年，壮心不已。"他决心加速统一天下的步伐。

公元208年七月，曹操率军进攻割据荆州的刘表集团。曹军未到，刘表已病死，由其子刘琮代领其众。九月，曹军拿下了荆州。依附于刘表的刘备和刘表的另一个儿子刘琦拥众万人栖身于夏口（今湖北武汉市汉口）。十月，曹操不顾谋士贾诩等的反对，毅然向占有江东的孙权集团进击。征吴大军约二十万，号称八十万。曹军中除刘表降军会水战外，其余对水战都是门外汉。曹军击败刘表军后连续作战，对南方的自然环境不适应，这都是曹军的弱点。

曹操在进军之前给孙权写了封信，信中说："近日奉命讨伐罪逆，大军南下，刘琮束手而降。现在正训练水军八十万，将要与将军在江东一起打猎。"满纸威吓之词，曹操踌躇满志之情跃然纸上。

孙权（公元182—252年）也没有坐待曹军到来。在主战大臣周瑜、鲁肃的支持下，他决心整军备战。同时经诸葛亮、鲁肃等人的协调、活动，实现了孙、刘抗击曹操的统一战线。孙、刘联军共约五万人，但习于水战。孙权命周瑜、程普为左、右都督，共领精兵三万余人，与刘备军共同抗击曹操。孙权自己率援军策应。周瑜水军与刘备、刘琦的水军在樊口（今湖北鄂城附近）会师后，沿江西上与曹操水军相遇于赤壁（今湖北嘉鱼东北）。此时由于曹军中已有瘟疫蔓延，又加不习水战，双方一接触，曹军即败退江北。双方隔江对峙。

曹操不愧是"用间"老手。他命人在扬州秘密地找了一个叫蒋干的说客，派他去游说周瑜。蒋干仪表堂堂，能言善辩，江、淮间无人能及，而且与周瑜是老熟人。于是蒋干一身布衣，假托以私事求见周瑜。周瑜立即出迎:"子翼(蒋干字)远道而来,莫非为曹氏做说客吗?"蒋干说:"我与足下是同乡,很长时间没见,听到您的业绩,所以来叙别后之情,说客却是从何说起呢!"周瑜说:"我虽然不算精通音乐,但闻弦歌而知雅意。"请蒋干入帐,设宴款待。宴毕,周瑜对蒋干说:"我有机密事,先出去一下。事情完毕,再请先生。"三天之内,周瑜请蒋干参观军营中的仓库军械。宴会时故意让人衣着豪华,佩戴珍玩。他对蒋干说:"丈夫处世,遇知己之主,外托君臣之义,内结骨肉之亲,言听计从,祸福共之,假使苏秦、郦食其再生,也要抚其背而使其无所措辞,岂是足下所能改变的?"蒋干也是一派名士风度,只是淡然一笑,一言不发。蒋干并未做后来小说家所言的"盗书"之事。蒋干回去后,对曹操说:"周瑜雅量高致,非言辞所能间。"倒是周瑜有意让蒋干看了吴军的一些情况。

曹操的间谍下场了,孙权的间谍登场。双方对峙了一些日子后,周瑜的部将黄盖对他建议:"今寇众我寡,难以与其持久。但是曹操的战船首尾相连,可以用火攻来击败他们。"原来曹军不习水战,其战舰都以铁环相连,以减弱风浪的颠簸。

黄盖给曹操写了封信,信中说:"我受孙氏厚恩,常为将帅,孙氏待我不薄。但是观天下大势,以江东六郡山越之人,当中原百万之众,众寡不敌,是人所共见的。东吴将吏,不论聪明还是蠢笨的,都知道无法抵抗。只有周瑜、鲁肃见识狭窄,顽固不化。现在我投降您,是认清了形势。周瑜所率吴军,容易摧毁。双方交战之日,我为前锋,当根据战况变化,为您效命。"曹操老于戎行,不是那么容易上当的。他特意召见了送信的密使进行盘问,最后终于相信了黄盖。他让密使带话给黄盖:"黄盖如果真的守信用,当给他很高的爵位,超过其他归顺我的人。"

黄盖在诈降的同时,积极进行火攻准备。他命人在数十艘蒙冲斗舰上装满柴草,往柴草中灌满膏油,外面蒙上帷幕,舰上竖起牙旗。在蒙冲斗舰后面系着小船,以备蒙冲斗舰点火后,撤退军士之用。他得知曹操已相信了他的诈降后,立即率舰队出发。以大舰在前,小船随后,直取北岸。

行至江中,黄盖命士兵大呼:"投降了。"引得曹军士兵引颈观望,以为黄盖真的率军来降,没有采取任何防御措施。在距曹军水师二里多远的地方,黄盖命各舰同时点火,战舰着火后乘大风直向曹军水师冲去。火烈风猛,一会儿就烟雾满天。曹军水师舰船全部被烧毁,大火蔓延到曹军岸上的营寨。周瑜命士兵擂鼓出击。曹军狼狈溃逃。周瑜、刘备率军乘胜追击。曹军伤亡过半,水师基本上被消灭。曹操退到江陵,周瑜、程普等率军追至南郡。曹操留曹仁守江陵,率军北归。

赤壁之战迫使曹操不得不暂时放弃了征服江东的企图。孙权得以进一步巩固江东,刘备得以喘息并进一步求发展,三国鼎立的局面逐渐形成。

曹操在赤壁之战中为黄盖所诈,主要是太过于自信,在进攻江东前就已十分骄傲,因而没有谨慎地对黄盖的诈降行动进行分析。

黄盖的诈降书信也堪称这方面的典范。书信中实事求是地承认自己与孙氏政权的关系,同时又说自己囿于形势,不得不降。讲得坦坦荡荡,分寸适度,骗取了曹操的信任。

第五节 书信吓敌

曹军在赤壁之战中惨败后,孙权乘机率军包围了合肥。合肥是当时曹军南下和北撤的战略据点。合肥如果丢了,孙权势必进一步率军北伐,曹军在江淮一带的形势就更被动了。

当时曹军尚未从战败状态中恢复过来。南下时军中将士有很多人染上疾病,尚未康复。因此,曹操也派不出多少援军去与孙权对抗。曹军驻扎在汝南的部队,由将军张喜率领,前往支援。张喜率领的部队,不过一千名骑兵。区区一千名骑兵中有些人病刚恢复,有些人则是带病出征。看来解围无望了。但幸亏曹军中有一个很有韬略的官员——蒋济(?—公元249年)。

蒋济听到张喜率军来援的消息后,秘密求见州刺史。见到刺史后,他说:"听说张将军率军来援,不知您有何打算。"刺史为难地说:"张将军率军来援,不过虚张声势而已,杯水车薪无济于事!"蒋济乘机进言:"我们可以伪造一封张喜将军的书信。信中说:'率步兵、骑兵共四万余人援救合肥,现在已到零娄,请刺史派主簿(官名)前往迎接。'"刺史不明白蒋济的用意,问他:"明明是千余人,您却说有四万人!这有何用呢?"蒋济说:"这封信可以抄写三份。然后由信使携带书信,伪装成张喜将军派来的人,往城中送信。只要有一封信送到城中即可。送其他两封信的信使,应当故意让东吴士兵抓住,以迷惑孙权。"蒋济讲完建议,刺史很是高兴,命蒋济秘密组织实施这一行动。

过了几天,果然陆续有三个信使企图闯入城中送信。其中一骑由于机灵，行动快，冲进合肥城。另外两骑却动作迟缓，被东吴士兵抓获。东吴士兵从他们身上搜出了张喜给守城刺史的"密信"，马上送达孙权。孙权看完"密信"后，大吃一惊。他想魏军以步兵、骑兵四万人大举增援，东吴军已围攻合肥很多天，士卒疲惫，粮草缺乏，如再与魏军援兵交战，后果难以设想。经过权衡，孙权下令撤军。

东吴大军烧掉了合肥城外的营寨撤走了。两封伪造的书信保全了合肥。一千人的援军，就这样在蒋济笔下变成了吓退孙权的四万精兵。

第六节 涂抹的书信

曹操败于赤壁之后，挥戈西向，命司隶校尉钟繇率军征讨汉中的张鲁。曹军大规模的集结、西征，引起了割据关中的韩遂、马超势力的怀疑。他们聚集了关中各部的兵力十万人，屯潼关，与曹操军摆出了对抗的架势。

曹操命令安西将军曹仁督率诸将与关中诸部对峙，坚守勿战。公元211年七月，曹操又跨上了征鞍，亲自征伐韩遂、马超。八月，曹操到了潼关，与韩遂、马超军隔关对峙。曹操派徐晃、朱灵率步骑兵四千人渡蒲阪津，据河西为营。曹操亲率大军自潼关北渡河，经过激战全军渡过黄河。曹军沿河为甬道而南，以伏兵破马超于渭南。韩遂、马超等派使节到曹营，请求割黄河以西地求和。曹操正要乘机消灭这些地方势力，没有同意他们的请求。

九月，曹军分部渡过渭河。马超几次挑战，曹操不予理睬。韩遂、马超等一再请求割地，并表示愿意送子为人质。这时曹操的大谋士贾诩认为可以伪许之。曹操进一步问他破敌之策，贾诩只是简单地说："离之而已。"曹操明白了。

韩遂请与曹操相见。因为曹操与韩遂的父亲是同年举的孝廉，又和韩遂是同辈故交。双方骑马在约定地点交谈。曹操不谈军事，只是和韩遂天南海北地聊一些京都故旧的事情。双方十分融洽，曹操时而拍手大笑，时而窃窃私语。周围观看的关中士兵甚多。会晤完毕，马超等问韩遂："您和曹操谈了些什么？"韩遂说："没说什么。"这是实话，可反倒引起了马超等人的疑心。

过了几天，曹操又给韩遂写了封信。信中的文字被弄上了圈圈点点，有的地方还特意涂改了。这封信看上去好像经过韩遂本人的改定。马超等人更加怀疑韩遂与曹操搞了私下的交易。于是关中诸将间相互猜疑，更加离心离德。

曹操看到时机已到，就与韩遂、马超等约定了会战日期。到了会战之日，曹操先以轻兵出战，激战良久，曹操命虎骑夹击，大破关中诸部。斩其首领成宜、李堪等，韩遂、马超跑到凉州，杨秋跑到安定。十月，曹军攻下了安定，杨秋投降。第二年，马超余众梁兴等屯蓝田，夏侯渊率军将其消灭。

曹操在离间韩遂、马超时，使用了高超的离间技巧。这种离间计并非直接挑拨双方关系，引起双方的利害冲突。而是采一些"中性"的措施，在双方中间打进楔子，由双方去任意猜测。这些"中性"的措施，实际上是一些人与人之间的正常交往，因而施展起来不需要花费太多的人力、物力，就可以广泛进行。因为在这一范围内，总可以找到与对方接触的机会和借口。

这种方式的离间计，施行起来，若有若无，在有意无意之间。容易让敌人自己上当，而不易被识破。当周围环境十分严峻时，这种离间计更容易产生效果。

从反间谍角度来看，对敌人的这一类离间手段尤其要认真加以辨别。因为这类离间手段，往往与人事关系纠缠在一起，不知不觉间发生作用。所以特别要提高警惕。

第七节　巧夺荆州

曹操与韩遂、马超激战时，刘备在荆州积极地准备入川。公元211年12月，刘备应刘璋之邀入川。益州牧刘璋割据益州，是个无能之辈。刘璋为害怕曹操的进攻，在张松建议下，请刘备入川帮助抵抗曹操。刘备留诸葛亮、关羽等守荆州，自率步卒数万人入川。在此之前，刘备表刘琦为荆州刺史，率军攻下了武陵、长沙、桂阳、零陵四郡。刘琦病故，刘备领荆州牧。后来刘备又到京口见孙权，求借荆州全部。周瑜等主张扣留刘备，鲁肃从联合抗曹角度出发，主张借荆州给刘备。孙权听了鲁肃的意见，因为当时曹军在荆州还控制着襄阳、樊城，就把刘备放回。后来周瑜建议攻占巴蜀，孙权同意了。向刘备借道荆州，刘备不同意。这时周瑜病死。孙权任命鲁肃负责军事。在鲁肃的极力主张下，孙权又把南郡借给了刘备。所以刘备入川前已经有了一块立足之地，积蓄了一些力量。但这块立足之地又是孙权所念念不忘的战略要地，刘备答应夺取益州后归还给孙权。

迎接刘备入川的法正对刘备建议，可取刘璋而代之，张松等人也暗地里投向刘备。刘备入川后广泛收揽人心。张松为刘备工作的事被其兄知道了。其兄恐连累自己，到刘璋那儿告发了。张松被杀，刘璋命守关诸将文书不要再给刘备。双方关系白热化。刘备也不示弱，借故杀了刘璋的将领杨怀。夺取益州之战正式开始。

公元214年，刘备终于攻占了益州。刘备夺取益州后，孙权让刘备履行诺言，归还荆州。

荆州（包括今湖南、湖北的一些地方）控长江中上游，战略地位十分重要。诸葛亮在第一次见到刘备时，为之分析天下大势："若跨有荆、益，保其岩阻，西和诸戎，南抚夷越，外结好孙权，内修政理，天下有变，则命一上将将荆州之军之向宛、洛，将军身率益州之众出于秦川，百姓孰敢不箪食壶浆以迎将军者乎？诚如是，则霸业可成，汉室可兴矣。"他把荆州放在一个十分重要的战略位置上，认为荆州"北据汉、沔，利尽南海，东连吴会，西通巴蜀，此用武之国"。这就是著名的隆中决策。荆州在诸葛亮的战略棋盘上，是将来据以进图中原的重要战略出发点。但是，他也清醒地看到，要保有这个战略地区，就必须"结好孙权"。孙权势力"可以为援而不可图也。"诸葛亮的这一宏观战略分析是看到了当时大致的战略发展形势的。但也有漏洞，特别在荆州问题上，他是一厢情愿地考虑问题的。荆州对孙吴政权来说，是保有长江天险，防止西边敌人和北边敌人进犯的要害之处。刘备占有益州后，孙吴政权根本不可能与之实行完全的联合，而是钩心斗角，相互提防，这就促使孙吴政权必须夺取荆州。从对曹操作战的需要看，荆州也是孙吴政权必争之地。这就决定了荆州的争夺战不可避免地要在蜀、吴间爆发。曹操自然也不会拱手让出他所据有的荆州的一部分地区。战争呈现出错综复杂的状态，三方的间谍战也同样如此。

刘备在夺取益州后，对前来索取荆州的诸葛瑾说："我正准备夺取凉州，凉州到手，就归还荆州。"这是近于无赖的行为了。孙权心里也明白，就自己设置了长沙、零陵、桂阳三郡的长吏。没想到这三位去上任的长吏,全让镇守荆州的关羽赶了回来。孙权大怒,命吕蒙率兵二万取三郡。吕蒙出兵后,长沙、桂阳皆降,只有零陵太守郝普守城不降。

刘备听到这个消息,立即从蜀中至公安督战,派关羽率军争夺三郡。孙权派鲁肃率万人在益阳对付关羽,自己驻在陆口协调诸军行动,并给吕蒙写信,命令他放弃打零陵,火速退军援助鲁肃。

吕蒙得到信后,并不对将士宣布,连夜布置攻下零陵的方略。他决定第二天一早进攻。在会上,他对郝普的旧相识邓玄之说:"郝子太(郝普的字)只知为主尽忠,却太不识时务。现在左将军(刘备)在汉中,被夏侯渊所围。关羽在南郡。至尊(孙权)亲临前线。他们已经处于首尾倒悬,疲于奔命的情况中,岂有余力再救零陵。我想攻下零陵用不了一天,但城破后白白地被杀,有什么用。而且让白发老母也一起被杀岂不让人悲伤吗?郝普不知道外面形势,你可以去见他,以利害打动他。"邓玄之依计而行。郝普十分害怕,认为援军无望,就投降了。见到郝普以后,吕蒙拉着他的手,一起到船上。这时吕蒙才出示了吴主孙权让其退兵的书信,郝普也才知道刘备援军很快就要到了。吕蒙巧妙地把假情报通过说客的游说传达给对方,使假情报发挥了更大的作用。

这次冲突,经过鲁肃的调停,又加上刘备怕曹操进攻汉中,双方以湘水为界划分荆州。长沙、江夏、桂阳以东属孙权;南郡、零陵、武陵以西属刘备。基本上承认了孙权的既得利益,但根本矛盾并未解决。

吕蒙(公元178—219年)在这次战争中显示了他不只是一员悍将,而且具有用间之能力。吕蒙是行伍出身,原来读书甚少。在吴军中受到鲁肃的轻视。后来发奋读书,鲁肃与之交谈时感叹地说:"非复吴下阿蒙。"鲁肃死后,吕蒙至陆口,继任与关羽接界地区的吴军统帅。

吕蒙走马上任,对关羽摆出一副友好姿态。其实在此之前,他就已向孙权建议夺取荆州。

公元219年七月,关羽乘孙权攻合肥,吸引了曹军兵力之时,进攻防守樊城的曹仁。只留下南郡太守糜芳守江陵,将军傅士仁守公安。吕蒙认为时机来了。他给孙权上疏,建议以治病为名,把他召回建业,使关羽丧失警惕,把防守荆州的蜀军调往与曹军对抗的前线,那时就可以乘虚拿下荆州。孙权故意以公开的檄文召吕蒙回建业。关羽果然以为吕蒙有病,放心地把大部分守军调往樊城前线。

这年八月,关羽水淹于禁等七军,活捉于禁,斩另一个将领庞德。关羽还以水攻樊城，一时间樊城处于危急状态。同时关羽还拿下了襄阳。关羽威震华夏，连曹操也想迁都以躲避关羽的兵锋。司马懿、蒋济等劝他派人去说动孙权，在后面袭击关羽，并以汉献帝的名义许其割据江东给以封号。曹操同意了。

就在曹操想利用孙权牵制关羽时，孙权为了缓和与曹操的矛盾，给曹操写了封信，表示向曹操称臣并愿意讨关羽效力。同时希望曹操为之保密，以免让关羽有所防备。

曹操收到这封信后召集群臣商量，大多数人主张保守秘密。只有董昭认为，可以表面上答应替孙权保密，而悄悄把消息传播出去。这样可以解樊城之围，又可以使被围将士增强守城勇气，同时促使刘、孙两家相斗，坐收渔利。

曹操采纳了董昭的建议，命令率军援救樊城的将领徐晃，把孙权的书信分别射到樊城和关羽军中。城中守军得知这个消息，更加坚定了守城之心。关羽看到了这封信，对攻城犹豫起来了。

此时孙权已经开始积极动作。陆逊是继吕蒙之后任陆口守军统帅的人。他就任后，一面谦卑地给关羽写信，恭维、迷惑关羽，一面把蜀军的动向秘密报告孙权，提出进军方案。其实吕蒙对此也早做了深入调查，胸有成竹了。

南郡太守糜芳是江苏北部东海附近的大富商，家资亿万。糜芳的兄长糜竺也是刘备手下的亲信。糜竺曾以金钱资助刘备，并赠以"奴客二千"。刘备还娶了糜竺之妹为夫人。据日本学者宫崎市定先生研究，三国时代，荆州在盐的消费上，要依靠扬州商人，是扬州商人活动的舞台。而盐又是当时商业上的主要货物。食盐在某种程度上影响着地区之间的政治、经济联系。糜芳很可能由此和东吴的商贾有着密切的关系。关羽又看不起糜芳、傅士仁。关羽率军出击曹仁后，糜芳、傅士仁负责后勤补给，老是接济不及时。关羽扬言，回军之后要法办。恰好这时孙权派人来诱降，两个人一口答应了，并派人迎接吴军。

正是在这种条件下，吕蒙拟订了进袭荆州的计划。这个计划的有趣之处在于以商贾为掩护，把兵船伪装成商船，出其不意地干掉了关羽在沿江设置的监视吴军动向的观察所，拿下荆州。看来这一计划可能从糜芳等人处得到了某些启发，双方互通了消息。另外荆州蜀军士兵对商船不以为意，说明当时商业来往是很频繁的，并不因政治原因而中断。

孙权授命吕蒙、陆逊率军伪装成商船队先行。吕蒙等从寻阳出发，把士兵都隐蔽在船舱内。让摇橹的士兵穿着白色衣服，伪装成商人，昼夜兼程。沿途经过关羽设置的观察所，由于士兵毫无防备，全部被吴军抓获。所以当吕蒙率军至南郡时，关羽还不知道吴军已抄了他的后路。糜芳、傅士仁见吴军一到，立即投降了。吕蒙占领南郡、公安等处后，严明军纪，收揽人心。

关羽一听后院起火，赶紧从樊城前线撤回。在归途上，关羽几次派人到吕蒙处联络，实际上也有侦察敌情的意思在内。吕蒙对使节都给予丰厚的礼物，周到的招待。同时让使者周游城中，到关羽的士兵家问候，让关羽士兵的家属给在军中的亲人写信。关羽的使者带着这些信件回到了军中。关羽手下将士一听家中情况，斗志涣散。这时孙权率大军也到了。关羽的士兵纷纷投降。关羽败走麦城（今湖北当阳东南）。孙权派人围攻，并诱降。关羽率其子及十余骑从城中突围而走，在路上为吴将朱然、潘璋所擒获。父子二人被斩首于临沮。

夺取荆州的最后一幕钩心斗角的活剧上演了。孙权以向曹操呈报战果之名，把关羽的首级送给了曹操，以转移刘备对自己的仇恨。曹操也是个老谋深算的人，他以诸侯之礼葬关羽首级。结束了这场活剧。

荆州一失，对刘备集团来说是个巨大的打击。由于丧失了荆州这一进取中原的战略要地，后来诸葛亮五次北伐，都不足以对魏国构成重大威胁，充其量不过是一支偏师而已。

在对关羽作战的过程中，吕蒙巧妙地使用了谍报手段。首先他利用郝普信息隔绝，以假情报打动郝普。其次他巧妙地利用敌人使节，回去散布使敌人军无斗志的情报，瓦解了关羽军。最后他在采取军事行动时首先干掉了关羽沿江设置的情报观察、传递系统，使关羽落在了吴军行动之后。

在间谍战中，信息不受干扰地及时传递具有十分重要的意义。在技术手段极为落后的古代，有识的将帅、谋士，就利用这一点做出了不少间谍战中的好文章。

曹操对孙权信件的传播也是让人深思的。在有多方参加的间谍战的角逐中，对情报的利用，往往需要反复地权衡利弊。同时从曹操的这一行动中，我们也可以看到，在光明正大的政治、外交交往之外，敌人或潜在有利害冲突的一方往往采用两面手法，以谍报手段来实施其另一种计划。而只有从公开一套和秘密一套的结合上，才能看出对手的真意。

吕蒙、陆逊还利用宣传上的"示弱"迷惑了关羽，成功地掩护了他们的军事、谍报活动。这也是孙权能拿下荆州的重要因素。

第八节　诈降战

孙权夺取荆州后，刘备为重占荆州，给关羽复仇，于公元221年兴兵伐吴，第二年二月被吴将陆逊火烧连营，打得大败而归。是为吴蜀夷陵之役。夷陵之役后，三国间的格局大致稳定下来。在三个对立政权的边界上，间谍战却愈演愈烈。间谍战的主要形式是诈降。通过诈降来传递假情报，引诱对方上当。

公元224年，魏文帝曹丕（公元187—226年）大兴水师，亲自乘坐龙船到广陵（今江苏扬州东北），企图伐吴。这时征吴大将军曹休上表，说得到了降敌的口供"孙权已到濡须口"。随行的卫臻认为，孙权依仗长江天险，不会主动前来抗衡，这必定是害怕曹军南下而故意散布的假情报。曹休再度仔细审问投降的敌兵，果然是吴军守将故意让他这么说的。

东吴的诈降之计虽然被识破，但仍然在更大范围内以更高明的办法展开了诈降活动。

公元228年五月，孙权命鄱阳太守周鲂秘密地找一个为魏国所知的地方豪帅，到魏国去引诱魏国大司马、扬州牧曹休。周鲂认为豪帅不足以当大任，弄不好还会泄露消息。他一边向孙权报告，一边亲自担当起了引诱曹休出动的角色。

他派亲信董岑、邵南带着他的信去见曹休。信中讲了他愿意归降的七点理由。其一，狐死首丘，人情恋本，想回到家乡。其二，原本想为吴主立功报恩，永不背叛。但没想到无缘无故受到谴责，处境十分危险。其三，原来管理这个郡的太守王靖，因为民变受到谴责。王靖再三向吴主解释，始终不为原谅。王靖想投奔北边，但因事情暴露而全家被杀，连婴儿也不放过。现在又让我领其郡，也快杀我了。此郡的百姓有不少还躲在山林中，等待时机作乱。他们作乱之时，也就是我丢命之日。吴主现在秘密地分遣诸将，想要北进。吕范、孙韶等入淮；全琮、朱桓趋合肥；诸葛瑾、步骘、朱然到襄阳；陆议、潘璋等讨梅敷；吴主亲率中营到了石阳；又商请诸葛亮进军关西。江边诸将已没有在的了，武昌（此时已是吴国国都）守军才三千人。您要是出兵，咱们里应外合，必定可以成功。其四，派去送信的董岑、邵南二人从小生长我家，视同亲生儿子。您如果不相信我的话，可以留一个人为人质，让另一个人回来。其五，鄱阳之民虽然已经平定下来了，但乱心犹存，易于煽动，愿意北属。只要将军牵制住孙权的大军，就可以成功举事，时不再来。其六，孙权深恨前次没攻下石阳，因此这次发兵很多。恐怕石阳城小，不能较久地牵制住东吴大军。还请将军率军援救。如将军能迅速救援，牵制东吴军，我就可以乘机举事而得救了。如果救迟了我就会和王靖一样的下场。其七，举大事还请将军授以将军、侯印各五十枚，郎将印百枚，校尉、都尉印二百枚，以鼓励士气。

周鲂把他诈降曹休的情况，写了密表报告孙权，并把他写给曹休的信抄报了孙权。孙权同意按他的诈降计划办。

周鲂的诈降计正在秘密进行时，正好有郎官到郡调查别的事情。周鲂利用这个机会，假装受到谴责，到郎官的住处，剃光了头发表示谢罪。曹休这时也在考虑周鲂投降的真意，这个消息被曹军的探子报了回去，消除了曹休的怀疑。

曹休按照周鲂信中约定的计划，率步、骑兵十万至皖，策应周鲂。孙权命陆逊为元帅，全琮、朱桓为左右督，各督三万人迎击曹休。曹休没见到起事的老百姓和周鲂，却见到了东吴严阵以待的精锐部队，这才知道上了当。但曹休仗着自己兵多，仍要与吴军一战。结果在石亭（今安徽潜山）被吴军打得大败。吴军斩首曹军万余名，缴获了不少辎重。吴军乘胜追击，直到夹石。

公元231年，孙权故伎重演，命中郎将孙布派人到魏国扬州请降，并称"道远不能自致，乞兵见迎。"刺史王凌一面把孙布派人送来的书信送给征东将军满宠，一面准备迎接孙布投降。满宠在边境的间谍战中，几次识破东吴诈降，积累了一定的经验。他看到孙布的降书后，认为肯定是一场骗局。他立即给王凌写了信，信中敷衍了王凌两句，但明确提出不宜派兵相迎。正好这时满宠被召入朝，临走他叮嘱长史："如果王凌想去迎接孙布，不要给他兵！"

王凌向长史要兵，没有得到，只好派一名督将带步、骑兵七百人去迎接孙布。孙布乘黑夜袭击了魏军，督将逃走，士卒死伤过半。

面对吴国频繁的间谍战，魏国提高了警惕，同时也对吴国以牙还牙，展开了进攻。

公元230年，青州人隐蕃由魏国投奔吴国。他上书给孙权："臣闻纣为无道，微子先出；高祖宽明，陈平先入。"表明自己的心迹，同时希望能得到孙权的召见。

孙权召见了隐蕃。隐蕃在问对中议论风生，对天下大势甚有见解。当时侍中胡综也在座。胡综是孙权的"文胆"，十四岁时与孙权一起读书，后来一直在孙权身边掌管机要。君臣之间的关系自然非比寻常。孙权问胡综对隐蕃有何印象，胡综答道："隐蕃上书，大语有似东方朔，巧捷诡辩有似弥衡，而才能却不及二人。"孙权又问他应该给隐蕃什么官职，胡综认为不能让其当地方长官，只可先让他当个京都小吏试试本领。孙权在与隐蕃交谈中，觉得他精于刑狱之事，就任命他当了廷尉监。这个职位虽低，但很重要。从后来事态发展看，隐蕃也是故意显示自己的刑名之才，极力博取这一类职务的。

隐蕃上任之后，还真显示出了断狱诉讼的本事。同时，他在东吴也展开了广泛的交游活动。左将军朱据、廷尉郝普都盛赞他有王佐之才。郝普与隐蕃关系更为密切，常常在高官显贵面前为隐蕃未得大用而抱屈。隐蕃在吴国结交人物越来越多，门前车马云集，屋里宾客满堂，越弄越红火。这引起了疑心向来很重的孙权的疑虑。后来吴国派去监视隐蕃的人果然发现隐蕃确有串通人谋叛的行动。这时隐蕃也知道事情败露，就逃走了，在逃走的途中被抓回。

经过审讯，吓了孙权一跳，原来隐蕃是受魏明帝派遣诈降投吴的间谍。魏明帝命令其在东吴谋求廷尉的职位，在办理案子时对东吴的大臣加重处罚，使东吴君臣离心！孙权让人拷问隐蕃还有没有同党，隐蕃只字不吐。孙权亲自去对隐蕃劝说："何苦以皮肉替别人受苦呢！"隐蕃从容不迫："孙君，大丈夫图事，岂能没同伴。烈士死，不必牵扯别人！"至死没有招出一人。

孙权对盛赞隐蕃的朱据、郝普二人大加责难，过了很长时间才宽恕他们。

公元250年，魏国庐江太守文钦诈降，给东吴扬武将军朱异写了密信，信中提出让朱异率军迎接他叛离。朱异在边境曾和文钦作战，击败过文钦。他认为文钦在边境要道上防卫森严，招诱吴国人叛逃，多次侵扰边境，肯定是在诈降。他把文钦的信呈报孙权，并说明了自己的看法，认为不可轻易出迎。孙权在诏书中说："现在北方国土尚未统一，文钦说他愿意投降，应该接迎他。如果怕他有诈，可以设计诱其上当，并准备好重兵防备之。"

孙权派吕据率军二万人和朱异一起到北部边境去策应文钦。文钦一看吴军显然有所防备，就没有前往。孙权在处理这件事时显示了一个政治家从政治角度考虑、处理这类事的风度。既表示了吴国对一切来归之人都予以欢迎，不至于冷落那些真想投降者，又没有上敌人的当。反映了当时掌权者处理这类事件时成熟、稳健的手腕。

三国时代，各国间的"诈降战"自有其发生的基础，这就是三国在相当长的一段时期内对峙。因此，敌对国家成了因为各种原因不满本国政权的人安身立命之处。另外，三国时代，将领与手下士兵之间往往存在着很强的依附关系。从东汉末年豪强依据坞堡自成势力，到三国时豪强往往直接带着自己的部曲加入其中一个政权，其部曲往往父子相承，兄弟相因，造成了将领反叛的条件。正因如此，三国时真正的投降敌国事件，时有发生，这为"诈降战"提供了天然的掩护。当时正逢乱世，亲人、故交、部属由于战争，处于不同阵营，也成了"诈降战"的重要因素。在三国之间的边境上，往往星罗棋布，严格防止间谍的渗透。这也反映了当时三国间的间谍相互瓦解，引诱对方将领的情景。

从这几个"诈降战"的例子中，我们可以看到"诈降"这一手段的运用，已经发展到很高的水平。诈降者绝不是单纯提供假情报的战术间谍，也不是下层的官吏、士兵，而是位置较高、很有才干的人。其诈降的目的，往往是要争取战役上的主动权，把敌人吸引到既定的设伏位置加以消灭。特别需要指出的是隐蕃的行动。这是一个精心策划的，打入吴国政治机构要害部门，从政治上破坏、分裂吴国的行动。魏国的这一间谍活动是很有特色的。

第九节　伪造降书

吴国在对魏国的间谍战中，除了采用诈降手段外，还伪造敌方将领的降书，瓦解魏国。

公元 224 年，魏国振威将军、都督河北诸军事的吴质，入朝觐见魏文帝。魏文帝命上将军及特进以下品阶的官员到吴质的寓所，为吴质接风洗尘。魏文帝还赐给酒食。宴会十分热闹，大家喝得脸红脖子粗的。席间吴质还招来了俳优进行表演。他让俳优表演的节目，得罪了在座的上将军曹真等。曹真在席上破口大骂，拔剑相向，吴质自恃有魏文帝作后台也丝毫不怕。宴会不欢而散。

吴质之所以不怕得罪曹真这位国戚，是因为他和魏文帝曹丕有着不同寻常的关系。两人是文学上的志同道合者。曹丕写给吴质充满真挚感情的书信流传至今，为人们所称道。吴质在为曹丕争位上也立了一功。曹操出征，曹丕、曹植去路旁送行。曹植才华横溢，出口成章地称颂曹操的功德，曹操十分高兴。吴质凑在曹丕耳朵边说："只要流泪就可以了。"曹操出发了，曹丕只是哭泣着拜送。曹操认为曹植华而不实，不及曹丕忠厚。吴质为曹丕争位尽了力，曹丕即位后，吴质以一介书生，却当了大官。

吴质与曹真等冲突的消息，由魏国投降过去的人传到了东吴。侍中胡综动起脑子了。经过一番考虑，他炮制了吴质作的降文三条。其一，表明了吴质对吴国的向往，对魏国的怨恨，表示要弃暗投明。还有枝有叶地在文中编造了一个吴质亲信叫黄定的，到吴国送信。其二，表示吴质在魏国受到猜疑和别人的毁谤，诬蔑吴质想叛变。因此不得不离开魏国。其三，援引许攸舍袁绍投奔曹操的例子，说明吴质投奔吴国的价值。并说如果接受吴质的投降，对魏国其他的人也将有号召力。

胡综编造了吴质写的三条降文之后，派人通过秘密途径向魏国传播，企图通过这三条降文来离间魏国君臣，促使吴质逃亡吴国。胡综以吴质名义伪造的降文还很注意文采，因为吴质毕竟是名噪一时的大文人。

胡综伪造的降文广为流传时，吴质已被魏明帝曹叡召入朝廷，就任侍中之职。吴质被调入朝后，也未见有被疏远的迹象。明帝是否听到了流传的吴质的降书，借此削去了他独当一面的大权，不得而知。胡综的生花妙笔到底起了多大作用，我们同样不得而知。"遗憾"是我们在研究中国古代间谍史时常遇到的字眼。

胡综编造的"降文"，使人看到了当时编造这类假情报水平之高。编造这类东西需要对编造对象有深入的了解，这包括对其为人、政治关系、思想品格、行为特点、文字特点甚至生活习惯等全面的了解。编造的事实要适当具体，但又不能过于具体。不具体，让人无法相信；过于具体则易于为人所识破，并易为被编造者所否认。在具体与抽象之间，似有似无，让人猜测方为妙笔。胡综的文章考虑了吴质这么一个大官僚、大文人的特点，但从当时历史条件看是否有败笔呢？至少从并未取得完全的成功看，或许还是有让人起疑之处吧！

第十节 壁垒森严

当今世界，以伪造的飞机、大炮、坦克、防御工事等来欺骗敌人的间谍和间谍卫星，已经成了一门学问。在核时代，通过展示自己的战略核打击力量更成为威慑敌人，显示政治决心的战略措施，会对军事、外交行动产生重大影响。这类事情，在中国古代间谍战中，也时常出现，而且规模之大，并不亚于现在的显示力量、军事伪装的行动。

公元 224 年秋，魏文帝曹丕兴兵伐吴。大臣辛毗劝他说："现在天下刚刚安定下来，地广人稀，您却想大举用兵。我看不出什么好处。先帝（曹操）屡次兴兵伐吴，都只能临江而还。现在我军实力并不比那时强，再度兴兵，不是那么容易的。不如休养生息，大兴屯田，十年以后再说。"伐吴是曹操遗愿，是魏国统一天下的主要任务。曹丕决心非完成这一使命不可。他说："如果照您所讲，伐吴统一天下岂不要留给子孙了吗？"他不顾辛毗的劝阻，亲率大军征吴。

魏文帝亲率大军伐吴的消息传到吴国，孙权等人十分紧张。吴安东将军徐盛建议：在江边大修假工事，表示江东已有提防，来吓唬魏军。孙权认为此计可行，命徐盛负责办这件事。

徐盛动员了东吴江边的所有士兵、民夫，用木头和芦苇秆做成假的城池、敌楼。很快从石头城（今南京）到江乘，绵延数百里的江边防线上全都出现了森严壁垒的城池和敌楼。此时江水因秋雨而暴涨。徐盛命东吴的巨舰全部开入长江，炫耀东吴水师的威力。

魏文帝到了广陵，看着长江对岸旌旗招展、连绵不断的防御工事和江中的舰队，想起父亲曹操惨败于赤壁的教训，不由仰天长叹："魏军即便有铁骑千群，到此也用不上呵。东吴不可伐也。"于是下令退军。① 在退军前还发生了一件小插曲。

魏文帝征吴，一直关心孙权是否亲自率军迎战。撤军前，有一名吴军士兵到魏军将领曹休那儿投降。这名吴军士兵说："孙权已亲自率军出击

---

① 对于这次曹丕的行动始末，《三国志·魏书》和《三国志·吴书》的记述不尽相符。

了。"魏国大臣卫臻说："孙权依仗长江天险，不会主动与我军抗衡，这肯定是吴军将领故意散布的假情报，以此来吓唬我军。"魏文帝命曹休再度仔细审讯那名吴军士兵，果然是受了东吴守军将领的指使故意来欺骗魏军的。

东吴君臣在吓唬魏军时，动了不少脑筋，因而取得了成效。当然如果没有长江天险和吴军实力，光吓唬敌人，最终会被识破的。

东吴君臣，通过大规模战略伪装、战略威慑，抑制了曹魏发动战争的企图，在中国古代间谍史上值得书写一笔。

第十一节　使者被擒之后

公元234年五月的一天，攻打魏国襄阳的吴军将领诸葛瑾的营帐里一派紧张气氛。诸葛瑾紧锁双眉，正在焦急地等待他派到吴军另一名将领陆逊那里去的使者。

原来孙权在这一年应蜀国之约大举攻魏，命诸葛瑾和陆逊攻打襄阳，自己亲率吴军从另一个方向进攻。

魏明帝得到边将告急的报告，立即亲率大军增援边境。孙权在魏军的压力下率军撤回。同时派人命陆逊、诸葛瑾也撤退。就在此时，陆逊派自己的亲信韩扁到孙权那儿报告军情，在回来的路上被四处巡逻搜索的魏军抓住了。诸葛瑾知道这一消息后赶紧给陆逊写了封信："大驾已还，魏军抓住了韩扁，已经掌握了我们的全部情况。河水也快干了，水路要走不通了，我军应速退！"命人火速送给陆逊。

信使回来后对诸葛瑾说："陆将军阅信后，什么话也没说，只是催督军士播种菜、豆，和将军们下棋、射箭，一如往日。"

陆逊是吴军中以多谋著称的少壮将领。诸葛瑾听到这些情况，想了想说："伯言（陆逊字）多智，如此举动必有应对之策。"就亲往陆逊营中。陆逊见到他后，对他说："敌人知道大驾已还，没有别的担忧，可专心对付咱们了。敌人又已占据要害，我将士心中不稳。我辈应沉着冷静以安军心。施展奇谋，以求脱身。现在就急于撤军，敌军会认为我们惶恐，继续向我压来，那就真无善后之策了。"

陆逊与诸葛瑾商议了撤退之计，分头进行。诸葛瑾督水军，陆逊督马、步军，向襄阳进击。魏军向来怕陆逊，全部撤到城内。诸葛瑾督水军撤回。陆逊命部队秩序井然、大张旗鼓地去与水军会合。回师路上，行至白围，陆逊扬言打猎，派将军周峻、张梁等袭击了魏国几个小城边上的集市，斩首、俘虏千余人。陆逊又假惺惺地命士兵不得欺侮这些人，给这些人衣粮，厚加慰劳后放回。陆逊这一手争取了边境上的人心，有不少百姓及魏国官吏来投奔。吴军全部平安撤回。

陆逊在边境还进行了积极的反间活动。魏国江夏太守逯式，经常率领魏军进扰吴国边境。陆逊得知其与魏国夙将文聘之子文休不和，就编造了一封致逯式的信，派人故意遗失到边界上。信中写道："收到您诚恳写来的书信，知道阁下与文休久存恩怨，势不两立，想来归附。阁下可以秘密呈表告知，好率众相迎。请约定日期。"

逯式手下的士兵拾到了这封信，送给了逯式。逯式看了十分不安，就把妻子送还洛阳，表示自己绝无反意。但是他手下的官员和士兵由此与之离心离德，最终被罢免。

陆逊的成功表明情报泄露之后，敌人往往会产生已经摸到对方脉搏的心理。在这种情况下，反其道而行之往往能收到令敌人摸不着头脑的效果。

从另一方面讲，即便获得了敌人的情报，也只能作为行动的参考，而不能作为行动的唯一依据。因为敌人如果知道情报泄露肯定会变更部署。即便敌人不知道情报泄露，但战争中偶然因素甚多，敌人的主观意愿和能力的发挥都是一些不确定因素。所以情报只是我们判断并作出决策的重要因素之一，而绝不是全部。如果认为掌握了敌人的全部动向而陶醉其中，那就更容易犯错误。

陆逊写信制造逯式想降吴的假象，从信中可以看出他详细地了解了魏国守将间的关系，大做文章。精心编造的这类挑拨离间的假情报，由于是建立在对真正的人事关系进行了解、分析的基础之上，严格地讲，其所讲的"事实"是一些根据推导人们也可以想象出的结论，这样其效果往往很大，特别是在有意识地广泛流传之后。这类假情报的传播可以采取两种途径：其一，向上层统治者传播；其二，向中下层群众传播。当然采用什么方式传播，还要考虑到整个行动让敌人看上去的可信性。

在互联网时代，通过散布假情报、假消息进行挑拨离间，造谣污蔑，有着众多的渠道，广阔的空间。敌人不仅可以通过互联网散布假情报、假消息，以动摇我们的决策，影响我们的战略，还可以针对一个国家的社会基础、心理特点、经济基础进行舆论攻击。从某种意义上说，国家间博弈的胜败，首先体现在网络上的搏杀！

从微观商战角度看，市场竞争的手段也因为互联网的出现，空前增加。在互联网时代，通过散布假情报、假消息，引诱竞争对手犯错误，已经成为经常使用的手段。情报信息搜集的速度、广度、分析能力，已经成为一个企业市场竞争的核心能力。

第十二节　诸葛亮的失误

魏、吴两国在边境上拼命厮杀时，魏、蜀边境也并不平静。

关羽率兵进攻樊城时，曾下令调集副军将军刘封（刘备养子）、宜都太守孟达的部队前往助攻。刘封、孟达以所辖地区尚不平静为借口，没有出兵帮助关羽。关羽死后，刘备对二人十分愤恨。孟达又因为与刘封不和，干脆率所部投降了魏国。魏文帝曹丕看到孟达气宇非常，才华出众，为号召蜀中官员来奔，封其为散骑常侍、建武将军、平阳亭侯，并任命其为新城太守。孟达得此厚赏，就引导徐晃、夏侯尚等进攻刘封，并对之进行诱降。刘封不听，但其部下申耽、申仪兄弟却倒向了魏国。刘封只好逃回成都。刘备在诸葛亮劝说下杀了刘封。申耽、申仪却分别被魏国封为怀集将军和魏兴太守。

孟达入魏后很得魏文帝的宠爱。孟达也结交魏国权贵以巩固自己的地位。他和桓阶、夏侯尚关系很好。但是魏文帝、桓阶、夏侯尚先后去世，孟达在魏国的地位十分不妙，开始寻找退路。孟达是个头脑过于灵活的人。他原来是刘璋部下，乘刘璋派他和法正率兵迎接刘备入川之际倒向了刘备。现在他又想利用其在蜀国的关系。诸葛亮知道了这一情况，就派人到孟达处诱降。孟达一面和诸葛亮联系，一面又和东吴挂上了钩，真所谓狡兔三窟！孟达在给诸葛亮的信中说："宛距离洛阳八百里，距离我处一千二百里。等我举事时，司马懿还要上表天子，才能采取行动。那时已经过了一个月了。我的城防已加固，军队也做好了准备。我在距离远而险要的地方，司马懿必定不会亲至。别的将领率兵来，我就没什么担心的了。"孟达一方面低估了当时率军在宛，都督荆、豫两州军事的司马懿的能力；另一方面也是在观察动向脚踏三只船。

诸葛亮知道孟达为人反复无常就派了一个叫郭模的人，到与孟达相邻的申仪处诈降，并故意泄露了孟达想投奔蜀国的事。诸葛亮想以此来造成事实，逼孟达走上叛魏之路。申仪向来与孟达不和，一听到这个情报，如获至宝，马上报告了司马懿。这是公元227年。

司马懿接到报告后，怕孟达马上起事，立即给孟达写了封信，进行安抚。信中说："将军昔日背弃刘备，投奔国家（魏国），国家委将军以边境独当一面之重任。任将军以攻蜀之事，对将军以诚相见，信任无疑。蜀国举国上下没有不切齿痛恨将军的。诸葛亮想除掉将军，唯恐找不到办法。郭模所讲的是机密大事，诸葛亮岂能轻易让其传出。这是他的计策，很容易看穿。"孟达收到信后大喜，对叛魏更加犹豫不决了。可是司马懿却已迅速行动起来。

司马懿想秘密发兵进袭孟达。魏军的其他将领认为孟达同时与蜀、吴两国联络，可以先看看他的动静再定。司马懿对这些将领说："孟达是反复无常之辈，现在他正犹豫不决，应当乘其举棋不定迅速解决之。"公元227年十二月，司马懿以迅雷不及掩耳之势，不经魏明帝批准，就出兵平叛。魏军日夜兼程，向孟达的驻地上庸进发。

孟达经过反复权衡，最终决定投向蜀国时，司马懿已经兵临城下！孟达赶紧给诸葛亮写信求援："我举事才八天，司马懿已兵临城下，真是神速呀。"这时他才做防御的准备。司马懿率军强攻三面皆水的上庸城。申仪切断了蜀军来援的通道。

公元228年正月，魏军攻破上庸，将孟达斩首。司马懿认为申仪久在边境，有事自作主张，早晚会生事。在撤军时，把申仪也带回了洛阳。

诸葛亮在这次"用间"行动中，考虑不谓不周。以暴露孟达行动，来促使其举事的构思，也不失为一个好办法。但这种形式是一把"双刃剑"，弄不好可能白白损失了一个潜在的间谍。

诸葛亮在运用这种手段时，没有充分考虑到逼孟达起事与情报传播时间上的顺序安排和衔接，更没有考虑到司马懿的用兵能力和谋略，因而导致了失败。不过可能在诸葛亮眼中，孟达一类人朝秦暮楚，能拉过来就拉，拉不过来丢掉他也不算损失。也许正是基于此类考虑，诸葛亮才如此做的吧。

第十三节　司马懿的智慧

就在司马懿攻下上庸，平息孟达的叛乱时，诸葛亮出师汉中，开始了他五次伐魏，鞠躬尽瘁，死而后已的事业。

诸葛亮先后五次伐魏，除了暂时攻下几座城，消灭了一些魏军之外，并未取得重大战略上的进展。实际上荆州一失，从比较有利的战略出发地进攻魏国腹心的态势也就失去了。诸葛亮六出祁山劳而无功，一方面由于粮草供应跟不上，另一方面也是由于魏国采取了坚守以待其弊的战略。当然蜀、魏间实力相差悬殊是根本原因。王夫之在评论诸葛亮北伐之举时，认为这是弱小的蜀国以攻为守的不得已之策，不是没有道理的。

公元234年二月，诸葛亮出兵十万人进行第五次北伐，也是最后一次。这次他派人约了孙权共同出兵攻魏（详见第十一节）。五月孙权出兵。七月吴军在魏军强大压力下陆续撤回境内。魏国大臣劝魏明帝驾幸长安，督师与诸葛亮作战。魏明帝对战略形势看得很清楚，他说："孙权已撤，诸葛亮胆破，大军足以制之，我没有可以担心的事了。"

诸葛亮这次也总结了历次北伐失败的经验，他率军与司马懿对峙于五丈原（今陕西眉县西南），命令士兵进行屯田。做了与隔着渭水的司马懿军长期作战的准备。

司马懿和诸葛亮对峙百余日，坚壁不战。诸葛亮派人给他送去了妇人衣物。他装作大怒，立即派人去朝廷请战。魏明帝也明白司马懿之意，派了辛毗持杖节，到魏军中当军师，约束急于求战的将领。实际上是司马懿用朝廷之口来制止诸将出击。诸葛亮派出的间谍，在向诸葛亮报告情况时说："有一老夫持黄钺站在军门之下，魏军谁也不能出战。"诸葛亮说："这必是辛佐治（辛毗字）也。"他仍然派使者去向魏军挑战。

司马懿在军中接见了使者。他显出一副悠闲的样子，向使者问东问西，就是不提军事。他好像无意中问起了诸葛亮饮食起居方面的情况。诸葛亮的使者以为是司马懿对诸葛亮有敬佩之心，就一五一十地对司马懿讲了："诸葛公早起晚睡，罚杖二十以上的案子要亲自过问，每日所食不过数升。"使者无意中泄露了重要情报。

使者走后，司马懿对部下说："诸葛孔明吃得很少，事情却很多。他还能活多久？"这更坚定了司马懿坚守不出的决心。

果然过了不久，诸葛亮积劳成疾，病死于五丈原军中。"中原逐鹿不由人！"一代名相就这样逝去了。蜀军也撤回了蜀国。

司马懿根据了解到的蜀军统帅身体状况的情报，决定了坚守下去的战略。在后来的争权夺利中，他又以自己身体不济的假象迷惑了对手，最终夺取了魏国大权。

公元239年，魏明帝病死，太子曹芳即位。曹爽、司马懿受命辅佐少主。

曹爽在丁谧等人的策划下，尊司马懿为太傅，自己独掌朝政。司马懿看到这个局势，就称病不再参与朝政。但司马懿毕竟是个以谋略著称的重臣，曹爽等人对其仍放心不下。

公元248年冬，曹爽安排自己的心腹李胜到荆州任刺史。临行前曹爽示意李胜到司马懿处辞行，实际上是借故看看司马懿是否真的病重了。

司马懿会见李胜时由两个婢女左右扶持。司马懿用手指指口，表示想喝粥。婢女进粥，司马懿颤巍巍地端过去喝，粥洒到衣服的前襟上。李胜看了司马懿这副老态龙钟的样子也不禁动了恻隐之心，对司马懿说："今主上尚幼，天下正仰仗明公，但都传说明公旧疾复发，没想到身体到了如此地步！"司马懿呆了半天才回答："年老旧疾又发，死在旦夕，君屈驾并州，并州地近胡，好好为政，恐怕不会再见了。"李胜又说了一遍："是到本州去（李胜为荆州人），并非并州。""君方到并州，好自为之。"司马懿依旧前言不搭后语。李胜只得再说一遍："是到荆州，不是并州。"司马懿这才明白过来："我年老，糊涂了，听不懂您的话。现在回到本州为刺史，十分光彩，好好建立功勋。今日当与君告别，我自觉体力日衰，必定没有再见之日了，因此我想和您就算生死之别吧。"他还伤心地哭了起来，并希望李胜能与司马师、司马昭兄弟结为好友，以便照应。曹爽听李胜讲了会见的详情，大为放心了。

司马懿实际上却在和两个儿子暗地里积极进行除掉曹爽的准备。司马师秘密地收罗了敢死之士三千人，分散在都城各处，等待时机。

机会终于来了。公元249年正月，曹爽不顾桓范劝阻，和曹芳一起到高平陵（魏明帝墓）扫祭陵墓。司马懿马上调动他能掌握的兵马，占据了武库，驻扎于洛水浮桥，并派人送奏章给魏帝曹芳。奏章中历数曹爽之罪恶，并称是奉太后命令行事，只求罢免曹爽兄弟兵权。

曹爽犹豫不决，不知如何是好。曹爽的智囊大司农桓范听说司马懿政变，立即假传太后诏书，从城中跑到曹爽处，力劝曹爽以魏帝为号召与司马懿干到底。曹爽反复权衡，终于在许允、陈泰的劝说下交出了手中的魏帝和军队。

司马懿先夺去其兵权，罢免了曹爽兄弟。最终把曹爽兄弟及其亲信何晏、丁谧、邓飏等全部杀掉了。那个去探听司马懿病况的李胜，为时已晚地明白上了当，也一起成了司马懿刀下之鬼。

在政治、经济、军事斗争中，领导人的健康状况甚至生活习惯，都有很高的情报价值，并能从中推导出另一些有用的情报。诸葛亮的使者无意中透露了重要情报，坚定了司马懿守下去的决心。司马懿又以自己身体的假象迷惑了曹爽，取得了政变成功。可见当时人们对这一类情报的搜集运用已经有了初步的认识，但并未成为情报工作的自觉的搜寻对象。对各种细小而重要的情报汇集起来加以综合分析，则更谈不到。对情报的认识、分析，往往只是英明的统帅或领导者凭个人经验、直觉来进行的。

第十四节 大将军之死

大将军费祎（？—公元253年），是继诸葛亮、蒋琬之后蜀汉的第三位宰辅。费祎很有才能，出使东吴时曾以雄辩力挫东吴君臣。费祎虽然经常统兵在外，朝廷所有大事却要报请他核准。

公元253年正月，费祎与诸将在汉寿（今四川广元西南）蜀军大营中举行岁首宴会。费祎为人宽厚，与诸将在一起时，十分随意，不拘礼节。为此蜀国大将张嶷曾写信给他，认为他现在肩负国家重任，应当小心谨慎，以免为刺客所害。并举出东汉大将岑彭、来歙被公孙述所遣刺客谋害的事劝诫他。费祎对此却不以为然。他认为魏国间谍绝不会轻易混入军中，特别是混到丞相的身边来。因此与诸将们仍是无拘无束。

在宴会上，大家猜拳行令，喝得十分热闹。出席宴会的还有一个特殊人物，那就是魏国降将郭循。宴会进行中，他表面上也和大家一起举杯痛饮，实际所喝有限，一双眼睛一直在注意观察费祎左右的情况。当他看到大家都喝得有些醉意时，突然从身上抽出利刃，向费祎刺去。费祎及其手下，都认为郭循远道来降，为了更好地号召魏国人仿效他，对郭循表示十分信任，因此谁也没提防郭循居然在宴席上来这一手。等蜀军将佐明白过来时，费祎已躺在血泊之中，遇刺身亡了。郭循虽然被处决了，但毕竟使蜀汉遭受了重大损失。

郭循既然远道来降，为什么还要行刺？耐人寻味的是郭循被杀后，魏国专门下诏，褒奖他的行为。这究竟是预谋，还是另有原因，不得而知。在中国古代间谍史上，类似的疑案、悬案颇多。这也许正是间谍史的特点吧。在黑暗中活动，又消失在黑暗中，有些人和事是后人永远也无法弄清的。

国家领导人、国家有关方面的重要人物，永远是间谍战的重要目标，切不可疏忽大意。

第十五节　边境上的老办法

中原动乱，北部游牧民族就会乘机向长城内进扰。三国时代也是如此。曹魏政权在其基本控制中国北方之前，就已和边境上的游牧民族进行过多次战争。

魏国建立后，随着国力的恢复，开始对过境的游牧民族采取积极的进攻态势。当时匈奴、鲜卑、乌桓等游牧民族还处于分裂状态，因而魏国能以中国北半部之力游刃有余地加以控制和分化。

当时鲜卑虽然也分裂成几部分，但其中的一支"小种鲜卑"在其首领轲比能的率领下逐渐强大起来。轲比能利用中原混战时逃入鲜卑的汉人，传授兵器制作方法和文字，按照中原的兵法约束部众，行军作战。轲比能曾向曹魏政权纳贡，但有时又进扰边境。到魏文帝时，轲比能已经有"控弦十余万骑"的实力，得到鲜卑其他各部的敬服。

曹丕于公元220年称帝后，任命牵招为鲜卑骑尉，屯昌平。当时边境上的居民因为战乱流离于鲜卑处有千余人。牵招对这些人广布恩信，招揽他们回归。建议中郎将公孙集等率领部曲，先后回到本郡。牵招还对鲜卑素利、弥加等部进行怀柔，让他们住在边境上。无疑牵招这一边境政策对魏国边境安全是十分有利的。首先，减少了汉人在鲜卑部为之出谋划策的危险；其次，为以游牧民族对游牧民族开展军事、谍报活动创造了条件。

曹丕又任命牵招为雁门太守。雁门地处边境，虽然守军严加警戒，边境线上布满了观察敌情的哨所，但鲜卑、乌桓等游牧民族依然不断侵入劫掠。牵招上任后一边教当地百姓作战的本领，一边免去住在边境上的乌桓人五百余家的租税，让他们备好鞍马，深入到长城外很远的地方进行侦察。这样每次有敌人进犯，牵招很早即得到消息，率兵迎击。由于准备充分，每战必胜，增强了军民的战斗意志。牵招又派人到鲜卑、乌桓等游牧民族间进行离间，使其相互猜疑、攻击。边境上的祸患终于停止了。牵招还修治了边境上的上馆城，派兵镇守，使鲜卑、乌桓等游牧民族更加畏惧。汉民逃入鲜卑、乌桓，都会被送回。

公元228年，护乌桓校尉田豫出塞，被轲比能包围于原马邑城。田豫派使者向牵招求救。牵招立即调动兵马，准备去救田豫。并州刺史以法纪禁止他出兵。牵招认为田豫这样的重要将领被围，不可拘于官吏的议论。他上表给魏明帝请求出兵，不等批准就率军往援。

在路上，他派人骑快马给田豫送去羽檄。在檄文中讲了当前的军事形势，并扬言要从西北袭击轲比能的后方，然后东行进攻轲比能的军队。檄文一到田豫军，全军更加斗志昂扬。牵招还命人把檄文故意丢失在鲜卑军队往来的要道上。轲比能的人拾到了这封信，一看魏军要抄自己的老窝，军无斗志，纷纷撤退，到原平城就变成了溃退。轲比能纠集了大批骑兵到故平城塞北，被牵招秘密率军前往进击，斩首甚多。

轲比能如果只是在边界偶尔进扰一下，或许魏国还不认为是什么了不起的事。但是诸葛亮北伐中原，轲比能也与之联络，这可让魏国觉得非除掉他不可了。公元235年，幽州刺史王雄派勇士韩龙刺杀了轲比能，另立其弟为首领。轲比能原先已逐步统一了除西部鲜卑外的鲜卑部落。轲比能一死，他建立的联盟又瓦解了。

从魏国与北部游牧民族的斗争中，我们可以看到，长城内的农业民族在与塞外游牧民族的斗争中，逐渐形成了一套间谍战方法。其一，从间谍人选上尽量用游牧民族自身的人；其二，以游牧民族的人作大纵深的侦察活动；其三，从战略谍报活动看，尽力挑起各民族、部落间的矛盾，加以利用；其四，在必要时以刺客除去其领袖人物。游牧民族常常自成部落，其离散程度是很大的，民族凝聚力也比较差。同时从文化背景来看，在游牧民族中也很少儒家那种尊重正统的思想影响，其政治制度往往是一种实力政治。因而对游牧民族出色的人物的刺杀，往往能影响大局。个人固然不能阻止历史发展的大方向，但历史毕竟又是由个人组成的，历史的必然性也是通过无数偶然事件表现出来的。

从对历史上这类边境间谍活动的分析中，可以使我们认识到，边境的安全，是靠一整套经济、政治、军事、谍报手段结合而成的边境政策来保障的。而一整套的边境政策，又要根据边境两边的经济、政治、军事、民族特点来决定。从这个意义上讲，成功的边境谍报活动，必然是建立在对敌对国家较为全面研究的基础之上的。

由于边境地区一般有着不同于内地的地理、经济、社会、民族、文化、军事特点，因此应当给予边境地区统帅或政府长官在间谍活动上足够的财力、物力，给予其较大的自主决策的空间，允许其采取不同于内地的间谍活动、运用方式。这样才能提高间谍活动的效率，取得实际效果。从中国古代间谍史看，凡边境间谍活动比较成功的朝代，都是如此做的。

第十六节 "二士争功"

公元251年八月，司马懿病死，其子司马师继掌魏国大权。公元255年，司马师死于许昌，其弟司马昭自立为大将军、录尚书事，成了魏国实际统治者。

经过充分准备，公元263年八月，魏国发兵两路分别由邓艾、钟会率领伐蜀。罗贯中以精湛的笔墨在《三国演义》中做了如下描述：却说钟会出师之时，有百官送至城外，旌旗蔽日，铠甲凝霜，人强马壮，威风凛然，人皆称羡，唯有参军刘寔，微笑不语。太尉王祥，见寔冷笑，就马上握其手而问曰："钟、邓二人此去可平蜀乎？"寔曰："破蜀必矣，但恐皆不得还都耳。"王祥问其故，刘寔但笑而不答。祥遂不复问。

罗贯中这段描述是有其历史依据的。伐蜀大军出发前，魏国实际统治者——大将军、录尚书事司马昭，曾对伐蜀的主将钟会、邓艾二人颇动了一番心思。当时司马昭尚未最后干掉魏国的傀儡皇帝，大臣中有些人心中仍以魏为正统，少数边境将领甚至起兵反抗司马氏的统治。钟会是个少年得志、文武兼优的才子，邓艾是久经沙场的凤将。司马昭不希望平蜀后又出现一个与自己对抗的敌手。大军出发前，他对劝自己要警惕钟会的邵悌说："夺取蜀国是很容易的事，但众人都说不可，只有钟会赞同。灭蜀之后，我军将士人心思归，蜀国新破，百姓惶恐，即便钟会有异志，也无法成事。"

他对钟会如此成竹在胸，对邓艾可就不能掉以轻心了。主要是两个人所统率的军队不同。钟会与所统率的军队没有很深的关系，也从未长期统率过一支军队。邓艾则长期率军在陇右等地与姜维作战，而且深得军心。

搞政变起家的司马昭，深知此中厉害。他开始想除掉邓艾的办法。

公元263年十月，邓艾率军由阴平直抵绵竹（今四川德阳），杀率军抵抗的诸葛亮之子诸葛瞻，兵临成都城下，迫使刘禅率百官出降。从军事角度看，这是一次成功的出其不意的进击。邓艾为此得意扬扬。司马昭在对平蜀作出战略决策时认为，灭蜀后三年方可伐吴。邓艾却上书请求立即出兵伐吴。司马昭让卫瓘去对邓艾说："凡事皆当报告，不可擅自行动。"给邓艾浇了一头冷水。邓艾对弦外之音却毫不理会，又上书坚持己见。

就在邓艾得意扬扬之际，一个神秘使者却早到了陇右。这个人在当地百姓和驻军中转来转去，打听他们对邓艾的看法。他就是司马昭派去的密使唐彬。司马昭唯恐一旦除掉邓艾，会在边境上造成混乱，因此派唐彬去了解邓艾和当地军、民的关系。

唐彬深入地了解情况后，回去向司马昭复命。他对司马昭说："邓艾其人心胸狭窄，容不得人，自负其才，十分骄横。喜欢顺着自己说话的人，厌恶直言之士。他的部将，稍有差错，就痛加责骂，很失人心。邓艾经常征发陇右百姓服劳役，陇右百姓都乐意看着他倒霉，不会跟他走。再说现在其他军队也到了成都，足以防止不测，可以不必担忧了。"唐彬的汇报，为司马昭动手除掉邓艾提供了依据。正好钟会心怀异志，上书说邓艾要谋反。司马昭就命钟会等把邓艾抓了起来。

钟会成了驻蜀魏军的唯一长官，就伙同降将姜维准备造反。这时司马昭却已命心腹贾充率步骑万人经斜谷屯乐城，自己亲率10万人屯长安，摆出了全面压制钟会的架势。钟会匆匆造反，果如司马昭所料，魏军将士不愿跟他走，反而杀了他和姜维。但邓艾也为卫瓘手下的田续所杀。邓艾的妻子、孙子被送入西域。卫瓘却没有因擅杀邓艾而受到惩罚。

历来的研究者们都忽视了司马昭派唐彬去陇右秘密调查这一史实，因而灭蜀后这一重大事变，在人们的认识中主要是因钟会、邓艾二人的矛盾所致。实际上从事件的前因、后果来看，这是司马昭一石二鸟之计，反映了司马昭毒辣的政治手腕。

大凡谍报工作，必须事先对工作对象的行为、心理及其人际关系有个大致的了解，才能对其未来的行动做出预测。在此基础上，有的放矢地去开展工作。

司马昭对钟、邓二人事先已有深刻的认识，灭蜀后又派遣得力人员进行了详细调查，为最后除掉二人提供了决策依据。唐彬对邓艾的调查十分周到、细致，既包括了邓艾与军队的关系，又包括了邓艾与陇右百姓的关系，对邓艾的性格也作了深入的了解。这为分析将领的活动提供了一个生动的间谍范例。

本篇小结

秦祚短促，随之而来的群雄角逐中，出现了中国古代间谍史上第二个谍报战高潮。不过这一高潮带有明显的过渡时期的特点。所谓过渡，是与中国政治制度由战国时群雄并峙向大一统局面转化相一致的。

在中国古代间谍史上，秦汉之际的谍报活动，带有两个时期的不同色彩。一方面游士一类的人物，或带有游士色彩的人物在谍报活动中仍起着重要作用；另一方面以某一未来帝王为中心形成一个智囊班子的间谍活动策划、指挥方式也已形成了。前者以"高阳酒徒"郦食其、随何为代表。他们对所服务的君主们保持着战国游士那种风度，在活动时也是以三寸不烂之舌，来打动对方。后者以张良、陈平为代表。严格地说此二人身上也有不少战国游士之风，张良后来功成身退"从赤松子游"，陈平在汉王不信任时毅然求去。但他们毕竟是在刘邦身边起着组织策划作用的间谍活动的组织者，最多是"帝王师"。那种"不但君择臣，臣亦择君"的傲骨是没有了，客卿的平等身份也不见了。张良、陈平在历史上不断为人所称颂，就是因为"良、平之俦"，是中国封建社会中色彩鲜明的帝王辅佐型智囊人物。尤其是陈平，在楚汉相争之际，以一条间谍战略（与秦始皇的谍报战略颇为类似），瓦解了项羽的高级领导层，推动了刘邦统一中国。这种形态的谋略集团，在中国封建社会反复出现，与中国社会大动乱的周期相一致。这种人才结构的出现，反映了中国封建社会在同构基础上的重建。由一个"强人"（来源于统治阶级或崛起于民间）拉起队伍，辅之以"从龙"的知识分子，最后一统天下。中国封建社会的知识分子随着儒家思想的桎梏越来越大，在君主面前越来越抬不起头，只有乖乖地当摇羽毛扇的角色。

西汉末年，刘秀集团在间谍活动中有一突出的表现，那就是刘秀此人善于利用敌人心理，以宣传手段来制造假情报，瓦解敌人。间谍工作中对敌人首要人物精神状态、心理状态的了解、利用是具有头等重要意义的事。在群雄角逐、利益关系尚未固定并处于动荡之际时，这一点尤为重要。这也是中国古代间谍史中,每一朝代瓦解之际,各集团间尤其注重对人的瓦解拉拢的原因所在。

三国之际,间谍战的水平明显高于西汉末年。由于鼎峙三分的三个政权,都是由谋略水平较高的统治者及其智囊人物构成的,因而在谍报活动的构思上,往往能着眼于"大三角"的整体战略构想,在此基础上演出了一幕幕精彩的活剧。其中尤为显著的是高水平的"诈降"。这类诈降,往往是精心策划、组织,并由高级人物来进行的。其目的则从边境的破坏,到对敌中央政权的瓦解。

在这一历史阶段,某些人物以其在边疆的主动的外交间谍活动,写下了辉煌的篇章。同时,汉民族防守在长城之内取守势时进行的间谍活动也渐渐形成。那就是在长城沿线进行深入的间谍活动,及时掌握游牧民族的动向,以进行主动防卫。另外就是利用边境的少数民族进行谍报活动。起重大作用的是,以积极主动的进攻性谍报活动在游牧民族间进行瓦解、分化,达到"以夷制夷"之目的。

在中国历史上,集权与分权始终是一个令古往今来的政治家颇费心思的大问题。汉代诸侯王的间谍活动,使中央政权与地方势力之间在间谍战方面的斗争初见端倪。

这一历史阶段中的间谍活动虽不如春秋战国之际的谍报活动那么璀璨夺目,令人有由灿烂趋于平淡之感。但在中国漫长的封建社会中,却更有代表性,更反映了中国古代间谍活动的一般特点。各统治集团中的重要人物随着对历史经验的吸收,在谍报谋略运用上也更加炉火纯青了。

第四篇

两晋、南北朝的间谍活动

西晋（公元 265—317 年）政权继承了魏国"九品中正制"，代表了高级士族利益。

司马炎（晋武帝）吸取魏国宗室手无寸铁，无法反抗篡权者的教训，实封诸王。这反而促使了"八王之乱"大混战的到来。西晋在八个诸侯王的混战中走向灭亡。

从西晋末年到北魏统一北方，中国北部长期陷入分裂割据局面，由匈奴、羯、鲜卑、氐、羌五个少数民族先后建立了十六个政权，史称"五胡十六国"。

西晋宗室司马睿在王、谢等大士族支持下建立了东晋政权（公元 317—420 年）。东晋政权在政治、经济上仍依靠大士族，尽量维护士族地主利益，与西晋政权一样腐败不堪。刘裕等出身寒微的军人终于走上了历史舞台。

随着刘裕建立了宋，中国进入了南北朝（公元 420—589 年）对峙时期。这期间中国北部先后建立了北魏、东魏、西魏、北齐、北周等几个政权，南部先后建立了宋、齐、梁、陈等几个政权。

公元 589 年隋灭陈，中国又归于统一。

所以，这一时期的间谍活动在战役、战术性谍报活动方面，表现比较突出，手段越发多样化。最后阶段，隋朝以出色的间谍战略配合军事战略，统一中国，结束了分裂状态。

第一章 两晋的间谍活动

第一节 木片与铁索

司马昭之心路人皆知,但他仍然把最后完成创建晋朝的使命留给了儿子。公元265年八月,司马昭死,其子司马炎当了魏国的相国、晋王。这年十二月,司马炎逼魏帝曹奂退位。汉献帝禅位的故事又重演了一遍。一个新的朝代——晋出现了。

司马炎上台后,积极做攻吴的准备。公元272年,在羊祜推荐下,很有谋略的王濬任益州刺史。这一任命是有深意的。晋朝内部当时对伐吴有两种不同看法,认为伐吴时机未到的一派人数不少。羊祜是积极主张伐吴的首要人物,他推荐得力部下任益州刺史,是为伐吴做好准备。益州处于长江上游,一旦伐吴,顺流而下,便于突破长江天险。

王濬上任后果然不负所望,大造起兵舰来。他造的战舰长一百二十步,舰上可以跑马。士兵在江边造船时砍削下来的碎木片顺江而下,流到东吴境内。由于万余名士兵一起动手造舰,顺流而下的木片相当多。这使东吴有识之士十分担忧。

东吴建平太守吴彦收集了江中的木片去见孙皓:"晋国必有攻吴之举,请向建平增兵。建平不失,晋军不敢渡江!"孙皓(公元242—283年)是个以剥人皮著称的暴君。他根本听不进去。孙皓所恃的是吴国在长江险要处修了防御体系。这个体系由拦在江面的铁索,安放江底的铁锥组成。

就在孙皓放心睡大觉时,已经泄密了。羊祜手下的士兵抓到了一个吴国的间谍。经过审问,羊祜掌握了吴国长江防御体系的详细情况。王濬根据情报,采取了相应对策。

公元279年十一月，晋大举攻吴。六路晋军共二十万，开始了最后吞并吴国之战。

龙骧将军王濬、巴东监军唐彬率军从巴蜀顺长江而下。王濬在战前命士兵做了大木筏数十个。木筏长宽百余步，上面立着披兵甲持兵器的草人。他使善泳的兵士划着木筏先行，水底的铁锥一碰上木筏就被带起了。王濬还让士兵准备了十余丈长的火炬，粗数十围，灌浸麻油，安置船头。江中铁索一遇火炬，就被烧化。魏军水师顺流而下先后攻克了西陵、荆门、夷道、夏口、武昌。吴军没想到魏军轻而易举地突破了长江防御体系，纷纷溃逃。王濬率水师直逼建业。其他五路大军也进展顺利。

公元280年三月，吴主孙皓请降。吴国灭亡，中国又归于统一。

任何大规模军事战略活动，要想不为人知是很难的。军事战略的远期准备工作必然在国家经济、文化、社会、政治、军事诸方面有所表现。具体的军事战略准备工作往往规模巨大，因此掩饰军事战略意图的最好办法往往是积极地散布假情报。即便这样仍不免露出蛛丝马迹。对这些蛛丝马迹进行综合分析，就可能从中得出重要结论。吴国建平太守吴彦正是这样做的。但他完全凭个人的经验、直觉来分析、综合这些现象。对蛛丝马迹予以持续跟踪、深入分析，远未成为中国古代间谍战中的惯用方法。

对防御一方来说，在工事后面坐等敌人进攻是很不牢靠的。大规模的防御工事，在相当长的时间内，早晚会为敌人所了解，而不成其为秘密。能够长久让敌人困惑的是，战略防御工事后面的军队的行动和作战方式。敌人总能找到突破战略防御工事的办法，而防守一方军队对防御工事的利用，则可以经常变动，达到出其不意的效果。从这一角度看，如果自觉地意识到这一点，战略防御工事则可成为迷惑敌人的工具。因为敌人总会认为大规模的防御工事，反映了我方的战略意图。就像长城反映了几千年来中国农业民族对游牧民族的战略意图一样。从近代史看，如果法国军队在第二次世界大战前改变了战略，以装甲机动对装甲机动，那么马其诺防线不正成了欺骗希特勒的工具吗？遗憾的是历史上很少有人能够这样做。也许是花费大量金钱、人力、物力这一事实，反过来制约了人们的战略思考；或者是人们下决心修建这类战略防御工程时，就反映了一种深思熟虑的长远战略考虑；这类工事给人带来的思维惯性和行动惯性是巨大的。战略工程或迟或早会因情报的泄露，武器的改进，政治、经济关系及国际关系的变化而过时。自觉地利用战略工事来迷惑敌人是不大可能的，一旦修建好战略工事,在迷惑敌人方面起的作用往往是在改变战略意图中产生的,是后发的。这里需要的是对时代敏感的认识和迷途知返的决心。这样死的战略工事在整个战略中就活了,它自身的意义也变化了。以不变应万变是愚蠢的。

对待敌人耗资巨大的防御工事有两种选择:

1. 可以声称已掌握了敌方全部工事的情报,使其不得不重新花巨资修造。

2. 可以继续装作不知道,在战争爆发时利用这一情报上的优势。

具体选择哪种对策要视具体情况而定。

第二节　送还俘虏

晋军之所以能势如破竹地消灭东吴政权,除了上节中讲的原因外,以谍报战除掉东吴得力将领也是重要因素。

羊祜并未看到自己一手策划的种种伐吴之策产生效力,就病故了。接替他的是杜预(公元 222—284 年)。杜预在记载着众多"儒将"的中国历史上,称得上是儒将中的儒将。他曾随钟会伐蜀,在"二士争功"的混战中,钟会部下的主要将领只有杜预得以生还,可见其机智。他还参与了对律令的修订;率军与羌、匈奴作战;对谷物的收、蓄,盐的运输贩卖也都有所建树。时人称之为"武库",意思是胸中十八般兵器样样皆有。更为后人所知的是,他撰有《春秋左氏经传集解》等书,自称有"左传癖"。因此视其为当时大儒也不为过。

杜预就任镇南大将军,都督荆州诸军,接管了荆州前线对吴作战事宜。他精选士卒,进攻东吴西陵督张政的防地,大破吴军。

张政是东吴得力战将,由于疏忽大意吃了个大亏。但他并未如实向吴主孙皓报告。杜预知道这一情况后,就派人大张旗鼓地把俘虏和缴获的军械、财物等送回东吴。孙皓当然知道了这一情况。他认为张政为人不忠,派武昌监刘宪去接替张政。张政刚刚被调回朝廷,晋国的南征大军就出发了!东吴尝到了走马换将的苦果。

杜预干掉张政的办法,别出心裁。但他不过是利用了张政工作上的过失。报喜不报忧,是官场上常见之事,然而就是这些常见之事,亦有利用之价值。这又一次表明,重要人物身边发生的任何事情都不应忽视,都有予以研究、利用之可能。同时也表明"情报"二字含义之广!

第三节 拓跋沙漠汗的悲剧

三国时,轲比能统治下的鲜卑部落瓦解后,又崛起了以拓跋部为核心的鲜卑部落联盟。拓跋部的酋长拓跋力微有雄才大略,其他鲜卑部落的大人都臣服于他,取得了酋长世袭权。拓跋力微已有了控弦之士二十余万的实力,但仍与魏国保持着良好的关系。

公元261年,拓跋力微派太子拓跋沙漠汗到魏国朝拜,学习中原文化,当然也不无窥探虚实之意。魏国对这个庞大的鲜卑部落联盟也非常注意,把太子留下做人质,给他很高的礼遇。双方使节来往不断,魏国常赠给拓跋力微中原物产。

晋代魏后,双方关系依旧。拓跋沙漠汗以父亲年迈为由,请求归国。晋朝同意了。公元275年六月,拓跋力微又派沙漠汗到晋朝拜。此时晋已灭蜀,正积极准备灭吴。北部日益强大的鲜卑部落已被某些有眼光的人看在眼里了。征北将军卫瓘(公元220—291年)向晋武帝司马炎(公元236—290年)密报,沙漠汗为人雄异,恐为后患,应扣为人质。晋武帝认为已赠送金锦允其回国,不能不讲信用。卫瓘再次上书,请以金钱、财物贿赂鲜卑大人,使其相互攻击,并扣押太子。晋武帝终于同意了。沙漠汗逗留中原期间,晋朝派人贿赂拓跋鲜卑中的执政官员、诸部大人,使这些人为晋所用。

公元277年,沙漠汗终于获准归国。他怀着对草原的向往,告别了繁华的中原。他多么想以中原文化在治理鲜卑诸部时一显身手呵!

拓跋力微得知儿子归国,欣喜异常,命诸部大人前往迎接。在诸部大人举行的洗尘宴会上,沙漠汗酒酣耳热,豪兴大发,取出从中原带回的弹弓,指着天上的飞鸟对诸部大人说:"我为诸位将其射下。"弹飞鸟落,满座皆惊。诸部大人看到太子从中原归来,才华横溢,就已心怀鬼胎,因为他们早受了晋朝收买。此时更震慑于太子神弹,认为"奇术绝世,若继国统,必变旧俗,吾等必不得志。"他们回去后对拓跋力微说:"太子才艺非常,引空弓而落飞鸟,似是得晋人异法怪术,害民之兆惟愿察之。"拓跋力微由于沙漠汗多年不在眼前,已不像从前那样相信他了。他对太子的行为也有疑虑,于是说:"不可容者便当除之。"诸部大人得了这句话，早飞身上马，去除掉正在途中的沙漠汗了。沙漠汗遇害后，拓跋力微又后悔了。由于年迈，加上爱子遇害，拓跋力微得了重病。

受到拓跋力微信任的乌丸王库贤，早已受了卫瓘的贿赂，想瓦解鲜卑诸部。乘拓跋力微病重，他控制了局势。库贤命人在拓跋力微住所外大磨刀斧。前来探视的诸部大人见了，奇怪地问库贤："这是想干什么？"库贤说："大王恨诸位讲太子坏话，害了太子。想把你们的长子都抓起来处死！"诸部大人听信了他的话，率部纷纷散去。拓跋力微也在草原斜阳里咽下了最后一口气。

鲜卑族的大联盟再度衰落。然而拓跋部鲜卑是起源于大鲜卑山（黑龙江省额尔古纳河南岸大兴安岭北），经过"山谷高深，九难八阻"的艰苦转移，才迁到匈奴故地，与匈奴余部融会而成的部族。它以特有的生命力顽强地生存下来，并在后来形成了统一中国北方的北魏王朝。但是它要成长壮大，非过汉化这一关不可。以中原先进文明为"异法怪术"是没有出路的。

拓跋沙漠汗的悲剧实在值得回味。当先进与落后两种文明交汇、撞击时，也是人们的行为、思想产生动荡甚至激烈斗争之际。此时也正是种种间谍活动、种种控制与反控制的斗争展开之时。如果过于小心翼翼，对先进的文明拒不接受，因噎废食，往往会扼杀了自己民族的优秀人物，中了敌人的离间之计。

第四节 太子的下场

西晋政权是一个继承了魏国"九品中正"制度，代表了高级士族利益的，极其腐朽不堪的政权。中国历史上开国君主及其后一两代君主往往励精图治、小心谨慎，因为前朝覆灭之鉴尚历历在目。西晋的第一代君主就腐败到家了。晋武帝司马炎原有宫女数千，灭吴后又以吴国宫女五千充实后宫。这个混蛋皇帝坐在羊车上，羊拉到哪个宫女屋里，就住在那儿。更糟糕的是他立的太子司马衷是个智力低下的糊涂虫。大臣卫瓘有次借着酒劲儿，拍了拍皇帝宝座的扶手，大着胆子对司马炎说："可惜此座啊！"晋武帝当然明白，他不动声色地说："你喝多了吧。"任凭晋朝这辆大车向深渊驶去。

公元289年，晋武帝杨皇后之父杨骏忌讳皇族在京，通过晋武帝命汝南王司马亮都督豫州诸军事，镇许昌；改封南阳王司马柬为秦王，都督关中诸军事；楚王司马玮都督荆州诸军事；改濮阳王司马允为淮南王，都督淮南诸军事。这些王出京后，晋武帝又封皇子司马乂为长沙王；司马颖为成都王；司马晏为吴王；司马炽为豫章王；司马演为代王；皇孙司马遹为广陵王。

晋朝诸王都握有实权。司马炎吸取魏国宗室手无寸铁，无法反抗篡权者的教训，想通过实封诸王形成辅车相依的局面。但这恰恰为"八王之乱"创造了条件。

公元290年晋武帝死了。这个腐败之君死前却又有些清醒了，他命老岳父杨骏和他叔父司马亮一起辅佐他那个宝贝儿子。低能儿当上了皇帝。但愚蠢的皇帝身边却有一个手段毒辣的女人——晋朝大功臣贾充之女贾南风，此时已被立为皇后。她权欲极大，对杨骏独揽大权极为不满，她在等待机会。

她很快就找到了办法。公元291年三月，贾后和孟观、李肇、董猛等密谋，派李肇到都督荆州诸军事的楚王司马玮处，让司马玮以求入朝拜见为名进京。司马玮要求入朝。杨骏平日很怕司马玮，但又没理由阻止他入朝。司马玮入朝后，和贾后等人勾结发动政变，杀杨骏等大臣，废杨太后，囚禁于金墉城。贾后想独揽大权，但太宰、汝南王司马亮和太保卫瓘的势力也不小，不听她的招呼。司马亮和卫瓘认为司马玮骄横难制，想把他赶出京师。贾后又看到了机会。司马玮听从幕僚的建议投靠贾后，两人一拍即合。这年六月，贾后假手晋惠帝，下诏免司马亮、卫瓘官职。司马玮发兵杀司马亮、卫瓘。事成之后，太子少傅张华让董猛给贾后带话："楚王司马玮已杀了那两人，天下大权归于他手，人主何以自安。可以擅自杀人罪除掉司马玮。"当时京城一片混乱，贾后也看清了形势。张华请求晋惠帝，让人到处宣布："司马玮假传诏书，不要听他的。"司马玮手下的人几乎全放下了兵器，司马玮成了阶下囚。临死前司马玮掏出贾后给他的诏书，给监斩官看，但仍免不了一死。贾后又装作公正，为司马亮、卫瓘恢复了名誉。大权落入贾后手中，张华辅政，倒也暂时安静了几年。但是这也仅指朝中而言。贾后荒淫无耻，贿赂公行。边境上的少数民族纷纷起事，内地流民甚多，危机四伏。

贾后自己没有儿子，因此在晋惠帝即位时，立广陵王司马遹为太子。既有太子，贾后就有还政之日。为防大权失去，贾后命人引诱太子沉溺于吃喝玩乐。左卫率刘卞劝张华干掉贾后，老奸巨猾的张华认为没有把握。贾后经常派亲信在外面微服私访，打探消息。这消息被贾后知道了。刘卞被贬为雍州刺史。刘卞知道事情泄露，就喝毒药自杀了。贾后也加快了废太子的步伐。

她召太子进宫饮酒。太子在她逼迫下喝得烂醉。贾后乘机假传诏命，让太子糊里糊涂地写了一封内容为想除掉皇上和皇后的信。贾后把这封写得潦潦草草的信拿给晋惠帝看，表示应赐死太子。张华认为应比较一下笔迹，贾后拿出十余张太子的笔迹，大臣中没人敢吭声。太子被废为庶人，杀太子母谢淑媛。后来又以千余名士兵看守废太子。

贾后所作所为，引起朝内外的愤恨。曾在太子手下任职的右卫督司马雅、常从督许超想干掉贾后，但看到张华等大臣只知保住自己的地位，就寄希望于掌握兵权的赵王司马伦身上。司马伦的谋士孙秀认为，贾后已是众矢之的，大臣将起大事，如果不顺应潮流，将大祸临头。司马伦参与了除掉贾后的谋划。

大臣们将起事前，孙秀又对司马伦说："太子聪明刚猛，如回东宫，必不受制于人。您从来和贾后一党，尽人皆知。现在虽为太子建大功，但太子必然认为您是事出无奈，不得不如此。这样太子定不会感激您。而且稍有差错，就可能杀头。如能推迟举事，贾后必杀太子，那时不但可以免祸，而且可以夺大权。"司马伦当即首肯。

孙秀找了些人，到处散布消息："司马雅、许超等想除掉贾后，立太子。"这件事被贾后派到民间微服出行搜集情报的宫女知道了。贾后听了报告很害怕。孙秀也在贾后的亲信跟前说："不如早除太子，以绝众望。"公元300年三月，贾后派人杀死了太子。

四月，赵王司马伦发动兵变，废贾后为庶人，随后赐死于金墉城。第二年，司马伦逼晋惠帝退位，尊为太上皇，自立为帝。晋皇室其他诸侯王当然不服。在你争我夺的血腥气味中，"八王之乱"开始了。

在中国古代宫廷争斗中，运用间谍手段之事甚多。司马伦散布不利于太子的话，比以同党身份劝贾后杀太子，更为有利。出于同一阵营的情报，故意泄露于外，又以某种形式返回。这是值得回味的。弄清消息的来源，看来十分重要，这对正确地评价情报很有意义，对分析某集团内部变动也甚有帮助，当然这样做是颇为困难的。

第五节　骄兵必败

公元 301 年，赵王司马伦称帝后，成都王司马颖、齐王司马冏、河间王司马颙、常山王司马乂等纠集了二十余万大军讨伐司马伦。经过六十天的激战，联军获胜，晋惠帝复位。司马伦、孙秀都被处死。大权落到了齐王司马冏的手里。

战乱和灾荒使西晋出现了大批的"流民"。在魏末、晋初时入居长城内定居的少数民族也在其首领的带领下伺机而动。一场大动乱不可避免了。西晋的"流民"，是因家乡受战乱、灾荒不得不求食于外的农民。他们满怀着对统治阶级的不满走上外出乞食之路，随时准备铤而走险。领导他们的人物也就应运而生了。

略阳、天水等六郡灾民流入蜀求食，共十余万人。他们在蜀为地主豪强做佣工谋生。数量如此之多的流民入蜀谋生，引起了统治阶级的不安，公元 300 年，朝廷以诏书命六郡流民各回原籍。这时的益州刺史赵廞也被召回任大长秋，改派成都内史耿滕为益州刺史。赵廞看到晋朝廷内乱，心怀异志，不愿赴朝。他杀了耿滕，自称大都督、大将军、益州牧。派李庠为寇威将军，召集六郡之民成军万余人，切断了自陕西入川的道路。四川处于形同割据的局面。赵廞倚为腹心的李庠及其兄弟李特、李流是巴氐豪强，因与赵廞同为巴西人而受到信任。

李庠等率军驻于川陕要道，为人勇猛而且渐得众心。赵廞及其部下认为，李庠握重兵于外，其心必异，需要想法除掉。正好李庠劝赵廞自立为帝，赵廞以此为借口杀了李庠及其子侄十余人。李特、李流率军在锦竹，因而得以幸免。公元 301 年，李特率军攻入成都，赵廞逃走后被部下杀死。李特派使者到洛阳去，陈述赵廞的罪恶，也为自己在蜀的统治争得一个合法外衣。没想到晋朝廷派罗尚率七千余人入川。李特认为时机尚不成熟只好低声下气地迎接罗尚。就在这一年朝廷又下诏让六郡流民限期上道。在此之前朝廷曾下诏褒奖灭赵廞有功人员，封李特为宣威将军，李流为奋武将军，命报六郡之民有功者也要加封赏。但这一诏命让广汉太守辛冉扣了下来。他想独占灭赵廞的功劳。这已引起了流民的不满，如今又要限期上道，更是一触即发。李特此时又站出来为流民说话了。他请阎式去罗尚那儿讲情，现在粮食还未收获，为地主佣工的人得不到报酬无法上路，能否延期到冬天。罗尚听了辛冉、李苾的话，不允许延期。更可恨的是，罗尚还在流民回家的要道上设立关卡，搜刮农民仅有的一点财物。

面对统治阶级的残酷压迫，农民们纷纷把李特视为自己利益的保护者。李特也于绵竹设大营，收留无归处的农民，很短的时间内就聚集了两万人，李流也聚集了数千人。

罗尚看到李特兄弟渐成气候，就发兵攻打李特。李特大败罗尚派去的官军，在流民的拥护下正式起义。罗尚与李特作战屡次失败。李特得到人民的拥护，民间有"李特尚可，罗尚杀我"的歌谣。

公元302年，李特又击败了河间王司马颙派来的督护衙博和罗尚的联合进攻。这一仗之后，李特军又大败罗尚军万余人，并进攻了成都。

公元303年正月，李特派军秘密渡江进击罗尚。蜀郡太守徐俭以成都少城（成都西部）投降，罗尚守住了太城（成都东部），并派使者去向李特求和。李特入城后，军纪严明，只取马匹充为军用，大赦其占领区内的犯人，年号建初，正式打出了与晋朝对抗的旗号。但是这时李特军遇到了一个问题，军粮缺乏。李特想让六郡之民到地主豪强占领的坞堡去就食，因为此时这些地主都言不由衷地对李特表示服从。李特的弟弟李流头脑倒还清醒，他对李特说："这些坞堡刚刚归附，人心并未真正倒向我们。应当把大姓（大地主）的子弟抓来作人质，聚集兵力以自守，这样才能防备万一。"李流还和李特手下的司马上官惇一起上书，他们认为接纳投降者，就应像对待敌人一样保持警惕，不可过于相信。别的官员也有赞同的。李特却听不进去，他说："大事已定，但当安民，为什么还要对人如此疑虑，逼得人家背叛我们？"正在李特日益放松警惕时，晋朝已在调兵遣将了。荆州刺史宗岱，建平太守孙阜率水师三万援救罗尚。宗岱以孙阜为先锋，进逼德阳。李特派其子李荡率军迎击。

坞堡内的地主豪强一看晋军援兵已到，个个阴谋反叛。对这一点晋朝官员看得很清楚。与罗尚一起守城的益州兵曹从事任睿，对罗尚进言道："李特分散士兵就食，骄傲懈怠毫无防备，这是天赐良机。应该与坞堡密约，到时候内外夹击，必定能击败他。"罗尚和任睿又进一步商量了如何内外夹攻的计策。

深夜，一个黑影从成都太城的城墙上飘然而下。这人弯着腰，急急忙忙地奔向李特占据的少城。他就是任睿。他见了李特后，编造了一大篇自己愿意投降的鬼话。李特听了很高兴，并进一步问任睿城中虚实。任睿说:"粮食已经快吃光了,只剩下钱和帛,支持不了多长时间了。"任睿接着提出回家探亲的请求。李特竟一口答应了。任睿探听到了李特军的虚实,而且欺骗了李特。他利用回家探亲的借口,在周围的坞堡间秘密串连。他和坞堡中的地主豪强约定了共同进攻李特军的日期,又秘密地溜回城里,向罗尚报告了全部情况。

李特却还在做着不日可攻下太城的美梦。他之所以敢于放任睿回家,大概也是由于受了任睿的愚弄。既然太城不日可下,也就没有必要提防任睿可能搞鬼了。

约定的日子到了,罗尚派兵偷袭李特军营。地主豪强在坞堡纷纷响应,杀害分散就食的义军。李特军有一部在李荡率领下,迎击已到德阳的晋朝援军,余下的部队在突然的打击下,全军溃败。李特、李辅、李远等被杀。为了发泄对李特等人的仇恨,罗尚将他们斩首传送洛阳,尸体焚为灰烬。

李特军余部在李荡、李雄等的率领下退保赤祖(今四川绵竹东)。李流自称大都督、大将军、益州牧保东营,李雄、李荡保北营。三月,罗尚率军乘胜进攻起义军,企图把起义军赶尽杀绝。但被李流等战败,起义军反攻成都。在追击中李荡战死。这时晋军援兵在宗岱、孙阜率领下已经逼近了。李流十分惊恐,准备投降。李雄不顾李流的反对,率军袭击孙阜,大破孙军。此时宗岱又病死了。晋军援兵统帅既失,就撤了回去。

李雄是李特的儿子。李流死后,李雄(公元274—344年)成了起义军的领袖。他后来终于攻下了成都,建立了成国。

由于骄傲,导致了李特政治判断的失误,也进一步导致了他对任睿丧失警惕。他既让任睿欺骗自己,窥视虚实于前,又让任睿与地主联络于后,结果功败垂成。

当然我们不能用今人的认识评价、要求李特。地主阶级对起义农民的切齿痛恨,李特没有估计到。这可以说是历史的局限。但从政治技术角度来看,李流等人提出的"人心未附",也是很有道理的。李特却连这也听不进去。

对整个大形势的判断,往往深刻影响着间谍战的方向、方式和结果。李特对大形势判断失误,当然在间谍战中也就容易失误。应当看到,敌人趋于失败之时,往往也是间谍战更加激烈之际。因为军事上的失利,往往导致了敌人不得不求助于特殊的手段,来扭转颓势。

第六节 义军的财宝

公元307年五月，以秦州人邓定为首的两千余家流民进入汉中，占有城固（今陕西成固东）。梁州刺史张殷派巴西太守张燕率军讨伐。邓定做出了假装投降的姿态，并派人送财物给张燕。张燕得到义军的财物后，停止了进攻。这时邓定秘密地派人去和李雄联络，请求救援。李雄已于公元306年六月，在成都称帝，国号大成。此时他正在扩张势力，就派兵援救邓定等。

李雄的大兵一到，张燕就撤退了。邓定乘机进逼，西晋的官员纷纷逃跑。这时西晋派来的新任梁州刺史、材官将军张光到了。他纠集西晋文武官员开会，决定战守。有人揭发张燕接受义军财物，张光当即将其斩首。随后晋军反攻，张光又控制了汉中。

张光是个很有头脑，具有较多战争经验的人。在汉中，他对百姓采取了一些安抚措施，暂时稳定了局面。

公元310年九月，雍州流民在王如率领下起义。王如起义军的一支共三千余人，在李运、杨武率领下，由襄阳进入汉中。汉中的局势又变得紧张了。

张光派参军晋邈率晋军阻止义军进入汉中。义军又祭出了"金钱"这个法宝。晋邈受了李运的贿赂后，不但停止了进攻，反而力劝张光允许流民进入汉中。西晋的流民经常是全家加入外出求食的队伍，因此外表上看不是一支严格意义上的军队。张光听了晋邈的话，让他们居住在城固。

这时财物作为间谍战手段的一个弊端显示出来。晋邈是个贪得无厌的人，他认为李运等手中一定还有很多珍宝，想全部夺到手，就去对张光说："李运和他的部下，不去好好务农，却准备了不少兵器，意图难测！应该乘其不备袭击他们。"张光又听了他的建议，派晋邈率兵进攻李运。晋邈有本事搜刮，没本事打仗，被义军击败。张光只好向氐王杨茂搜求兵。杨茂搜派他的儿子杨难敌前来助战。杨难敌率军一到，就向张光要钱。张光不给。这一消息却让义军的另一首领杨武知道了。

杨武派人给杨难敌送去了很多财宝。同时让派去的使者对杨难敌说："流民的财宝，全部在张光那里。与其征伐我们，不如去征伐张光。"出兵打仗只为财的杨难敌听了大喜。但他表面上仍然散布消息说，援助张光。实际上却和义军联成一气了。张光还被蒙在鼓里，派息援率军前往支援晋邈。

息援率的援军刚到，就受到杨难敌和义军的夹攻。息援中箭而死。义军声势大增，包围了张光所率的西晋军。张光率众坚守孤城，经过几个月的苦战，张光在心力交瘁中死去。晋军放弃了汉中。

金钱作为间谍战中常用的手段，其作用很大，但也有限。在间谍战中过于迷信金钱，则会栽大跟头。

第七节　夺回梓潼

公元309年，镇守梓潼的大成太尉李离、尚书令阎式被部下将领所杀，梓潼落入了长期与大成作战的晋朝将领罗尚手中。罗尚从投降的大成将领手中得到梓潼后，进一步向李雄统治的其他地区扩张。李雄命部下将领率军反击，被晋军击败。李雄亲自率军反击也遭失败。一时形势变得十分不利。

公元310年，镇守巴西的大成太尉李国又被部下所杀，并以巴西投降了罗尚。形势越来越严峻。李雄为夺回梓潼伤透了脑筋。有一天，他正在发愁，手下的将领张宝进来报告军情，提到了收复梓潼的事。李雄感慨地对张宝说："你要是能拿下梓潼，我愿以李国之位相许。"

第二天，大成军中出了一件让人议论纷纷的事，张宝杀了一个人，逃到梓潼去了。李雄当然也十分气愤。

张宝到了梓潼，讲明了自己因为杀人来投降的意向，受到了晋将訇琦的信任，不久就被视为心腹。过了些日子，罗尚派使节到梓潼传达命令。訇琦等人毕恭毕敬地迎接使节，使节完成任务返回时，訇琦等人又出城送行。就在他们走出城门后不久，一件意想不到的事情发生了。张宝率领几个人关上了城门，阻止他们再入城。訇琦这才知道上了当，赶紧向巴西方向逃窜。

张宝不费一兵一卒夺回了梓潼，李雄军中将士这才知道原来张宝是诈降。李雄言而有信，封张宝为太尉。

以杀人来骗取对方信任，这似乎太残忍了。但正因为其残忍，正因为一般人对这类行为的动机都不会发生怀疑，才易于被敌人相信。这又一次说明，在判断敌人方面投降过来的人的意图上是多么复杂、困难。有时为了更大、更长远的利益，一方宁愿牺牲一些局部的、眼前的利益，使自己的间谍获得对方的信任。局部与总体、近期与长远的辩证统一，在间谍战的道德伦理中起着很重要的作用。明白这一点，就会在扑朔迷离的间谍战中，透过层层迷雾，摆脱常人思维习惯的束缚，看到许多别人看不到的东西。

第八节 截击使者

西晋王朝犹如一锅煮开的汤，里面沸沸扬扬，乱七八糟地冒着气泡。在李雄建立大成政权的同时，匈奴左贤王刘渊也起兵反晋，建立了汉国。尽管如此，晋朝上层统治者间的争斗仍在刀光剑影中进行。诸王你争我夺好不热闹。

公元305年，东海王司马越等起兵，以迎回落入河间王司马颙手中的晋惠帝为号召，讨伐司马颙。公元306年，晋惠帝被迎回洛阳。司马颙逃跑，和他站在一边的成都王司马颖被杀。不久晋惠帝司马衷（公元259—306年）死，晋怀帝司马炽（公元284—313年）立。司马越大权在握，为所欲为。

晋怀帝上台后，对处处受司马越挟持非常不满。司马越假装要回到封地去，晋怀帝当然知道他的真意，只好作出挽留的姿态。司马越于是出镇许昌，但留下自己心腹率领的军队担任京城、皇宫的防卫。这样既可以大权独揽，又可以避免其他人从政治上进行攻击。

但是"八王之乱"中，谁也没有真正控制地方势力。地方大员常自恃实力不听调遣。苟晞就是其中一个。

苟晞因助司马越攻司马颙有功被任为兖州刺史。司马越手下幕僚进言，兖州是要害之地，当年曹操就是在兖州起家的。苟晞有大志不可让其久驻兖州。司马越就让苟晞到青州去当刺史，自己直接管理兖州。苟晞当然一肚子气。

河南尹潘滔、尚书刘望上书攻击苟晞。苟晞也上书要求斩潘滔等，并攻击了司马越。

晋怀帝因司马越留在京城的将领何伦等为非作歹，难以忍受，密赐苟晞手诏，命其讨伐司马越。苟晞也数次上书，与晋怀帝商量对付司马越的办法。

司马越猜到苟晞与晋怀帝有勾结，派了骑兵埋伏于交通要道边。果然抓到了苟晞派往京城的使节，并搜出了密信。

司马越发出檄文，出兵进攻苟晞。苟晞有实力，能打仗。他也不示弱，派兵去抓潘滔。潘滔跑了，尚书刘望等被抓住杀了。司马越看到无人响应他的号召，忧愤成疾，于公元311年三月病死。

公元316年，刘聪（？—公元318年）手下大将刘曜攻陷长安。晋愍帝司马邺（公元270—317年）继晋怀帝之后作了汉国的俘虏。刘渊创立的汉国是以匈奴人为核心组成的少数民族政权。其反抗西晋统治有合理的一面，但行动却是十分野蛮的，汉军在俘获晋怀帝司马炽时，攻陷了洛阳，使洛阳这座繁华京城化为一片白地。

汉国俘虏晋愍帝，意味着仅仅存在了五十二年的西晋灭亡了。公元317年琅琊王司马睿在逃到江南的一些大世族的支持下，称晋王于建康（今江苏南京），史称"东晋"。这时中国北部陷入了混战之中。西晋残留势力中，不乏企图恢复中原之士。刘琨（公元271—318年）就是一个。刘琨字越石，是西晋并州刺史。

西晋灭亡后，刘琨以晋阳为根据地与汉国对峙。汉国军队野蛮杀掠，使刘琨成了中原衣冠的象征，不愿忍受汉国野蛮统治的百姓纷纷投奔他。但刘琨也是西晋高级士族的一个成员，西晋高级士族骄奢淫逸的毛病，他也具备。晋阳局势稍稍好转，他就沉溺于声色之中。他虽然以恢复晋室为号召，慷慨激昂，但既无政略，又无将才。因此好景不长，公元316年十一月，在石勒进攻下，刘琨不得不率余部投奔幽州刺史段匹䃅。

段匹䃅是鲜卑人，他数次写信给刘琨，表示愿与刘琨共复晋室。刘琨到幽州后，段匹䃅对他非常尊重。公元317年，刘琨和段匹䃅歃血为盟布告四方，决心恢复中原。刘琨还派温峤等奉表及盟文到江南，对东晋政权表示拥护，并劝司马睿称帝。刘琨和段匹䃅还准备攻打石勒。

石勒也没闲着，他收买了段匹䃅的从弟末柸。刘琨、段匹䃅联军向前推进时，末柸却率军观望，使行动告吹。

公元318年，司马睿在王导等大士族、大官僚的支持下于建康即帝位。他即帝位时甚至想拉着王导共坐御床，接受百官朝贺。一个先天不足的小朝廷诞生了。司马睿即位后，封刘琨为侍中、太尉，并赠以名刀。刘琨让送刀人回去向司马睿致意："我当小心佩戴此刀，并以刀斩二虏之头。"（二虏指石勒、刘曜）

就在刘琨夸下海口时，事情复杂化了。段匹䃅为其兄奔丧，刘琨派其子刘群去送。久怀二心的段末柸率部在路上截击段匹䃅。段匹䃅逃走，刘群却落入段末柸之手。段末柸与刘群结盟，将其拉了过去，并对他许愿，攻下幽州可让刘琨当刺史。但要刘群给其父写封信，以便里应外合。刘群写了信。但送信的使节被段匹䃅的巡逻兵抓住了。密信被送到了段匹䃅处。

段匹䃅经过犹豫，终于杀死了刘琨。

间谍工作是一个完整的情报收集、传递、分析、运用系统。在这一系统中，情报的传递，往往是相对薄弱的环节。在技术不发达的古代，情报的传递，就更容易为对方所破获。截击敌人的情报，已成为中国古代间谍战的重要组成部分。

截获敌人的情报，有双重意义。一方面这样既可以获取敌人情报，又可以用假情报资敌；另一方面也是对敌人进行情报封锁，使其无法获得必要的决策信息，导致决策失误。

在这两个事例中，司马越截击使节，是专门派往交通要道去埋伏、等候的"游骑"；段匹䃅截住段末柸密使的是"逻骑"。这大有区别。"游骑"是司马越专门派出去执行抓间谍任务的骑兵。"逻骑"则是古代在军营、驻地附近执行日常巡逻、警戒任务的骑兵。前者是有目的的行动，后者则是作为常备不懈的军事勤务的一部分。前者是对敌人情报传递环节的主动出击，后者是对可能出现的敌人间谍进行日常警卫。在间谍战中，对敌人谍报系统的打击和对敌谍报系统的防范，总是并行不悖的。这相辅相成的两方面一旦失去平衡，谍报工作就会减弱其威力。

制度化的保卫工作是间谍战的重要组成部分。

第九节　立大事者必先为之卑

前面已多次出现石勒其人。石勒（公元274—333年）字世龙，上党武乡（今山西榆社北）人。石勒是羯族人。[①] 他年仅十四岁就跟随同乡去跑买卖，还曾受佣于人种地为生。在他一生中最悲惨的遭遇莫过于被晋将掠去，卖与人家为奴了。长期挣扎于社会底层，使石勒对晋朝统治者恨之

---

① 羯族是入塞匈奴十九种中羌渠种的后裔，主要散居于上党郡。

入骨，也养成了他顽强、狡诈的性格。

石勒在被卖与人家为奴时逃走了。他纠集了王阳等人，铤而走险，以劫掠为生，号称"十八骑"。到公元308年前后，这支小部队已成为五六万人的大军了。他招揽西晋失意士人张宾为谋士。石勒的凶悍加上张宾的多谋，使这支部队成为令人畏惧的力量。但此时石勒仍是附属于刘渊的汉国的。

公元311年，石勒乘晋军为东海王司马越出丧还葬东海，袭杀晋军十余万人。太尉王衍等被俘。石勒文化水平低，但很注意从史书中学习政治、军事斗争方法，常让人念书给自己听。他对这些高级俘虏进行了审讯。王衍等为了活命，争先恐后地陈述晋国情况，但石勒还是杀了他们。这年十月，石勒利用酒宴之机，杀了汉国另一得力将领王弥，火并了他的队伍。汉国统治者刘聪对其无可奈何。

公元312年七月，石勒攻下了冀州诸郡县，有了一块较为牢固的地盘，但此时汉国势力仍然较他为大，占据并州的刘琨和占据幽州的王浚也经常与其抗衡。

石勒决定先除掉对他威胁最大的王浚，王浚立晋宗室为皇太子，自己当尚书令。谋士张宾认为其"怀僭逆之志"，在政治上处于易受攻击的地位，劝石勒干掉他。石勒同意了。但石勒想先派一人出使幽州，探听一下虚实。他把这一想法和亲信们讲了。亲信们认为，应当像三国时晋将羊祜对吴将陆逊那样，平等地与王浚礼尚往来。他又去问正在病中的张宾。张宾认为，如果以平等的地位派使者去观察虚实，只会增加王浚的疑心，使后边的计谋无法施展。他提出"立大事者必先为之卑"，石勒也同意了他的看法。

公元313年十二月，石勒派部下带着珠宝去向王浚上表，请王浚早即帝位。表中谦卑地称自己是"小胡"，表示"奉戴明公如天地父母。"石勒还同时给王浚部下枣嵩写了信，贿赂其不少财物。王浚听了石勒使节讲的话，非常舒服，也派使节还赠石勒幽州土产。

王浚部下镇守范阳的将领游统，想投奔石勒。石勒杀了游统派去的使节，表示自己对王浚的一腔赤诚。王浚虽没有惩治游统，但对石勒更为信任了。

王浚也派了使节到石勒处，当然也带有探听虚实的使命。石勒下令把精兵、坚甲都隐蔽起来。使者看到的只是一些老弱士兵、钝刀败甲。石勒以接受皇帝诏书的仪式，对待王浚的书信。说来可笑，王浚这个西晋高级士族，竟把他们那个阶层中常用的"尘尾"赠予石勒。魏、晋时期所谓名士，常常手持"尘尾"①，高谈阔论，不着边际。连字也认不多的石勒看到这玩意儿，作何想法只有天知道。但他却表示不敢拿在手上，要挂在墙上早晚叩拜，就像见到王浚一样。石勒还对使节表示，将亲往幽州，奉上尊号，拥护王浚为帝。他还写信给枣嵩，请其在王浚面前为己美言，请封自己为并州牧广平公。表示一心在王浚方面谋发展。使节回去后对王浚说："石勒兵力很弱，对您也忠诚无二。"王浚丝毫不做与石勒作战的准备了。王浚还十分傲慢地等待石勒这个"小胡"上表劝进。

王浚做美梦时，石勒正在听他的使者王子春报告情况。王浚听到石勒如此拥戴自己，一高兴把王子春也封成了列侯。王子春对石勒说："去年幽州发大水，百姓无粮。王浚积粟如山却不赈济百姓。刑法苛酷，役赋繁多。忠诚能干之士离心，夷狄外叛。谁都知道他要完了。王浚却志得意满，摆出要称帝的样子，认为汉高帝魏武帝都不如他。"听到这儿，石勒不禁拍案大笑："王彭祖（王浚字）真可擒也"，下了攻幽州的决心。

军队做好了出征准备，石勒却迟迟不下达出发命令。大谋士张宾说："想袭击他人当出其不意。如今军队已集结待命，将军还在忧虑，是担心刘琨、乌桓、鲜卑乘机进攻我们吧？"石勒反问他："有何良策吗？"张宾认为这三方都没有在智勇上堪与石勒一战的将领，而且绝想不到石勒会长驱千里攻取幽州。况且刘琨、王浚虽同为晋臣，实若仇敌。刘琨必乐观王浚之亡。张宾劝石勒，兵贵神速，勿失良机。石勒心头疑云一扫而光，下达了出兵命令。

公元314年二月，石勒的精兵点着火把乘夜出击了。出击的同时，石勒派使者到刘琨那里，陈述自己以往的罪恶，表示愿意讨王浚立功。刘琨这个华而不实的人，非常高兴，并通知了自己所属州县。行至半途，石勒杀其主簿游纶。游纶之兄是前面提到的想投降石勒的游统。石勒为防泄密，将其干掉。

三月，石勒的军队进抵易水。王浚部下都护孙玮向他报告，并请求发兵阻挡。这时游统出来阻止。王浚部下其他将领都认为应当进攻石勒军队。王浚却还沉浸在皇帝梦中，他怒容满面地对部下训斥："石公此来，

---

① 尘尾：一种比鹿大，似鹿的动物尾巴做成的拂尘。

正是要拥戴我的,有敢言战者斩!"王浚还命人准备好美味佳肴,迎接石勒军队。

这天清晨,石勒率军来到了蓟城(幽州治所)。由于王浚有言在先,守城士兵毫无防备,所以石勒军轻而易举地进了城。但石勒却小心谨慎。他的军队前面是一群地道的"和平使者"——数千头牛羊。石勒的士兵扬言这是送给王浚的礼物。实际上是石勒恐怕有伏兵,用这些牛羊堵塞街巷。

王浚听到石勒军队入城的消息,却不见石勒来参见,有些不安了。接着传来石勒军队在城中杀掠的消息,将领们要求抵抗。王浚却还不醒悟。直到石勒率部下闯入王浚庭堂,他才明白上了当,指着石勒破口大骂:"胡奴胆敢戏弄我!"石勒也大骂王浚想自立为帝,残虐百姓。王浚被送到襄国斩首。石勒残暴地屠杀王浚手下精兵万余人。受他贿赂的枣嵩、想投降的游统,也被杀了。石勒认为这些人不仁不义,不希望部下效仿。

石勒拿下幽州,在撤军途中终于受到孙玮的袭击,损失不小。石勒把王浚的头献给汉国。汉增封石勒十二郡,石勒仅接受二郡。看到石勒这番动作,刘琨才明白上了当。

由于幽州离石勒的根据地遥远,因此不久幽州又为前面提到的段匹磾所占有。石勒并未捞到太多实惠,离建立赵国还有一段路要走。

石勒对王浚的欺骗活动十分成功。他不仅制造了自己军队虚弱不堪的假象,而且身为一军统帅亲自装出卑躬屈膝的样子。这样把假情报和一系列虚假的政治姿态结合起来,成功地达到了目的。

石勒对游统企图投降的处理方式,也显示出他为了主要目标,而牺牲局部利益的大手笔。间谍战中,往往头绪纷繁,有许多偶然事件。有时只能为了主要目标,而放弃次要目标。间谍战中也不乏故意抛出一些不重要线索,转移敌人注意力的例子。石勒暴露游统于前,杀其弟于后,手段狡诈,但也反映了他对情报的认识。

第十节　怀柔政策

西晋的高级官员大多是像刘琨、王浚那样的无能之辈,但也不乏个别优秀人物。祖逖就是一个很有才干的将领。

祖逖(公元 266—321 年)字士稚,范阳遒县(今河北涞水北)人。

祖逖虽然出身世族，但却不像当时的世家子弟那样装模作样，只知空谈。他少年时性格豪爽，好侠义之举。到了十四五岁，他才开始读书。不读则已，一读就博览群书，成为饱学之士。他和刘琨同为司州主簿，两人关系很好，住在一起。每天鸡一叫，祖逖就把刘琨叫醒，两人"闻鸡起舞"，决心为国家干一番事业。

"八王之乱"后，祖逖率亲属、宗族数百家渡江。琅琊王司马睿任命他为徐州刺史。祖逖认为乱世之秋，正是好男儿大显身手的时候，他力劝司马睿北伐。公元313年八月，祖逖率领自己赤手空拳的部曲百余家，带着司马睿给他的只够千人用的粮食和三千匹布，毅然渡江北上。这实在是个英勇的举动。船行至中流，祖逖望着烽火连天的北岸，心潮澎湃，击楫而誓："祖逖不能清中原而复济者，有如大江！"到淮阴后，祖逖的队伍又增加了两千人，而且打造了兵器。

祖逖渡江后，由于领导有方，用兵得法，并且受到苦于战乱的百姓的拥护，其部队得到了迅速发展。

公元320年六月，祖逖部下将领韩潜与后赵（石勒此时已建立赵国，因刘曜先改汉国号称赵，故称为后赵）将领桃豹在陈川故城对峙。韩潜占据东台，桃豹占据西台。韩潜由东门出入，桃豹由南门出入。双方对峙了四十多天。祖逖命士兵以土装满布袋，好像装满了大米似的运上台。他故意让几个士兵运装了真米的口袋，在路上休息。饿坏了的桃豹士兵冲出来抢粮。祖逖手下的士兵弃粮而去。桃豹手下的士兵一边吃着抢来米做的饭，一边对兵精粮足的祖逖军产生了畏惧心理。

后赵的将领刘夜堂率领一支由千余只毛驴组成的运粮队，为桃豹运粮。祖逖派韩潜、冯铁袭击了这支队伍。粮食全为祖逖的部队所截获。桃豹一看大势已去，乘夜溜到了东燕城。祖逖派韩潜进驻封丘，冯铁进驻二台，祖逖自己亲镇雍丘，摆出了全面向后赵进逼的架势。石勒军在边境上的哨所不得不逐渐收缩。

祖逖经常派手下的骑兵去阻截石勒前方哨所和后方的交通。有一次派出侦察的骑兵抓到了石勒那边的人。祖逖命人给以厚待，放他们回去了。这些人看到祖逖治军理民，井井有条，很是感恩戴德。没过多长时间，这些人又率乡里五百余家投降了祖逖。石勒派了精骑万人向祖逖进攻，但为祖逖所破。这样一来，边境上投奔祖逖的后赵士兵更多了。祖逖在边境上从一开始就采取了一条怀柔政策。赵固、李矩、郭默都是当时的地方势力，经常相互攻击。祖逖派人去为他们调和，并晓之以利害，这些人都表示愿为祖逖所用。

祖逖此时被晋元帝司马睿加封为镇西将军。他在军中与士兵同甘共苦，在占领区内帮助百姓恢复生产。对有儿子在后赵当官吏的处于与后赵交界处的豪强，祖逖采取了灵活的政策，允许他们两面敷衍。为了让后赵相信这些豪强，祖逖还常派小部队去"进攻"一番。这些坞堡中的豪强都十分感激祖逖。后赵一有进攻晋军的密谋，这些人就秘密地通知祖逖。祖逖有了可靠的情报来源，常打胜仗。黄河以南地区逐渐被祖逖收复。他练兵积谷，准备进一步收复河北。

石勒对这个劲敌十分害怕。他也玩了几手。他派人到幽州去为祖逖祖父修墓，并安置了两家人守墓。石勒还给祖逖写信，表示想互通使节并在边界上互通贸易。祖逖没有回信，但在边境上允许两边百姓、商贾进行交易。由于当时北方战乱频繁，生产力下降，祖逖这一方常能获利十倍。

祖逖的部下牙将童建杀晋朝官吏投奔石勒。石勒反而杀了他，将首级送给祖逖，并让使者对祖逖说："叛臣逃吏，吾之深仇。将军之恶，犹吾恶也。"祖逖也采取了同样的办法，并禁止边境诸将侵害后赵百姓。由于双方采取的这类边境政策，边境百姓得以喘息。然而石勒这样做是想以怀柔手段缓和祖逖之锋芒。祖逖则是为了争取后赵百姓的人心，准备大举反攻。

可惜东晋小朝廷内部争权夺利，根本无意支持祖逖北伐。东晋小朝廷还派了一个没有什么本事的戴渊去当都督，统率祖逖的部队。公元321年祖逖在失望和抑郁中死去。腐败无能的东晋政权坐失收复中国北部的良机。

祖逖对坞堡中豪强所采取的怀柔政策，实际上是一种近乎使用"两面间谍"的方法。在某些地点（边境上、中立国、附庸国等），某一特定历史时期，允许为自己所用的人，同时为对方工作，可以收到好的效果。当然，这种间谍使用方法中最大的问题是对间谍的控制。

祖逖以小部队"进攻"来掩护豪强的做法，也启发人思考，用外部的行动去掩护、配合打入敌人内部的间谍活动。

第十一节 狡诈的郭默

前面提到的郭默何许人也？郭默出身微贱，但不乏胆量，在晋太守裴整手下为督将。西晋末天下大乱，郭默乘机带领自己的部属进行抢掠，不仅有了钱财，而且有了一定实力，成为独霸一方的豪强。

郭默悄悄派人到晋并州刺史刘琨处联络。刘琨委其以河内太守的名义。不久刘渊派刘曜军进攻郭默。刘曜重重包围了郭默军防守的城池，企图饿死郭默。郭默送妻子到刘曜军营，请求给予粮食补充。刘曜答应了。但补充完粮食，郭默又坚守不出了。刘曜大怒，把郭默的妻子沉于河里，加速进攻。

郭默派他的弟弟郭芝到刘琨处求救。刘琨深知其为人狡诈，扣留了郭芝，却不发兵救援。郭默又派人到刘琨处求救兵。救兵没求来，使者却乘郭芝出城让马洗澡之机，把郭芝带回了军营。

郭默一看救兵无望，干脆派郭芝为人质，到石勒处求救。石勒对郭默也久有戒心，认为他太靠不住，就把郭默委托郭芝送给他的书信封好，派人送给刘曜。没想到郭默极为狡诈，早已派人在石勒与刘曜的通信途中等候了。石勒的送信使节一出，即为郭默派去截击的人所俘虏。郭默看了石勒封送给刘曜的信，知道自己在三大势力中无法投靠任何一方了。他索性率军突围，与另一股地方势力李矩合兵一起，抗拒刘渊、石勒的势力。

郭默后来投奔了东晋，终为陶侃所杀。

郭默派人截击石勒的信使，是一个相当漂亮的谍报行动。在自己一方的一个行动之后，马上根据敌方或潜在的敌方可能采取的行动，有针对性地进行情报截击，这就增强了在谍报战中的主动性，同时也使政治、战争行动更为主动。郭默截击使者的行动和司马越一样，来源于对敌手的深入了解和猜测。不同的是司马越是在单纯猜测敌人的行动予以阻止，郭默则是以截击使者的行动积极为自己的其他行动提供保证。在军事外交行动展开之后，积极地进行情报封锁，以防万一。

第十二节 智取北地

公元315年九月，汉国派刘曜率军进攻北地。晋派麴允为大都督、骠骑将军率军抗击。麴允曾于前一年击败过进攻北地（今陕西耀县、富平一带）的汉军，并曾击退过刘曜对长安的进击。刘曜听说晋军来援的消息，立即移兵锋于上郡。麴允因为兵少，只好驻扎在灵武，不敢前去救援。

公元316年七月，刘曜又率军进攻北地，包围了北地太守麴昌所部。太守麴昌被围于城中，十分危急，只好派人冲出包围，向麴允求救。麴允率军往援，到了离城数十里的地方，遥望孤城烟雾冲天而起。这时有几个城中逃出的百姓、士兵对麴允的士兵说："郡城已经陷落，快被大火烧光了。"麴允也不调查一下，就轻信了这个消息。其实这些人正是刘曜派出的间谍。麴允的军队被这坏消息吓得纷纷溃退。刘曜乘胜追击，大败晋军。麴允狼狈地逃往灵武。

其实此时北地城尚在麴昌手中。他又坚持了几天，看到援兵无望，才突围而走。北地郡为汉国占领。那漫天的烟雾，原来是刘曜听到晋军来援后，命人在城的四周放的火。

在施放假情报时，一种是故意作出某种姿态，让敌人作出有利于我的判断；另一种则是以假情报与间谍手段相配合，积极诱使敌人上当。刘曜在攻陷北地时，以间谍活动与假情报相配合，取得了很好的效果。但是这种办法也有其弱点，那就是行动较为复杂，假如麴允稍微细心一些或稍微慎重一些，就可能会露出破绽。从这个意义上讲，刘曜之计的成功，应归因麴允在决策时太满足于对现象的观察，而不去进行深入的分析、调查。无论何时，都要保持清醒的头脑，这也应是间谍战中的为将之道吧。

第十三节　离间三部

西晋末年，我国东北崛起了鲜卑人的政权前燕（区别于后来成立的后燕）。前燕崛起的关键一仗是慕容廆击败晋平州刺史崔毖联合高句丽、鲜卑段部、宇文部的进攻。在这一仗中，由于慕容廆（公元269—333年）巧妙地运用离间计，瓦解了四方的联合。

鲜卑慕容部是鲜卑的一支。三国时，慕容部首领莫护跋率众入居辽西，因为帮助司马懿平定辽东割据势力公孙氏有功，入居辽东。慕容部开始接受汉族的文化、经济影响。到了慕容廆时，正值西晋末年，天下大乱。有不少士人、百姓为避兵锋，逃到辽东。这为慕容部的发展增添了新的推动力。慕容廆奉晋室为正统，被晋封为鲜卑都督。

慕容部的发展、壮大，引起了鲜卑的另外两部段部、宇文部的担心。

慕容廆以晋士族崔嶷为主要谋士，广招中原贤士。西晋灭亡后，他又受东晋之封为将军单于，从而在政治上取得了可以征伐其他鲜卑部的名义。

此时晋平州刺史、东夷校尉崔毖镇守辽东，也颇想有一番作为，自以为自己出身世族，对晋流亡士人、百姓应该更有号召力。可是出乎意料，士人、百姓没有投奔他的。于是他对慕容廆产生了嫉妒，认为慕容廆强留士人、百姓，决心搞垮慕容廆，派人去和高句丽、鲜卑段部、宇文部联络，唆使他们共同进攻慕容部，平分慕容部土地。

公元 319 年十二月，各部联军进逼慕容部的根据地棘城（今辽宁文县西北）。慕容部生死存亡在此一举，慕容廆面临着严峻的考验。

慕容廆不愧是吸收了大量汉族文化的统治者。他和十六国时旋起旋灭的一些少数民族统治者不同，颇有些谋略，并对中国历史上的间谍战典故有所领悟。大军压境之际，他对手下人说："他们（高句丽、鲜卑段部、宇文部）听信崔毖的游说，贪图一时之利，是一伙乌合之众。没有统一的统帅。我定能击败他们。但是他们的军队刚刚集结，锋芒正锐。我如果马上出战，正合他们的心意。可先坚壁不出，坐待他们之间相互产生猜疑。首先他们可能怀疑崔毖与我事先有勾结，欺骗他们。其次他们会自相怀疑三部中有某一部像当年魏、韩与赵内外联合干掉智氏一样，与我联系内外夹击。到了他们因相互猜忌军心涣散时，就是我们进攻取胜之日了。"

如何使三部军队相互猜忌呢？慕容廆另有妙计。联军抵达棘城外后，慕容廆果然闭门不出坚守不战。过了些日子，慕容廆派使者担了牛肉、美酒甚丰，前往宇文部犒劳军队。慕容廆不光大张旗鼓地派出了使者，而且由使者在宇文部当着军官、士兵的面扬言："昨天崔毖派使者到城中去了。"这消息一传出去，收到了一箭双雕的效果。既引起了诸部对崔毖动机的怀疑，又使其他二部认为宇文部与慕容廆有密约。于是高句丽、段部的军队都撤退了，只剩下宇文部。

宇文部的大人悉独官，自恃宇文部驻于棘城外连营四十里的强大军队，还想与慕容部一战。宇文部的强大实力，使慕容廆不得不慎重从事。他命令驻守徒河的儿子慕容翰率军回援。

慕容翰派使节对慕容廆说:"今城中之众足以御寇,翰请为奇兵于外,相机进取。"慕容廆仍有些疑虑,经过谋士韩寿一番分析,同意了慕容翰的计划。

悉独官听说慕容翰不入城助守的消息,决定派精骑数千去解决慕容翰部。慕容翰派人化装成段部的使者,对宇文部士兵说:"慕容翰久为吾患,闻当击之。吾已严兵相待,宜速进也。"慕容翰接到化装成段部使者的士兵带回来的消息后,马上把部队埋伏起来。宇文部部队进入伏击圈后,伏兵四起,全部被消灭。慕容翰又派人去告诉城中的慕容廆,内外夹攻,彻底击败了悉独官。悉独官单人匹马狼狈而逃。

慕容廆取得了这关键一仗的胜利后,崔毖十分害怕慕容廆报复。他派侄子崔焘以祝贺为名到慕容廆处探听虚实。正好三部求和的使节也到了。使节们表示,与慕容部作战并非本意,是崔毖挑唆的。慕容廆对崔焘很不客气:"你叔父让三部来灭我,为什么还要以祝贺为名欺骗我!"崔焘吓得不敢吭声。

崔焘回去后对崔毖建议:投降是上策,走是下策。崔毖知道投降也绝无好下场,顾不上妻儿老小,只带了数十骑,逃奔高句丽。崔焘和崔毖的部下投降了慕容廆,被待之以礼。慕容廆全部占有了辽东。

慕容廆离间三部,的确像是战国时赵氏离间智、魏、韩三家联盟的重演,这再一次说明,单纯在利害关系上结成的联盟,总会为离间计的施行留出间隙。所不同的是,赵氏行离间计是晓之以利害,慕容廆行离间计是故意做出一番姿态,让敌人自相猜疑。敌人联盟之不同,条件之不同,引起离间手段之不同。战国时智氏、魏氏、韩氏,一开始是以灭赵为主要目标的,随着赵氏接近于灭亡,韩、魏与智氏的矛盾即将激化,但需要加一把火,促使其转化。这种条件下,赵氏派出了大说客前往晓以利害。三部进攻慕容廆,一开始就是乌合之众。因此只要作出些姿态就足以令他们相互生疑。根据不同对象、不同条件,准确选择不同的谍报手段、技巧,关系到谍报工作的成败。

第十四节　湖中多鱼

东晋小朝廷一开始就是在几家大士族支持下登场的,因此晋元帝司马睿几乎是一个空有其名的皇帝。大士族王导、王敦掌握着实权。当时有

"王与马，共天下"的说法。可日子一久，司马睿不甘心于受摆布的地位，就和王导、王敦等产生了激烈的矛盾。晋元帝司马睿重用刘隗、刁协等人，以分二王的权势。王导还装出一副忠君不二的样子，王敦可受不了。他从来是个残忍而飞扬跋扈的人。有一次他与王导同去出席西晋巨富王恺的酒宴。王恺命美人献酒。如果未能劝客人喝完，杀劝酒者。王敦故意不喝，吓得劝酒的美女惊慌失措，他却若无其事。这么一个人哪里咽得下这口气。

公元 322 年，王敦看晋元帝在自己周围调兵遣将，名为防备石勒，实为针对自己，干脆来个先下手为强，以历代野心家造反的老题目"清君侧"为号召，在武昌（今湖北鄂城）起兵，向建康进军。晋元帝也索性撕破脸和王敦干。他给王导以"大义灭亲"的诏书（王导与王敦为堂兄弟），命其为先锋大都督率军迎击。

王敦进军石头城，守将周札开门投降。晋元帝又命刁协、刘隗、戴渊分三路出击，也被王敦击败。晋元帝一看已山穷水尽，只好让刘隗、刁协赶快逃跑。刁协年纪大又不得人心，没跑多远就被人所杀，把头送给了王敦。晋元帝令百官到石头城去见王敦，任命王敦为丞相、都督中外诸军、录尚书事、江州牧，并封其为武昌郡公。王敦也不客气，全部受领了。

王敦专朝政、引起了王导等人的不满，王敦虽然除掉了有名望、敢于和自己对抗的周顗、戴渊两人，但并未受到朝中大臣的拥护。公元 322 年四月，他回到了武昌。这下他该腾出手来除掉另一个对手梁州刺史甘卓了。

甘卓是个能打仗有从政之才的人。王敦举兵反抗朝廷时，约甘卓共同起兵。甘卓经过一阵犹豫后，反而倒向了朝廷，发布檄文，声讨王敦。弄得王敦的后方武昌人心惶惶。甘卓军乘机占领了武昌。晋元帝封其为镇南大将军、侍中、都督荆、梁二州诸军事、荆州牧，保留梁州刺史的职务。一时倚为抗击王敦的柱石。晋元帝兵败，他率军退回襄阳。

回到襄阳后，甘卓心情十分烦躁，他知道王敦绝不会放过他的。王敦果然下手了。

王敦派人告诉襄阳太守周虑，让他设法干掉甘卓。甘卓毕竟是手握重兵，独占一方的大员。区区一个太守，要除掉甘卓还是很吃力的，周虑左思右想，终于找到了一个办法。

当时襄阳湖中多鱼，高官显贵常命手下人捕鱼或征收捕鱼税以谋利。

周虑跑到甘卓那里，对他说："湖里现在鱼很多呵。"甘卓手下的士兵大部分正忙于田里的活。听到周虑这么说，甘卓把剩下的士兵都派出去捕鱼了。五月，周虑乘甘卓不备，率手下袭击了他。杀甘卓于卧室，把他的儿子也杀了。

王敦去了甘卓，更加放心大胆地在武昌当起东晋的实际统治者来。各地的贡品都送入他的府邸。东晋的各处大员都由他委派。晋元帝司马睿忧愤成疾，不久就死去了。太子司马绍即位。是为晋明帝（公元299—325年）。晋明帝虽然才二十四岁，却有文武才略。他没有忘记其父之辱，随时在注意王敦的行动，准备报仇。

周虑利用公开的经济情报，巧妙地分散了甘卓的士兵。在间谍战中，多种多样的情报如能加以适当地运用，都可以起到影响和干扰敌人的作用。各行各业的公开的信息大量存在，这些东西只要加以适当的利用，采取巧妙的方式对敌进行宣传，就会被赋予不同的含义，引起敌人的注意，在间谍战中，对各类信息的综合运用，是需要一定技巧的。经济情报浩如烟海，如何使自己要加以利用的情报受到敌方的注意，需要相当的技巧。

第十五节　孺子之智

晋明帝即位后，王敦认为篡权的条件更加成熟了。他让人示意晋明帝，宣召自己入朝。晋明帝手诏命其入朝，并允许他带剑上殿。王敦把自己的大本营移到了姑孰（今安徽当涂）加紧了篡权活动。晋明帝也不愿坐以待毙。他任命郗鉴为兖州刺史，都督扬州诸军事，作为外援，驻扎在合肥。王敦早看到晋明帝这着棋了。他上书请晋明帝调郗鉴为尚书令，削去了实权。郗鉴入朝后成了晋明帝对付王敦的得力帮手。

王敦的侄子王允年纪不大，但很聪明，深得王敦喜欢。王敦经常带着他到处走。王敦常爱夜里饮酒。有一天王敦和亲信们作长夜之饮，王允假装喝醉，先去睡了。王敦和谋士钱凤四顾无人就密议起夺权之计来。这些话全被王允听得清清楚楚。他越听越觉得自己的处境危险，就在睡觉之处大吐特吐起来。果然，狡诈的王敦在送走钱凤后，举着烛火来看王允的动静。他一看王允脸上，衣服上满是吐出来的脏东西，就放心地捂着鼻子走了。

王允的父亲王舒在朝廷当廷尉。王允以回家探父为名求归。王敦同意了。王允一到建康，把王敦的阴谋全告诉了父亲。王舒和王导一起到晋明帝那里去报告了王敦的阴谋。晋明帝暗地里加紧了戒备。王敦为了加强王氏家族的势力，让晋明帝任命王含为征东将军，都督扬州、江西诸军事；王舒为荆州刺史，监荆州沔南诸军事；王彬为江州刺史。这样一来，王敦以为自己篡权条件基本具备了。

公元324年五月，王敦病重，眼看到手的帝位，实在心有不甘。但他不得不为自己身后做些安排。他假传晋明帝的诏书，任命自己的养子王含的儿子王应为武卫将军，以继承自己的地位。任命王含为骠骑大将军。钱凤等谋士问他身后之事。王敦不愧是个有经验的政治家。他说："非常之事，非常人所能为。"言外之意，我一死没人能干得了篡权之事了。他提出了上、中、下之策。上策解散军队，归顺朝廷，保全身家性命。中策退回武昌，对朝廷俯首听命。下策乘王敦还在，公开造反。钱凤等在贼船上的人认为，王敦说的下策是他们的上策。决定等王敦咽了气公开反叛。

晋明帝此时也没闲着。他听到王敦病重的传闻，就派人以探病为名，到王敦处观察动静，并不断派大臣去问候。晋明帝还化装成普通百姓，亲自到于湖（今安徽当涂南）一带侦察王敦军的部署。王敦手下的士兵怀疑晋明帝非普通百姓，就报告了王敦。王敦一听来人生着黄色胡须（晋明帝长着黄胡子），立即派人追赶。晋明帝知道会有追兵，一面加速逃跑，一面把马排泄出的粪便浇上水。他在途中见到一个卖食品的老太太，就把七宝鞭交给她，并说："后面有骑兵来，可以把这把宝鞭给他们看。"过了不大一会儿，追兵来了。老太太把宝鞭交给他们，并说："那人已走远了。"这几个士兵对宝鞭好奇之至，你争我夺地欣赏起来。过了好一会儿，他们才想起追晋明帝的事。他们仔细地检查了路上的马粪，看到马粪已经变得冰凉，认为晋明帝肯定已过去多时了。于是他们就回去复命了。这一系列谍报活动，为出兵消灭王敦集团做了充分准备。

就在此时，王敦集团内又有一人来到了建康。对晋明帝来说是喜从天降。此人是王敦手下的左司马温峤。温峤原来是晋明帝信任的中书令。王敦很讨厌他，就把他弄到自己身边看着。温峤很有心计。他和王敦手下的第一个大谋士钱凤混得不错。这时正好丹阳尹（管理建康的官）出缺，钱凤认为京师要地，要派个信得过的人去。温峤故意推钱凤去。钱凤当然不能离开王敦左右，反过来推荐温峤。温峤假装推辞，王敦更认定非他去不可。并让他随时监视晋明帝动静。

六月，温峤走马上任。离开王敦前，温峤还痛哭流涕显得不愿与王敦分手的样子。温峤到了建康，把王敦的计划全部上告晋明帝，并和晋明帝一起谋划起讨伐王敦来。晋明帝以王导为大都督领扬州刺史，以温峤为都督东安北部诸军事，以应詹为护军将军都督前锋及朱雀桥南诸军事，郗鉴行卫将军都督从驾诸军事，庾亮为左卫将军。诏临淮太守苏峻、兖州刺史刘遐一起发兵讨伐王敦。

发兵前，王导又演出了有趣的一幕。他率领王氏宗族子弟为王敦举哀，声言王敦已死。这样一来，极大地提高了晋军的士气。

王敦一看大势已去，在一片声讨声中病死。王含、钱凤等先后为晋军所杀。杀死王含父子的就是王敦自以为和自己一条心的荆州刺史王舒。

王敦之所以被晋明帝掌握了全部密谋，关键在于"知人"失误。对王允他认为是一个乳臭未干的毛孩子，天天带在身边，虽然有警惕，但仍然十分不在意。对温峤，明知其原来是晋明帝的亲信，却加以信任，委以重任。

在间谍战中"知人"是十分重要的事情。这不光是指参与机密工作的人。平时的"知人"不足，也可能导致关键时刻的失误。

第十六节　吓破敌胆

公元328年十二月，石勒亲率大军援救遭到前赵主刘曜围攻的洛阳。双方展开决战，石勒率部大破刘曜军，活捉了刘曜。斩首五万余级。刘曜被押回襄国砍了头。前赵已丧失了元气。公元329年九月，后赵中山公石虎又率军消灭了前赵以太子刘熙、南阳王刘胤为首的残余势力。前赵仅仅存在了二十六年就灭亡了。

石勒的势力一时间如日中天，十分强盛。公元330年石勒即皇帝位，大封百官。封石虎为太尉，尚书令，并进封为王。石虎却恃功不满。石勒在大封百官的同时，还照历代帝王的样子，追封自己的高祖、曾祖、祖父、父亲皇帝称号。他还广选妃嫔，一时间皇帝瘾过得十足。但是他还没忘了江南的敌人——东晋。

在称帝的同时，这年九月，他派荆州监军郭敬、南蛮校尉董幼率军进攻东晋的襄阳（今湖北襄樊市）。郭敬、董幼率军出击后，石勒这个老于沙场的皇帝又派人去指示方略。他让人告诉郭敬，先率军退至樊城驻扎，严加戒备。军队要偃旗息鼓，好像没有人一样。东晋的将领如果派人来观察，可以告诉他：如果你们要坚守下去，过七八天我们大队的骑兵主力就到了，那时我们夹攻你们，想逃走也不行了。

郭敬对石勒这一部署心领神会，并有所发挥。他派人牵着军马到河中洗澡。以有数的军马，循环往复地出现在河中，昼夜不绝。东晋南中郎将周抚派人侦察后赵军的动向。这一幕洗马的好戏，正好被晋军间谍看在眼里。他观察了很长时间，终于得出了后赵大队骑兵已源源不断开到的结论。

间谍回去后，立即向周抚报告了这一情况。周抚一听后赵大军已到的消息，吓得魂飞魄散，立即率部放弃了战略要地襄阳，逃往武昌。

郭敬兵不血刃地进入了襄阳。当时中州流民也全部投降了后赵。郭敬毁襄阳城，尽迁其民于沔北，以樊城作为防守东晋的前哨。

郭敬被提升为荆州刺史。胆小无谋的周抚则被东晋免职。

间谍工作是政治、军事、经济决策系统中的一个重要组成部分。同样，间谍工作本身也存在一个决策问题，也存在一个决策系统。如何决策，如何正确地指挥间谍工作的开展，在不同层次上有不同的要求。但是一般的管理学、决策学原理，同样适用于谍报工作。

石勒对东晋开展假情报，以吓唬东晋。总的设想是好的，但从远处遥制第一线的将领，指挥得未免过于细了。郭敬的可贵之处在于，根据石勒开展假情报以威吓敌人的总思路，结合当时前线具体情况有所变更地予以实施。

石勒的设想虽然不错，但未免过于消极地等待敌人来观察，同时仅以大话吓唬敌人，未必能收到多大效果。郭敬则是主动地"示形"于敌，让敌人看到后赵军的实力。结果不战而下襄阳。郭敬创造了一个以有限实力，经过巧妙布置来迷惑敌人的情报战例。

第十七节　种麦惑敌

西晋末年，氐族酋长苻洪（公元 285—350 年）被部族推为盟主。苻洪先是依附于后赵石虎。后来势力渐大，有众十余万人。苻洪与后赵闹翻后，派使者到东晋，接受东晋的封号。但是不久苻洪就为后赵降将、军师将军麻秋所毒死。临死前苻洪对儿子苻健（公元 317—335 年）说："我原以为中原为指日而定,所以未攻打关中。现在为小人所害,中原不是你们兄弟们所能夺到的。关中形势险要,可以作为根据地。我死后,你们可以向西进攻。"

苻洪死后,苻健继承了他的职位,统率氐族各部。苻健对东晋更表现出毕恭毕敬的样子,并派人到东晋去告知苻洪的死讯。

此时后赵也陷入内乱之中。公元350年后赵将领李闵杀石氏宗族,自立为皇帝,国号大魏。后赵新兴王石祗在后赵的老家襄国建立了小朝廷,发兵十万进攻李闵。

关中此时被割据势力杜洪所占有。杜洪自称晋征北将军、雍州刺史,得到关中豪强的拥护。苻健一边密谋攻取关中,一边采取了外交行动。他接受了石祗所封的官职,与后赵势力搞好关系。这样,他成了脚踏东晋、后赵两条船的人。关中百姓苦于统治者的残暴,视东晋为正统所在,这样政治上对苻健更为有利。

为了迷惑杜洪,苻健命人在枋头(今河南浚县西南)修建宫室,表示要以此处为根据地,无意向关中发展了。他还亲自监督军士种麦子,表示没有出兵打仗的意思。有的士兵对种麦子的命令没有认真执行,苻健就将其斩首示众。经过苻健这么一番表演,杜洪等认为苻健果真无意向西,渐渐放松了警惕。等他们明白过来时,苻健已率部渡河,进抵潼关了。

经过几次激战,苻健赶跑了杜洪,完全占据了关中,定都长安。苻健派使者到东晋报捷。东晋封其为侍中、大都督关中诸军事、大单于、秦王。苻健听到这一大串封号仍不满意,干脆于公元351年即天王、大单于位,建立了秦国。史称前秦。

苻健用经济或政治上的战略佯动迷惑了敌人。敌人常常通过经济上、政治上重大战略措施的变更,来判断我方战略意图。这样也就为在经济上、政治上制造虚假现象,从战略上迷惑敌人创造了条件。

在自然经济为主的封建社会,农业生产的状况,常常成为判断对手动向的重要根据。在经济运行十分复杂的今天,从经济上推测敌人动向和战略企图,已经成为十分困难的事,但也是有规律可循的。需要注意的仍然是,敌人也可能用经济或政治的手段来迷惑我们。因为经济、政治毕竟不能等同于军事行动。经济或政治上的战略态势只为我们估计敌人的长期、大致趋势提供依据,不能代替对敌人意图和近期行动的具体分析与侦察。

从经济上"示形",散布假情报,在当今世界激烈的"商战"中,同样是不可缺少的。今日之全球经济,联系日益紧密,任何一个敏感信息的变动都牵涉到百亿美元乃至万亿美元的利益。因此,经济战略情报的运用,成为国家决策者要予以关注之事。对于企业家来说,关注经济战略情报,也是非常重要的日常功课。

第十八节　拉拢使臣

前秦的国君苻坚(公元338—385年)及其大谋士王猛(公元325—375年)对前燕,进行了十六国时少见的深谋远虑的战略性间谍活动。

氐族是居住于中国西部的少数民族。魏、晋时,氐族进一步分散于内地居住,较为迅速地吸收了汉族文化。氐族首领、前秦的开创者苻洪就很重视子弟对汉族文化的学习。苻坚是苻洪的孙子。八岁时就请家里给找汉族读书人为师。使苻洪大为高兴。较高的汉文化素养,使苻坚成为十六国中较为突出的君主,他善于运用谋略与此也不无关系。

公元355年,前秦的第一位皇帝苻健去世,其子苻生即位。在此前一年苻坚已继承了其父秦丞相苻雄的东海王爵位。苻生凶暴嗜酒,经常杀戮大臣。公元357年六月,苻坚在一些大臣支持下杀了苻生,自称大秦天王。苻坚一上台就杀了苻生的宠臣二十余人,实行大赦。苻坚重用出身贫寒的知识分子王猛,使前秦的治理步入正轨。

王猛在十六国时是一个杰出人物。桓温率东晋军北伐,进抵灞上(今陕西西安东)。一时前秦处于十分危险的境地。百姓苦于残暴的异族统治,都纷纷前来欢迎。可就在此时桓温却不再向前推进了。原来桓温在心里打着自己的小算盘,并非真正志在光复中原,主要是借机建立自己的威望,扩大势力以夺取司马氏小朝廷的天下。这时有一个身穿破衣服,不拘礼节的客人来访。桓温问他:"我奉天子之命,率劲兵十万为民除残贼,但三秦豪杰却至今未来欢迎,这是何故?"这个人一边捉着衣服缝里的虱子,一边滔滔不绝地说:"您不远千里,深入敌境,现在长安近在咫尺,而您却不渡灞水,豪杰们没摸透您的打算,所以不来。"这下打中了桓温的要害。桓温称赞他:"江东没人能比得上你!"的确,西晋以降,汉族士大夫上层知识分子崇尚空谈,无济世之真才实学,这种人真是凤毛麟角了。他就是王猛。桓温撤军时邀他同行,他留下来了,成了苻坚的主要谋士。因为他知道，像他这样的下层知识分子，到东晋去是前途渺茫的。

十六国的统治者大都是由少数民族的领袖转化而来，往往对治国方略、文化、制度所知甚少，带有其特有的野蛮统治色彩。王猛在苻坚支持下，以严刑峻法抑制了统治阶层胡作非为的情况，使社会秩序得到了改善，人民生活有了一定保障。前秦在王猛治理下，井井有条。苻坚和王猛君臣二人开始谋划消灭前燕。

公元 367 年，前燕太原王慕容恪病重。他对前来探病的燕王慕容暐说："吴王（慕容垂）将相之才，十倍于我。先帝按长幼秩序选人辅政，所以我先肩负起重任。我死之后，愿陛下委吴王以国政。"这年五月，慕容恪病危，他又一次向燕王慕容暐推荐慕容垂辅政，并认为如果不任吴王慕容垂以大政，国家将有危险。

慕容恪病死的消息传到苻坚耳朵里，他认为这是一个探听燕国虚实的好机会。苻坚派刚投降不久的匈奴右贤王曹毂、西戎主簿郭辨分别为正、副使，前往燕国。前秦的代表团在燕国大肆活动。郭辨实际上是这个代表团的真正首脑，他遍访燕国公卿。燕国的司空皇甫真的兄弟、侄子都在前秦为官。郭辨以此为由，和皇甫真套近乎，遭到皇甫真的痛斥。皇甫真向燕王慕容暐报告，认为郭辨别有用心，应当抓起来。被燕太傅慕容评等拒绝了。以外交使节身份从事间谍活动，总是享有某些便利的。

郭辨回到秦国后，对苻坚说："燕国朝政无纲纪，可以进攻他们。能够看得远、见得深的大臣，只有皇甫真一人。"苻坚倒挺冷静："燕以六州之众岂能没有一两个智士。"实际上他认为时机尚未成熟。

公元 369 年，东晋的权臣桓温率军伐燕。王猛认为燕国一破，对前秦形势更加不利，应该援助燕国，击退桓温后再乘机灭燕。苻坚派苟池、邓羌率军援燕。这年九月，桓温与燕军作战失利，在后撤中又先后被吴王慕容垂、秦将苟池追截，大败而回。

一时间燕、秦两国的关系热乎起来了。双方经常派使节往还。燕国散骑侍郎郝晷先到了秦国。郝晷与王猛是老朋友。王猛很热情地接待了他，东拉西扯地聊了一阵别之情，王猛话锋一转，问起了燕国内部的情况。郝晷看到燕国内政不修，就把燕国的情况告诉了王猛。

郝晷走后不久，第二位使者给事黄门侍郎梁琛又到了长安。梁琛是个有气节的人。苻坚此时正在万年打猎，想在万年接见梁琛。梁琛拒绝前往，并讲了一套外交辞令，赢得了苻坚的敬佩。苻坚特地设行宫，文武百官相陪，极为隆重地接待梁琛。正式仪式完毕后，苻坚又设私宴款待梁琛。在宴会进行到酒酣耳热之时，苻坚一边举杯劝酒，一边问梁琛："燕国名臣都有哪几位？"梁琛正为自己堂堂正正的出使而高兴，就侃侃而谈："太傅慕容评，贤明而高尚，辅佐王室。车骑大将军慕容垂保卫国家不受侵犯，才略在当世可以说数一数二。其他文武官员也都很称职，野无遗贤。"梁琛这番话也颇费了一番心思，面面俱到，滴水不漏。可他哪知道，苻坚最关心的是慕容垂的情况。慕容恪死后，苻坚看到勇敢而多智的慕容垂尚在，所以未敢轻动。梁琛又一次向苻坚证明慕容垂尚未失宠。

梁琛的堂兄梁弈在秦国任尚书郎之职。苻坚别有用心地想让梁琛在梁弈家住，梁琛拒绝了。梁弈又几次到梁琛住的地方打听燕国之事，也被婉言拒绝了。看到梁琛是个人才，王猛劝苻坚将其扣留，苻坚没有同意。梁琛在秦国的事办完后，就回去了。

梁琛出使时，燕国内部发生了重大变化。吴王慕容垂击败桓温后，威名大震，引起了慕容评的嫉妒。慕容垂想对在与桓温作战中有功将士论功行赏，由于慕容评从中作梗化为泡影。燕国太后也很不喜欢慕容垂，与慕容评密谋想杀掉慕容垂。慕容垂听到这一消息，拒绝了别人劝他"先发制人"的建议，毅然出奔秦国。

公元369年十一月，慕容垂到了秦国。对苻坚来说真是喜从天降。苻坚亲自出迎，封其为冠军将军、宾徒侯。王猛认为慕容垂父子犹如龙虎，非可驯之物，若假以风云，不可复制。他劝苻坚杀掉慕容垂父子。在这一点上苻坚显出了略高一筹的政治远见。他对王猛说："我正收揽英雄，以清四海，为什么要杀他们呢？"无疑他看重的是慕容垂父子在燕国政治上的号召力和对燕国人心的瓦解。如果苻坚后来不是忘乎所以去进攻东晋，这本是一着不错的棋。

就在梁琛返回燕国的归途中，慕容垂已到了秦国。梁琛回国后听到了这一消息，马上向慕容评建议："秦国每天都在训练军队，在靠近燕国之处囤积粮草。依我看和平的局面不会长久。现在慕容垂又投奔了秦国。秦国必然有吞并之志，应早做准备。"慕容评说："秦国岂能因为一个叛臣而破坏和好。"梁琛进一步分析道："两国分据中原，常有相吞之志。桓温入侵时，秦国援救我们，并不是爱燕国。他们是不会忘记消灭燕国的。"慕容评问他："秦主是个什么样的人？"梁琛说："贤明而善断。"又问："王猛是什么样的人？"梁琛认为"名不虚传"。慕容评对梁琛这些得自第一线的观察不以为然。梁琛向燕王讲了他的担心，燕王也不以为然。梁琛只好又去找皇甫真，皇甫真上疏燕王，认为秦国几次派使节来，又借出兵援燕之机，了解了燕国的虚实，应当早做准备，选精兵猛将，镇守洛阳、太原、壶关，以防万一。

燕王把慕容评找来商量。慕容评坚持己见。认为秦国绝不会因为一个叛臣，而背两国之好。可笑的是，他居然认为秦国国小力弱，倚仗燕国作为对抗东晋的后援。

苻坚又一次派使节到燕国来。慕容评为了显示燕国的强盛，用十分奢侈的宴会、住所款待使者。燕国的大臣认为，如果想让苻坚打消用兵的念头，就应当以精兵来炫耀武力；用奢侈的款待来表示富足，只会使苻坚看不起燕国。慕容评不听，这些大臣纷纷告退。

经过长期准备，苻坚认为时机成熟了。公元369年十二月，秦国以燕国背弃了当初请秦军入援许下的诺言为借口，出兵攻燕。公元370年四月，秦军在王猛率领下，大举出动。公元370年十一月，秦国消灭了前燕，迁燕王慕容暐于长安，封其为新兴侯。前燕仅存在了三十四年。

在秦军大举攻燕前发生了一个小插曲。王猛想找借口杀掉慕容垂父子。慕容垂的儿子慕容令仓皇出逃，慕容垂却为苻坚再度保了下来。也许是他看到燕国未灭，即使灭了燕国也需要一个能安抚新降之国人心的人物吧。

苻坚、王猛君臣的谍报活动基本上是依靠在使节身上下功夫来进行的。对不同的使节，他们或利用老关系，或利用其亲戚进行拉拢，对使臣的心理状态他们也灵活地加以利用。郝晷看到秦国势力强盛有投靠之心，当然不成问题。梁琛是个很有头脑的人。但"君子欺之以方"，苻坚利用其讲求外交礼仪，尽力加以满足，还是从他嘴里套取了一定的情报。

秦、燕双方国君对使节的处理，反映了双方最高领导的优劣。苻坚、王猛君臣千方百计在使节身上下功夫；慕容暐、慕容评君臣，不仅让秦国使节在大臣中随便活动，而且还愚蠢地炫耀财富，妄图以此来制止对方进攻。在以使节为中心的间谍战中，双方最高领导的优劣，导致了不同的结局。梁琛也充分利用出使之便对秦国作了仔细观察，却未受重视。这是燕国有才干的间谍使节的悲哀。

另外，苻坚对慕容垂这类在本国居高位的叛逃者的处理也是值得注意的。对这类人,他叛逃后的政治影响力和对敌人心理上的影响远远超过了可能带来的谍报上的好处。因此苻坚显然是尽力从政治上利用慕容垂,表现了一个政治家的远见卓识。

使节要在交往中一点也不泄露情报是很难的。至少在其公开的活动中,总反映了本国政府的意图,可以从中推测出另外一些东西。因此对外交使节一举一动的分析,从间谍战角度看有很大意义。从另一面看,外交使节也可以通过有意识的活动来散布一些假情报,使对手作出错误的判断与决策。外交使节往往成为间谍战中优秀的演员,外交场合往往成为间谍战的大舞台。

观察对方政治、军事领袖的活动、素质、行为方式、个人生活特点等,应当是使节必须搜集的头等情报。这类情报的搜集也应由训练有素的人去进行,而非即兴式的附带之事。

第十九节 淝水之战

苻坚灭前燕,迁前燕王族、百官、关东豪强及鲜卑十万户于关中。他鼓励百姓从事耕种。遇天灾,主动减免百官和后宫的用度,以减轻百姓负担。在王猛倡导下,兴办学校,提倡儒学。渐渐地前秦境内出现了百姓安居乐业,农、商兴盛的景象。公元373年,前秦夺取了东晋蜀地。

公元375年七月,王猛病重。苻坚关切之至,亲自到王猛府第探视病情,并问以后事。王猛在病榻上说:"东晋虽偏安一隅,但仍为百姓视为正统所在,而且上下安和。我死之后,千万不要进攻东晋。鲜卑、西羌是我们的死敌,早晚要作乱。应当早日剪除,以利国家。"王猛为苻坚提出了对外、对内两大政策。王猛死后,苻坚悲痛之极,放声大哭:"难道老天不让我统一中国吗?为何这么快就夺我景略(王猛字)!"他不幸言中了。

公元376年,苻坚消灭了存在七十五年的割据政权前凉,基本统一了北方。由于前秦力量的强大,远在西域的诸国纷纷派遣使节到长安朝见。大宛还献上了汗血马。苻坚倒还能保持清醒的头脑。他命群臣作"止马诗",表示自己没有贪图远方珍奇的欲望,同时退回了全部汗血马。他认为西域路远,西域诸国三年一贡,九年一朝就可以了。

公元379年,前秦军队经过数月苦战,终于攻下了东晋的战略要地襄阳，俘获镇守襄阳的梁州刺史朱序。苻坚认为朱序苦守襄阳，忠贞可嘉，任命他为度支尚书。与秦军里应外合献出襄阳城的东晋将领李伯护，却被苻坚杀了。

随着前秦的顺利发展，苻坚渐渐骄傲起来，对不同意见也不愿接受了。公元382年，他不顾苻融（苻坚之弟）的劝阻，命吕光等将领率军七万进攻西域。这纯粹是好大喜功的徒劳之举。诚如苻融所说："虚耗中国，投兵万里之外，得其人不可役，得其地不可耕。"这反映出苻坚的战略判断力已经大为减退，胜利冲昏了他的头脑。也就是在同一年，苻坚置王猛临终遗言于脑后，准备大举攻晋。

苻坚召集群臣，商议攻晋之事。群臣议论纷纷相持不下。别有用心的京兆尹慕容垂极力主张攻晋。苻坚一看这种局面，决心"圣心独断"，命群臣退出，只留下了王猛死后他最倚重的苻融。苻融力主不可伐晋，并提起了王猛临终之言。苻坚此时根本听不进去。他在群臣面前曾经说："我们的军队，只要把马鞭投入江中，就足以使江水断流！"商量只不过是形式罢了。苻融为挽回局面，又和原绍、石越等先后上书、面谏几十次，但终于没能挡住苻坚伐晋的步伐。

公元383年，前秦倾举国之兵伐东晋。以苻融等统率步、骑兵二十五万为先锋。苻坚亲率步兵六十万、骑兵二十七万，浩浩荡荡向东晋边境杀去。

此时东晋掌握大权的是以气量恢宏著称的谢安（公元320—385年）。谢安是江南大士族。"旧时王谢堂前燕，飞入寻常百姓家。"唐人这首诗写的是东晋王、谢两大士族。谢氏是可以与王氏相抗衡的巨族。谢安掌权后，东晋的另一士族势力桓温之弟桓冲，与他团结一致，因而在对付前秦时能齐心协力。但东晋从军事上讲毕竟处于"量"的劣势。此时谢玄、刘牢之等创立了有名的"北府军"，从战斗力上可以与前秦部队相比。

由于声势浩大，前秦军队一开始进展顺利。公元383年十月，秦军攻占了寿阳，晋军退守硖石。苻融率军进攻硖石。另一支秦军由梁成率领屯于洛涧，对付晋军援兵。谢石、谢玄等晋军将领率军在离洛涧二十五里的地方驻扎，不敢前进。这时防守硖石的晋将胡彬粮草已尽，派使者去向谢石、谢玄等报告。使者为苻融部所截获。苻融把这一情报派人飞速报告苻坚。苻坚率大军至寿阳，与苻融会合。苻坚派朱序到东晋军中去劝降。

朱序到了东晋军中，对谢石、谢玄等将领分析形势，"如果百万秦军全部到达，晋军就无法抵抗了。现在可以乘秦军尚未全部集结，迅速出击。如果能挫败其前锋，秦军就会崩溃，那样才能最终击破他们。"朱序讲完就回去复命了。

谢石等人听说苻坚到了寿阳，十分惊恐，想以长期对峙来待机歼敌。谢琰劝他听从朱序的建议，经过一番考虑谢石决定出击。

十一月，谢石派刘牢之率精锐北府兵五千向洛涧出击，五万秦军被杀死一万五千余人，梁成也死于混战之中。东晋军乘机推进到淝水边。苻坚、苻融等在寿春城上眺望东晋军阵容，只见晋军旌旗猎猎，刀光闪耀。苻坚等为晋军的气势所震慑，以至于把八公山上的草木都误认为是晋军了。

由于秦军在淝水边列阵，晋军无法渡河。谢玄就派人去对苻融说："您大军深入，在河边布阵，这是想持久作战，并非想速战。如果能向后移动一下，让晋军渡河，以决胜负，不是很好吗？"苻坚等商量一下，认为可以稍向后撤，待晋军半渡而以铁骑击之。秦军开始后撤。

秦军一撤，顿时形成了混乱局面。谢玄、谢琰、桓伊等抓住时机，率军渡河进击。苻融骑马来回奔跑，企图使部队恢复秩序，抗击晋军，反而被乱军冲倒了马，为晋军所杀。秦兵溃败，此时朱序又在阵后大呼："秦兵败了！"秦兵更加人心惶惶，一个劲儿地逃命。几十万秦兵只剩下十分之二三逃脱危地。苻坚的云母车也为晋军所获。朱序等乘机回到了东晋。

淝水之战后，只有慕容垂的三万部队保持了实力，形成了尾大不掉的局面。公元384年慕容垂称燕王，建立了后燕。羌族势力的首领姚苌乘机建立了后秦。公元385年，苻坚为姚苌所杀。前秦的残余势力又苟延残喘了几年终于灭亡了。王猛的预言全部兑现了。

淝水之战中，苻坚过于轻敌，战略指挥失误等固然是失败的主要原因，误用朱序也是一个重要因素。由于朱序的情报，促使晋军将领下了早日出击的决心。朱序又潜伏在秦军中，加速了秦军的失败。

苻坚广招人才，敢于任用各种人才，这是他政治上的长处；但是控制、使用不当，又成了他的短处。对朱序这种与秦军战到最后一刻的将领，在两军决战时让其回到原来营垒中去，正好替对方充当了间谍。用人之道，慎之又慎。

第二十节 受降如待敌

在西晋灭亡后,中国北部旋起旋灭的主要由少数民族建立的政权之间,进行着激烈的争斗。在争斗中,双方都把诈降作为一种斗争手段。但由于这些政权缺乏相对的稳定性,政权中高层人物往往是些少数民族的首领,其文化、知识水平都不高,因而在诈降的应用上,大多属于战术性的。在诈降战中的水平,较三国时期也相对降低。本节介绍这方面的三个事例。

公元333年七月,石勒病死,其子石弘当了后赵国君,但大权落到了石勒的侄子石虎(公元295—349年)手中。石虎字季龙,在石勒手下立了不少战功,但为人残暴。石虎早就对自己的职位不满,石勒死后不久,他就自立为赵天王,杀了石弘,迁都于邺,大兴土木。就在石勒病死的同年五月,前面提到的鲜卑人慕容部的首领,辽东公慕容廆也病死了,其子慕容皝继位。慕容皝仍奉东晋为正统。公元337年,慕容皝即燕王位,是为前燕。

在后赵、前燕以及另一个鲜卑段部政权三者间展开了激烈的战争。三者间的战争呈现出比较复杂的状态,慕容皝十分注意利用后赵与段部的矛盾,从中取利。

公元338年十二月,段部的首领段辽迫于后赵和前燕的打击,派使者到石虎处请求投降。石虎相信了段辽派去的使者,根据使者的要求,派征东将军麻秋率军三万余人去迎接段部投降。石虎毕竟是个有丰富战争经验的人,他对麻秋授以方略:受降如待敌,将军慎之。为了保险,他派了原来去段辽处任过职的尚书左丞阳裕作为麻秋的司马,一起前往迎接段部。

段辽在派出请降的使者后,又后悔了。他又派人到前燕去请求前燕派军队来迎接段部。燕王慕容皝亲自率军迎接段辽。这样段辽前一个请降行动就成了诈降。他和慕容皝商量起如何对付后赵军队。段辽认为,后赵的将领贪而无谋,他们对段部的请降绝不会怀疑,如果伏兵于要道截击,一定可以成功。慕容皝命自己的儿子慕容恪率精骑七千埋伏于密云山。麻秋率领着三万余人进入了伏击地点,燕军精骑突然冲杀出来,后赵军大败。三万余人只有万余人逃走。麻秋也顾不上骑马,徒步逃跑了。阳裕被燕军活捉。慕容皝把段部归并到自己的势力范围,实力大为增强了。他对段辽待以上宾之礼,并任命阳裕为郎中令。石虎派出的司马,成了慕容皝的座上客。

公元352年,氐族首领秦国统治者苻健自称皇帝,定都长安,为了区别于后来羌族人建立的秦国,在历史上又称前秦。

公元353年十月,一直以恢复中原为己任的东晋名士,中军将军、都督扬、豫、徐、兖、青五州军事的殷浩,把北伐的矛头对准了前秦。殷浩在东晋以清谈而名声大振,成为东晋士人中清谈的领袖。这时东晋小朝廷为了抗衡另一个权臣——灭掉李雄建立的成国的桓温,对殷浩予以重用。

殷浩自以为很有韬略,派人到前秦去诱降大臣梁安、雷弱儿。唆使他们杀掉秦王苻健,并对他们封官许愿。雷弱儿假装同意投降,里应外合,并请殷浩派兵接应。恰巧这时前秦内部发生了动乱。殷浩以为梁安、雷弱儿已经动手了,北伐的时机到了。对于一个以清谈出名的人来说,在疆场上建功立业是太有诱惑力了。他从寿春率晋军七万北伐,想先攻下洛阳,修复晋朝的皇陵。这时吏部尚书王彪之认为雷弱儿等人可能是诈降。殷浩正在志得意满之际,根本听不进去,继续率军北上。他让归附东晋的羌族首领姚襄为先锋。姚襄与殷浩有很深的矛盾。他率军在前面走,估计殷浩率军也快到了,就唆使部队假装逃跑,同时命令部队埋伏于途中。殷浩听到姚襄部队逃走的消息,率军追赶,在山桑遭到姚襄的伏击。晋军大败,被姚襄军俘虏和杀死的共万余人。一个高谈阔论的统帅的北伐,就这样草草收场了。

桓温乘机上书攻击殷浩。东晋朝廷不得不免去了殷浩的所有官职。

公元400年,凉州的汉族大姓李嵩被推为凉公,占领了敦煌,是为西凉。公元417年,李嵩死,其子李歆即位。西凉政权一直与匈奴酋长沮渠蒙逊建立的北凉政权进行着激烈的斗争。

沮渠蒙逊命他的张掖太守沮渠广宗派人去见李歆,进行诈降,表示希望李歆能派兵迎接。李歆派将率军前往迎接,自己亲率大军作为后援。沮渠蒙逊率军三万余人,埋伏于蓼泉。李歆的先头部队发现了伏兵。听到这一消息后,李歆率大军撤退。沮渠蒙逊却率军紧紧追了上来。当北凉军逼近时,李歆身先士卒率军反击。沮渠蒙逊被杀得狼狈而逃。西凉军乘胜追击百余里,斩首和俘获北凉军七千余人。

公元421年,西凉终为北凉所灭。

从这三个例子中可以看到,十六国时,诈降的技巧并不复杂。

值得进一步分析的是，前两个诈降例子中有重大的意外因素的干扰，促成了诈降的成功。段辽先是真心地想投奔后赵，后来又变了卦，因而前一个请降举动无形中成了诈降。这提醒我们，在一场多方参加的军事、政治、经济斗争中，对敌方可能作出的抉择要有几手准备。殷浩的失败首先在于其基本没有军事斗争经验，主观愿意强烈控制着这个一心想立功的书呆子；其次是对敌方情况基本没有进行深入的分析。偶然因素经常突然闯入间谍战的舞台，成为间谍战中的"迷雾"，对这些偶然因素进行辨析十分重要。切不可因为表面上与自己的设想一致，就忘乎所以。

第二章　南北朝的间谍活动

第一节　刺客的下场

公元396年，晋孝武帝司马曜（公元362—396年）病死，其子司马德宗即位，是为晋安帝（公元382—418年）。这位司马德宗智力上也属白痴，大权落入宗室司马道子手中。司马道子的儿子司马元显（公元382—402年）子以父贵，也掌握了大权。他为了与镇守荆州的桓玄对抗，培植自己的嫡系部队，命令征调江南诸郡免除奴隶身份的佃农当兵，引起了农民的反抗。爆发了孙恩、卢循领导的农民起义。

对司马道子父子久怀怨恨的桓玄乘东晋忙于镇压农民起义，进攻建康。公元402年三月，桓玄军进入建康。司马道子被放逐，司马元显等被杀。桓玄离正式推翻东晋当皇帝只差一步了。这时反复无常的北府兵首领刘牢之造反，兵败自杀。刘牢之部下参军刘裕（公元363—422年）却得到了桓玄的赏识。

公元403年十二月，桓玄逼晋安帝禅让，自立为帝，国号楚。终于实现了其父（桓温）的夙愿。但好景不长，公元404年二月，刘裕举兵反抗桓玄，三月攻入建康，五月桓玄兵败被杀。

刘裕掌握了大权。刘裕字德舆，小名寄奴。祖居彭城，后迁居京口（今镇江），家境贫寒。刘裕投身北府军，在与孙恩起义军作战中显露头角。

刘裕为了提高自己威望，先后出兵消灭了南燕和割据巴蜀的谯纵。他还严厉打击世族、豪强势力，严禁大世族、豪强隐匿户口、土地。刘裕手下主要官员多出自寒门。这是两晋以来汉族政权一大变化。东晋以来江南处于几大世族势力平衡、制约下，皇帝处于傀儡地位的状况有了根本转变。

公元 420 年，刘裕迫使他立的傀儡皇帝晋恭帝司马德文禅位。定都建康，国号宋。一年后晋恭帝被杀。史家一般以刘宋政权的建立作为南北朝的开始。此后相互对立的南北政权虽然朝代更迭，但南北对立之态一直持续到隋朝统一中国。

刘裕在夺权过程中，严厉打击司马氏势力。司马氏势力或起兵反抗，或投奔北方。司马楚之就是东晋宗室中反抗刘宋政权的干将。

刘裕自立为帝后司马楚之占据长社，渐渐地有了万余人。这是刘宋政权的心头之患。

刘裕派刺客沐谦，装成反抗刘宋的志士，投奔司马楚之。司马楚之正招揽各方人才，就以很隆重的礼节接待了他。沐谦见到司马楚之如此礼贤下士，计上心头。当天夜里，他装作得了急病，在床上挣扎呻吟。司马楚之听到报告，马上亲自端了汤药，前往探望。沐谦原想乘他探望之际，干掉他。可是看到司马楚之如此无微不至的关怀，十分感动。于是他取出了藏在席子下的匕首，把自己真正身份告诉了司马楚之。他说："将军是刘裕所担心和害怕的人。望将军不要轻举妄动，首先保护好自己。"司马楚之叹道："如果照您说的办，虽然可以防备被刺，但恐怕也会失去天下贤士呵。"沐谦叹服，决心投在司马楚之麾下效力。司马楚之后来投降了魏国，成为北魏独当一面的大将。

前面提到的被西晋所瓦解的鲜卑拓跋部，到公元 308 年又强盛起来。拓跋部三部之一的酋长猗卢把三部又重新统一起来了。公元 315 年，猗卢自称代王，建立了国家。

后来猗卢为其子六修所杀，内部的变乱直到公元 338 年什翼犍即王位才告结束。什翼犍和他的先辈沙漠汗一样，曾在后赵国都（邺城）当过人质，深受汉族风俗文化影响，对中原典章制度印象甚深。他的掌权，使拓跋部有了新气象。不幸的是公元 376 年，什翼犍败于匈奴和苻坚的联军，不久为其子所杀。代政权为苻坚所灭。拓跋部分为两部。

苻坚灭亡后，什翼犍之孙拓跋珪乘机图谋复国。公元 386 年，拓跋珪在牛川（今内蒙古呼和浩特市东南）聚集拓跋诸部，即代王位，不久迁都盛乐，改称魏王。拓跋珪统治时，魏国就已在经济上实行了"离散诸部，分土定居"，"息众课农"，"计口授田"等政策。实际承认了进入内地后占有越来越大比重的封建经济制度。农民是受封建剥削，上交田租的劳动者而非奴隶。随着"分土定居",原来游牧部落中奴隶主贵族和牧民的关系也趋于瓦解。各部族首领失去了拥兵造反的重要条件。在此基础上,统一的封建王朝逐渐形成了。鲜卑政权逐渐汉化,以至于迁都洛阳后,改拓跋氏为元氏。改革家魏孝文帝亲祠孔子,朝廷上禁用鲜卑语。

刘宋政权在南方建立时,魏国皇帝是魏明元帝拓跋嗣。公元423年魏明元帝病故,其子拓跋焘立,是为魏太武帝。魏国先后大破柔然、夏,西秦也依附于魏国,成为北部与刘宋对抗的主要力量。双方经常发生激烈战争。

公元431年四五月间,前面提到的投降北魏的司马楚之上书魏太武帝,请求出兵攻宋。此时宋将檀道济刚率北伐宋军撤离魏境。魏太武帝认为士卒疲惫,百姓又饱受战争之苦,未接受他的建议。司马楚之驻扎在边境附近。魏太武帝将他调入朝中任散骑常侍。

这时刘宋政权准备再度出兵北伐。北魏任命司马楚之为持节安南大将军,防备宋军。出兵之前,宋文帝刘义隆想先除掉北魏的荥阳太守王慧龙。王慧龙镇守荥阳郡十年,政绩卓著,刘宋政权边境上的居民归附王慧龙的有万余家。他对刘宋政权警惕性很高,整军经武使边境防守很严密。为此宋文帝想先除掉他,派人到北魏散布流言:"王慧龙自认为功劳很大,但职位低下,想勾结宋军入侵,并抓住司马楚之作为叛魏的见面礼。"

魏太武帝听到这些流言,赐王慧龙玺书。书信中说,刘义隆畏将军如虎,想加以中伤。我清楚他的目的。至于那些流言,想将军是不会介意的。刘宋政权的计谋失败了。

宋文帝找了一个叫吕玄伯的刺客,派他去行刺王慧龙。宋文帝对其许愿:如能带王慧龙的头回来,封二百户男,赏绢千匹。

吕玄伯越过边境,声称要投降北魏。王慧龙接见了他。吕玄伯做出神秘之态,请屋子里其他人退出,有机密上告。王慧龙久在边境,又是文武兼备的人,自然看出了问题。他命人搜吕玄伯身上。果然搜出一把明晃晃的匕首。吕玄伯叩头请死。王慧龙说:"不过是各为其主罢了。"命人为吕玄伯松绑,并让他回去。左右的人很不以为然,纷纷劝阻:"宋人不断派间谍来活动。不杀玄伯,不足以使宋人畏惧。"王慧龙说:"生死由命,宋人岂能害我。我以仁义为屏障,有什么可怕的。"还是释放了吕玄伯。公元440年,王慧龙病故,吕玄伯为之守墓终身。

也是在公元431年，北魏边境守军抓住了柔然的骑兵侦察员三十余人。魏太武帝命人赐给衣物，遣送回家。这一举动获得了柔然的好感，派使节到魏国，魏太武帝又厚待之。在一段时间内这种对待敌人间谍的方法似乎成了一种政策。公元449年，魏太武帝在致宋文帝的书中还有"彼来侦察，我已擒之，复纵还。其人目所尽见，委曲善问之"的话。

司马楚之对刺客宽大处理，是为了收揽人心，拉拢人才。王慧龙对刺客宽大处理，是着眼于瓦解对方边境居民、士兵的士气。如果不是有一个宽宏的边境政策，是不会有万余家主动来投的。魏帝对间谍的处理，则是着眼于对柔然的外交政策。总之，对间谍的处理，不仅取决于间谍战的需要，而且更取决于政治、军事、外交战略的需要。在这里间谍战超越自身，成为某种政策的一个组成部分。

对间谍的宽大处理，当然也包括对间谍的争取，使之有意无意地为我扩大影响。在中国封建社会，"仁"、"义"等道德观念成为这方面的有力工具。物质手段，则有金钱、高官厚禄等。

从这两个刺客来看，都是能言善辩之人，行刺方式也是尽量采取欺诈行动，以待时机。中国古代间谍史上的行刺之举又有了某种发展。

第二节 智骗敌将

上节中提到刘宋将领檀道济率军北伐的事。在这次北伐中，檀道济还演出了用假象欺敌的精彩一幕。

檀道济（？—公元436年），高平金乡人（今山东金乡北），从军后在刘裕手下，转战南北颇有战绩。作战时他常常身先士卒，曾随刘裕北伐。

公元431年初，为援救被魏军包围于滑台的宋军，宋文帝命檀道济再次北伐。檀道济率军出师后连战皆捷，很快挺进到济上（今山东济水）。魏军节节败退，二十多天中前后二十余战，几乎全为宋军所败。一时间魏国形势紧张起来。檀道济率军已推进到了历城（今山东济南附近）。

檀道济军的后方补给线却越拉越长，而且不可能用大量兵力去保护补给线的安全。魏军抓住时机，频频攻击宋军补给线，多次焚烧宋军粮草。檀道济军终因粮草不济，无法继续前进。由于宋军增援部队被绊住，魏军得以专攻滑台（今河南滑台东）。守军粮尽士疲，终于失守。万余名士兵和守城宋将朱修之、申谟一起被俘。

滑台一失，檀道济孤军就失去了原来的战略目标，又加上粮食已尽，只好撤退。大军从历城后撤时，军心不稳，有的士兵降魏，并把宋军乏粮的情况全部告诉了魏军。率军追击的魏军将领督军加速追击宋军。

檀道济却十分镇定。他让士兵用容器把沙子运来运去，一面装出称粮食的样子，在军营中大声吆喝。量完的"粮食"堆在营中，上面覆盖了剩下的一点米。远远望去宋军粮如山积。

天亮了，魏军的间谍往宋军营中探望，只见宋军粮食充足，足以支持撤军还有余。魏军将领得到报告，认为投降的宋军士兵是在欺骗，就把那几名投降宋军士兵杀了。

接着檀道济采取了一个更大胆的措施。他命士兵穿好铠甲，自己则穿着白色战袍，坐在车里，从魏军包围中缓缓而出。魏军兵将被他镇定自如的气度所慑服，认为檀道济一定有什么"名堂"，不敢予以攻击，檀道济率军安全撤回宋国境内。

战争中对敌人后勤补给情报的分析、搜集，往往成为决定战争胜负的关键因素之一。在后勤补给方面用假情报迷惑敌人，也可收到好的效果。在古代搜集这方面情报的主要观察分析对象是粮草。现代则要复杂得多。这方面情报的核实要取决于各方面情况的综合判断、推算。仅凭观察往往是不可靠的，正如我们在本节中看到的那样。

第三节 谍报与学识

公元439年三月，北魏朝廷上，进行着一场是否要进攻由匈奴族酋长沮渠蒙逊建立的北凉政权的战略大辩论。北凉政权虽然于公元421年消灭了西凉，占有西凉七郡，但在当时北方各势力中还是较弱的。它周旋于东晋、北魏之间，力求保护自己。魏太武帝拓跋焘早有灭北凉之心。在此之前，北魏使节出使西域，回来时路过武威。沮渠牧犍（北凉国君）的亲信悄悄告诉使者，沮渠牧犍看不起北魏，挑拨西域诸国与北魏的关系，对北魏怀有二心。这正好提供了北魏讨伐北凉的借口。

没想到在御前会议上，弘农王奚斤等三十多人，一致反对进攻北凉。他们认为：沮渠牧犍虽有二心，但朝贡不乏，也无显著罪恶。更主要的是，北魏刚刚攻打过柔然，军队尚未得到休整。况且凉州土地贫瘠，很少有水、草。大军征战，敌人必会死守坚城。那时久攻不下，粮草又得不到补充，就十分危险了。

曾十二次出使北凉的安西将军李顺更力陈不可伐北凉的原因。他说："自温围水以西至姑臧，遍地石头，绝无水、草。当地人言，姑臧城南天梯山上冬天有几丈深的积雪，夏日融化后，汇成小河，居民引水灌溉。北凉看到我们大军进讨，必定会破坏水渠，水必定会消失。环城百里，地不生草。人马会饥渴难忍，无法坚持。弘农王奚斤等所言极是。"

看着李顺侃侃而谈，魏太武帝心中却升起了疑云。本来魏太武帝多次派李顺出使北凉，是看他精明能干，让他去探听北凉虚实，为魏军征讨北凉做准备。可李顺每次回来总是说北凉不可攻，并替北凉统治者说好话。崔浩（？—公元450年）曾向魏太武帝报告过，有人上告，李顺接受北凉国君财物，替北凉说话。想到这里，魏太武帝采取了一个明智的措施，让反对伐凉的大臣与崔浩辩论伐凉之利弊。辩论时，魏太武帝躲在旁边的屋子里听。

经过一番激烈辩论，弘农王奚斤等人理屈词穷，只好咬住"凉州无水草"这一条理由，证明自己的观点正确。崔浩淡然一笑说："《汉书·地理志》中记载，凉州的牲畜是天下最多的。如果没有水草，又如何放牧呢？况且汉人绝不会在没有水草之地选择建屋居住之处，筑城，设立郡县。再说雪水消融绝不会太多，怎能通过水渠，引槽灌溉数百万顷土地。这些话大概是用来骗人的吧！"李顺还想狡辩："耳闻不如一见，我亲眼所见，你怎配和我辩论！"崔浩尖锐地说："你受人金钱，想为之游说，攻击我没亲见，就可以欺人了吗？"听到这里，魏太武帝满面怒容地从躲藏处走出来，声色俱厉地痛斥那些反对伐凉的大臣。这些大臣吓得连连称是。

大臣们退出后，振威将军伊馺也表示支持崔浩，他对魏太武帝说："凉州如果真没水、草，何以立国。众人议论都不可用，应当按崔浩所言办。"魏太武帝终于下了征讨北凉的战略决心。

魏太武帝决定战略前，让群臣充分发表看法，并且不以大多数人的意见为转移，是很高明的。其实力主不出兵的李顺，早已为沮渠蒙逊所收买。李顺出使北凉时，沮渠蒙逊经常设宴款待他。双方谈得高兴了，沮渠蒙逊就不由自主地冒出一些对北魏君主不敬的话来。他怕李顺回去报告，就赠以重金。李顺收了这些财宝，反而成了北凉在朝廷中的代言人。崔浩与李顺虽有矛盾,但在这一点上,崔浩对李顺的批驳还是正中要害的。

公元439年六月,魏太武帝率军亲征北凉。九月,魏军进抵北凉都城姑臧(今甘肃武威)。看到姑臧城外水草丰茂,魏太武帝不由感叹地对崔浩说:"你从前讲的话,今天一见真的应验了。"崔浩说:"臣之言不敢不实。"暗中又刺了李顺一下。后来李顺因此被杀。

魏军包围姑臧后,沮渠牧犍尚存一丝侥幸,希望柔然入侵北魏,魏军东撤。后来看到魏军毫无撤退迹象,只好率文武百官投降。存在了四十三年的北凉政权灭亡了。北魏实力大增,基本上统一了中国北方。

崔浩的渊博学识对这次战争的战略决策起了重大作用。崔浩是当时北方大士族的代表人物,是精通天文历学、史学的大学问家。在北魏统一中国北部的历次战争中,他几乎算无遗策,成为北魏决策的核心人物。

间谍战中,对已有知识的利用,对背景材料的大量收集、分析,对于辨析情报的真假、可信度,有重要作用。这些背景材料,不仅包括现实生活中的资料,也包括有关历史资料。在中国古代间谍战中,对有关的山川地理情况是注意积累的,在兵部往往设有主管此事的"职方郎中"一职。但用有关背景材料和已有知识,去综合地解决类似问题,却往往是依赖谋臣策士个人的聪明才智来完成的。今天则需要依靠专门研究机构,以科学的方法做不懈的努力!

在间谍战中,秘密渠道获取的情报,要与公开的资料进行对比、验证,以做出正确判断。

第四节　逼出的假情报

在间谍战中经常有一些"不速之客",无意中卷入间谍战的旋涡,使事情变得复杂起来。

公元446年,宋人颜白鹿私自进入魏境被魏军抓住。当时战乱流离,不少北方人为避战乱,寓居江南。东晋和后来南朝历代政权在其境内用北方地名设立郡县,以安置流落江南的北方士族和人民。这些南渡的士族和人民在这些郡、县中仍保持其原籍贯。这些郡、县称为"侨置"郡、县。颜白鹿是江南侨郡太原郡人,因此在南渡之前可能是居住于太原的。他私入魏境,很可能是想回到故乡看看,并未肩负什么间谍使命。但由于当时两国在边境上采取了种种防止间谍的严厉措施,并以边境为间谍战的重要战场，因此颜白鹿被捕后面临着杀头的下场。

颜白鹿当然不甘心变成魏军的刀下鬼，于是他灵机一动，编造了一大篇谎言。他说宋青州刺史杜骥想投降魏国，所以派他来联系。魏军一听此人原来颇有来历，就把他送到了平城（魏国都城）。

魏太武帝亲自接见了颜白鹿。为了对杜骥的投降表示鼓励，他还对颜白鹿表示"杜骥是我的外家"（魏太武帝母亲杜氏），扯上了几千里地以外的亲戚关系。用心可谓良苦，但未免太天真了。

魏太武帝命崔浩给杜骥写信，表示欢迎。同时，他命永昌王仁、高凉王那率军迎接杜骥来归。魏军进攻防守历城的宋冀州刺史申怡，以策应杜骥。杜骥果然发兵了，不过不是投降，而是援助防守历城的守军。魏军将领这才知道上了一个大当，于是在青、兖、冀三州进行杀掠后北归。

颜白鹿在与魏军开了一个大玩笑之后，恐怕绝不会保住脑袋了吧。但如果没有魏军以死相逼，颜白鹿恐怕也不会想出这么个办法来。

魏军大举入侵，震动了宋朝。宋文帝召集群臣商议对付之策。御史中丞何承天上书，建议移边境之民于内地，在边境广布堡垒，坚壁清野，整甲缮兵，以待敌人。他还认为当年孙权、曹操在江、淮间对峙，双方边境上无人居住的地方有数百里。这是因为边境是进行警戒、侦察敌人的地方，而非耕牧之地。何承天这些话活现了当时及三国时边境上的情景。人民的正常生活总是与双方激烈的斗争搅在一起，从而又影响着这些斗争。

颜白鹿的事例说明在间谍战中，除敌我双方进行的间谍战外，也有其他的因素在起作用，也会出现另一种可能。在间谍战中，对怀疑对象的审查也是一种艺术。像魏军威逼颜白鹿，让其在立即以间谍之身被处死和撒谎以求苟延之间选择，自然会逼出假情报来。从这个意义上讲，审讯者自己也可能是假情报的制造者。

在边境上，对人民的正常往来与间谍的活动要区别对待。否则，难免以对方全国之民为防间对象，那就防不胜防，而且漏洞百出了。

第五节　识破诈降

南北朝时，间谍战中"诈降"手段之运用，比东晋、十六国时有增无减。

在创立刘宋政权时，刘裕为了使军权高度集中于皇室，派皇族出镇各要害之处,掌握兵权。刘裕这一意在巩固中央政权的措施,后来反而成了内乱之源。

公元453年,刘宋政权爆发内乱,太子刘劭杀宋文帝刘义隆。宋武陵王刘骏率军进讨,杀刘劭及其党羽。刘骏即帝位是为孝武帝。此后的岁月中,时常有皇族起兵反叛,但都以失败告终。

公元464年,宋孝武帝死,其子刘子业继位。公元465年,宋湘东王刘彧杀刘子业,即帝位,是为宋明帝。公元466年,宋晋安王刘子勋即帝位于浔阳,刘宋政权的不少将领起兵响应。刘宋政权的形势十分危急。这年八月,拥护中央政权的宋军将领沈攸之率军攻克浔阳,杀刘子勋。反对派群龙无首,陷入混乱。这时原来拥护刘子勋的徐州刺史薛安都、益州刺史萧惠开、梁州刺史柳元怙、兖州刺史毕众敬、汝南太守常珍奇等,表示想投降朝廷。

宋明帝此时认为可以喘一口气了,对这些将领的乞降也傲慢起来。他不顾蔡兴宗、萧道成等大臣们劝阻,派沈攸之率军五万迎薛安都归降。薛安都本来就放心不下,一看宋军这架势,干脆投降了北魏,常珍奇也投降了北魏。魏国派镇东大将军尉元,镇东将军孔伯恭等率军救援薛安都军;派另一支军队由镇西大将军西河公石率领去救常珍奇。魏国还分别给了二人封号。

魏军进至瑕丘,兖州刺史毕众敬因儿子在建康被杀也投降了魏军。尉元在受降时,先派部将入城,控制了要害部位。毕众敬后来有悔恨之意,但已没办法了,气得几天没吃下饭。

另一支魏军由西河公石率领进抵上蔡,常珍奇率部投降。中书博士郑羲对西河公石说:"常珍奇虽降,但其意尚未可知,不如直接进城,控制其要害,方为万全之策。"西河公石立即策马入城。在宴会上,郑羲看到常珍奇脸色不对,就劝西河公石严加戒备。果然当晚常珍奇派人烧府屋,想反抗魏军。但由于魏军防卫森严,终于迫使他在最后关头停止了行动。

公元467年,魏军大破宋将张永军,攻克了淮北四州(青、冀、徐、兖)和豫州淮西之地。南北对峙的形势变为北强南弱。此时孤悬敌后的两支宋军分别由青州刺史沈文秀、冀州刺史崔道固率领。

魏将慕容白曜率军进攻这两支守军。崔道固闭门坚守,沈文秀却派使者请降,并请魏军前往接应。慕容白曜想率军接应,郦范劝他:"文秀的家室坟墓都在江南。现在他拥兵数万,城固甲坚。力量强时可以作战,力量弱时可以逃跑。我军尚未逼近其城，没有到万分火急之时，他为什么这么着急要求请降呢？再看他派来的使者，不敢正视将军，神色不安，说话很多，以此来掩饰自己的胆怯。这必定是诈降，引诱我们上当，不能信他的话。可以先取历城，克盘阳，下梁邹，平乐陵，然后按部就班地进兵，不怕他不服。"慕容白曜认为："崔道固兵力单薄，不敢出战，我军畅通无阻，直抵东阳。沈文秀知道他快要灭亡了，所以望风而降，没什么可疑虑的！"郦範说："历城兵多粮足，不是很快可以攻下的，沈文秀坐镇东阳是诸城的关键。多派兵力无法攻历城，少派兵力则无法控制东阳。如果进为沈文秀所阻，退则被诸城所截击，那时腹背受敌，必定会损失惨重。请将军慎重考虑，万勿上当。"慕容白曜打消了接应沈文秀的念头。沈文秀也果然不想投降。

公元 469 年，魏军经过苦战才攻下东阳。沈文秀被俘，后被魏封为外都下大夫。魏军在进攻沈、崔两军的同时，企图进攻下邳。这时宋将沈攸之也押运粮草到了下邳。魏国派间谍到沈攸之处进行欺诈，说薛安都想投降宋军，请派员接应。宋军将领吴喜向沈攸之要求以千人前往接应。沈攸之置之不理。接着魏军又让更多的人装作百姓的样子逃到宋军中，说薛安都准备投降。吴喜怕坐失良机，更加坚决地要沈攸之派兵。沈攸之派人把跑来的那些人集合起来，对他们说："你们既有诚心愿意投降，如果能和薛安都的子弟一起来，我会给你们应得的赏赐。如果办不到，就不要徒劳往返了。"说完就把这些人放了。再也没见这些人踪影。

对声称想要投降之敌，如何判断其是真心还是假意呢？其一可以从敌人的大形势上判断，大形势不到山穷水尽之时，有人从敌方来声称投降，总不无可疑之处。其二可以从个人动机上判断。如果没有明显的个人动机，也是值得怀疑的。其三从两者（大形势与个人动机）的给合上进行分析比较。其四从敌人内部进行核实。有时尽管做了尽善尽美的工作，也难免被敌人所蒙蔽，这就需要有严密的受降技术。魏军的两次受降，就反映了当时人们在这方面积累的经验。

第六节　君臣斗法

刘宋政权末期，皇族间你争我夺，大臣外叛，不仅国力大为削弱，握有重兵的异姓将领也渐渐扩大了自己的实力。萧道成（公元 427—482

年）就是其中的一个。

萧道成字绍伯，祖居东海兰陵（今山东枣庄东南），后迁居南兰陵（今江苏常州附近）。萧道成出身于"布衣素族"之家，父亲萧承之凭勇武善战，混到了刘宋政权中的右军将军。出身于这样一个家庭，萧道成从小读了一些书，但更多的是被其父白手起家以军功挣来一份功名所吸引。所以他从少年时代起就弃文就武，跟随其父学习带兵打仗本领，不久就成了自领一军的将领。在频繁的战争中，萧道成积累了丰富的作战经验，成为一名胆大、有谋略的将领。

宋明帝晚年猜忌好杀，对久在军中的萧道成也产生了怀疑。他下令调南兖州刺史萧道成入朝任黄门侍郎、越骑校尉。这引起了萧道成的担心，他很不愿意入朝。他手下的参军荀伯玉献计，让他派骑兵数十人入魏境骚扰。萧道成依计而行。宋军入魏境的消息，引起了魏军将领的不安。魏军派出了数百人的巡逻部队出现在边境上。萧道成马上把这一情报上报朝廷，宋明帝只好让萧道成留任。不过后来还是把他调至淮阴镇守。

宋明帝听到过萧道成"有异相，当为天子"的谣传，心里还是放心不下。宋明帝是个整人的能手，他想出了一条妙计。吴喜奉宋明帝之命前往淮阴，携带了一把盛满酒的银壶。吴喜到了萧道成军中，宣读赐酒给萧道成的旨意。萧道成以为自己活到头儿了，想拒绝饮酒，逃之夭夭。吴喜是个计谋百出，八面玲珑的人。他对萧道成泄露了宋明帝以酒试探的真意，为让萧道成放心，自己先端起酒壶喝了几口。萧道成这才放下心来，一饮而尽。

吴喜回朝复命，力保萧道成没有野心。萧道成暂时免祸，吴喜却因为多计谋，得人心，而被宋明帝赐死。

宋明帝为了保证自己死后，幼小的皇子能稳坐帝位，无所不用其极。公元471年，他先后谋杀了诸弟，只有桂阳王刘休范因为才能平庸而幸免。对朝中稍有才干的大臣或可能威胁皇子的外戚，他也必欲除之而后快。

当时王景文以外戚受到重用，权力颇大。张永久在军中，也有一定实力。为了除掉这两个人，宋明帝自己编造了一个谣言："一士不可亲，弓长射杀人。""一士"合起来是"王"字，影射王景文；"弓长"合起来是"张"字，影射张永。王景文听到这个消息，立即上表求去。宋明帝还假惺惺地表示信任他。宋明帝病危时又想起了王景文。他派使者送毒药给王景文,并声称这是为了保全王景文一家而采取的措施。王景文只得饮药而亡。

公元 472 年四月,宋明帝死,年仅十岁的太子刘昱即帝位,是为后废帝。宋明帝临终遗诏,萧道成与袁粲等共同掌管机要大权。新的一轮权力争夺又在君臣间展开了。

萧道成以其才干,渐渐地在辅政大臣中取得较为突出的地位。桂阳王刘休范在宋明帝死后,终于按捺不住了。公元 474 年,他以清君侧为名,起兵造反。萧道成督军平叛。萧道成手下的张敬儿愿意诈降于刘休范。萧道成许他如能成功,就任为雍州的地方大吏。张敬儿和萧道成手下另一将领黄回,跑出城外,扔掉了兵器,向刘休范军大呼:"投降了。"刘休范非常高兴,把二人召到身边。黄回对刘休范讲了萧道成想与之联合的意思,刘休范信以为真,派自己的两个儿子到萧道成军中作人质。

为了表示信任,刘休范让黄回、张敬儿留在自己身边。别人劝阻,他根本听不进去。他还不知道,自己的两个儿子已成了萧道成刀下之鬼。有一天,刘休范正在痛饮美酒,黄回看他毫无防备,就对侍候在侧的张敬儿使了个眼色。张敬儿乘其不备,夺过防身利刃,杀了刘休范。两个人带了刘休范的首级跑回萧道成处。平定刘休范之乱,空前地提高了萧道成的威信。萧道成开始谋划如何最终夺取刘宋的天下。

刘宋的凤将沈攸之握有重兵,又有才干,是个难对付的人。萧道成为对付沈攸之,派张敬儿都督雍凉二州诸军事、雍州刺史,也算是对张敬儿还愿。张敬儿到任之后,沈攸之很有戒心,张敬儿对沈攸之却十分恭敬,经常写信送东西表示问候。沈攸之渐渐放松了警惕,约张敬儿一同出猎。张敬儿却答以互明心迹就可以了,交往过密惹人生疑。这下沈攸之更放心了。张敬儿就在沈攸之完全放下心来时,监视着他的一举一动。一封封密信送往萧道成处。沈攸之还蒙在鼓里。萧道成给他写信,询问他张敬儿一旦调任,谁可以继任。沈攸之故意把这封信给张敬儿看,企图离间萧、张的关系。

后废帝刘昱喜欢夜间出游,为人残暴,亲自用刀宰割企图反叛他的大臣。由于萧道成声望日隆,他曾威胁萧道成,以鲍箭射萧道成的脐部。他还在宫内一边磨小矛,一边说:"明天杀萧道成!"

萧道成听到了这些话,开始积极准备发动政变。他派儿子、亲信到外面活动。自己则在朝中积极准备。越骑校尉王敬则投靠了萧道成。夜里,王敬则常常穿着黑衣服，在刘昱经常出游的道路旁窥视刘昱的动向。萧道成还命王敬则拉拢了刘昱的亲信杨玉夫、杨万年、陈奉伯等十五人，在殿中随时待机下手。

公元 477 年七月，杨玉夫、杨万年乘刘昱大醉熟睡之际，以刘昱防身刀杀死了他。陈奉伯带了刘昱的首级去见萧道成。萧道成还以为刘昱派人骗他，不敢出来。直到看见扔进院墙内的人头，才披挂整齐乘马而出。萧道成以太后之命，立安成王刘准即位，是为顺帝。萧道成为司空、录尚书事、骠骑大将军，大权落在萧道成手中。原来奉命和萧道成一起辅政的褚渊、袁粲等人成了摆设。朝廷上下布满了萧道成的心腹。

这年，萧道成派刺客杀沈攸之，没有成功。沈攸之起兵反抗，兵败被杀。袁粲乘沈攸之起兵，也举兵反萧，同样以失败告终。

公元 479 年，萧道成即皇帝位，定都建康，国号为齐。存在了六十年的刘宋政权灭亡了，一个寿命更加短促的萧齐政权出现了，君臣斗法以萧胜刘败而告终。

君臣间、父子间、兄弟间的杀戮在中国古代政治、军事史上屡见不鲜。所以有人称二十四史是一部"相砍"史。我们之所以对刘、萧相砍做一番描述与分析，是因为这中间充斥着间谍活动和斗争。以间谍互相摸底是这类斗争中的常情。值得进一步分析的是刘、萧都在制造一些假情报为自己服务。萧道成故意造成魏军出没于边境，以此作为自己不入朝的理由。宋明帝自己制造谣言，作为杀王景文的借口。在这里我们看到间谍战不仅是单向的，指向敌对政权或国家；也是双向的，可能发生在同一营垒内部不同派别之间。

分析情报时，不仅要注意情报所反映的敌人对外的意图，也要善于分析情报所反映的敌人内部的情况。以散布假情报来除掉对手，在历史上屡见不鲜。所以对于敌方情报的分析要以长期的、深入的对敌方内部情况的掌握为背景，进行全面研究。这样才能透过现象，看到某一情报所反映的敌人内部的真实情况，选择正确的应对之策。只有这样我们对情报的分析、运用才能较为全面。从萧道成派兵骚扰魏国的行动看，边境上的行动，反映了内部紧张的政治关系。类似的事在南北朝时还有一起。尔朱荣手下将领韩贤，平时与高欢关系不错。高欢与尔朱氏势力撕破面皮后，尔朱度律认为韩贤不可靠，想调动他的防区。韩贤不想调走，就秘密地唆使人多举烽火，好像敌人已入侵的样子，一面派人向尔朱度律报告。尔朱度律只好放弃调动他的打算。类似的事情，如只着眼于外部现象，就不会从中体会到更多的东西。只有把敌人的内政、外交、军事等情况结合起来分析，才能真正弄清对方意图。

第七节 天风示警

北魏政权以游牧民族入主中原，其皇族中不乏能征善战之人。拓跋祯就是其中的一个。

魏孝文帝拓跋宏（公元467—499年）在位时，拓跋祯任南豫州刺史。当时的少数民族山蛮经常在拓跋祯管辖地区的周围抢掠。别郡的地方长官对此无可奈何，只有采取一些怀柔手段。拓跋祯曾随魏太武帝拓跋焘远征柔然，且通晓当时各民族语言。这为他找到对付山蛮之策提供了条件。

拓跋祯派人把新蔡、襄城等处的山蛮首领请来，在自己辖境西部设酒款待。拓跋祯全副戎装，十分威武。酒宴进行了一半时，拓跋祯提议观赏射箭助兴。他自己先引弓发箭，几箭皆中目标。随后他又命手下的人依次而射，个个都箭无虚发。拓跋祯事先让一名死囚穿着军服混在队伍中。轮到死囚射箭了，没有射中。拓跋祯立即命人将其斩首。吓得山蛮首领战战兢兢。

拓跋祯谈笑自若，突然在座位上凝目天空。一阵微风吹过，拓跋祯对在座的人说："风中有一些暴烈之气，好像有贼人入境抢掠，但人数不多，不过十人左右。方向在西南五十里左右。"说完他就命骑兵前往追捕。过了半天，骑兵果然捕回四十余名身穿山蛮服装的盗贼。拓跋祯对这些山蛮首领说："你们在地方上也这样为盗，是不是该死呵？"山蛮首领都叩头道："该当万死！"拓跋祯命人把盗贼杀了，放回了山蛮首领。从此山蛮畏服，境内平安。实际上抓回的盗贼，是拓跋祯事先安排好的穿着山蛮服装的死囚。

拓跋祯实际上是以显示自己的情报搜集能力，来威慑山蛮的。以一定的武力为后盾，在适当的时候显示自己的情报搜集能力，对敌人心理上可能产生较大的影响。

在古代，这种能力可以借助一些玄虚的事件或事先布置好的事件来进行。在现代，方式就可以多种多样了。显示情报能力，可以与假情报的散布或适当披露一些真实情报结合起来。但要统筹安排，以免弄巧成拙。

第八节　空信离间

公元 498 年，齐明帝萧鸾（公元 452—498 年）死去，太子萧宝卷即位。萧宝卷即位前，萧齐王朝内部就已陷入一片皇族相互杀戮，君臣相疑的混乱之中。萧宝卷上台后，亲信小人，委政于茹法珍、梅虫儿等亲信。大臣的生杀予夺，这些人借皇帝之口就可以决定。后宫失火，他的亲信说，应当另建宫室。于是他大起乐芳、玉寿诸殿，以麝香涂墙壁，极尽豪奢之能事。他还让人以金为莲花贴地，命宠妃潘妃行走其上。他十分高兴地说："这是步步生莲花。"由于萧宝卷为政昏庸，穷奢极欲，官府横征暴敛，百姓苦不堪言。

国内这种情况都被镇守襄阳的雍州刺史萧衍看在眼里。萧衍（公元 464—549 年）字叔达，父萧顺之是萧齐政权开创者萧道成的族弟。萧衍认为大乱将至，在雍州暗地里准备力量。他招募勇士万余人，砍伐大竹子堆积如山。他手下的将领体会出他的意图，也暗地里准备船上用的橹数百条。

萧衍的行动传出了一些风声。萧宝卷也真够狠毒的，马上派了一名刺客前往行刺。刺客叫郑植，他的弟弟郑绍叔在萧衍处任职。因此，郑植前往萧衍处，公开的理由是探望郑绍叔。

郑植前来行刺的意图为郑绍叔所知。他马上告诉了萧衍。萧衍在郑绍叔家摆酒，款待郑植。在酒宴上，萧衍和郑植开玩笑："朝廷派您来行刺我，今日酒宴正是个好机会。"宾主大笑起来。本来郑植想拉郑绍叔共同行刺，现在萧衍却借机会对郑植下起功夫来。

酒宴已毕，萧衍又让郑植观看雍州的军队、粮草、器械、战船。这些给郑植以深刻印象。他回到郑绍叔家，对郑绍叔说："雍州实力雄厚，不容易拿下呵。"郑绍叔说："请回去对天子说明这儿的情况，如果真的要取雍州，绍叔就凭这些力量与朝廷的军队一战！"

郑植回去复命后，萧宝卷还不死心，又派了一名武人杜伯符前往行刺。杜伯符诈称自己是使者，萧衍却事先知道了他的使命。可见萧衍在朝中已安排了耳目。当杜伯符到了之后，萧衍设宴款待。杜伯符由于胆怯终于没有采取行动。

公元 500 年十一月，萧衍认为时机成熟，在襄阳公开亮出了与朝廷对抗的旗号。他集结了甲士万余人，马千余匹，船上千艘。那些平时砍伐的大竹此时都组装成了舰船，橹具也早准备好了。

这时萧齐南康王萧宝融为荆州刺史。萧颖胄是西中郎长史，实际掌握荆州政务。萧宝卷命辅国将军刘山阳率兵三千前往荆州，与萧颖胄合兵进取雍州。

刘山阳率军未到，萧衍先采取了行动。他派与萧颖胄关系颇深的参军王天虎到江陵（荆州治所）给萧宝融、萧颖胄送信。信中说："刘山阳西上是要并袭雍荆二州。"萧衍对诸将分析形势时认为，荆雍二州唇亡齿寒，荆雍二州合兵东下，即便是韩信、白起再生，也挽回不了建康小朝廷的颓势了。

刘山阳军至巴陵，萧颖胄仍在犹豫不定之中。萧衍又派王天虎前往送信。王天虎带着书信走了。萧衍对心腹张弘策说："用兵之道，攻心为上。我首次派王天虎到荆州，给萧宝融、萧颖胄等官员都带有书信。此次派天虎去，却只给萧颖胄、萧颖达兄弟二人带了信，信中只说有些事由王天虎当面讲清。而王天虎又不曾受我什么嘱托，说不出什么来。天虎是萧颖胄亲信，这样一来荆州人必然会认为萧颖胄和我有密约瞒着别人，人人生疑。刘山阳也必然为流言所迷惑而产生疑虑。萧颖胄进退两难，无法澄清自己，必然会中我们圈套。我以两封空信定荆州了。"萧衍说着说着，得意之色溢于言表。不过这确是一条别出心裁的离间计。

果然刘山阳听到了萧颖胄暗中与萧衍有勾结的消息，军至江安不敢继续前进了。萧颖胄看到刘山阳的行动，十分害怕朝廷于己不利，连忙召集亲信商量。亲信们商量的结果是，朝廷昏暗，大臣难以自保，萧衍实力雄厚，不如干脆倒向萧衍。萧颖达也劝其兄与萧衍联合。谋士柳忱还劝萧颖胄，斩王天虎，以迷惑刘山阳。

萧颖胄依计而行，召见了王天虎。他对王天虎说："昔日樊于期把头借给荆轲，今天我向您借头以诈刘山阳。"埋伏的士兵出来把王天虎杀了，传其首于刘山阳。

刘山阳看到萧颖胄以王天虎之首表明心迹，欣然前往江陵，被斩于江陵城门外。萧颖胄传其首于萧衍。

萧颖胄拥立南康王萧宝融即皇帝位于江陵，萧衍被封为左仆射。萧衍当然对这一职务不感兴趣。公元 501 年十二月，萧衍攻入建康，杀萧宝卷。公元502年四月，萧衍在建康即帝位，改国号梁，废齐和帝萧宝融为巴陵王，迁于姑孰，不久就杀死了他。仅仅存在了二十四年的萧齐政权灭亡了。

萧衍的离间计和曹操离间马超、韩遂之计如出一辙。不过萧衍选择的是通过对方亲信来下手，采取了更为迂回的方式。萧衍在南北朝历代帝王中是少见的饱读诗书，有学问的人。他的复杂计谋也许与此大有关系吧。

第九节　水灌魏军

梁武帝萧衍上台后，在杀戮萧齐政权皇族的同时，也废除了一些弊政。但他对宗室一味纵容，并让他们掌握实权。对部下也约束不力，赏罚不分。大概一介书生以杀戮前朝皇帝、皇族上台，心里老是有负罪感。他信奉佛教，先后三次舍身佛寺，又由臣下赎回。萧梁政权在其开创者手中就已腐败下去，成为又一个短命政权。

公元514年，有一个叫王足的魏国人投降，受到梁武帝的接见。他提出筑堰，用淮河水灌北魏的寿阳（今安徽寿县）。王足还引用当时谚谣"荆山为上格，浮山为下格，潼沱为激沟，并灌钜野泽"来证明其建议的合理性。①

梁武帝派水工陈承伯和材官将军祖暅去踏勘。两个人回来后都认为，淮河岸边沙土轻漂，不易筑堰。梁武帝一意孤行，征发徐、扬二州百姓、士兵二十万人，由康绚统领，南起浮山，北抵潼河山筑堰，向中流合龙。

公元515年四月，浮山堰即将合龙，此时淮河水势凶猛，又加上筑堰多遇流沙，堰被冲垮。梁朝大臣们认为江淮间多有呼风唤雨的蛟，于是投铁器数千万斤以镇之，但堰仍不能合。只好伐木捆成"井"字，中间填以大石头，在此之上填土作堰。冬天施工，士兵冻死者十分之七八。魏军前来决堰，为梁军击败。第二年四月，浮山堰合龙。堰长九里，堰上种柳树，军营列于其上，蔚为壮观。

有人对康绚建议，要想使堰更加牢固，必须凿水沟引水东注，减弱水势。康绚听从了，并由此得到启发，派人到魏军中去散布流言说："梁人

---

① "荆山"指安徽省怀远县西南与涂山夹淮水相峙之山。"浮山"指今江苏省盱眙县西，其山北对石山。"格"，至的意思。

所惧,就是开凿水渠,不怕与魏军作战。"魏军将领萧宝寅信以为真,凿山深五丈为沟,引水东注。汹涌的淮河水犹如脱缰野马,滔滔北去。魏军赶紧采取措施分流水势,大水仍不减其威。泛滥之处方圆数百里,魏军不得不后撤其防线。

浮山堰起于徐州。梁徐州刺史张豹子认为自己一定会被委派掌管筑堰之事,结果落入了康绚之手。不仅如此,朝廷后来还命张豹子受康绚调遣。张豹子于是攻击康绚与魏国交往,使康绚被召回。康绚被召回后,张豹子不再注意加修浮山堰。公元516年九月,淮水暴涨,浮山堰崩溃了,"其声如雷,闻三百里"。沿淮水两岸村落十余万百姓,"皆漂入海"。

浮山堰崩溃前,魏朝廷十分担心浮山堰造成的危害,准备以重兵进攻徐州,破坏大堰。尚书右仆射李平认为,不必出兵,"终当自坏"。大堰果然崩溃,魏朝廷弹冠相庆,李平受到厚赏。

梁武帝筑堰水攻魏军,历时两年,害己过于害人,从战略上讲实在是干了件劳民伤财、得不偿失的蠢事。从间谍活动上讲,康绚的活动却给我们以深刻的教训。这就是面对敌人散布的各种假情报,要有各方面的专精知识来加以鉴别。梁军以水攻手段攻击魏军,康绚的假情报也是在水攻上做文章的。魏军萧宝寅之所以上当,恐怕与缺乏起码的水利知识有很大关系。在军事行动中,很多在军事行动之外的因素起着重要作用。对这些因素的利用或干扰,往往给军事行动带来巨大影响。因此,在军事行动中,特别是在高层战略制定圈子里,应当有各方面的专家。这样才能对情报加以综合的判别。

当今世界越来越趋向于一个"类战争"时代。军事斗争之外的各种形式的斗争,正在成为潜在敌手进行对抗、竞争的主要手段,如政治、外交、经济、心理、生态等方面。通过这些手段来直接、间接地牵制对方的经济发展、政治稳定、外交不平衡等。这样,各种各样的假情报势必越来越多。尤其在经济领域,更为错综复杂。随着我国经济的日益对外开放,我国政府及各种经济组织日益进入激烈搏杀的"国际商战",我们是否需要这方面的协调和研究呢?

第十节　遍地烽火

公元521年七月,梁军在裴邃的率领下夺回了被魏军攻克不久的义州。梁以裴邃为豫州刺史，坐镇合肥。裴邃想袭击寿阳，联络了寿阳人李瓜花等为内应。双方约好了日期。裴邃开始悄悄调集兵力。

为了掩护这一大规模调兵的行动，裴邃先给魏扬州刺史长孙稚写了信。信中写道，魏已在马头设置了边防哨所，如果还想修复白捺故城，就会给梁的边境造成威胁，因此我们要在欧阳这个地方修筑警备工事，现已调集了筑城的士兵，只等你们回信了。

长孙稚召集幕僚商议如何回信。大多数幕僚认为，本来没有修复白捺故城的意图，以实相告就可以了。录事参军杨侃是个有才华、多智谋的人。对这件事他有高人一等的见识。他说："白捺小城，并非要地。裴邃狡诈，如今调兵遣将，恐有他意。"长孙稚恍然大悟，命杨侃写信回答裴邃。杨侃在回信中写道："你们调集兵力，恐怕有别的用意，何必以白捺为借口。别以为魏国无人能识破你们的真意。"裴邃看到回信，竟以为魏人已知道了自己的行动计划，命部队各回原处。

到了约定之日，李瓜花等人不见梁军到来，心中惶恐，于是相互告发。参与其事的十余家为魏军所杀。裴邃后来又率军袭击寿阳，但时机已失，只攻入罗城就撤退了。

在另一件事上，杨侃也显示了他的才智。魏雍州刺史萧宝寅造反，长孙稚率军进讨，杨侃也参与其事。军队前进到石锥壁，杨侃向肖室寅占领区内的百姓颁布告示：我们现在驻扎于此，暂停前进，以待步兵。同时观察民心向背，然后进击。如有想降者，各自回村，等大军到来，举烽火以响应。无烽火的村庄，即表示不降，理应消灭，并以村中百姓赏赐军士。百姓看了相互转告。不想降的村庄也诈降以避祸，点燃了烽火。一夜之间，火光蔓延数百里。

被围敌军看到火光，以为魏军已攻克了那些地方，人心涣散，各自逃命。魏军轻松地取得了平叛的胜利。

在第一个战例中，裴邃并非笨蛋，他想到了以其他借口来掩饰自己的意图，但掩护行动过于拙劣，以致被识破。如何在军事、政治行动前，掩饰情报来源和行动意图以及所掌握情报的深度、广度，是一个重要问题。第二次世界大战中，丘吉尔为使德国人无法察觉盟军已掌握了德军密码这一绝密情报，忍痛让考文垂在德军飞机轰炸中毁灭。掩护情报来源与具体得失间的权衡，始终是最高领导人决策时为之伤神的事。

杨侃只是猜到了敌人的大致意图。但裴邃为此完全放弃了战役企图，这是错上加错。谍报战中，敌人可能通过宣传战等方式进行诈骗吓唬，指挥员不应轻易改变作战意图。

在第二个战例中，杨侃利用敌人内部的无组织状态，制造了大势已去的假象。充分利用敌人心理状态，是制造假象的前提。从这一角度看，现代谍报战中必须引入社会心理学这一理论，作为有关行动的指导。使假情报的制造，建立在对社会状态的科学分析基础上。

第十一节 巧入敌营

北魏末年，政治上日趋腐败。吏部尚书元晖，任用官吏，公开标价：大郡二千匹，次郡一千匹，下郡五百匹。齐州刺史元诞贪暴之极，百姓的牛、马、骡、驴都在抢夺之列。生活上，统治阶级更加奢侈腐朽。丞相元雍食不厌精，"一食必以数万钱为限。""百姓死于沟渎者，常十七八焉。"北魏崇佛，百姓或舍身沙门，或铤而走险。但真正给北魏政权沉重打击的是北部边境六镇士卒的大起义。

北魏六镇是魏国为了防备柔然和镇压其他少数民族反抗，在北部边境要害处建立的六个军事重镇。军官由鲜卑贵族担任，士卒也是征发鲜卑或中原"强宗子弟"充当，是朝廷寄予重托的军队。但北魏孝文帝改革，迁都洛阳后，鲜卑贵族与汉族高门地主结合，重新确立了门阀制度，阻塞了六镇军官仕进之途。六镇士卒受镇将残酷剥削"号曰府户，役同厮养"，沦落到和奴隶差不多的地位。

公元523年，怀荒镇（今河北张北地区）士兵杀镇将于景起义。起义军在首领破六韩拔陵率领下屡败魏军。北魏勾结柔然，把起义镇压了。但公元525年，被北魏政权安置于河北的六镇之民又在杜洛周、鲜于修礼等人带领下揭竿而起。起义成燎原之势。北魏中央政权大为削弱了。

秀容川（今山西朔县西北）契胡酋长尔朱荣，在镇压六镇起义中，扩大了实力，并逐步在北魏政权中取得了重要地位。

公元528年，魏孝明帝元诩（北魏皇室从孝文帝起改姓元）对胡太后专权不满，密诏尔朱荣率军入洛阳。尔朱荣命部下高欢为先锋，进军洛阳。胡太后先下手杀了孝明帝，立故临洮王世子元钊为帝。尔朱荣不买账，另立长乐王元攸为帝。将胡太后和元钊劫持至河阴（今河南孟津），沉之于河。北魏官吏二千余人被杀，北魏基本灭亡了。

公元530年，魏孝庄帝元攸诱杀尔朱荣。尔朱荣之侄尔朱兆另立魏长广王元晔为帝，杀元攸。公元532年，六镇小军官起家的高欢攻入洛阳，基本消灭了尔朱氏势力。废尔朱氏继元晔之后立的元恭以及他自己立的元朗，另立元修为帝，是为魏孝武帝。高欢及其子高澄操国柄。

公元534年，元修逃入长安，依靠占有关中的宇文泰，高欢另立元善见为帝，迁都于邺（今河北磁县），史称东魏。宇文泰毒死孝武帝另立元宝炬为帝，史称西魏。

公元537年八月，西魏丞相宇文泰率军攻东魏，克恒农（今河南三门峡市），俘东魏军八千人。东魏丞相高欢发兵二十万报复西魏。两军经过几次战斗，在沙苑相距六十里，处于决战前的对峙状态。

宇文泰派精于侦察的将军达奚武去侦察东魏军营垒。达奚武在进攻恒农前就曾亲率两名骑兵进行侦察，并杀死了途中相遇的东魏侦察兵六名，俘虏三名。这次他又有精彩表演。

达奚武和三名骑兵身穿敌军服装，在黄昏时，潜入距敌营一百多步的地方，隐藏好马匹，偷听敌营动静。他们弄清了敌人的号令后，就骑上马，堂而皇之地进入敌营，好像夜间负责巡视、警戒的东魏军一样。遇到违反军纪的东魏军士兵，达奚武还摆出一副督责的架势，予以处罚。达奚武等人摸清情况后，平安撤出，回去向宇文泰报告了敌情。根据达奚武提供的情报，宇文泰大破东魏军。

西魏东徐州刺史韩雄也导演过一出巧入敌境的活剧。与韩雄防地接壤的东魏边境由雍州刺史郭叔略负责全面防务，他经常派兵入西魏境内骚扰。韩雄亲率十余名骑兵潜入郭叔略防地，埋伏于要道两边。韩雄手下都督韩仕穿东魏人的衣服，跑到郭叔略防守的城池东面，对东魏人说自己是来投降的。郭叔略亲自出迎，经过韩雄埋伏处，被韩雄从背后射于马下。韩雄将其斩首而归。

东魏洛州刺史独孤永业智谋百出，在边境飘忽不定，很让西魏人头痛。韩雄和另一西魏将领陈忻加强了境外的间谍活动，随时监视独孤永业的动向。由于及时掌握情报，东魏军一出，就遭到西魏军的痛击。独孤永业不得不有所收敛。双方斗争之烈，竟使边境上出现了防间谍渗入的长壕和堡垒组成的防御体系，长达几百里。

南北朝间谍战中，战术侦察十分高明，与战略上缺乏长远谋略成鲜明对照。出现了不少精于战术侦察的将领。这与南北朝时不少将领起于下层或本身就是游牧民族有关。萧梁将领马仙埤在边境上，经常单人匹马潜入敌境，对敌人的营垒、村庄、险要之处进行侦察。由于他熟知敌情，因此经常打胜仗。北周将领韩果更是技高一筹。他对所过山川险要之处都能记住。每次出征，他登高远眺，附近溪谷中有敌人间谍，他一定能发现。士兵们按他指的方向搜索，必定能抓获敌间。宇文泰任命他为虞侯都督，专门负责战场侦察警戒。由于其英勇善战，来去如风，被敌人称为"著翅人"（生翅膀的人）。

达奚武等人的行动，反映当时战场侦察已发展到了新的水平。在战术情报活动中，同样需要运用欺诈手段。在战术侦察中使用的欺诈手段，有时还可以给敌人造成错觉，在战役、战略上产生积极影响。而战略展开，又需要战术谍报活动来予以掩盖、保证、支持，两者相辅相成。今天的战场指挥官不一定要亲自去侦察，但一定要精通战场侦察的组织、指挥，才能确保战斗的胜利。

第十二节　用人不疑

边境将领常成为敌人谍报战的攻击目标，对边境将领信任与否，关系到边境的稳定。

北魏将领李崇，镇守边境十年之久。为了防备萧梁政权军队的侵扰，他训练了一支由壮士数千人组成的队伍。这支队伍每战必胜，号称"卧虎"。梁武帝萧衍千方百计派人进行间谍活动，中伤李崇。魏宣武帝对李崇信之不疑，得以保证了北魏南疆的安全。

西魏将领宇文测，管辖与东魏接壤的汾州。他为政清明，甚得人心。东魏的人常过来抢掠，有些人被宇文测手下士兵抓到了。宇文测命人给他们松绑，待之以礼，设宴招待。这些人回去时，宇文测还赠以粮食，护送出境。这些人很惭愧，再也没入侵西魏。双方边境上百姓安居乐业，婚丧嫁娶可以相互往来。不少人称赞宇文测，但也有人上告宇文测交通敌国。这一消息传到西魏丞相宇文泰耳朵里，他勃然大怒："宇文测为我安定边境，我知道其志向。你为何离间我骨肉。"（宇文泰与宇文测是亲族）宇文泰命人杀了上告的人，允许宇文测便宜行事。

边境是间谍战的敏感之区，知人善任，放手使用边将，是重要的安边之策。

第十三节 筹粮妙策

公元 550 年，高洋废东魏傀儡孝静帝元善见，自立为帝，国号齐。公元 556 年，西魏傀儡皇帝恭帝元廓，禅位于宇文泰之子宇文觉。公元 557 年，宇文觉自称天王，改国号周。中国北部形成北齐与北周的对峙。

公元 560 年，北周军司马贺若敦率师军万余人，攻占了陈（陈霸先于公元 557 年代梁自立，改国号陈）的巴、湘之地。南朝陈太尉侯瑱率军进攻湘州。贺若敦移兵救湘州，击败侯瑱部，深入敌境。

北周军队遇上连绵秋雨，河水暴涨，补给中断。贺若敦分兵抢掠，但所得有限。贺若敦担心敌人知道自己缺粮，就命人在营中堆了许多土堆，表面上覆盖了一层米。他命各营军士、官吏携带口粮袋，排成长队，作出领粮的样子。同时，他把附近村民召来，有所询问。村民们把这些都看在眼里。贺若敦问了他们一些事，就让他们回去了。

侯瑱听到村民们报告的消息，认为贺若敦兵精粮足，不敢出战。贺若敦一个劲儿地修营垒，摆出要持久作战的样子。两军之间农田荒废，侯瑱也无可奈何。当时村民经常以小船载粮食、鸡鸭供给侯瑱军。贺若敦知道后，命士兵伪装成村民，船中暗藏士兵。侯瑱军看到运粮船到就争先恐后上船搬粮。船中的士兵一涌而出，把这些陈军士兵抓了起来。贺若敦手下有几个士兵乘马投降陈军。贺若敦命人牵一匹马上船，船中有人用鞭子狠抽这匹马。经过几次折腾，这匹马再也不敢上船了。于是贺若敦命人骑这匹马到陈军诈降，同时伏兵于江岸。陈军出来牵那匹马上船，那匹马乱踢腾就是不上船。这时伏兵杀出，把那些陈军全杀掉了。从此陈军对运粮队和北周军中的投降者一律以刀箭相向，再也不敢信任了。

公元 564 年十月，北周军攻打北齐。十一月，大冢宰宇文护指挥的北周军包围了洛阳，但久攻不下。北齐援军大败北周军，北周军主力撤退。另一支北周军由杨忠率领前进至沃野，准备接应突厥共同伐北齐，可是粮食接济不上了。将领们十分担忧，但又想不出好办法。杨忠心生一计。他把附近的稽胡①酋长都找来了，在军帐中召开会议。这时，早已安排好的河州刺史王杰率兵鸣鼓而来，向杨忠报告："大冢宰已平洛阳，正要和突

---

① 南北朝时分布在离石以西、安定以东的少数民族。

厥军征讨稽胡中不服从命令者。"在座的稽胡酋长闻之色变。杨忠对他们解释,只是征讨不服从命令的,其余不问。经过好言相劝,放他们回去了。这些稽胡酋长回去后,为了表示自己的忠顺,争先恐后地为北周军提供军粮。不多时军粮就堆满了粮仓。由于北周军主力已撤,杨忠只好率军平安撤回了。

同是粮草不济,同是以假情报欺骗敌人,但各自方法有所不同。戏法人人会变,但从不同环境、条件出发可以变得让人眼花缭乱。从这个意义上讲,以"变"求新,是发展间谍工作技巧的一个原则。

第十四节　百升飞上天

公元571年六月,北齐皇帝高纬(公元556—577年)在宫中急得乱蹦乱跳。一个十五岁的孩子本来就对国政没多大兴趣,如今遇上了棘手的事,就更沉不住气了。原来他已下令斛律光解散得胜之师,不要进京。斛律光却认为军士有功者尚未得封赏,秘密上表,请高纬派使节去慰劳。军队仍一直向邺开过来,驻扎于紫陌。专候高纬派去的使节。看到斛律光这个架势,高纬赶忙派出使节去召斛律光入见,随后又派人劳军。一场风波才算结束。

高纬是个不通世事,只知吃喝玩乐的皇帝。他宠信陆令萱母子和士开等小人干政,为人残暴,常爱自弹琵琶,人称"无忧天子"。北齐在他统治下,百姓赋税日益沉重,政治腐败。此时北齐这座摇摇欲坠大厦的唯一支柱就是斛律光。斛律光(公元515—572年)字明月,其父斛律金是北齐名将。斛律光自统军作战以来几乎未打过败仗,深为北周君臣所忌惮。他为人正直,与高纬宠臣祖珽、穆提婆矛盾甚深。这给北周勋州刺史韦叔裕进行离间创造了条件。

韦叔裕字孝宽,是北周得力战将,曾率军与斛律光作战,深知其厉害。韦叔裕是一个善用间的将领,常派间谍到北齐进行侦察。他还以金钱收买北齐上层人物,由此能及时掌握北齐朝廷的动静。他手下的一名军官投降北齐,韦叔裕的间谍很快就把这名军官的头取回来了。

公元572年五月,韦叔裕派间谍潜入北齐境内散布谣言。谣言是由韦叔裕手下参军曲岩编的:"百升飞上天,明月照长安。""高山不摧自崩,槲木不扶自举。"这些谣言传遍了北齐国都邺城,连路边小儿都会随口传唱。这些谣言传到了斛律光的政敌祖珽耳朵里，他还续上了两句"盲老公背上下大斧，饶舌老母不得语"。高纬的乳母陆令萱听到后，认为这些歌谣影射祖珽和她自己，就与祖珽勾结起来，把这些谣言上奏高纬。高纬乍一听不太相信。陆令萱和祖珽力证确有这些谣言。祖珽还为胸无点墨的小皇帝解释："'百升'就是'斛'字，'盲老公'就是我，'饶舌老母'是陆令萱。"他接着说："斛律家几代为将，明月（斛律光）声振关西，丰乐（斛律羡字）威慑突厥，斛律光女儿为当今皇后，儿子娶公主为妻。这些谣言实在令人担心！"高纬到底当了几天皇帝，还知道遇事多问几个人。他去问韩长鸾。韩长鸾认为不可轻信谣言。事情被搁置起来。

　　过了几天，祖珽又请见高纬。召见时只有何洪珍在旁陪伴。高纬说："上次听了你报告的情况，我想除掉斛律光。但韩长鸾认为绝不会有这种事。"祖珽还未开口，何洪珍在一旁敲了边鼓："如果本来没有除掉斛律光之想，当然好。既有除他之心，又犹豫不决，万一泄露，如何是好？"高纬说："何洪珍所言有理。"但仍下不了决心。

　　又过了些日子，丞相府官吏封士让进密奏。奏称："前次斛律光西征军还，皇帝命散兵，他却引兵进逼京师，想要造反。因事情不顺，才未能得逞。如今他家中藏兵器、铠甲甚多，养奴仆千数。斛律光，斛律羡兄弟往来频繁。如不早下手，事情难料。"尽管都是一些捕风捉影的事，但上次斛律光兵逼京师，高纬却一直耿耿于怀。于是他下决心除掉斛律光。

　　公元572年六月，高纬用祖珽之计，赐斛律光名马，并邀他同游东山。斛律光入朝表示感谢，被杀于凉风堂。一代名将就这样死于谣言和谗言之下，终年只有五十八岁。

　　韦叔裕之离间计之所以得逞，主要是适应了北齐内部政治斗争，为斛律光的对手提供了弹药。

　　散布谣言，必须寻找合适的传播手段。在技术不发达的古代，以小儿歌谣形式传播的谣言比比皆是。谣言以儿歌形式传唱既利于传播，又难以追查，同时又蒙上了几分神秘色彩（既然小儿如此唱，是否天意？）。民族的形式、民族的心理在间谍战中是值得予以研究的。

　　在当代，通过传播谣言开展间谍战，是一件很专业的事情，要有专门的队伍、专门的技巧，选择合适的传播渠道。

　　在当代商业战争中，以谣言中伤、打击对手更是常用之策，并且效果明显。因此，企业也要知道这方面的知识，有所准备。一旦被谣言所伤，及时地进行危机公关，是基本的防护措施。

第十五节　离间突厥

　　在中原处于南北朝对峙状态时，我国北方草原上，又崛起了一个强大的游牧民族，这就是前面多次出现的突厥。

　　突厥是铁勒的一个部落。隋代铁勒分布在大漠南北，东起贝加尔湖一带，西到中亚细亚的辽阔土地的几个地区。突厥早在公元545年就与中央王朝有朝贡和贸易关系。在中原南北对立的政权及北部东西对立的政权的斗争中，突厥常常成为双方极力拉拢的力量。

　　突厥原来受我国北方另一个游牧民族柔然的压迫。公元552年初，突厥首领阿史那土门发兵大败柔然，以漠北为中心，建立起奴隶制突厥政权。柔然从此一蹶不振。突厥社会奴隶主要来自在战争中俘获的百姓、士兵。因而突厥奴隶主贵族经常侵入中国北部进行抢掠。

　　周、陈两王朝为了拉拢突厥，曾采取了联姻等手段。公元580年，周派长孙晟送千金公主入突厥。公元581年二月，隋王杨坚废周静帝，自立为帝。周朝灭亡，杨坚大杀周宗室。嫁到突厥的千金公主向突厥可汗沙钵略请求出兵复仇。沙钵略可汗发兵和周营州刺史高宝宁合兵攻隋。隋朝一面加强边境幽、并两州的兵力，一面修缮长城。因为南面的陈朝未灭，只好采取消极防御态势。

　　沙钵略可汗是它钵可汗的侄子，名摄图，号沙钵略可汗。它钵可汗的儿子庵罗居于独乐水，称第二可汗。它钵可汗之兄木杆可汗的儿子大罗与摄图一度争位，摄图不得不封其为阿波可汗。沙钵略之叔父玷厥居住于突厥西部，称达头可汗。摄图之弟处罗侯居住于东部，称突利可汗。可见突厥并未形成高度集权的政权组织。沙钵略可汗不过是"勇而得众，北方皆畏附之"而已。这为隋进行离间提供了条件。

　　长孙晟送千金公主入突厥时，沙钵略可汗看他善射，十分喜欢他，留他住了很长时间。突厥贵族子弟纷纷与之结交，想学他的射箭绝技。沙钵略可汗的弟弟处罗侯很得众心，为沙钵略可汗所忌。为了争取外援，处罗侯有意与长孙晟结交，经常和他一起外出游猎；长孙晟乘机对突厥的山川形势、部众强弱，作了深入考察。

　　突厥犯边后，长孙晟审时度势向隋文帝提出建议。他在上隋文帝书中写道:"现在国内刚刚安定,外寇却不断进扰。兴师讨伐,时机未到。弃之不理,又会侵扰。所以要运筹帷幄、有应对之策。玷厥和摄图的关系是,兵强而位下。名义上附属摄图,内部还有明显矛盾,只要煽动他们相互仇恨,必将自相残杀。处罗侯是摄图之弟,奸诈而力薄,用手腕博取众心,深得突厥人爱戴。但因摄图忌恨,他心里不安。阿波则首鼠两端,谁势大投靠谁。现在应当远交近攻,离间强大者,联合弱小者。与玷厥通使,拉拢阿波。摄图自然要回军防备其右面。再联络处罗侯,摄图又要防备左面。这样摄图首尾猜疑,腹心相离。十余年后,乘机讨之,必能一举而灭其国。"长孙晟在报告中提出完整的离间突厥的战略计划。

隋文帝立即召见长孙晟。长孙晟一边讲突厥内部情况,一边以手比画突厥山川、虚实,了如指掌。隋文帝赞叹不已,全部采纳了他的计划。

隋文帝派太仆元晖出使玷厥部,赐以狼头纛。玷厥的使节入隋朝见时,隋朝故意将其安排站于摄图使节的上首。隋文帝还派长孙晟为车骑将军,出使处罗侯部。在处罗侯部,长孙晟拉拢了不少官员充当间谍,引诱处罗侯内附。

经过这样一番行动,突厥内部果然相互猜疑,减轻了隋朝北部边境的压力,为平陈创造了条件。

在进行战略"离间"时,敌人内部政治、军事力量的对比及相互关系是"离间"的基础。战略"离间"的微妙之处就在于改变力量之间的组合,有拉有打,使之形成有利于我的新的力量平衡或最大限度地孤立对我威胁最大之一方。"离间"不一定非通过秘密活动进行,利用外交手段也可以公开地"示形"于敌,达到目的。

第十六节　统一前的最后一战

公元577年初,北周军攻进了北齐都城邺,统一了中国北部。已经当了太上皇的高纬和其子高恒被周军俘获。十月,父子二人被赐死。灭北齐后,周武帝宇文邕明令废除杂户制。① 释放奴婢,革除北齐弊政,招揽人才。正当周武帝准备平陈时,北方突厥威胁着北周,他不得不挥戈北上。

---

① 杂户是北朝的一种户口,其地位高于奴隶,但低于平民。

公元578年六月，周武帝壮志未酬就病死了。其子宇文赟（公元559—580年）即位，是为周宣帝。这是一个类似于高纬一类人的混蛋皇帝，幸亏在位时间不长，公元580年一命呜呼。皇冠落到其子宇文衍头上，"主少国疑"往往是改朝换代的好时机。年仅八岁的宇文衍即位后，大权落入周宣帝杨皇后之父杨坚（公元541—604年）手中。

杨坚，弘农华阴人。其父杨忠是西魏开国功臣。杨坚是个城府颇深，有谋略的人。公元581年二月，杨坚废周静帝宇文衍，自立为帝，改国号为隋。因为他称帝前被封隋王，故以隋为国号。杨坚是汉人，得到北周政权中汉族地主代表的拥护。称帝前，他还以武力平定了支持宇文氏的尉迟迥、司马消难等人的反抗。因此他夺取政权是水到渠成的。

杨坚上台后，在政治上进一步加强中央集权。在经济上，他继续推行均田制和租调力役制，扩大了垦田面积，免除了盐酒商税，搜查隐漏农户，重编户籍，削弱了大地主豪强势力，使国家财政收入增多。中国北部在杨坚统治下，得以继续保持北周时就开始的军事、经济力量日益壮大的势头。

此时南方的陈朝正由一个历史上有名的醉生梦死的君主陈叔宝（公元553—604年）统治着。

陈叔宝在光昭殿前建临春、结绮、望仙三阁，各高数十丈，多用檀木为料，内部装饰以金玉、珠翠，门口挂以珠帘，屋内有宝床宝帐。阁前积石为山，引水为池，栽种各种奇花异草。陈叔宝整日和宠妃、近臣游乐其间。君臣一起饮酒赋诗，作《玉树后庭花》等艳词，通宵达旦。江总、孔范等十余名与陈叔宝一起鬼混的无聊文人号称"狎客"。由于陈叔宝极尽骄奢淫逸之能事，陈朝的各种赋税沉重地压在百姓头上，监狱中人满为患。

杨坚上台后，陈叔宝也的确从温柔乡中打了个寒噤，不免抬首北望，脊背上有些发凉。于是他派了使节到北边去探听哨息。听说杨坚生得一副帝王之相，他专门派了善于作画的袁彦作为副使一同出使。袁彦画了杨坚的图像带回陈朝。陈叔宝看了杨坚的图像说："我不愿看到此人。"每次抓到陈叔宝派往隋境的间谍，杨坚都命人赠送衣服、马匹，礼送归国。看到隋朝如此对待自己的间谍，陈叔宝吊起来的心渐渐放下来了。

隋文帝杨坚派薛道衡出使陈朝，实际上是去窥探虚实。临行前杨坚叮嘱他："你应当体会我的意思，不要在言辞上与之抗衡。"隋使态度恭敬平和，果然使陈叔宝上了当，更加放心玩乐，怠于政事。大权落入蔡脱儿、李善度等宦官，张贵妃、孔范、施文庆等亲信小人手中。连朝中官吏也觉得赋税太重了。陈叔宝已到了天怒人怨的地步。

杨坚认为时机已到，准备平陈。他问计于谋臣高颖。高颖说："江北天寒，庄稼收获得晚。江南水田，庄稼早熟。到江南收获之际，我们可以征集士兵、马匹，扬言袭击他们。他们必定屯兵守御，就会误了农时。那时我们就解散部队。如此循环往复，他们一定习以为常。以后真正出兵伐陈时，他们就不以为然了。乘他们犹豫不定之时，我军就渡过了长江天险。天险既克，士兵必定斗志旺盛。另外江南土薄，房舍多用茅竹，粮食不储藏于地窖。如派间谍秘密潜入，乘风纵火，等他们修好了，再纵火焚毁，如此循环往复，不出数年，自可使其财力俱尽。"高颖提出了一个综合的"疲陈之策"，其中派间谍进行破坏占据重要地位。隋文帝认为此计大妙，立即采纳。陈朝很快被弄得疲惫不堪了。

在以谋略战袭扰江南的同时，隋文帝命镇守长江一线的将领杨素、贺若弼等修造战舰，开展对江南的间谍活动。大规模的战略间谍活动，全面展开，史书上记载"隋军临江，间谍骤至。"

隋朝派往陈境的间谍不仅数量多，而且不乏精明强干之人。杨素、贺若弼等独当一面的大将都派出了自己的间谍。贺若弼镇寿春，派大都督张翕"恒为间谍"。张翕是淮阴人，有与陈人长年打交道的经验，因而在间谍工作中很见成效，平陈后被封为雯安县子，封邑八百户。可见其间谍工作之成效。住在长江边白土村的江都人来护儿，是个读诗书、好谋略的人。贺若弼将其招于麾下，使之充当间谍。黄州总管周法尚也受隋文帝密诏，派间谍伺候江南动静。

伐陈前夕，隋朝还进行大量欺敌活动。贺若弼命江防士兵换防时，必集合于广陵，大张旗鼓，营幕遍野。陈朝一开始以为北军要有所动作，加强了边防守备。后来知道隋军换防，就解散了防军。以后每遇隋军云集，也不在乎了。贺若弼还命士兵沿江打猎，人喧马闹。日子长了，陈朝更放松了沿江的戒备。贺若弼还以老马买陈朝的大船隐藏起来，而另外又买了五六十条破船放在河里。陈朝间谍看了，回去报告说，隋朝无船可用。陈朝君臣更放心了。

公元588年，隋文帝杨坚以诏书痛责陈叔宝二十条罪状，抄写三十万份散于江南，对陈开展心理作战。此时隋文帝已不把陈叔宝放在眼里了。

当大臣们提醒他，隋军在江边的行动应当保密时，他说："吾将显行天诛，何密之有！"命人投隋军造船的木片于大江。此时间谍战已转变成心理战，要使陈朝闻风丧胆了。

　　杨坚的估计是正确的。公元588年十月，隋文帝命晋王杨广出六合；秦王杨俊出襄阳；杨素出永安；荆州刺史刘仁恩出江陵；蕲州刺史王世积出蕲春；庐州总管韩擒虎出庐江；吴州总管贺若弼出广陵；青州总管燕荣出东海；由晋王杨广前敌指挥。五十一万隋军东接沧海，西至巴蜀，旌旗舟楫绵亘数千里向陈朝境内压去。此时陈叔宝居然还沉浸在游乐之中。骠骑将军肖摩诃等发现隋军大举南下，请求增加京口、采石的守军。施文庆入奏陈叔宝："此是常事，边城将帅足以当之。"群臣又力请出兵御敌。施文庆、江总仍从中阻挠。佞臣孔范还说："长江天堑，古以为限南北，今日虏军岂能飞渡。边将欲作功劳，妄言事急。"隋军早已渡江了。

　　公元589年初，隋军攻入建康。陈叔宝吓得和两个妃子一起藏入井中。隋军威胁要扔石头，他才不得不出声。隋军士兵用吊篮把他们吊了上来。晋王杨广想要陈叔宝的宠妃张丽华，却被高颖斩了。高颖、裴矩收陈朝图籍。杨广命陈叔宝写信给陈朝将领，命他们归降，并斩施文庆等人。

　　陈朝灭亡了。"商女不知亡国恨，隔江犹唱后庭花。"陈叔宝昏庸误国，引起后人无限感慨。长江不复限南北，分裂了二百七十多年的中国又归于统一。在隋军跨越大江的战役中，全面的战略侦察，起了重要作用。

　　隋朝的谍报活动颇有特色：其一是根据不同时期的战略态势有所不同。在灭陈准备工作初期，主要是骄敌、痹敌。在战略展开之前是大规模的间谍活动与欺敌活动同时展开。战争爆发后则撕掉伪装，代之以赤裸裸的心理战。其二是大规模派遣间谍进行经济破坏活动。其三是"以上智为间"，挑选了精明强干，层次较高的官员，实施战役、战术侦察。隋朝统一进程中，间谍战是处于重要战略地位的。

　　特别需要指出的是贺若弼以换防为名大规模调遣兵力来麻痹敌人，这一思路显然受了高颖为隋文帝所献之计的影响。在军事、政治、经济斗争中，敌我双方都有不少"例行公事"的程序化工作，充分利用敌方对这种程序化工作的心理习惯，变程序化为非程序化，在日常活动中隐蔽了突然的、超常规行动的目的，是实施战略掩护的妙手，是从战略上欺骗敌人谍报机构的好棋。高颖之计则是把突然行动（扬言袭击敌人）变为敌人习惯的日常行动，真真假假，为日后真的袭击做了准备。这中间有深刻的军事辩证法。在敌对双方的日常行动中，任何照章办事的行动都可能随着整个军事、经济、政治形势的变化，而包含另外的目的。任何非规范化行动，只要反复施展出来，也会使敌人心理产生麻痹。

从上面的分析看，对敌人活动的情报分析，如果只从以往和局部经验出发，只看表面现象，难免栽大跟头。

本篇小结

中国这段历史，战乱频仍，除西晋初年的暂时统一外，基本上是分裂割据的历史。其中尤为突出的是出现了少数民族建立的众多政权。南北朝对峙时，也是朝代更迭频繁。

由于入主中原的少数民族领袖人物及其统治核心集团的文化背景与素质，因而导致相当多的少数民族政权长于攻战，短于文治。马上得天下，仍然马上治之，王朝短命。所以这一时期，除少数优秀人物由于接受汉文化或与汉民族中的智囊人物相结合，表现出较好的谋略外，大都短于谋略之运用。在战略性间谍活动的开展上则更为欠缺。

这一时期的间谍活动在战役、战术性间谍活动方面，表现比较突出。以诈降为例，与三国时期经过深思熟虑，由高级人物来进行的诈降相比，这一时期的诈降，大多停留于战术水平上，有相当多是个人的自发行动。

但是，这一历史阶段，战役战术这两个层次的间谍活动，仍有所发展。首先是假情报的制造，散布方式多样化了；其次在实施战术性谍报活动时，方式多样化了，水平也有较大提高。这固然得益于历史经验的积累，但也与这一时期的军官相当多是起于草原朔漠或军旅下层有关。

隋朝在渡江战役前展开了大规模的战役性间谍活动，包括破坏敌人经济实力，以假情报欺敌，对敌人布防情况进行侦察等几个方面。这表明隋朝已能组织、控制范围十分广泛的围绕一个战役目标而进行的间谍活动。同时也表明人们对间谍活动作用的认识深化了，几种间谍手段的配合达到了更为自觉的阶段。间谍活动已不是针对一个目标采取单一的有限行动。而是针对一个目标，采取多种形式的广泛的谍报活动。

外交使节的间谍活动，在这一历史时期有着突出的表现。

由于战乱频仍，战场上广泛使用了战术间谍。根据战场上千变万化的情况和敌对几方力量对比的状况，人们对被俘间谍的处理方式多样化了，对被俘间谍加以利用的着眼点也有所提高。如着眼于人心的争取，威慑敌人，或散播假情报等。

回顾这个时代，虽然看不到太多深谋远虑，但不乏五花八门的欺诈手段。

第五篇

隋、唐、五代的间谍活动

隋朝（公元589—618年）和秦朝一样短命。臭名昭著的隋炀帝除了穷奢极欲大修宫室，游幸江都外，还好大喜功地讨伐高丽、突厥。开通济渠（大运河）虽然沟通中国南北，给中国经济发展带来了好处，但征发民夫百余万，给百姓造成了沉重负担。为了游幸江都，自长安至江都（今江苏扬州）置离宫四十余座，所过州郡五百里内都要为之准备美味佳肴。隋炀帝好大喜功，骄奢淫逸，使政府财政不堪重负，民众赋税沉重，社会动乱随即到来。隋炀帝最后终于被自己的部下杀死于江都。

隋末天下大乱中，李渊、李世民集团削平群雄，建立了李唐王朝（公元618—907年）。李唐王朝刚建立就面临着突厥的威胁。杰出的政治家、军事家李世民以机智、胆略制止了突厥入侵。唐朝中后期的外患主要是吐蕃、南诏。唐王朝在玄宗李隆基执政的开元、天宝年间达到了顶峰，但也由此走向衰落。安禄山、史思明发动的"安史之乱"，使唐王朝一蹶不振。"安史之乱"后，中央政权衰落，藩镇割据、半割据的局面形成。中央政权与藩镇之间，藩镇与藩镇之间展开了激烈的斗争。

黄巢农民起义军沉重打击了奄奄一息的唐王朝。起义军的叛徒朱温取而代之。五代十国时期开始。五代十国（公元907—960年）时期，中国北部各位军阀你方唱罢我登场，先后建立了后梁、后唐、后晋、后汉、后周五个王朝。原来在江南一带的藩镇和其他势力也割据一方。除北汉国建立在北方外，其他吴越、吴、南唐、闽、南汉、楚、荆南、前蜀、后蜀都是建立在南方的小国。在北部争夺天下的军阀间，北部王朝与各小国间，各小国之间演出了一幕幕间谍战的活剧。

这种四分五裂的局面终于随着一个军人——赵匡胤发动政变，登上历史舞台而趋于结束。

第一章 隋代的间谍活动

第一节 智擒杨钦

隋文帝用长孙晟之计，离间了突厥诸部，争取了时间，但突厥仍时常进犯。

公元582年五月，沙钵略可汗（摄图）勾结高宝宁，攻入隋平州，兵力达四十万。但长孙晟的离间已奏效，玷厥（达头可汗）拒不从命。长孙晟又让染干（处罗侯之子）派人到沙钵略可汗处进行欺骗：铁勒诸部想反叛，要攻打牙帐所在地。听到这个消息，沙钵略可汗马上撤军了。

公元583年四月，隋军分八路大举出击突厥，大败沙钵略可汗。他狼狈地从草丛中逃脱。隋军还打击高宝宁部，并以金钱离间其部属。高宝宁被部下所杀。同年五月，隋秦州总管窦荣定率军三万出凉州，屡败突厥阿波军。阿波想与隋军讲和。此时"突厥通"长孙晟在军中任偏将。他派使者对阿波说："摄图每次进攻中原，都得胜而归。你才入隋境就大败而逃，这是突厥之耻。再说摄图与你力量原差不多。现在摄图得胜而归，声望更高了。你作战不利，摄图必然要归罪于你，并按他的夙愿，消灭你的势力。请你自己掂量一下，能顶住摄图的吞并吗？"阿波听了这番话，派使者回访隋军。长孙晟又对使者说："现在玷厥已与隋军联合了。摄图还不能控制你的首领。何不依附隋天子，联合玷厥，力量就大了。何必丧兵负罪而归，受摄图的杀戮和侮辱呢！"阿波听了，决心投靠隋朝，派使者随长孙晟入朝。

沙钵略可汗知道了阿波与隋往来的事，立即出兵攻打阿波部，杀了阿波之母。阿波带兵投奔玷厥。玷厥发兵十万助阿波反攻。此时阿波部下纷纷来归的也有十万余骑。阿波恢复了故地，突厥分裂为东西两部。两部纷纷求助于隋。隋文帝一概予以应付，坐山观虎斗。

公元584年，沙钵略可汗迫于形势，不得不请求与隋和亲。千金公主也见风使舵，求为隋文帝义女。隋文帝派使节封她为大义公主。

公元585年，隋文帝出兵帮助沙钵略可汗大败阿波军，沙钵略可汗更为恭顺，按时遣使入贡。

公元587年，沙钵略可汗死，其弟处罗侯立为莫何可汗。隋文帝派长孙晟前往封其为可汗，赐以旗鼓。处罗侯有了隋朝撑腰，发兵攻打阿波，生擒阿波。处罗侯上书请斩阿波。长孙晟建议留下阿波，隋文帝同意了。

公元588年，处罗侯死，突厥另立沙钵略可汗之子雍虞闾为可汗，号颉伽施多那都蓝可汗（以下简称都蓝可汗）。这一年隋灭陈，隋文帝可以放手处理突厥问题了。

陈朝灭亡，隋文帝以陈朝皇帝的屏风赐大义公主。这一礼物实在太欠考虑。亡国之恨刚刚淡化的大义公主，又想起周室之倾覆来。于是题诗于屏风，寄托亡国之幽情。隋文帝听到这一消息，也渐渐对大义公主有所提防。

隋臣彭城公刘昶娶的是周宗室女。公元593年，隋朝人杨钦逃入突厥，为了提高自己的身价，他对都蓝可汗说："刘昶和他的妻子想起兵反隋，派我来密告大义公主，发兵侵掠隋朝边境，牵制隋军。"都蓝可汗信以为真，就停止进贡，发兵侵扰隋朝边境。

隋文帝对突厥这一变化甚为不解。于是车骑将军长孙晟这个"突厥通"又肩负着弄清突厥内部情况的使命，出使突厥。

长孙晟到突厥后，见到了都蓝可汗和大义公主。大义公主对长孙晟十分无礼，还让自己的亲信安遂迦与杨钦勾结，进一步煽惑都蓝与隋对抗。长孙晟了解情况后回去复命了。

隋文帝命长孙晟再度出使突厥，向都蓝索要杨钦。都蓝欺骗长孙晟道："我已命人查遍境内，没有此人。"这时长孙晟在突厥多年的经营起了作用。他通过受他贿赂的突厥高官，知道了杨钦躲藏之处，乘突厥人夜间不备把他抓了起来。第二天长孙晟押着杨钦去见都蓝，都蓝很难堪。长孙晟接着把攻击目标指向大义公主，揭发了他了解到的大义公主与安遂迦私通的事。突厥上下都认为这实在太让都蓝失面子。都蓝把安遂迦也一起交给长孙晟带回国去。

长孙晟不辱使命凯旋。隋文帝对他大加封赏，同时又命他再入突厥，废掉大义公主。

长孙晟尚未成行,老谋深算的裴矩建言杀掉大义公主。这时处罗侯之子染干(号突利可汗)遣使请求通婚。隋文帝派裴矩去对使者说:"只有杀掉大义公主,方可通婚。"染干就想方设法在都蓝那儿说大义公主的坏话。都蓝终于杀了大义公主,同时也上表请求通婚。长孙晟对隋文帝说:"我看都蓝此人,反复无常。因为与玷厥有矛盾才想倚仗我们。即便通婚,也会背叛。现在如果与其通婚,他必然借着我朝之威去攻打染干、玷厥。那样他力量更强大了。一旦反叛,恐怕就难制了。染干乃处罗侯之子,一直有诚意通好于隋。到现在已两代请求通婚,不如答应他,让他率部南迁。他兵少力弱,易于管理。"隋文帝同意了这位"突厥通"的见解,许染干以公主为妻。

公元597年七月,染干派五百骑兵迎娶公主。隋文帝以宗室女为安义公主嫁给了染干,并赠以厚礼。染干率众南迁,为隋防守边境。隋文帝嫁女进一步离间了突厥。

都蓝得知这一消息大怒:"我是大可汗,难道反不如染干吗?"于是率兵犯境。但由于染干在边境为隋侦察动静,因此每次都蓝入侵,隋军早已森严壁垒使其无机可乘。

公元599年二月,染干奏称都蓝准备犯边。隋军与染干分道出塞进攻都蓝。都蓝与玷厥合力大败染干。染干和公孙晟以五骑相随,落荒而逃。染干后来又收集到几百人,但怕隋因此看不起他,想投奔玷厥。他认为玷厥虽然出兵,但和他并没有多大仇恨。

长孙晟猜到了染干的心理状态,就秘密派人到离得很远的边防工事上点燃四座烽火台。染干看到烽火大举,吃惊地问长孙晟:"那些烽火是什么意思?"长孙晟说:"烽火台位于高处,能看见敌人。根据我朝制度,敌人少点燃两座烽火台,敌人多点燃三座烽火台。点燃四座烽火台,告诉我们敌人来得甚多,而且已离得很近了。"染干很害怕,只好率军投奔了隋朝。长孙晟带他到长安见隋文帝。隋文帝对他予以厚待。四月,隋军大破突厥军。十月,隋文帝封突利可汗(染干)为意利珍豆启民可汗。这时安义公主已死,隋朝又以义成公主嫁给了他。

长孙晟建议让染干率其部众居于夏、胜两州之间。在居住之处,染干部众可以任意放牧。隋朝还屯兵两万帮助他防备玷厥的进攻。

由于隋朝充分利用了染干的号召力,突厥都蓝可汗被部下所杀,突厥陷入内乱之中，突厥百姓纷纷投奔染干。染干势力渐渐恢复，但他始终依附于隋朝。

公元 603 年，突厥部众都处于启民可汗（染干）的统治之下，隋朝基本控制了突厥。

隋朝对突厥的间谍活动有三个特点：其一是在突厥各部中，小心翼翼地维持微妙的力量对比，始终维持其内部矛盾的存在。其二是对突厥开展间谍活动主要是通过长孙晟这个"突厥通"来进行的。任何针对敌国展开的间谍活动，其战略制定必须有精通对方情况的专家参加。长孙晟正是这类人。长孙晟与班超等人的外交间谍活动不同。班超靠的是胆识和勇气；长孙晟凭的是多年的经营，对敌人心理的掌握和对敌人权臣的拉拢。其三是隋朝对突厥的离间，主要是通过公开的外交手段来实现的。如用通婚来引发其内乱；用政治上时而支持这个，时而支持那个，维持突厥内部的分裂局面。

第二节　兄弟之争

隋文帝平陈之后，下令销毁民间兵器，免陈朝境内百姓徭役十年，其他地方免当年租税。他还精简了行政机构，对文武官员实行任期制。进一步改革了府兵制。过去军人户籍另立，不纳租税。隋文帝把军人户籍编入所在州县，与农民一样，归州县官吏管理，除士兵外其家属照样纳税。他还废除了九品官人法，开科取士。中国历史悠久的科举制度由此诞生。

隋文帝本人勤于政务，生活节俭。在他治理下，隋朝呈现出繁荣景象。但他同样为困扰历代帝王的传位问题而彻夜难眠。

杨广（公元 569—618 年）又名英，是隋文帝的二儿子，其母为独孤皇后。此人从小聪慧，甚得隋文帝喜爱。长大以后，好读书做文章，为人深沉，在大臣中有声望。隋文帝喜欢节俭。他到杨广府中看到乐器的弦都断了，落满了尘埃。所用侍女穿着朴素，多为老丑妇女。隋文帝很高兴，他哪知道这全是杨广故意布置的，漂亮的姬妾都被杨广藏于密室。

由于杨广娇饰善变，博得了隋文帝的喜爱、信任。他在担任过淮南道行台尚书令、雍州牧内史令后，又被任命为统率平陈军马的行军元帅。隋文帝对自己的儿子都采取先任以地方政事，再交给更大权力的办法予以历练。长子杨勇也是先出任雒州总管、东京小冢宰，然后才入京总理军国大事的。平陈之际，杨广强索美人险些露出狐狸尾巴，但杀了佞臣施文庆等人，仍博得了很高的声望。此时杨广的地位比起其兄来仍差一截，必须再想"妙着"，才能取而代之。

独孤皇后平时不喜欢杨勇，一直在隋文帝耳边吹废立太子之风。她派人赠给杨素金子，让这位重臣劝隋文帝另立太子。

其实杨素早让杨广派心腹宇文述拉了过去。有一天杨素到了东宫门外，故意拖延不入，让杨勇等得非常生气。杨勇见到他后，怒形于色。杨素则到隋文帝那儿报告，太子心怀怨望，要加以提防。

一场宫廷间谍战展开了。

独孤皇后派人到东宫充当间谍，事无巨细都要报给她。独孤皇后对这些事或加渲染，或加歪曲，上奏隋文帝。隋文帝疑心一天比一天大，就疏远了杨勇。他命令在玄武门到至德门，每隔一定距离设置"候人"，监视杨勇的行动，随时奏闻。东宫官吏侍官以上隶属于军府。武将中勇武者一律调出。他还把杨勇的心腹苏孝慈外调为淅州刺史，这已是在剪除杨勇的羽翼了。

杨广命心腹段达收买东宫宠臣姬威，让他密报杨勇的动静给杨素。段达对姬威威胁说："太子的过失，皇上都已知悉。你如能告发他，定会有高官厚禄。"姬威把搜集的杨勇言行上报杨素。杨素又上奏隋文帝。隋文帝为谣言所惑，在群臣面前公开征求太子的过失，命杨素把杨勇的"劣迹"告知群臣，为废立做准备。

公元600年十月，隋文帝不顾某些大臣的反对，废太子杨勇为庶人。十一月，杨广登上储君之位。杨勇想见隋文帝申辩，杨素说他神志混乱，鬼魂附体，没救了。隋文帝也就再也没见他。

公元604年七月，隋文帝病情恶化。杨广在杨素等人支持下，杀隋文帝，即皇帝位，是为隋炀帝。偶然性有时对历史有重大影响。隋炀帝的登台，使隋朝成了短命王朝。

第三节　询问胡商

隋炀帝上台伊始，立即纳父宠妃，但为政尚不敢乱来。在隋文帝改革律令的基础上，他命牛弘等编修律令。新法较前法更为简明、宽松，改变了隋文帝时法令严峻，民无以立足的情况。他还派使节巡视外地风俗，吏治得失。总之新君上台，烧了三把火。三把火后，他的本色就露出来了。他是个聪明、狡诈而又颇有些诗人气质的人，这些特点加上帝王之尊，使隋炀帝的乱政有其特色。

当时隋朝国力强大，远近悦服。公元607年隋炀帝接受了突厥启民可汗（染干）的朝见。公元607年八月，隋炀帝率大军入突厥境显示武力。

此时西域诸国又恢复了与中原的联系。胡商云集张掖进行交易。中原经济恢复了，物产丰富。因此张掖成为当时东西方商品交流的重要地点。吏部侍郎裴矩掌管与胡商的交易事宜。此人平陈时曾与高颖一起接收陈朝图籍，很有智谋，但善于见风使舵。此时他已从隋炀帝营建东都洛阳，开运河，游江都，建洛口仓等好大喜功、穷奢极欲的行动中，揣摩到了隋炀帝的爱好。

裴矩利用胡商来张掖贸易之机，以各种办法引诱他们讲出所在国家的风俗习惯，山川形势。根据胡商提供的情况，裴矩整理成了《西域图记》三卷，上奏隋炀帝。《西域图记》虽已散佚，但从《隋书·裴矩传》中还可以了解其大致内容。裴矩首先在书中叙述了西域诸国发展，演变的历史和现状。其次是西域各国王公贵族、庶民百姓的服饰、仪表、举止的画像。再次为各国疆域、名称、民众及物产。另外还绘制了西域的详细地图，纵横两万余里，要害之处均详细注明。裴矩写此书时，不仅寻访胡商，而且收集了当时能见到的文字资料，与胡商的口碑相对照。

裴矩的《西域图记》送上后，隋炀帝立即赐帛五百匹，亲自接见裴矩，询问西域之事。裴矩说：“胡中多宝物，吐谷浑易于吞并。”裴矩大得赏识。隋炀帝穷兵黩武之心更加难以抑制，开始走上对外用兵的道路。

裴矩写书的动机虽不足道，但其了解西域情况的方法却值得进一步分析。首先，裴矩是在当时商品交流的热点，通过胡商来收集情报的。商人是当时最为见多识广的人，因此最有资格提供境外情况。在市场经济统治全球的今天，平时通过经常参与商品交流、全球经济往来的人了解情报更是各国常用的手段。其次，裴矩收集的是西域政治、地理、经济、风俗等方面的基础情报。对基础情报的收集，通过公开手段较易收集。通过对公开的材料和对人的调查进行拼凑，可以形成一幅完整的图画。拼凑和梳理是形成和整理情报的一个重要方法。裴矩的三卷书正是这样形成的西域基础情报汇编。再次，裴矩写书时采取了文字资料、历史情况与胡商的口碑相比较、鉴别的方法。这样不仅可以发现观察对象国的发展变化，而且可以从中思索发生变化的原因，对人提供的情况也是一种鉴定。人的感受因人而异，人又是有感情、有利害关系的，因此单凭某人的个人观感去进行情报分析，未必可靠。复次，在撰写这类基础性、战略性材料时，切忌主观迎合，最好有几个人或单位就同一问题提出各自的报告，以保证客观性。裴矩迎合隋炀帝开边之心，他的书也必定会有偏颇之处吧。最后，裴矩的《西域图记》作为中央王朝较早有计划地系统收集、了解外部世界情况的情报著作，在中国古代间谍史册上留下了印记。

第四节　丧师高丽

公元605年，隋炀帝下诏营建东京，每月驱使的民夫达二百万人之多。宇文恺、封德等受命建显仁宫。显仁宫南接皂涧，北跨洛滨，规模浩大。隋炀帝还命人征集大江以南，五岭以北的奇材异石，送往洛阳。搜罗天下的新奇花草，珍禽异兽，充实皇宫园苑。

与此同时，他下令开凿永济渠，前后征发河南、淮北民夫百余万人。又征发淮南民夫十余万人开邗沟，自山阳到扬子入长江。通济渠挖通后，为便于隋炀帝下江南玩乐，从长安至江都（今江苏扬州），建离宫四十余座。造龙舟及其他船只万余条。百姓被迫服劳役者，死亡达十分之五。

如果就此罢手，隋朝或许还可多存在些日子。隋炀帝又大开边衅，派兵进攻林邑。隋军虽胜，但劳而无功。可这更进一步促使隋炀帝对外用兵。

当时朝鲜半岛上存在着三个国家：高丽、百济、新罗。其中高丽国力最强。隋文帝晚年曾发兵三十万进攻高丽，大败而归。但慑于隋军声势，高丽国王不得不上书称臣。为了炫耀武力，隋炀帝又想用兵高丽。

公元612年，隋炀帝下令进攻高丽，隋军左、右各十二路，共一百一十三万人，号称二百万，为之运送补给的人两倍于隋军。为了筹集进攻高丽的马匹、粮草，官吏乘机鱼肉百姓，百姓惧罪亡命。谷价昂贵，田园荒芜。邹平人王薄聚众于长白山（今山东邹平南）反抗官府，并作《无向辽东浪死歌》，鼓动百姓造反。百姓纷纷投奔他，王薄号称"知世郎"，渐渐有了一定力量。孙安祖、刘霸道、高士达、窦建德等人也纷纷聚众而起。后院着火，隋炀帝认为不过是癣疥之疾。浩浩荡荡的大军绵亘九百余里，向平壤进发了。同时另有一支军队由水路进击。

出发前，隋朝也对高丽开展了一番间谍活动。这种活动是通过高丽邻国百济进行的。百济王璋表示愿意协助讨伐高丽，隋炀帝就命百济去侦察高丽的动静。在与隋朝勾结的同时，百济却又暗中与高丽互通消息。这样一来，出兵前隋军的基本战略肯定已为高丽知道了不少。

隋军进到辽水，百济王璋派使者智牟与隋军约定会师日期。隋军渡辽水后，百济也陈兵界上，实际上是做出一副姿态，静观成败。

三月，隋军经过激战，乘胜包围了辽东城。隋炀帝御驾亲征，到了军中，摆出总指挥的架势，干预军事行动。高丽军几次出战，均被击败，只好回城固守。隋炀帝一边督战，一边下令："高丽若降，即宜抚纳，不得纵兵。"辽东城眼看要攻陷，城中高丽官员声称要投降。隋军根据隋炀帝的命令停止进攻，一面派人去请示。命令来了，城中已加固了防御，不再投降了。这样反复再三，隋炀帝对自己的掣肘行为始终不悟。隋军久攻不下。

由来护儿率领的江淮水军，登陆后在距平壤六十里处大败高丽军，但接着上当中伏，大败于平壤城中，被高丽军直追到隋军停船之处。幸亏副总管周法尚早严阵以待，才得免全军覆没。但来护儿再也不敢进击，水路这一路大军失去了作用。

左翊卫大将军宇文述等九名将领，统率九路隋军分路出击，会聚于鸭绿江畔。

隋军此时已成强弩之末。粮草补给渐成问题。宇文述等命全军三十余万人马，携带可支百日的粮食、武器装备、衣服营帐，人均负荷三石以上，士卒疲惫不堪。宇文述下令，军中有遗弃粮食者斩。士卒就在帐篷下面挖坑埋粮，以致在进击平壤途中，粮食已尽。

这时高丽使者乙支文德，诚惶诚恐地到了隋军中。他对隋右翊卫大将军于仲文说："我是奉命来商洽投降条件的。"这一点上隋炀帝倒头脑清醒。于仲文事先曾奉有隋炀帝密旨，凡有高丽使者到来，先抓起来再说。于仲文准备按旨行事。这时负责对高丽开展政治、外交攻势的尚书右丞、慰抚使刘士龙出来阻止于仲文的行动。他认为对方是求降的使节，不应抓起来，应当让高丽看到生路。听了他的劝说，于仲文将乙支文德放走了。

乙支文德果然是奉了高丽国王的密令，以接洽投降为名，来窥探隋军虚实。他对隋军缺粮的情况全都看在眼里，记在心上。于仲文一说放他回去，立即快马加鞭地逃回高丽军所在地。于仲文对放他回去又反悔了，派人去追。追骑欺骗乙支文德说:"将军还有话讲,请回去一趟。"乙支文德惶惶然如漏网之鱼,哪里还信这些话,立即坐船过了鸭绿江。

乙支文德逃回后,宇文述和于仲文有些心虚。宇文述认为粮草已尽,又被敌人摸了底,应当撤军。于仲文则认为,以精锐部队追击乙支文德,可以奏效。双方争执不下。隋军出征前,隋炀帝认为于仲文有智谋,命他"咨禀节度"诸将,但诸将各领一军,没有明确的指挥权。宇文述等将领勉强听从了于仲文的意见。隋军一齐向乙支文德所率高丽军压去。

乙支文德了解了隋军底细,故意率高丽军败走;隋军一日七胜。于仲文胆子大了。他以此迫使诸将同意他的行动,率军东渡萨水(今清川江),继续进击。

隋军追到距平壤三十里处,在山上扎营。这时乙支文德派了使节到隋军表示请降之意:"如果隋军能暂时后撤,高丽国王元就去隋帝处朝见。"宇文述看到士卒疲惫,不堪再战,平壤城坚难攻,就答应了。宇文述率军后撤时,高丽军从四面攻了上来。隋军此时尚有一定战斗力,且战且退。七月,隋军再渡萨水。高丽军乘隋军渡萨水时,从后面半渡而击。隋军损失惨重,右屯卫将军辛世雄战死。诸军溃散,士兵拼命向鸭绿江方向逃跑。来护儿所率水军听到战败的消息也撤退了。隋军渡辽水时有三十余万人,只有两千七百多人逃回辽东城外的隋军营寨。隋炀帝龙颜大怒,把宇文述等押了起来。但事已至此,隋炀帝也只好率军黯然而归。

宇文述很得隋炀帝宠爱,所以只是和诸将一起削职为民。于仲文则被关进狱中,后来因病被放出,死在家里。

其后隋炀帝又组织了两次大规模进攻高丽的行动,都劳民伤财,没有任何结果。高丽王元因久战国内困顿,也不得不请降。隋军也就停止了行动。隋炀帝带着自我满足的心理率军还朝。隋帝国却已处于风雨飘摇之中。

隋炀帝穷兵黩武,指挥失当。出征前信任百济,靠其搞高丽的情报更是非常愚蠢的。在战争中常常有这样迫于形势不得不两面应付的中立国。这些中立国往往是见风使舵的。这些国家是开展间谍活动的场所,如果仅仅依靠这些国家来获取情报,则是危险的。

隋军放走乙支文德则是犯了更大的错误,但这一错误却耐人寻味。于仲文与刘士龙之争,实际上反映了隋朝防间政策与政治上控制敌国的宣抚政策的矛盾。以外交谈判为幌子的乙支文德,当然对以政治上诱降为目的的刘士龙有吸引力。看来高层次协调政治、军事、谍报行动，协调政策，是战时反间的关键之一。

另外在战争的紧要关头，如何对待敌人披着外交官身份外衣的间谍，也是值得深思的。

第五节　可贺敦预知军谋

公元 613 年六月，杨素之子杨玄感举兵造反，使隋炀帝不得不匆匆结束了第二次远征高丽。但这时隋王朝如百足之虫，尚有一定力量。隋炀帝一面残酷镇压农民起义和地主阶级内部的反对派，一面穷奢极欲继续大肆营造宫室、苑林。公元 615 年八月，隋炀帝静极思动，又想到边塞显显威风，于是起驾北巡。

公元 609 年七月，东突厥启民可汗病故，其子立，是为始毕可汗。东突厥在隋王朝保护下，吸收中原文化，渐渐恢复了生机。到隋炀帝北巡时，已经强大起来。老谋深算的裴矩看到了这一情况，向隋炀帝建议分裂东突厥，办法是嫁隋宗室女给始毕可汗之弟叱吉，并封其为南面可汗。叱吉不敢接受公主和封号。始毕可汗却看透了隋王朝的用心。

始毕可汗的宠臣史蜀胡悉，多谋略，是他的左膀右臂。裴矩以做生意为名，把史蜀胡悉骗到马邑杀了。一面派人去对始毕可汗说："史蜀胡悉背叛可汗，向隋朝投降，已为我所杀。"这当然骗不过始毕可汗。他更加仇恨隋王朝，当隋炀帝北巡之际，率骑兵数十万准备袭击隋炀帝。

隋炀帝率军在边境上耀武扬威地转悠，还不知道危险已经到来。这时义成公主（启民可汗之妻）已知道了始毕可汗的阴谋，派使者快马加鞭到隋军向隋炀帝报告这一情况。隋炀帝立即跑到雁门。突厥军也很快追踪而至，包围了雁门。隋炀帝命令居民拆除房屋，赶修工事。突厥军的箭矢已射到了御座前，吓得他惶惶不可终日。赵王杨杲哭得双眼红肿。宇文述此时已解除处分，担任左卫大将军。他劝隋炀帝选精骑数千，突围而出。大臣们有赞成的，有反对的。这时内史侍郎萧瑀倒想出了一条妙计。他认为，突厥的风俗，可贺敦（可汗之妻），预知军谋，再说义成公主以隋文帝之女的身份嫁给突厥，必然要依靠隋作为外援。如果派一个使者，去告诉她目前的危险处境，即使没有作用，也不会有损失。目前将士们唯恐刚免突厥之患，又出兵征讨高丽。如果公开发布诏书，赦免高丽，专讨突厥，将士们就会安下心来，一心与突厥作战了。

萧瑀这番话是看得很深的，他既讲明了义成公主与隋朝的利害关系，又勾勒出了当时隋炀帝在将士心中的形象。隋炀帝只好按萧瑀讲的办，死里求生，振作一番。

他亲自巡视将士，并鼓励将士们："努力杀敌，如能平安脱险，凡在军中的，不必担心富贵！"隋炀帝还公开标出赏格，使者频繁地到前线慰劳将士。将士们的斗志提高了，昼夜死战，伤亡甚大。隋炀帝还诏示天下，募兵前来增援，年仅十六岁的李世民也应募前往，在屯卫将军云定兴手下服役。他向云定兴建议："始毕敢举兵围天子，必定认为我军不能仓促召集起增援部队。我军应当白天举旌旗，绵延数十里，夜间金鼓齐鸣，遥相呼应。突厥必定以为援兵大至，就会望风而逃。否则敌众我寡，敌人全军来攻，我军必定支持不住。"云定兴采纳了这个少年的建议。

此时派出的使节已把情况告诉了义成公主。义成公主派人去蒙骗始毕可汗说："北边有急。"始毕可汗看到隋军援兵已到，就急忙撤军了。隋炀帝派骑兵去周围的山谷侦察，已看不到突厥的一人一马。于是他派二千骑兵追击至马邑，俘获了突厥老弱二千人。算是为自己出了口恶气。

十月，隋炀帝驾还东都洛阳，看到街上人来人往，对侍臣说："还大有人在嘛！"意思是镇压杨玄感造反时，杀的人还太少。隋炀帝还食言而肥，拒不履行自己许下的封赏，同时又开始议论起征讨高丽的事情来。隋王朝再也不能存在下去了。

义成公主之所以能泄密于前，蒙骗始毕可汗于后，关键在于突厥的政治制度和风俗是"可贺敦预知军谋"。始毕可汗在出兵袭击隋军时，竟未想到义成公主可能采取的行动，是一个极大的疏忽。当然传统的风俗、制度和习惯，也束缚了他的思维。但他起码可以采取一些防范措施，割断义成公主与隋的联系。

任何战争行动展开之前，首先要防止泄露机密，对可能泄密的人采取预防性措施，或对之进行假情报欺骗。没有这一条，任何良好的战争计划都将化为泡影。从制度上阻止不相干甚至可能泄露情报的人参与机密事宜，也是十分重要的。

第六节　深宫秘事

隋炀帝被围于突厥之前，于公元615年四月，任命李渊（公元566—635年）为山西、河东宣慰大使，前往山西、河南去镇压农民起义。隋炀帝还授予李渊考察、任免地方文武官员的大权。

李渊字叔德，即后来的唐高祖。他是个有谋略，有才干的人。不过在史书和人们的心目中，为其伟大的儿子——唐太宗李世民的名声所掩，不为人们所注意罢了。李渊是如何成为独当一面的封疆大吏，又如何受到隋炀帝信任的呢？这要从一段宫廷秘事说起。

李渊祖籍陇西成纪（今甘肃秦安），一说为陇西狄道。其祖父是北周开国功臣，被封为唐国公。其父李昞在隋被任命为柱国大将军。李渊袭封了唐国公之职，成年后入仕，历任郡守、殿内少监、卫尉少卿等职。隋炀帝远征高丽，李渊为之督运粮草。李渊与隋皇室还另有渊源，隋文帝独孤皇后与李渊之母是堂姐妹，李渊也沾上了国戚的光。他的官儿越当越大，有了一定的政治、军事经验。在朝内、朝外，他也渐渐结识了不少有识之士，这引起了隋炀帝的猜疑。

有一次隋炀帝下诏命李渊从任所入朝谒见。李渊正好生病，未能及时入朝。这加剧了隋炀帝的猜疑。李渊的外甥女王氏是隋炀帝的妃子。隋炀帝见到王氏，又想起了李渊不入朝谒见的事，于是把脸一沉，十分不快地说："你舅舅为什么到现在还未来?!"王氏一听，连忙把李渊有病的事代为回奏。隋炀帝更加不快，阴狠地说："他是不是快死了？"王氏听得心中发凉。这消息很快由王氏派人传给了李渊。

李渊听到这个消息后，更是心惊胆战。他左思右想，琢磨出一条韬晦之计。李渊开始天天沉浸于酒色之中，公开收受贿赂。这么一折腾，隋炀帝对他的猜疑慢慢减少了，最后终于被隋炀帝任为独当一面的大员。

李渊率军到山西、河南一带，镇压了毋端儿、甄翟儿等部义军，得到了隋炀帝的信任，被任为右骁卫将军，后任太原留守。

李渊以太原为基地，苦心经营，命长子建成、次子世民暗中交结豪杰，准备反隋。他还派李思行到长安刺探隋朝动静。李思行经过一番活动，回到太原后，为李渊决计起兵提供了重要情报。

公元617年五月，在李世民催促下，李渊终于亮出与隋对抗的旗号，从太原起兵，攻下关中，取得了有利的战略态势，为最终建立声威赫赫的大唐王朝打下了基础。

　　从李渊对隋炀帝的韬晦之计及用间看，李渊是很有韬略并早有雄心的人。而隋炀帝之所以上当，和突厥始毕可汗犯的是同一错误，对身边的妇人丧失警惕，确切地说是毫无警惕。至于王氏后来是否还给李渊传送情报，不得而知。不过老谋深算的李渊总不会对这一宝贵的情报来源不加以利用吧！

第二章 唐代的间谍活动

第一节 马上天子

李渊在年轻气盛的李世民催促下，公开反隋时，隋朝也确已到了不可收拾的地步。

农民起义军如遍地烽火，数不胜数。主要的农民起义军有以翟让、李密为首的瓦岗军；以杜伏威、辅公祏为首的江淮起义军；以窦建德为首的河北起义军。隋朝的一些将帅看到大势已去，也纷纷割据称王。隋鹰扬郎将梁师都起兵占据朔方郡，自称"大丞相"，受突厥封为"解事天子"；隋金城校尉薛举自称西秦霸王；隋鹰扬府校尉刘武周起兵攻占一方，自称皇帝，同时也受突厥封为"定扬可汗"；武威富豪李轨割据河西数郡，号凉王。

在这种情况下，隋炀帝表现出了昏庸皇帝与众不同的个性。他在江都醉生梦死地沉浸于淫乐之中，举镜自照，对他宠爱的肖后说："好头颈，谁当砍之！"砍他头的人就在身边。公元618年三月，宇文化及杀隋炀帝于江都，自称大丞相，立秦王浩为帝。就在这一年唐王李渊称帝。隋将王世充等人拥立越王侗即位。隋朝实际上已经灭亡了。农民起义军领袖、封建割据者们之间展开了一场中原逐鹿的混战。在混战中出现了一些精于战术情报搜集的将领。

公元618年九月，李密统率的瓦岗军为王世充所败。在此之前，李密杀害了瓦岗军的另一首领翟让，瓦岗军已处于人心涣散的状态。李密败于王世充，瓦岗军将领纷纷率部归附了李渊。在瓦岗军诸部中，有一支由北海人綦公顺率领的队伍。为綦公顺出谋划策的书生刘兰成在深入敌营，搞战术侦察时就有过出色的表演。

刘兰成是"明经"出身的读书人，先助隋军守城，后因内部倾轧，投奔了綦公顺，被綦公顺委以军务，言听计从。在刘兰成设计帮助下，綦公顺军攻占了北海。这时另一股起义军的首领海陵人臧君相知道了这一情况，也要夺取北海。臧君相手下有五万余人，势力比綦公顺大。綦公顺十分害怕，问计于刘兰成。刘兰成为之策划道："君相现在离此尚远，必定不会防备我军。请将军倍道袭击之。"綦公顺听了他的建议，亲率五千余人，带了熟食，倍道兼程，向臧军进击。

快要接近臧军营寨了，刘兰成选敢死之士二十人为前导进行侦察。在距臧军营寨五十里处，刘兰成等人遇到了臧军派出搜寻粮食的士兵，担着粮食、烧柴、饭锅往回走。刘兰成命令自己手下士兵也装作臧军士兵的样子，担着蔬菜、烧柴等混在队伍中。刘兰成等人听到了敌人的联络口令和敌人主将的姓名。到了黄昏，他们和敌军士兵一起进入敌营。他们担着粮食在敌营中转来转去，把敌人的虚实了解得一清二楚，并了解到敌人变更后的口令。

刘兰成等人摸清了敌人的底细后，就在营中空地举火做饭。往来的敌军因为他们了解主将姓名，又知道口令，丝毫未怀疑他们。到了三更天，刘兰成率领二十人，突然冲到主将帐篷前，乱砍乱杀。敌人毫无戒备，被杀百余人，营内一片混乱。恰好此时綦公顺率主力赶到，内外夹攻，臧军大败。臧君相单人匹马，落荒而逃。臧军被俘者数千人，粮食、武器全为綦公顺军所获。綦公顺军由此成了一支较为强大的势力。綦公顺统率这支军队加入了瓦岗军。

窦建德部下将领刘黑闼也精于此道。他在隋末各义军、割据势力的队伍中混来混去。归附窦建德后，他利用对各军都比较熟悉这一特长，大胆地进行战术侦察。窦建德每次重大军事行动之前，必令刘黑闼专门进行侦察。刘黑闼常常大胆地深入敌人军中，窥探虚实。在条件允许的情况下，刘黑闼往往率士卒突然袭击敌人，并经常取得胜利，有时还能俘获不少敌人。

需要特别提出的是，隋末唐初最精于战术侦察，并把侦察与作战行动有机地结合起来的是赫赫有名的唐太宗李世民（公元599—649年）。

李渊起兵时，李世民才十八岁，但已具有一定带兵打仗的经验。起兵后，李世民成为独当一面的统帅，在作战中，他常常身先士卒，是名副其实的"马上天子"。

公元619年十一月，秦王李世民在柏壁与刘武周的部将宋金刚对峙。李世民率轻骑侦察敌人营垒。骑兵们分散开进行侦察，只有一名骑兵随李世民在一座小山丘上小睡。敌军已从四面包围了他们，他们尚在梦中。有一只被蛇追逐的老鼠从骑兵的脸上窜过，惊醒了这个骑兵。这个骑兵赶紧叫醒李世民，两人上马突围，敌军紧追不舍。李世民以大羽箭射杀敌骁将，敌人才不敢再追。

公元620年七月，李世民奉诏统率诸军讨伐王世充。李世民率轻骑前往侦察王世充军，与王世充大部队遭遇于险地，被王世充军包围。李世民来往冲杀，擒王世充部左建威将军燕琪。王世充军畏惧李世民勇武，不得不后退。李世民回到唐军营寨时尘土满面，以至于唐军因辨认不出他而不想让其入寨。

公元621年初，李世民率军围攻洛阳，久战不下，唐军十分疲惫。有人主张班师回朝。李世民却十分坚决："敢言班师者斩！"继续围困洛阳。王世充的求和也为李世民所拒。

这时窦建德军在解决了孟海公军后，西指洛阳。面对来援的十万窦建德军，李世民决定留下大军继续围攻洛阳，自己率精骑三千五百人先机占领虎牢，遏制窦军西进。

李世民到虎牢后，率轻骑五百人，出虎牢东行二十里，侦察窦军动向。在出发侦察的路上，李世民一边走，一边把手下的骑兵留下，埋伏于道旁。这些伏兵分别由李世勣、程知节、秦叔宝等勇将率领。只有四名骑士和勇将尉迟敬德随李世民继续前进。李世民信心十足地说："贼见我而还，上策也。"

进抵距窦军营寨三里远的地方，终于遇上了窦军巡逻队。窦军以为这一小股骑兵，是唐军派出的侦察兵。李世民却大呼："我秦王也。"并引弓射杀一名敌将。敌军大惊，派出五六千骑兵追击。随从们都大惊失色。李世民却让随从先走，自己与尉迟敬德殿后，缓缓而退。敌骑追得近了，李世民就引弓射杀一人。敌人吓得暂停追击，过一会儿又追上来。李世民引弓又射，敌人队伍中又倒下一人。敌骑只好又停下来，过一会儿又追。如此循环往复，李世民共射杀数人，尉迟敬德击杀十余人。敌军不敢靠近。李世民又故意放慢速度，引诱敌军。敌军终于进入了唐军设伏地点。李世勣、程知节、秦叔宝等率唐军突然出击，大破追敌，斩首三百余人，擒敌将两名。李世民以此震撼了窦军斗志，使窦建德军停止不前。

窦建德停于虎牢一个多月，进退两难。王世充派人苦苦相求。李世民却派兵断了窦军粮道。

这时有间谍回报李世民："窦建德想乘唐军粮草已尽，到河北放牧马匹之际，袭击虎牢。"李世民听到这一消息，故意命人放马千余匹于河北以诱敌。窦建德军果然倾巢而出，列阵二十余里。诸将大为惶恐。李世民登高而望，对诸将说："敌人起自山东，未遇强敌，现在处于险地而且骄傲，缺乏纪律。靠近我城列阵，有轻视我军之心。我按兵不动，等敌军斗志衰退，列阵久了士卒饥饿时，必然自行撤退，那时我们再追击，一定获胜。我可以与诸公相约，刚过正午时，必破敌军。"果如李世民所料，正午刚过，唐军大破窦建德军，俘获窦军五万余人。窦建德本人也为唐军所俘。唐军乘胜回师，集中全力猛攻洛阳。王世充看到唯一的援军已被消灭，只好率太子、群臣出降（王世充于公元619年四月自称皇帝）。阻碍李渊集团统一中国的两股主要势力被铲除了。

从这三个人进行战场侦察的行动看，在搜集战场情报的技巧方面，隋、唐较之南北朝时又有了进一步的发展。不仅在技巧上非常巧妙，而且把战场情报侦察与突然袭击敌人的要害结合起来，使之发展成一种"特种"作战行动。

情报工作从来就是与战争行动紧密结合的。战场情报搜集工作则与作战行动关系更加紧密，某种意义上讲是一体化的。有作为的战场指挥官，对进行战场侦察的小部队实施灵活的指挥，往往能对战场发生全局性影响。

但是三个人的行动还是有区别的。前两人的行动可以说是战场侦察与突袭作战相结合，李世民则是以搜集情报的小部队来吸引、诱导敌人，使之陷入埋伏。在这里我们看到，搜集情报的小部队被赋予了试探敌人实力，吸引敌人的战术任务。李世民以小部队吸引敌人，从精神上动摇了敌军。作为一个能干的战场指挥官，李世民显示了其直接掌握小部队使之同时执行情报、作战任务的能力。

战场上情况千变万化，胜负往往取决于一瞬间。因此执行战场情报搜集任务的小部队势必是由精锐士兵组成的，有高度的主动性和创造性，由有全局眼光的能干的指挥官统率。另外，小部队与主力部队的配合，出敌不意等因素，对深入敌占区活动的小部队取得成功，也是十分重要的。

从这类战场侦察小部队的功能来看，也必然是把作战与侦察结合起来。这类小部队在战区、战场上的出现，一方面通过佯攻牵制敌人，制造我军将在某处进攻的假象；另一方面也可以起到以大规模侦察活动，显示力量，恐吓敌人的作用。同时还可以破坏敌人的后方交通、补给，攻击敌人的指挥部门和指挥官。如果说在间谍工作与军事行动之间，存在着一个界限模糊不清的"灰色区域"，那么这个灰色区域就是战区，或某一具体战场的小部队进行的军事情报活动。

在现代，由于技术手段的发达、社会条件的变迁、生产力的发展，使小部队战时军事情报活动的开展日趋专业化了，出现了执行"斩首"攻击任务的精锐特种部队。对这一问题的研究，也势必成为军事部门与谍报部门共同关心的问题。当然今日小部队的这类活动，完全没有必要由掌握全局的指挥官亲自去指挥行动了。

第二节 巧计袭敌

公元619年九月，沈法兴攻克毗陵（今江苏常州），认为江南指日可定，自称梁王，定都于毗陵。这时杜伏威部据历阳；陈稜部据江都；李子通部据海陵。几股势力均有占有江南之志，相互间争斗不已。

李子通出兵包围了陈稜占有的江都，围攻甚急。陈稜看到形势危急，派人到沈法兴、杜伏威两部求救，并把儿子送到两部做人质。

沈法兴派他的儿子沈纶统兵数万前往江都救援。杜伏威也带兵救援江都。沈纶军驻扎于清流，杜伏威军驻扎在杨子，两处增援部队相距几十里地。

李子通看到两部援军到来，心里有些发怵，召集部下商量应付之策。纳言毛文深献上一计，让李子通招募江南人，伪装成沈纶的部下去袭击杜伏威军，离间两部。李子通认为此计甚好，就依计施行。

李子通招募的小部队，乘黑夜袭击了杜伏威军。杜伏威不辨真假，一怒之下糊里糊涂派兵袭击了沈纶军。两军杀来杀去，谁也不敢去援救江都了。

李子通抓住时机，以精锐全力进攻江都，很快攻了下来。陈稜投奔了杜伏威。李子通进入江都后，马上集中全力打击沈纶军。沈纶军大败。杜伏威也率军撤退。李子通的势力在江南渐据优势。李子通即皇帝位，国号吴。

杜伏威看到形势于己不利，于是投降了唐。

离间之计，实施的手法真是千变万化。既可以针对敌人首脑人物间的矛盾，从内部着手，也可以用小部队以"特别行动"，从外部着手。但其基本条件是相近的，那就是敌人内部或联盟间存在着利害冲突或潜在的矛盾。

第三节　婴儿夜啼

公元620年十月，唐行军总管罗士信攻克了王世充军占据的硖石堡，进而包围了王世充军占据的另一据点千金堡。王世充军据堡死守，大骂唐军，气焰十分嚣张。

罗士信看到强攻不行，于是心生一计。他命人找了几十个婴儿，乘夜带至堡下，故意让婴儿哇哇大哭。这百余名带着婴儿的人装作逃难的样子向堡上大叫："我们是从东都（洛阳）逃出来的，要投奔罗总管！"此时洛阳为王世充占据。过了一会儿，城下这些人又议论起来："这是千金堡，我们走错路了，赶快走吧！"于是纷纷离开。城中人听得清清楚楚，断定罗士信已走，这些人是从洛阳逃出来投奔罗士信的百姓。于是打开城门，一拥而出，追击这些人。

罗士信早已在沿路埋伏好了部队，等王世充军一出来，立即突然杀了出来。千金堡守军尚未明白发生了什么事，唐军已冲进了城内。罗士信巧妙地拿下了千金堡。

罗士信对敌人进行的欺诈，虽然属于战术欺诈行动，但别出心裁，从技巧上看有值得借鉴之处。在战时，以"示形"，制造假情报等手段使敌人判断失误，不一定局限于直接与战争有关的事物。有时充分利用其他方面的事物，同样可以达到欺骗敌人的目的。

第四节　香火之情

隋末唐初，中原战乱未已，突厥势力又渐渐强大起来。拥兵割据的军阀，起义的农民军纷纷借助突厥的力量，参加夺取天下的角逐。李渊在太原起兵，为了取得东突厥支持，也曾向突厥求助。突厥乘中原动乱之际，经常长驱直入进行劫掠。

李渊集团在消灭王世充、窦建德两股主要的对抗势力后，于公元621年十月，消灭了肖铣部；同年十一月消灭了李子通部；公元622年十二月，消灭了拥兵再起的窦建德旧将刘黑闼部；公元623年二月击灭了徐圆朗部；公元624年三月，唐兵进逼丹阳，再度揭竿而起的辅公祏被杀。李唐王朝天下初定，与突厥的对抗成了主要矛盾。但此时国力虚弱，李唐王朝在与突厥的对抗中处于被动状态，双方经常处于打打谈谈的状态中。

公元624年八月，突厥大举入侵原州、忻州、并州等地。李唐王朝十分紧张，京师戒严。突厥连连得手，又进一步入侵绥州，被刺史刘大俱击退。但这次是由突厥颉利、突利两可汗亲率突厥主力南下，因而声势浩大。李唐王朝不得不硬着头皮，倾全力对付。抗击突厥的重担自然又落到了秦王李世民身上。

李世民率唐军与突厥对峙于豳州（今陕西彬县）。当时关中秋雨连绵，粮食运输很困难，唐军疲惫不堪，军械也急需修理。为此朝廷和军中将士都对战胜突厥缺乏信心。唐军利于速战，却又缺乏战而胜之的实力。但这难不倒久经沙场的李世民。

颉利可汗与突利可汗率万余精骑到豳州城西列阵，想与唐军决战。看到突厥军的阵势，唐军兵将非常惶恐。李世民的弟弟李元吉也非常害怕。李世民对元吉说："突厥以大军压境，我军不可示敌以胆怯。应当与他们一战。你能和我一起出战吗？"元吉害怕地说："敌人实力这么强大，为什么要轻易出战？万一失利，后悔都来不及。"李世民斗志昂扬地说："你不敢出战，我可以自己率军出战。你留在城中观战。"

李世民率骑兵百余名到了突厥阵前，大声对突厥军说："国家与可汗和亲，为什么背弃盟约，深入我地？我是秦王。可汗如果能格斗，请单独与我一战。如果以全军来战，我只以此百余骑相搏！"看到李世民这个架势，颉利可汗有些摸不着头脑。他认为李世民一定另有计谋，因此对李世民的挑战笑而不答。

李世民看到突厥已被震慑住了，就接着施展谋略。他派骑兵到阵前，对突利可汗说："你过去和我们有过盟约，有危急要相互援救。现在却引兵相攻，为什么没有一点香火之情？"突利可汗莫名其妙，无从答起。

李世民又做出一副要率军与突厥作战的架势，向突厥军阵前推进，准备渡过沟水。颉利可汗看到李世民轻率地以小部队向突厥军推进，认为久历戎行的李世民，一定另有所恃。他反复琢磨李世民对突利可汗说的

"香火之情"的话，更加怀疑李世民与突利有密约，所以才敢如此。于是他立即派骑兵阻止唐军的推进，并对李世民说："秦王①不必渡河了。我们别无他意，不过想与秦王重申并巩固盟约罢了。"突厥军稍稍向后撤退。

连绵的秋雨越下越大。李世民对诸将说："突厥所依仗的是弓矢。现在久雨不止，弓矢的筋胶已经潮湿、解体。弓矢不能用，他们就像飞鸟折羽。我们居住在屋内，举火做饭，刀枪锋利，以逸待劳。此时不乘机进攻，更待何时！"李世民还派人秘密地到突利可汗处，晓以利害。突利表示愿意听命。

在完成了进攻准备后，唐军冒雨悄然而进。突厥军没想到唐军竟会采取攻势，十分惊慌。颉利可汗力主作战，突利可汗却不同意。突利还派心腹到唐军中要求和亲。李世民同意了。突利又要求与李世民结为兄弟，李世民也应允了。突厥军不得不后退。李世民分裂了突厥。为后来唐军反攻打下了基础。

李世民离间计的独到之处，在于以出其不意的反常行动与离间措施相配合，引起敌人的联想，成功地离间了敌人。

第五节 唐俭辈何足惜

李世民虽然击退了突厥的入侵，但双方力量对比并未发生根本改观。

公元625年四月，西突厥叶护可汗派使节入朝，请与唐皇室通婚。李渊征求通晓突厥事务的裴矩的意见。裴矩隋灭后又在唐做了大官。此时他倒是实话实说："臣谓宜许其婚，以威颉利。"劝李渊利用西突厥牵制东突厥的颉利可汗，等唐王朝实力增强后，再先易后难地对付突厥。李渊听从了他的建议。就在这一年，唐王朝停止了以平等外交礼仪对突厥，而改用诏敕。表达了唐王朝对付外侮的决心和信心。

公元626年六月，爆发"玄武门之变"。李世民杀其兄李建成、其弟李元吉，使李渊不得不传位于他，是为历史上名声显赫的唐太宗。

唐太宗即位不久，突厥军在颉利、突利二可汗率领下再度入侵，京师戒严。颉利可汗所统率的部队深入到渭水便桥之北。颉利可汗派其心腹执

---

① 李世民当时的封号。

失思力入朝晋见，实际上是观察唐虚实。李世民果断地扣押来使，并亲至渭水边与颉利可汗隔水相见，痛责颉利背弃盟约，突厥军将士看唐太宗亲到，都下马跪拜。颉利可汗看唐军陆续开到，派去的使节又被扣押，唐朝摆出不惜一战的架势，只好请和。双方在渭水便桥上，以白马盟誓。突厥撤军。唐太宗对突厥的猖獗引为奇耻大辱。他一面励精图治，开始了历史上有名的"贞观之治"，一面练兵选将准备复仇。

统率唐军击败突厥的将领也应运而出，他就是李靖（公元571—649年）。李靖，本名药师，雍州三原（今陕西三原）人，其父是隋朝郡守。其舅韩擒虎是隋朝名将。韩擒虎在李靖年轻时与其谈论兵书，感叹地说："只有此人可以和我讨论孙吴之术！"

隋末天下大乱，李靖为马邑郡丞，先是站在隋王朝一边的。他觉察到李渊想造反，于是命人把自己装扮成罪犯押往江都，密告李渊图谋不轨之事。半途中为李渊扣押，李渊想杀掉他，在李世民的再三请求下，释放了他。于是李靖被李世民引入幕府，屡建战功。在抗击突厥入侵的战争中，李靖曾数次率军迎击，取得了对突厥作战的经验。

公元628年四月，东突厥一些部众投降唐朝，颉利可汗以丧失部众为名责备突利可汗。后来突利在攻打薛延陀、回纥等部时失利，被颉利拘押、痛打。颉利向突利征兵，突利不给。为了对抗颉利，突利上表请求归降唐朝。李世民在大臣的建议下，取坐山观虎斗的态度。不久西突厥也陷入内乱之中。突厥北部诸部多叛离颉利可汗，归附薛延陀，共推其俟斤夷男为可汗。唐太宗派人册封其为真珠毗伽可汗，后来又派人赐之以宝刀、宝鞭。经过这么一番分化、拉拢，颉利也开始有些害怕了。他遣使称臣，并想与唐通婚。进攻颉利可汗的条件已经完全成熟了。

公元630年初，李靖率精锐的三千骑兵，出马邑，经恶阳岭，出其不意地夜袭定襄，大败突厥军。颉利可汗没想到唐军会从天而降，以三千人向大本营进攻。颉利认为："如果唐军不是举国而来，李靖哪敢孤军至此。"在惊恐中颉利把牙帐迁往碛口。李靖乘颉利部上下不安，心神不定之际，派间谍去进行离间、瓦解。颉利可汗的心腹康苏密投奔唐军。这年二月，李靖又率军于阴山大破颉利可汗。颉利可汗率数万人逃窜至铁山，派使者入朝请降。唐太宗派鸿胪卿唐俭等人前往安抚，并派李靖率兵相迎。

这时颉利虽然表面上摆出一副卑下的样子，实际上是以"请降"作为缓兵之计，想等到草原上草长马肥时逃到漠北。

李靖和统率另一支唐军的李世勣商量，认为"颉利虽败，其众犹盛"，应当乘诏使到达，突厥不备时发动袭击，可不战而擒。他们把商量结果告诉了一同出征的谋臣张公瑾。张公瑾认为，诏书已到，使者也在突厥处，不应袭击突厥。李靖反驳说："兵机不可失，这与韩信当年消灭齐国是一样的。唐俭辈何足惜！"于是乘夜出兵进攻颉利可汗，李世勣率军紧跟其后。

唐军过阴山时，遇到了巡逻、警戒的突厥人千余帐，全部抓起来随军前往，以防泄露消息。此时颉利可汗刚刚见到了唐朝的使节，认为一切正在按自己的如意算盘进行，十分放心。因而突厥军也处于毫无戒备的状态。

李靖派二百名骑兵由苏定方率领，在浓雾的掩护下悄悄接近颉利的牙帐，到了一里左右的地方，浓雾消散，被突厥军发觉了。颉利骑马逃走。李靖率军大败突厥军，斩首万余人，俘获突厥人十余万，牲畜数十万。杀隋义成公主，擒其子叠罗施，唐俭乘乱逃回唐军中。

颉利可汗率万余人想度碛口而遁，为李世勣所阻。颉利手下的大酋长纷纷投降。李世勣俘获突厥人五万余口。颉利企图投奔吐谷浑，在途中为突厥苏尼失部所擒，将其押送唐军。

突厥问题获得了较为彻底的解决。突厥余部纷纷上表或入朝称臣。李世民对突厥各部下达诏书时也自称"天可汗"。李靖率军凯旋，唐太宗为之大赦天下，以示庆贺。经此一役，"漠南之地遂空"，唐王朝的边境大为扩展，为"贞观之治"创造了一个安定的外部环境。

李靖在对突厥作战中，利用自己一方使节作为"死间"迷惑敌人，取得了巨大成功。唐俭何许人也？《旧唐书·唐俭传》载："高祖在太原留守，俭与太宗周密。俭从容说太宗以隋室昏乱，天下可图，太宗白高祖，乃召入密访时事。"后来唐俭又在战争中屡建大功，被绘图于凌烟阁，属于唐王朝的开国元勋。"唐俭辈何足惜！"反映了李靖权衡利弊，当机立断的气魄和能力。

值得注意的是，从"死间"一类的间谍战例分析，充当"死间"的人的地位，与被迷惑对象的地位相应变化。越是在相当高的战略级别上，充当"死间"之人的地位也可能随之增高。从这一点进一步思考，可以想见在外交斗争中，即使对方是高级别的重臣、要员，也需要有两手准备。因为对方也可能是更大的阴谋中用来进行欺骗的棋子。

李靖是在唐太宗遣使安抚突厥后，主动发起进攻的，所谓"将在外君命有所不受"。由此可以引申出，敌人最高外交决策，也可能为有作战决策权的将领所更改的历史教训。

第六节　高丽谍影

"君，舟也；人，水也；水能载舟，亦能覆舟。"唐太宗在他治理天下时，念念不忘这句话。由于唐太宗君臣兢兢业业，贞观时唐朝呈现出一派政治稳定、经济繁荣的景象。四周的少数民族也都臣服于唐朝。史书记载：贞观时碰上好年景，"斗米不过三四钱，终岁断死刑才二十几人。东至于海，南极五岭，皆外户不闭，行旅不赍粮，取给于道路焉。"

随着唐朝国力强盛起来，唐太宗也渐渐有些忘乎所以了。他是个"马上皇帝"。眼看着国家富强，境内安宁，如何发泄自己过人的精力，建立更显赫的、彪炳史册的不朽之业呢？他很自然地想到了在对外开拓疆土中建立武功。否则就无法解释历史上著名的贤明君主为什么和历史上著名的暴君隋炀帝走到了同一条路上。他们同是君临天下可以随意而为的皇帝，不过在治理天下的资质、能力和修养上有所区别而已。唐太宗自然而然地又想起了高丽。

公元641年七月，唐太宗命职方郎中陈大德出使高丽。职方郎中是掌管天下地图，边境防卫工事及邻国情况的官员。唐太宗派陈大德出使高丽，其用意可想而知。

陈大德入高丽境内后，想了解高丽的山川、风俗及城邑情况。可见他收集情报之广。为了达到这一目的，所到之处他都对高丽的官员赠以中原的名贵织物，并对官员们说："我喜好山水，此地有名胜，我想一观。"官员们由于接受了礼物，自然没有拒绝之理。他们不但允许陈大德随意活动，而且往往为之导游。

陈大德在高丽遇到了不少流落高丽已娶妻成家的隋军士兵。这些人大都是隋炀帝征高丽时滞留高丽的。这些士兵见到陈大德自然勾起满腹的乡情，纷纷询问中原情况和亲戚存亡。陈大德笼统地答复道："都很好！"隋军士兵见到他往往痛哭流涕。陈大德从这些人中了解到什么情况则不得而知。

陈大德在高丽活动一月之久，八月返回长安向唐太宗汇报高丽之行。陈大德汇报到"高丽听到高昌灭亡的消息①，十分害怕，宾馆守卫人员都增加了数倍"时，唐太宗傲慢地说："高丽本四郡地耳。② 吾发卒数万攻辽东，彼必倾国救之。别遣舟师出东莱，自海道趋平壤，水陆合势，取之不难，但山东凋敝未复，吾不欲劳之耳。"可见他心中已有了对高丽用兵的计划，只是等待时机成熟而已。过了几天，他对侍臣说："治安则骄侈易生，骄侈则危亡立至。"知人易知己难。贤明如唐太宗，尚不知自己已生骄侈之心！

　　公元645年二月，经过充分准备，唐太宗亲督诸军从洛阳出发，开始了对高丽的远征。这年九月，唐军屯兵于安市城下，久攻无效。唐太宗认为天气寒冷，草枯水冻，粮草将尽，下令撤军。唐军虽然取得了一些胜利，但战死者近两千人，战马死亡十分之七八。

　　这次劳而无功的远征，是唐太宗一生政治、军事活动的一大败笔，以至于他后悔地说："魏征若在，不使我有是行也。"命人把魏征妻子召到他驻军之处，进行慰劳。他还礼葬了阵亡将士尸骨，命官府以钱从军士手中赎俘获的高丽百姓为民，使其家人团聚。他毕竟不同于隋炀帝！

　　陈大德以游山玩水为掩护，以经济手段获得当地官员的好感，成功地开展了外交间谍活动。仔细深入分析一下，陈大德是以小恩小惠，建立了良好的人际关系，而达到目的的。取得别人的好感与赤裸裸的收买之间是有明显区别的。以小恩小惠换取别人的好感，容易使人丧失警惕，在不知不觉中为间谍活动打开大门。在间谍获取的情报中，有相当一部分在合法与不合法之间的情报，通过这类获取好感的努力，就可以垂手而获。因为对方的官员在这一区域中缺乏足够的法制约束和警惕性，可能产生一种"让他看看也可以吧"的心态。

　　陈大德是以专家的身份，披上外交使节的外衣出使高丽的。由此可见，当时对外交间谍的遴选已经注意到了人才的专业性和知识背景。

第七节　不知守鸭绿之险

　　唐太宗亲征高丽后，又于公元647年、公元648年，派将领统军进击

---

① 唐朝于公元640年灭高昌，置安西都护府于高昌国都交河城。
② 高丽在汉时为临屯、真番、乐浪、玄菟四郡。

高丽。这两次进击在不同程度上给高丽造成了一定损害,但均未达到征服高丽的战略目标。由于频繁出兵进击高丽,国内出现了骚动,百姓负担日重。一些重臣也纷纷表示反对讨伐高丽。

公元 649 年五月,一代天骄唐太宗李世民怀着未遂的征服高丽的壮志,撒手尘寰。其子李治即位,是为唐高宗。

李治(公元 628—683 年)上台后,进击高丽的事暂时搁置起来了。

公元 655 年,唐高宗派程名振讨伐高丽,恢复对高丽用兵。其后唐朝连年对高丽用兵。以唐朝雄厚的国力连年征伐,高丽被拖得精疲力竭了。公元 663 年,唐将刘仁轨大破百济与倭国的联军①,并乘胜消灭了百济。高丽丧失了一个至关重要的盟友,更陷入孤军苦撑之中。

公元 667 年,唐高宗李治因久病,命太子李弘监国。此时历史上赫赫有名的女皇帝武则天(公元 624—705 年)已参与朝政,与高宗并称"二圣"。虽然朝中政局变化,但对高丽用兵却是不变的。

公元 667 年九月,李勣②(公元 594—669 年)、薛仁贵率军攻占了高丽十七城。将军高侃率唐军进至金山,遇到了高丽军,受到挫折。薛仁贵率军追击高侃败军的高丽军。高丽军大败,被斩首五万余人。唐军乘胜又攻克了南苏、木底、苍岩三城。唐军在攻下三城后与高丽大臣泉男生军会合。泉男生是高丽权臣泉盖苏文的长子,泉盖苏文死后,为其弟所逐,依附于唐朝。高丽内乱,这也是唐朝最后能吞并高丽的重要因素。

陆上唐军节节挺进之时,另一路唐军却遇到了麻烦。郭待封率水军直驶平壤。李勣派别将冯师本运粮食、军械为后援。冯师本因为船漏无法按期抵达。郭待封军中乏粮,想写信给李勣,但又怕信落到高丽军手中。于是他灵机一动作了一首"离合诗",派人送给李勣。所谓"离合诗"就是把字的偏旁部首分开,重新组合成字才能看出真正意思的字谜。但是表面看仍是一首完整的诗。

李勣号称多谋,但在火烧眉毛的时候却来了这么一首诗,太让人生气了。他气呼呼地说:"军机急切,写诗何用!必斩之!"幸亏军中的大秀才、行军管记、通事舍人元万顷在侧,为李勣破译了这首诗的真正含义。他这才如梦方醒,立即派人护送粮草、军械前往增援。

---

① 倭国,日本古称。
② 即前面出现的李世勣,原名徐世勣,后赐姓李,为避唐太宗李世民讳,改为李勣。

元万顷是当时才子，文思敏捷，但性格旷达，不拘细节。属于风流才子之类人物。为了从心理上震慑敌人，李勣命他写檄文一道给高丽。元万顷下笔洋洋，一挥而就。文中不免讥讽高丽两句。其中有"不知守鸭绿之险"的话，泉男建看了以后，让人回复唐军说："已遵命而行。"高丽军立即增加了鸭绿江渡口的防卫，使唐军渡河时大费周折。这样元万顷虽然有功，但也酿成了大错。

公元668年二月，李勣、薛仁贵率军攻克了高丽扶余城。九月，唐军包围平壤。高丽王高藏派泉男产率首领九十八人至唐军请降。泉男建仍闭门死守。在泉男建手下负责军事指挥的僧信诚秘密派人与李勣联系投降，并愿为内应。五天以后僧信诚开门迎接唐军。唐军如潮水般冲入城内，并放火烧城。泉男建自杀未成，为唐军所抓获。高丽王高藏也落入唐军之手。

唐高宗为李勣所部举行了盛大的凯旋入京式，封高藏为司平太常伯、员外同正；泉男产为司宰少卿；僧信诚为银青光禄大夫；泉男生为右卫大将军。坚持抗战的泉男建则被流放黔中。唐朝分高丽五部为九都督府、四十二州，置安东都护府于平壤。以右卫大将军薛仁贵检校安东都护，率军二万驻扎。

唐高宗在对李勣等征讨高丽有功将士论功行赏之余，也没忘了才子元万顷。因为那篇"妙文"使唐军受阻的事，被高宗知道了。元万顷被流放于当时视为不毛之地的岭南。元万顷命途多舛。武则天执政时又被起用为掌管机要的凤阁侍郎，一时大权在握，成为武则天倚仗的"北门学士"之一。后因受徐敬业事件牵连，又被酷吏流放于岭南，并死在那里。这也许是宿命。不过粗率、旷达的性格，恐怕既不适于从事军旅，也不便于宦海扬帆吧！

唐朝虽然暂时"平定"高丽，但是好景不长，由于北突厥的崛起，吐蕃势力强盛，也由于当地人民的反抗，公元676年唐朝被迫将安东都护府迁到辽东故城（今辽宁辽阳）。第二年又迁安东都护府至辽东新城。唐朝又基本丧失了对朝鲜半岛的控制权。

在这一节中我们回过头来，还是要深入地探讨一下才子元万顷的不幸。从事情的前因后果看，元万顷绝非有意泄露天机，而且他泄露的也并非唐军行动部署的具体情报。不过为了显示才华，贬低高丽军首脑的战略指导能力，因而在檄文中才脱口而出"不知守鸭绿之险。"实事求是地说，此事作为一军统帅的李勣也难逃其责。之所以出现这个大漏洞，首先是唐军高级将领看不起高丽军首脑的自大心情在作怪。唐军历次出征高丽都自恃力量强大，高级将领不甚重视保密和反间谍工作。从李世民起，就认为间谍不足以扭转两军胜败。他亲征高丽时，有间谍被唐军巡逻兵所擒，李世民命赐给食物，并对间谍说："你既然是间谍，应该赶快回去复命。替我传话给莫离支①，要想知军中消息，可直接派人来，何必派间谍费这么大劲儿。"将间谍放回。其次是唐军将领未意识到宣传、威慑敌人的同时，可能泄露情报，缺乏情报意识，缺乏对于公开文书的保密管制。元万顷以一介书生只知玩弄笔墨，求得文辞上的华美、雄壮。李勣又在最后关头轻易地批准发布这样的檄文。唐军的宣传与作战、情报缺乏必要的协调，难免会出问题。

从另一面看，认真分析敌人的公开宣传，结合敌情进行由表及里、由外及内、由此及彼的研究，总可以得到一些宝贵的情报。因为敌人的宣传，虽然总要进行欺诈与掩饰，但总是为自己的战略目标服务的。所以不可避免地要多少流露出一些情报。即使敌人宣传中没有直接可以加以利用的情报，那么经过分析、加工后仍大有利用之价值。

第八节 狩猎聚兵

公元677年，西突厥十姓可汗阿史那都支和另一突厥部落首领李遮匐率部反叛唐朝，侵逼唐安西，并联合吐蕃，进扰边境。

公元679年六月，唐王朝在与吐蕃进行了几次较量之后，想对突厥势力进行反击。在朝廷讨论对突厥作战方略的会议上，不少大臣主张以大军进讨，只有吏部侍郎裴行俭（公元619—682年）表示反对。他认为，吐蕃犯境，唐军又刚刚在与吐蕃作战中受挫，大将刘审礼被俘，因此不可再对突厥用兵。同时他献计一条：现在波斯王死了，其子泥洹师作为人质尚在京城。可以派使者送其归国。在经过阿史那都支、李遮匐领地时，乘机把他们抓起来。这样可以兵不血刃而定西突厥。唐高宗接受了他的计策，并派他为安抚大食使，送波斯王子归国，并册立其为王。

当时由长安通往西域的道路遥远艰难，还要担负起活捉阿史那都支、

---

① 莫离支，高丽官名，相当于唐吏部兼兵部尚书。

李遮匐的任务，谈何容易！裴行俭是当时与褚遂良齐名的书法家，工草书，长期掌管唐期官吏的遴选、升迁，对唐朝官吏制度的修订也做了不少事。但以一介书生到茫茫草原大漠跃马擒敌，随机应变，岂非缘木求鱼？其实只要深入了解一下裴行俭其人，就不会对其后来建立的功绩感到吃惊了。

裴行俭出身武将世家，其父裴仁基是隋朝将领。裴行俭曾在大将军苏定方属下任职。苏定方认为他才华出众，把自己用兵打仗的经验传授给他。其后裴行俭担任过长安令，因为和长孙无忌、褚遂良等议论武则天，被贬为西州都护府长史。公元665年被升为安西大都护，所在颇有政绩。裴行俭不仅懂军事，而且与西域诸国有着较深的关系，对西域有深入了解。就是这样一个人，带领一小队随从，护送波斯王子，西出长安，踏上漫漫征程。

裴行俭一行在大漠中跋涉，经常遇上弥天风沙。有一次遇上风暴，遮天蔽日，连向导也迷失了方向。裴行俭在风暴中从容不迫，一面祭告天地，一面告诉随行人员离有泉水的地方不远了。风暴停了，他们继续前进，走了数百步，果然发现前面是水草丰美之处。实际上裴行俭的"神算"来源于他对西域途中地理、气象条件的熟悉，后来他多次利用了这一优势。大家跟着裴行俭前进的信心更强了。经过一个多月的艰苦行军，一行人终于到了西州。

西州是裴行俭曾任过长官的地方。当地的官员、故旧听说裴行俭出使经过西州，都到城外迎接。裴行俭召集了当地豪杰子弟千余人，跟随在自己身边。同时放出风去："天气正热，未可远行。待到天凉时西进。"

阿史那都支通过派出的间谍，了解到了这一情报。没有做防备唐军进攻的准备。

过了几天，裴行俭又召集四镇酋长，对他们说："过去在西州时，狩猎是件令人高兴的事。今天我想恢复昔日的狩猎比赛，谁愿跟我一起去？"四镇胡人子弟一听，争先恐后地表示愿意从行。很快就征集了万余人。裴行俭率领着豪杰子弟和胡人子弟天天纵骑于郊外，表面上好像是打猎，实际上借田猎训练这些临时召集起来的士兵。过了几日，裴行俭突然召集起部队，倍道兼程，向西急进！

裴行俭率军到了距阿史那都支部落十余里的地方，先派与阿史那都支关系密切的人去向其致意，问候阿史那都支身体康健否。同时部队也做出一副松散得不像要打仗的样子,缓缓而行。接着又派出使节,敦促阿史那都支前来相见。

阿史那都支原来与李遮匐商量过拒绝使节过境的事,可没想到使节到得如此之快。他左思右想,没有别的办法,只好硬着头皮率子弟迎接裴行俭。

裴行俭等的就是这一时刻的到来。他手下的兵将立即将阿史那都支及其随行抓了起来。裴行俭以从阿史那都支身上搜出传递可汗命令的契箭,命人以契箭召集诸部酋长。酋长们得到契箭,纷纷前往,全部为裴行俭部下所获。裴行俭命部下将阿史那都支及众酋长押送碎叶城。同时腾出手来解决李遮匐。

他选出精锐骑兵,带足干粮,昼夜兼程进袭李遮匐。骑兵在途中抓到了阿史那都支派去和李遮匐联络后返回的使者以及李遮匐派来的使者。裴行俭让这两个使节先到李遮匐处,晓以利害,讲明形势。李遮匐听到唐朝使节以迅雷不及掩耳之势活捉阿史那都支的消息,十分害怕,束手就擒。

裴行俭活捉阿史那都支、李遮匐而归,实现了"兵不血刃"而平突厥的战略设想。至于那位波斯王子,外交掩护的外衣一脱下,也就失去了作用。裴行俭让其自行返国。

同年十月,突厥首领阿史德温傅率单于大都护府所辖二十四州突厥人反抗唐朝统治。有众数十万,拥立阿史那泥熟匐为可汗。唐军屡战不利。裴行俭再跨征鞍,统军三十万进击突厥。经过两三年的激战后,裴行俭又纵反间,离间了阿史德温傅与另一自称可汗的突厥首领阿史那伏念的关系。公元681年七月,阿史那伏念擒阿史那温傅来降,裴行俭平定了突厥余部。一位书生,在草原与大漠之中,以胆略与智慧,笔走龙蛇,留下了值得后人玩味的"大手笔"。

通过"示形",散布假情报迷惑敌人。可以通过真真假假地显示自己的力量来进行,也可以通过显示自己行动的意愿和动机来进行。裴行俭的成功,就在于巧妙地利用一系列外交、日常行动显示了自己"非战"的行动动机,从而迷惑了阿史那都支。实际上,以真真假假的显示力量来迷惑敌人,其目的仍是让敌人对我行动的目的、动机等做出错误的判断。而以行动的目的、动机来迷惑敌人,同样可以达到同一目的。方式又何其多也!可以通过宣传,也可以通过许多堂而皇之的借口,但一定要看上去真实可信。裴行俭先是以外交目的掩饰西进擒敌的目的,其后又以个人娱乐目的掩饰其征集军队，十分巧妙。通过这一系列借口完满的掩护行动，最终达成了战略上的突然性。

从另一角度考虑，敌人的行动目的往往带有多重性，这是客观存在的，也是日益复杂、日益连为一体的世界经济、政治、军事状况所必然造成的。困难的是对敌人真正的主要目标作出判断。从这个意义上讲，对敌人的重要行动，总要从与之相关的几个方向上多做考虑和准备，方为万全。然而真正的万全是没有的，积极地以各种方式迷惑敌人的一方，总是要在主动权的争取上占些便宜。

在判断敌人目的时，要从敌人的国家需求、国内各阶层动向、领导人、将领的个人素质、行动方式、行动能力等诸方面作出总体的综合判断。不仅如此，敌人行动的动机除了与其政治、经济、军事上的目标相关外，其文化、政治、经济、军事等方面的状况也作为现存的行动条件影响着他的行动。因此这是一项需要高度综合的情报分析工作。层次越高，越是如此。

对敌人道德伦理观、思想理论的研究对判明敌人的战略意图也至为重要。战略上同时与苏联、英、法作战，从兵力运用、军事资源配置上是不合理的，然而希特勒都干了。而其行动依据却早在《我的奋斗》这一臭名昭著的书中暴露无遗。

第九节　高价购马

公元705年，宰相张柬之率羽林兵（唐禁卫军）发动政变，逼武则天退位，太子李显复位，是为唐中宗。唐中宗昏庸软弱，在政治上听皇后韦氏指挥。韦氏与武三思等武氏残余勾结起来，排挤张柬之等佐命之臣。

公元707年，太子李重俊发兵杀武三思等人。唐中宗听从韦后和其女安乐公主的主意，杀李重俊。

公元710年六月，韦后、安乐公主合谋毒死中宗，立李重茂为帝，是为少帝。韦后临朝，也想过一下女皇帝的瘾。好景不长，相王李旦的儿子李隆基联合太平公主，杀死韦后、安乐公主及其党羽，逼少帝退位，拥立李旦为帝，是为睿宗。

睿宗即位后，大权落入太平公主手中。太平公主与李隆基矛盾日深。公元713年六月，太平公主要对李隆基下手了。李隆基先发制人，于七月引兵入宫，斩杀太平公主党羽。太平公主逃入山寺中，三日后不得不回到家中，被赐死于家。

李隆基虽然在公元712年就被睿宗传以帝位，但大权一直不在手中。诛杀太平公主后，太上皇睿宗颁布诏书："自今军国政刑，一律皆取皇帝处分。"唐玄宗李隆基（公元685—762年）正式登上了历史舞台。政局至此稳定下来。

李隆基执政的前期，励精图治，颇有一番作为，史称"开元之治"。"海内富实，米斗之价钱十三，青、齐间斗才三钱。""四夷来同，海内晏然。"这些称赞之语，虽然有些夸张，但唐朝的国力在开元年间达到了极盛，也是事实。"天宝"① 初，唐朝继续保持着一派繁荣景象。但各种败落之象已显露出来，以唐玄宗为首的统治者日益沉浸于声色犬马、骄奢淫逸之中。边境上也并不平静。除了突厥时有入侵外，吐蕃日益成为边境大患。

吐蕃源出于羌族，发展至今成为现在的藏族。唐太宗曾把文成公主嫁给松赞干布。唐中宗时，唐朝又以金城公主嫁给吐蕃赞普尺带珠丹。汉、藏两族人民联系日趋密切，经济、文化交流十分广泛。但是双方统治者间存在着利益冲突。吐蕃军常在其首领率领下侵扰边境。

王忠嗣就是在与突厥、吐蕃作战中，成长起来的一位边防名将。

公元745年，王忠嗣以朔方节度使兼河东节度使。王忠嗣个人在作战中十分勇敢，但当了独当一面的节度使后，却"以持重安边为务"。他常说："太平之将，但当抚循、训练士卒而已。不可疲中国之力，以求功名。"他有大弓一张，却常放在弓袋中，表示不崇尚用武。战士们作战积极性很高。王忠嗣总是派遣许多间谍深入突厥、吐蕃活动的地域，作广泛的侦察。如果有机可乘，就率军出击，所以经常取得胜利。王忠嗣为将时，朔方、河东两镇边境要害之地尽置城堡，控制的范围各有数百里。边境军民安居乐业。

需要指出的是王忠嗣藏大弓于袋，是有深意的。当时唐朝边将常常主动向边境附近的少数民族进攻以邀功，博取个人功名。王忠嗣所进行的战争不尽是反击入侵者的正义战争，但他慎重地对待边防，不允许边将以个人动机左右边防政策，是可取的。

---

① "开元"、"天宝"均为唐玄宗的年号。

公元746年王忠嗣又兼任了陇右、河西的节度使。王忠嗣管辖的地方，"控制万里，天下劲兵重镇皆在掌握"。陇右、河西两镇原来骑兵不强；王忠嗣从朔方、河东两镇一下拨过来良马9000匹。他从何处弄到这些马的呢？

原来王忠嗣在任朔方、河东节度使时，每到双方互市时，就命人以高价收买马匹。边境上的少数民族听了，纷纷把好马卖给唐军。王忠嗣一律收买。渐渐地造成了唐军马多，少数民族马少的局面。王忠嗣倚仗这些实力，上任伊始就大败吐蕃于青海、积石。他还率军进讨吐谷浑，俘获了不少人马。

当然，在边境斗争中也不是单向的间谍活动。少数民族也常以间谍活动来干掉唐朝比较能干的将领。唐高祖时，防备突厥的智勇兼备的名将刘世让，深为突厥所惮。于是突厥派人行反间于唐，说刘世让与突厥可汗相勾结。唐高祖听信了谣言，杀刘世让，籍没其家。直到贞观时，有从突厥逃出的人讲了突厥策划这一事件的始末，刘世让妻子、子女才得到赦免。

王忠嗣用间事迹与李牧、赵充国等守边名将大致相同。这表明我国历史上相当长的一段时间内，长城内民族在边防中的用间手段相对固定化了。至少在用间进行深远的侦察来达到以静制动这一点上是相对的模式化了。

这里尤其值得研究的是王忠嗣以经济手段削弱敌人实力的做法。王忠嗣的成功表明在边境以经济手段来巩固边防是重要的一环。对敌人经济的破坏与削弱，在可能的情况下也要考虑以合法手段，以符合经济规律的办法进行。

从另一方面考虑，少数民族之所以上当，与其首领在与唐朝接壤的地方缺乏明确的经济政策有关，与双方经济实力存在差距有关。经济发展水平高的，自觉地、有组织地实施边防经济政策的民族，战胜了经济发展水平低的，自发地、无组织地进行经济活动的民族。另外王忠嗣在边境推行于战略要地置城堡各控制数百里地面的"以点制面"的做法，肯定也是与用间分不开的。以战略据点为基地，四处延伸地展开间谍活动，方能达到控制之目的。当然其最终目的还是要以静制动。

第十节 自欺欺人

间谍战中，不仅仅要欺骗敌人，有时在一定条件、特定环境中也要对自己人进行欺骗。

为了扩张势力，吐蕃以女嫁给小勃律国（今克什米尔吉尔吉特）国王为妻。小勃律国附近的二十几个小国都依附于吐蕃，不再对唐朝进贡。唐朝发兵征讨，几次都失败了。

公元747年，唐朝命高仙芝为行营节度使，率骑兵万余人前往征讨。唐军从安西出发，行军百余天，抵达特勒满川。唐军在此分兵三路，约定七月十三日会于吐蕃连云堡下。唐军到达连云堡时，堡中有吐蕃军千余人，附近营寨中还有八九千人。唐军经过苦战，大破吐蕃军，斩首五千余人，俘获千余人，还获得了千余匹马和很多军械粮草。这时监军太监边令诚认为，已深入敌境，不应再前进了。高仙芝只好留边令诚率老弱唐军三千余人守连云堡，自己率军继续前进。三天后到达坦驹岭。山势险峻，下岭的山道崎岖难行，长达四十余里。岭下就是小勃律人的阿弩越城（今克什米尔北部之古皮斯）。如果小勃律人取敌对态度，唐军可能会陷入进退两难的困境。高仙芝揣测士兵们肯定会畏惧不前。他就对士兵们说："如果阿弩越城的人来欢迎我们，就表示没有敌意。"他暗中选了二十几名骑兵，化装成小勃律人的样子，上岭迎接唐军。

不出高仙芝所料，士兵们果然不敢下岭，纷纷议论："节度使要把我们带到何处去？"正在这时，那二十几名化装成小勃律人的骑兵赶到了。他们表示，阿弩越城的人欢迎唐军到来。士兵们这才鼓起勇气下了岭。下岭后他们才遇到了真正的小勃律使者。

唐军进入阿弩越城后，高仙芝命将军席元庆率军先行，并以缯帛等物引诱小勃律国的君臣百姓，声称是皇帝所赐。席元庆以缯帛赠给小勃律国的大臣，等诸位大臣到齐了，把他们一齐抓了起来。小勃律国王和吐蕃公主逃入山上的石窟，没有为唐军所获。高仙芝一到先斩亲吐蕃的大臣数人，然后派席元庆带兵火速前往离阿弩越城六十里的藤桥。藤桥是通往吐蕃的战略要地。吐蕃援军开到时，藤桥已断，只有徒唤奈何了。

高仙芝争取到了战略上的主动权和时间，得以逐步征服小勃律。这年八月，高仙芝终于劝诱小勃律王和吐蕃公主出降，并带着他们凯旋。

高仙芝孤军远征能够得胜而归，善于用计是一个重要因素。在孤军进入敌境时，军队的士气尤为重要。高仙芝巧妙地制造了阿弩越城的小勃律人来欢迎的假象，使唐军得以继续深入。用兵无定法，看来用间也无定法。必要时对自己人用间，也是可行的。当然这要严格地依时间、地点而定。

第十一节 狡诈的安禄山

天宝年间，天下承平日久，坐稳了帝位的唐玄宗也渐生骄奢之心，生活上日趋腐败，朝政日非。其骄奢淫逸之状况，从唐代诗人杜牧的诗中可见一斑。"长安回望绣成堆，山顶千门次第开。一骑红尘妃子笑，无人知是荔枝来。"杨贵妃（公元719—756年）即杨太真，小字玉环。由于长得好看，通晓音律，得到了唐玄宗的宠爱。杨太真原为玄宗之子寿王李瑁之妃。唐玄宗看中后也顾不得许多，硬是横刀夺爱。可见他当时已够荒唐的了。杨贵妃得宠后，三个姐姐及族兄杨钊都随之飞黄腾达。杨贵妃喜吃新鲜荔枝，唐玄宗命人从广东、四川以驿马日夜兼程送往长安。为饱贵妃口腹，不惜累死众多的人和马。杜牧的诗讲的就是送荔枝的情景。

治理国家时，唐玄宗依靠著名的"口蜜腹剑"的李林甫（？—公元752年），罢黜直言敢谏有真才实学的宰相张九龄。李林甫是个专以逢迎上意，排斥贤才为要务的小人。说起他来在古代间谍史中尚有值得一提之处，那就是他厚贿唐玄宗左右之人（妃子、宦官），做皇帝的情报工作。由于他大致掌握了唐玄宗的动向，因此得以博取唐玄宗的欢心。李林甫掌权，朝廷贤明有为之士纷纷被排挤出朝。不仅如此，李林甫为防止有人和他较量，建议唐玄宗用蕃人为节度使。唐朝惯例，节度使一直由文臣担任，往往内调当宰相，所谓"出将入相"。李林甫这个主意一为唐玄宗接受，无形中为一个扰乱天下的人登上历史舞台创造了条件。他就是安禄山。

安禄山（？—公元757年），唐营州柳城（今辽宁朝阳南）胡人，原名轧荦山，其母是突厥巫师，以占卜为业。安禄山随其母改嫁突厥人安延偃，遂改名为安禄山。安禄山通晓多种当时边境上的少数民族语言，为唐幽州节度使张守珪赏识。在张守珪手下，他结识了另一位突厥人史思明（？—公元761年）。安禄山在张守珪手下骁勇善战，但因为体胖不为守珪所喜。为取得张守珪好感，安禄山每次进餐都不敢饱食，以此取得了张守珪欢心，被收为养子。

公元742年，已当了营州都督、充平卢军使的安禄山由于厚贿玄宗派来的使节，使之为自己在玄宗面前讲好话，而当上了独当一面的平卢节度使。

公元744年，安禄山由于得到唐玄宗垂青又兼任了范阳节度使（治幽州即今北京），握有两镇重兵。派去考察他的朝廷大员由于受了收买，不是说他精明能干，就是夸他"公直无私"，连李林甫也为之美言。唐玄宗对他更加信任了。

公元747年，安禄山入京谒见。唐玄宗指着安禄山的大肚子开玩笑："这胡人肚子里都有些什么东西？"看起来笨拙不堪的安禄山，说起奉承话来比李林甫更有过之："臣肚子里没别的，只有对皇上的一颗赤心。"唐玄宗认为安禄山真是憨直可爱，于是设宴勤政楼，命其与杨贵妃的姐姐、族兄相结交。安禄山由此找到了进入宫廷之路。他进一步请求做杨贵妃的干儿子，唐玄宗与杨贵妃坐在一起，安禄山朝见先拜杨贵妃。唐玄宗问他："为何如此？"他说："胡人先母而后父。"唐玄宗大为高兴。

唐玄宗根本不知道，就在他对安禄山恩宠有加时，安禄山已准备造反了。他在自己的防地以防寇为名，筑雄武城，大贮兵器。他以筑城为名请另一节度使王忠嗣派兵协助。王忠嗣到筑城处了解情况，不见安禄山而还。王忠嗣向唐玄宗报告，安禄山有造反企图。唐玄宗置之不理。王忠嗣却因李林甫忌恨，而遭贬黜。安禄山对李林甫毕恭毕敬，因而得以避免李林甫的攻击。

公元751年，安禄山又兼任了河东节度使，三镇劲兵皆在掌握之中。唐玄宗为其在长安亲仁坊修建了极为奢华的府邸。府邸落成后，唐玄宗命宰相和杨氏兄妹前往赴宴，表示祝贺。凡有美食，必遣使赐安禄山共享。安禄山生日，唐玄宗与杨贵妃赐其衣服、酒食。生日后三天，杨贵妃在宫中以锦绣为大襁褓把体胖三百余斤的安禄山裹起来，称作三日洗禄山儿。唐玄宗听见宫中的戏笑声，问左右何故戏闹，答曰："贵妃洗儿。"唐玄宗亲往观看，并赐以"洗儿钱"。众人大闹特闹地玩了起来，尽兴而散。唐玄宗对安禄山可以说信之不疑，也昏庸到了极点。

安禄山在公元747年，锦上添花兼任了御史大夫后，就把他的心腹部将刘骆谷派驻京师，专门刺探朝廷动向。朝廷的一举一动，都由刘骆谷迅速上报安禄山。如果有不利于安禄山的事情，刘骆谷就可以代安禄山写奏章及时奏上。刘骆谷还为之专门注意李林甫的态度。

在安排刘骆谷为坐探后，安禄山又与主动送上门来的吉温结为兄弟。吉温是唯利是图的小人。他看到安禄山日益得宠，就对安禄山说："李右丞相（李林甫），虽然现在与你亲近，但绝不会让你为相。吉温虽然为你效力，但也不会得到提拔。你若把我推荐给皇上，我就会在皇上面前说你堪当大任，咱们共同排挤李林甫，你必定会当上宰相。"安禄山很高兴，几次在唐玄宗面前推荐吉温。安禄山兼任了河东节度使后，奏请吉温为节度副使、知留后。过了一段时间朝廷政局发生变化。杨国忠（即杨钊，此时已由唐玄宗赐名国忠）与李林甫之间权力冲突愈演愈烈。李林甫于公元752年死去。杨国忠拜相，身兼要职四十余个，成了红得发紫的人。吉温曾与杨国忠有一段亲密的交往。杨国忠上台，吉温被召还，任御史中丞等要职。吉温还京前，到安禄山处话别。安禄山命沿路馆驿为吉温准备白纳帐，以待吉温下榻。同时命令儿子安庆绪把吉温送出自己管辖的地界，并为之牵马，送出馆驿数十步。吉温到了长安，对安禄山倾心相报。朝廷的一举一动，都立即报告安禄山，"信宿可达"。可见安禄山在自己与吉温间安排了一个有效率的情报传递系统。

安禄山对整人有术、老奸巨猾的李林甫畏惧有加。有人从长安到范阳，安禄山总要问一下李林甫对自己有何评价。李林甫死后，安禄山对于以外戚干政的杨国忠可就不大买账了。两人之间的权力之争很快尖锐起来。杨国忠为了搞垮安禄山，多次向唐玄宗进言，攻击安禄山想造反。唐玄宗不予理睬。

安禄山伸手向唐玄宗要兼领闲廊群牧（主管马政）。唐玄宗信之不疑，命安禄山为闲廊、陇右、群牧等使，随后又命其为群牧总监。安禄山大权在手，立即命人密选战马数千匹，另挑地方精心饲养，以备造反之用。为掩盖他这一秘密行动，他推荐吉温为武部侍郎、充闲廊副使。这样一来，暴露了两个人的特殊关系。杨国忠开始攻击吉温，最后使其死于狱中。

安禄山为了筹集造反的经费，秘密地派胡商到中原进行贸易，每年送往范阳的财物价值百万。他还密令胡商买"绵彩朱紫服数万，为叛资"。

安禄山紧锣密鼓地进行准备时，杨国忠和他的矛盾趋于白热化。公元754年初，安禄山进京朝见，杨国忠在其进京之前，曾对唐玄宗说："陛下试召之，必不来。"唐玄宗命使召安禄山。安禄山入京了。他见到唐玄宗后，面诉自己为杨国忠所忌之状。唐玄宗"赏赐巨万"安抚之。安禄山为收买人心，奏请提拔所部将士，将军五百人，中郎将二千人。唐玄宗也稀里糊涂地答应了。三月，安禄山如漏网之鱼，回到治所。

第二年，安禄山又自作主张地以三十二员蕃将代替汉将，奏请唐玄宗同意。韦见素向唐玄宗进言，认为安禄山造反有据，不应答应他这一要求。唐玄宗十分不高兴。在一旁察言观色的杨国忠也不敢说话了。杨国忠又想了一个办法，他建议唐玄宗召安禄山入朝，任命另外三人来代替安禄山的三个节度使职务。唐玄宗已经命人写好了诏书，但没有发出。他派宦官辅璆琳到范阳，以送水果给安禄山为名，暗中查访安禄山的反迹。

安禄山故伎重施，以厚赂收买了辅璆琳。辅璆琳从范阳还都后，力言安禄山不想造反，没有二心。唐玄宗自负地对杨国忠等说："我对安禄山推心置腹以待，他必无异志。"安禄山得以继续准备谋反。

安禄山在范阳做贼心虚，感到自己和朝廷摊牌的日子快到了，于是对朝廷派去的使节也渐渐无礼了。朝廷派使节到范阳，他不是称病不出，就是警备森严中接见使节。

杨国忠为了证实安禄山造反，采取抄安禄山在京府第的办法来激化矛盾。把安禄山在京的门客李超等抓了起来，拷问至死。安禄山之子安庆宗因为要娶唐公主为妻，住在京城。他秘密地把这一消息报告给了安禄山。安禄山听到这一消息，上表为自己申辩。唐玄宗为之罢免了京兆李岘，以安抚他。

公元755年六月，唐玄宗手诏安禄山入京，参加其子与公主的婚礼。安禄山以有病为由推辞了。七月，安禄山采取了另一个准备造反的行动。他以献马三千匹为名，派二十二名蕃将率兵到长安。这一行动为唐玄宗所阻。唐玄宗还发现了他贿赂辅璆琳的事，并以其他罪名杀了辅璆琳。唐玄宗派宦官冯神威持手诏到安禄山处，诏书中请安禄山十月到华清池一起沐浴。

安禄山看了诏书，命左右把冯神威安置于馆舍，再也不和他见面。几天后才放他回去。冯神威回到朝廷后，对唐玄宗哭着说："我差点见不到皇上了。"

君臣斗法到了这个地步，已是剑拔弩张了。

公元755年十一月九日，安禄山、史思明以诛杨国忠为名，率军十五万，号称二十万在范阳起兵。当时承平日久，民不习兵，叛军所过郡县的长官或开城出降或望风而逃，很快河北一带就陷入了敌手。"安史之乱"使唐帝国从顶峰衰落下来。唐玄宗匆匆逃难四川。入川途中，杨贵妃、杨国忠被杀于马嵬驿（今兴平西）。杜牧用他的雄奇的诗句描述了这段历史的活剧："新丰绿树起黄埃，数骑渔阳探使回。霓裳一曲千峰上，舞破中原始下来。"

综观中国古代的间谍活动，金钱、美女、权力是敌对各方用来从事间谍活动的三根支柱。这固然与古代的社会、经济条件、权力结构有很大关系，但在政治、经济格外腐败的时期，这三根支柱就更容易发挥奇效。唐玄宗在对安禄山进行调查时，首先败于自己的昏庸，其次败于整个朝廷的腐败。在这种情况下，安禄山以财物收买前往调查的人，并反过来为己所用，不足为奇。

唐玄宗在杨国忠怂恿下，轻率地查抄了安禄山在京的特务据点，也是一大失策。当时精兵强将俱在边境。内地军民久不习兵，部队毫无战斗力。禁止民间拥有兵器。府兵制名存实亡，"应为府兵者皆逃匿"。唐朝的另一种武装力量"扩骑"，也日益丧失战斗力。"应募者皆井市负贩无赖子弟"，"精兵咸戍北边，天下之势偏重。"对这一形势，安禄山看得清楚，因而敢于起兵造反。唐玄宗既无平叛之准备，又无平叛之武力，被杨国忠牵着鼻子走，以致局面不可收拾。其实他如果头脑清醒，完全可以不动声色，甚至继续利用安禄山的坐探散布信任安禄山的"假情报"，麻痹安禄山，这样至少可以争得一些喘息时间，调兵遣将，准备平叛。

第十二节　床下有耳

安禄山、史思明的叛军犹如潮水一般，向唐王朝的都城长安涌了过来。唐王朝的地方官员纷纷出降。但也有一些地方官，如常山太守颜杲卿、平原太守颜真卿率部与叛军死战，牵制了敌军。唐王朝也手忙脚乱地凑集了一些部队，组织反攻。怎奈双方力量悬殊，叛军节节挺进。

公元755年十二月叛军攻陷东都（洛阳）。公元756年初，安禄山称大燕皇帝。公元756年六月，叛军在灵宝大败镇守潼关唐军将领哥舒翰手下的唐军，哥舒翰被擒。叛军攻陷潼关后十天，进入长安。唐玄宗仓皇入蜀。叛军入长安后搜捕百官、宦官、宫女，押往洛阳。安禄山对听从叛军摆布的官员授以伪职，俨然组成了一个小朝廷。安禄山虽精于诡计，在政治上却没有宏谋远略，日夜沉浸酒色，放弃了西进追歼唐流亡朝廷，使唐朝得以喘息。这一年七月，太子李亨（公元711—762年）即帝位于灵武，是为唐肃宗。唐王朝内部完成了一次调整。唐玄宗被尊为太上皇。

安禄山刚刚当上"皇帝"，就摆上了皇帝的谱儿，深居宫中。有要事请见，必须通过他最得宠的部下庄严。安禄山双目已失明，性情暴躁，鞭打手下人，庄严亦不能免。经常侍候他的李猪儿挨打最多。左右之人对他恨之入骨。

此时安禄山宠姜段氏又想让自己的儿子安庆思，取代安禄山之妻康氏的儿子安庆绪的地位。安庆绪和庄严勾结起来，唆使李猪儿，刺杀了安禄山。安庆绪没啥本事，什么事都要听庄严的。

安禄山叛军本来进展就有限，百姓为叛军烧杀所苦，自发地抗击叛军。张巡、许远守雍丘（今河南杞县），后又守睢阳（今河南商丘）。山南东道节度使鲁炅守南阳；牵制了叛军向南发展。郭子仪、李光弼几次击败叛军。叛军发生内乱时，唐肃宗借兵于回纥①，同时重用郭子仪、李光弼，开始反攻。

公元757年九月，郭子仪等在回纥的帮助下克复西京长安。唐肃宗当初请回纥出兵时曾有约在先，攻克长安，土地和百姓归唐，子女金帛归回纥，广平王李俶拜于回纥首领叶护马前说："现在好不容易攻下西京，如果马上开始掠夺人口、财物，东京的人就会与贼一起死守，就不能拿下东京了。请攻克东京后再按约定办吧！"叶护答应了。

十月，唐军收复东京。回纥又要践约。东京父老凑集了罗锦万匹贿赂回纥，才得免浩劫。

在唐军打击下，叛军分崩离析。庄严、尹子奇、田承嗣等纷纷投降。田承嗣因为没有及时收到郭子仪的答复，降而复叛。安庆绪收罗余党又有六万余人。

这时史思明看到大势已去，又不甘心受安庆绪的驱使，于公元757年十二月，率领自己的部下和一部分被他吞并的安庆绪的武装，向唐朝投降。唐肃宗封其为归义王、范阳节度使。史思明为了表明自己效忠于唐

---

① 回纥，亦称回鹘，是铁勒族一支，驻牧地区在仙娥河（又名娑陵水，今色楞格河）和温昆河（今鄂尔浑河）流域。

朝，率部进击安庆绪。有的唐朝大臣认为史思明为人狡诈，不应当让其继续握有兵权。唐肃宗却又重蹈唐玄宗的覆辙，听信从范阳回来的宦官的话，认为史思明忠诚可信，反而把怀疑他的大臣贬了官。虽然唐肃宗对史思明比较放心，但史思明毕竟是唐王朝内的"异物"。过了些日子，司空李光弼向唐玄宗建议以秘密手段搞垮史思明部时，唐肃宗答应了。

史思明未发迹时，得到平卢军使乌知义的厚待，一直铭记在心。乌知义的儿子乌承恩官至信州太守。"安史之乱"爆发，乌承恩率郡投降了史思明。史思明看其父面上，收留了他。安禄山死后，他乘机劝史思明降唐，并借此和李光弼等搭上了关系，成为李光弼整个谋略上的一颗关键棋子。

在李光弼的建议下，唐肃宗任命乌承恩为范阳节度副使，并许以铁券赠史思明手下将领阿史那承庆。阿史那承庆原是安庆绪手下将领，因为部队为史思明吞并不得不追随史思明。看来唐朝廷对如何分化史思明的部队是动了一番脑筋的，人选也合适。

乌承恩受命之后，积极开展了活动。他在史思明军中是"光杆司令"，只好在拉拢史思明部下这方面动脑筋。

乌承恩以自己的财宝收买史思明的将领。为了活动起来方便，乌承恩多次穿着妇人衣服，到军营中去引诱、拉拢史思明部将。

安禄山、史思明据以起家的骨干将领多为安、史一手拔于行伍的少数民族将领。这些人对朝廷缺乏儒家所宣扬的那一套忠君爱国思想，对统兵将帅却有较强的依附感。唐代节度使长期驻扎于一个地方，主管当地的军事、财政、行政，招募长驻边疆的"长征健儿"服役。唐初的边防军三年一换的制度逐渐废弃。这既是节度使权力增大的原因，也是后来唐朝藩镇割据的原因之一。

了解了这种历史背景，就不难理解为什么乌承恩拉拢过的将领均将事情经过一五一十地向史思明做了汇报。史思明认为自己与乌承恩渊源颇深，对此只是半信半疑。

过了些日子，乌承恩找了个借口进京。唐肃宗听乌承恩报告了活动的情况后，派内侍李思敬和他一起回到范阳。表面上是对史思明手下将士进行慰问，实际上是作为朝廷派往史思明部进行秘密活动的特务头子，去瓦解史军。

乌承恩宣示了唐肃宗的圣旨，史思明伏在地下恭敬地听了皇上的慰抚之意。随后对乌承恩待以钦差之礼，留其在自己府中住宿。卧室布置得豪华非常，尤其是屋中那张大床。床的四周都以锦彩遮得严严实实的。当夜史思明命在自己处供职的乌承恩的小儿子去探望其父，以示关心。父子见面未免畅叙一番离别之情。到了半夜，乌承恩认为谈机密的时候到了，把儿子拉到跟前，附耳而谈："吾受命除此逆胡，当以吾为节度使。"话音未落，床下猛地钻出两条大汉，随着两条大汉的喊声，外面的军校一拥而进，把乌承恩和他儿子抓了起来。原来这是史思明的诡计。他早命人埋伏于床下，窃听乌承恩父子的谈话。乌承恩果然中计。

史思明派人搜查乌承恩的行囊，搜出了唐肃宗命乌承恩带回的赐给阿史那承庆的铁券及李光弼的公文。公文上讲："承庆事成则付铁券。不然，则不可付也。"同时还搜出了簿书数百张，上面写满了最早追随史思明造反的骨干将士的姓名。

史思明这下可抓住了把柄，他召集将吏，面向长安，痛哭流涕地说："臣以十三万降朝廷，何负陛下，而欲杀臣？"史思明的部下当然也群情激奋，收到了很好的宣传效果。于是史思明下令杀乌承恩父子及与此有牵连的二百余人。把内侍李思敬关了起来，上表朝廷。由于乌承恩被抓后曾说："此乃李光弼所为也。"处境十分难堪的唐肃宗只好为自己和李光弼开脱，派中使到史思明处慰问，并说："此非朝廷与光弼之意，皆承恩所为，杀之甚善。"

尽管如此史思明仍于公元758年六月，以请求朝廷诛李光弼为名，再次叛乱。公元759年，史思明步安禄山的后尘，于魏州自称大圣燕王。公元761年，史思明为其子史朝义所杀。公元763年史朝义自杀而死。唐朝费了九牛二虎之力，才算把"安史之乱"彻底平息。但随之而来的是藩镇割据局面。

对于乌承恩倒运的间谍使命，有两点扑朔迷离之处，历史上已有人提出疑问。其一是李光弼给乌承恩的公文（史书中称为"牒"）。公文中所交代的事极为简单。乌承恩在进京时李光弼必定会面授机宜。像这类简单的事，乌承恩不会记不住，也没有必要让其他人知道。因此这件公文，有人怀疑是史思明伪造的，用以坐实唐肃宗、李光弼插手其事，为自己制造反叛的借口。这是完全有道理的。很可能是史思明根据乌承恩的口供伪造了公文。其二是乌承恩行囊中搜出的名单。按理说乌承恩在史思明军中活动效果并不显著。史部将领对其采取的是一面敷衍，一面对史思明报告的两面态度。对此史思明是清楚的。李光弼之所以如此，很可能是估计到乌承恩一旦失败，以此来离间史思明与其部下。史思明后来斩杀二百余人，其中是否有与这个名单有关的人，不得而知。但从这两个文件上，我们看到了双方利用乌承恩进行着激烈的争斗。

让我们再来分析一下倒霉的乌承恩吧。乌承恩之所以失败，除了其他原因之外，一条重要原因是忘了看看床底下，说来简单，而且可笑。但世界上多少大事情是因为小事情或细枝末节的不慎而毁于一旦。实际上深入分析一下这中间有更为深刻的原因，这就是大量的"业余"间谍进入间谍活动领域时，面临的角色转换。

第十三节　老百姓散布的假情报

郭子仪（公元697—781年）、李光弼（公元708—764年）是平定"安史之乱"中显露头角的唐朝将领。平定"安史之乱"后，他们已成为身居高位的重臣。特别是郭子仪，成为身系天下安危的人物。

唐朝在平息"安史之乱"过程中，把西北边境重兵东调，无形中为吐蕃乘机进扰创造了条件。吐蕃逐渐占有了陇右、河西之地。唐王朝的都城长安，屏障已失，处于吐蕃军威胁之下。

公元763年十月，吐蕃军攻泾州，刺史高晖投降，并为吐蕃当向导，经邠州（今彬县），进攻奉天、武功。在此之前唐代宗李豫（公元726—779年）一直被拥立他的宦官程元振蒙在鼓里。此时他不免有些心惊肉跳，赶紧命雍王李适为元帅，郭子仪为副元帅，出镇咸阳抵御吐蕃。

郭子仪在此之前为程元振所忌，一直在京担任肃宗山陵使的闲职，手中没有一兵一卒。此时这位两鬓斑白的老将，在马上一定是感慨万千吧。他虽然只有身后的二十余骑，但胸有雄兵十万，毅然前往咸阳。此时以吐蕃军为主力，吐谷浑、党项、氐、羌等参加组成的联军，绵延数十里，已经渡过渭河，循山而东。

郭子仪派中书舍人王延昌入奏，请求增兵。程元振认为压制郭子仪东山再起的机会来了，设法阻止了代宗召见王延昌。此时吐蕃军经过激战又向前推进了。唐代宗仓皇撤出长安，跑到陕州避难。唐朝官吏纷纷逃离长安，六军尽散。郭子仪闻讯从咸阳回到长安，想挽回局势。无奈唐代宗的车驾已渡浐水。郭子仪隔河浩叹，认为这是自己的奇耻大辱。很快吐蕃军进入长安。郭子仪向商州进发。

郭子仪征发武关驻军，再加上在蓝田、商州收集到散兵共四千人。郭子仪痛哭流涕地对将士们发誓，要共雪国耻，夺回长安。将士们看到胸前白须飘拂的郭子仪慷慨激昂的样子，纷纷表示愿听郭子仪指挥。这时逃到陕州的代宗仍感不安，除了由宦官鱼朝恩率领的神策军外，他还想让郭子仪到他跟前去负责指挥、防止吐蕃东出潼关继续追击。郭子仪上表认为："臣不收京城，无以见陛下，若兵蓝田，虏必不敢东。"郭子仪以他深邃的战略眼光，看到了问题症结。唐代宗只好同意了他的意见。

吐蕃进入长安后，立唐宗室邠王李守礼之孙李承宏为傀儡皇帝。但吐蕃也没打算长久占有长安，在城中大肆劫掠。吐蕃深入内地。唐朝其他节度使纷纷率军向长安运动，作"勤王"之举。在这种情况下，吐蕃军的军心是不大安定的。

郭子仪率军反击，主要采取了虚张声势，从心理上吓唬吐蕃的打法。他派羽林大将军孙全绪率骑兵二百出蓝田侦察吐蕃军形势，宝应军使张知节统率其他军队跟在孙全绪军后面。

孙全绪率二百名骑兵到了韩公堆。白天唐军的战鼓擂得震天响，战旗漫山遍野飞舞。夜间唐军点燃了星罗棋布的火堆。唐前光禄卿殷仲卿此时也率领收集起来的士兵近千人占据了蓝田。孙全绪采取了更大胆的行动，以二百余骑渡过浐水。吐蕃军看到区区二百余骑竟敢渡过浐水，一定后面还有大军，十分害怕。这时对吐蕃军深恶痛绝的百姓也主动地散布流言，吓唬吐蕃军说："郭令公自商州率大军来，不计其数！"吐蕃军更慌了，赶忙把抓到的京城士女工匠集合起来，准备撤退。

孙全绪派射生将王甫潜入长安城。其时吐蕃军已乱作一团，王甫活动起来更方便了。他召集了京城"恶少年"数百人，"集六街鼓于朱雀街大鼓之。"其声势很可观。所谓"京城恶少"史不绝书。大约是一些游手好闲，相当于今"流氓"一类人物，因此闹起事来很有一套。吐蕃军听到如雷的鼓声、呐喊声，为之胆寒，认为唐军大举反攻了，于是乘夜溜出了长安城。

郭子仪以唐军万余人，击退吐蕃、吐谷浑、党项、羌、氐等族的联军二十余万，光复长安城。十一月唐代宗率百官从陕州还都。他见到拜伏于地迎接圣驾的郭子仪，感慨万端地说："朕不早用卿，故及于此。"其实以郭子仪、李光弼为代表的,在平定"安史之乱"中逐渐显赫起来的朔方军出身的将领,一直受到朝廷的猜疑。如今到了这种局面,代宗不得不说句勉强认错的话。当然光拿话搪塞也说不过去,他还赐郭子仪铁券,并命人绘其像于唐王朝纪念开国功臣的凌烟阁上,算是对郭子仪作了最高褒奖。代宗想出了这一招也够煞费苦心了,后来的大臣很少享此殊荣。程元振被削职赶回老家,很快另一个宦官鱼朝恩掌握了大权。以宦官来制衡当朝大臣,是唐王朝中后期政治的一大特色。

郭子仪之所以能很快以弱胜强与当时总的形势有密切关系。吐蕃进入长安,并非以实力消灭掉唐军主力,双方实力发生根本变化的结果,此其一。吐蕃军深入中原,并未建立起根据地,更无长远打算,其作战目的仍是过去在边境入侵时的继续——抢一把就走,此其二。烧杀抢掠引起了人民的反抗,此其三。在这种情况下,吐蕃军力虽强,却有如临深渊之感。在百姓自发地散布"郭令公自商州率大军来,不计其数"的假情报后,又听到了城中震天的鼓声,吐蕃军心理上再也承受不了。终于逃之夭夭。

值得注意的是百姓自发散布的假情报。这种情况在正义的一方反侵略战争中经常发生。但假情报要发挥作用,又与大形势有关。当敌人处于崩溃前夕,其无组织程度增大,人心混乱时,百姓有意无意地散布的假情报会经过敌人内部加以扩散,变异,使敌人更加惊慌失措。

如果在战时能对百姓加以情报方面的训练,使之成为自觉地散布假情报的人,那么效果就会更好。需要说明的是,百姓散布的假情报可以更加非专业化,有意无意之间流露出一星半点情况。过于完整、过于专业化的观察,反而可能引起敌人怀疑。

第十四节　愿得图像观之

"七月七日长生殿,夜半无人私语时;在天愿作比翼鸟,在地愿为连理枝。天长地久有时尽,此恨绵绵无绝期。"

——白居易《长恨歌》

公元762年四月,太上皇唐玄宗带着对往昔繁花似锦的帝王生活的回忆,对杨贵妃刻骨铭心的思念,看着破碎的山河,心情抑郁地在寂寞的宫殿中死去。唐玄宗执政时期不仅爆发了"安史之乱",还有两件长久地对唐王朝政治、军事发生重大影响的事情发生。

其一是节度使制度。唐初实行府兵制,"高祖、太宗之制,兵列府以居外,将列卫以居内,有事则将以征伐,事已各解而去。兵者,将之事也,使得以用,而不得以有之。"① 但是府兵制到唐玄宗时已名存实亡了。边境各军镇为了防备入侵,可以招募所谓"长征健儿"驻边戍守。"长征健儿"主要从戍军士兵及客户中招募,自愿长期服役,也即职业军人。在此之前的府兵是轮番以三年为期,自备资粮的,而"长征健儿"则以当兵为业,由国家供养。这样有利于军队的专业化,边境防军的战斗力有所增强,另一方面又为"兵为将有"创造了条件。唐朝原有节度使一职,是主管军事的。公元742年,唐玄宗在边疆置九节度使,总揽辖区内的军、民、财政。精兵强将尽在边境。节度使又掌握了财政大权,这样为节度使拥兵自重,割据一方创造了条件。"安史之乱"后,中央政权的实力大为削弱,对参与"安史之乱"的叛将往往采取招抚的办法予以羁縻。为平定叛乱,朝廷在中原也设立了节度使,这些节度使一旦大权在握也不听朝廷命令。渐渐地独立或半独立于中央政权的藩镇割据政权出现了。节度使与节度使、节度使与中央政权之间进行着激烈的斗争,给百姓造成了极大灾难。

其二是宦官干政。唐玄宗信任宦官高力士。宦官在唐朝中晚期渐渐取得了极大的权力,甚至往往对皇帝有废立之权。这给唐朝中晚期政治、军事斗争造成了极大影响。宦官不仅干预中央指挥权,而且以监军名义直接干预军事指挥官的战场指挥。使唐朝中央政权对地方藩镇的一系列重大行动受到影响。在节度使与节度使、节度使与唐王朝的斗争中,经常出现较为复杂的"合纵连横"关系,有时数节度使联合以抗中央,有时中央与某一节度使联合以消灭另一节度使。这种复杂的利害关系给间谍战的开展提供了舞台。

田承嗣(公元704—778年)是安禄山手下主要将领之一。唐代宗时,唐将仆固怀恩率军进讨河朔安史残余。仆固怀恩心怀异志,担心"兔死狗烹"的下场,养患以自重,奏请代宗以田承嗣、李怀仙、张忠志、薛嵩等人分率河北诸郡。这是河北诸藩镇形成之始。

---

① 《新唐书》卷64(方镇表序)。

田承嗣很快就当上了魏博镇节度使（治所魏州，领有魏、博、贝、卫、澶、相六州）。田承嗣在自己的地盘里横征暴敛，"老弱事耕稼，丁壮从征役。"数年之间，他已有兵十余万。田承嗣招募军中精壮有力者置于部下，作为自己的侍卫，号称牙军。平日对他们娇宠异常，供给丰厚。牙军"父子世袭，姻党盘互，骄悍不顾法令"。当时有谚语说："长安天子，魏府牙军。"这支强悍的牙军，成为田承嗣割据称雄的武力后盾。这类私人卫队在唐朝诸藩中所在多有，成为藩镇武装的一大特色。田承嗣除了表面上尊唐朝廷为正统外，其余全部自行其是。唐朝廷当然十分不满，但力量有限，也拿不出什么对付他的好办法。为了笼络他，唐代宗还先后给他加上了各种头衔，并封其为雁门郡王。代宗还把永乐公主嫁给他儿子。尽管如此，田承嗣仍不买朝廷的账。

公元775年初，田承嗣煽动昭义镇（辖相、卫、贝、邢、洺、磁六州，治所在相州，今河南安阳市）军人叛乱。昭义兵马使裴志清赶走了留后薛崿。田承嗣以声援为名攻占了相州。薛崿逃到洺州，上表朝廷请求入朝。朝廷以为这正是削弱藩镇的好机会，一面表示同意薛崿入朝，一面下诏田承嗣，命他守好疆界，不得侵犯他人。田承嗣不予理睬，继续吞并昭义镇。当时昭义镇其他各州尚在薛氏宗族手中。田承嗣派人引诱卫州刺史薛雄来降，薛雄不降。田承嗣派人刺杀了薛雄及其全家，终于吞并了昭义镇。

田承嗣势力渐大，唐朝廷不得不另想他法。当时成德节度使李宝臣、淄青节度使李正己都与田承嗣有矛盾。知道田承嗣吞并昭义镇的事后，他们两人主动向朝廷请求讨伐田承嗣。名义上是替朝廷进行征伐，实际上是不愿田承嗣坐大，形成对自己的威胁。这一来正中唐代宗的下怀。公元775年四月，代宗命河东、成德、幽州、淄清、淮西、永平、汴宋等节度使、留后率军进讨田承嗣。同时下诏贬田承嗣为永州刺史，并任命了新的昭义镇留后。

田承嗣军与诸节度使、留后的部队作战，连连败北。田承嗣看到诸军日益进逼，形势十分不妙，于是耍了个花招。八月，他派使节入朝，表示自己愿意到朝廷朝见，交出部队。代宗除了对田承嗣低头认罪的态度表示满意之外，不准田承嗣入朝。这是一种两面手法，一方面对诸节度使表示朝廷并不满意田承嗣，可以继续进攻；另一方面拉拢田承嗣，因为其基本武力尚在，代宗也猜到"入朝"只是缓兵之计。总之，双方的战斗并未因田承嗣奏章而停下来。

九月，李宝臣、李正己率所部合攻贝州。田承嗣派兵援救。李宝臣和李正己分别慰劳所部士卒，准备应战。可是由于两个人对所部士卒的赏赐不一样，士兵颇有怨言。李正己对所部士兵赏赐太薄，为防士兵哗变，只好率军后撤。李正己军一撤，李宝臣也只好率部后退。淮西节度使李忠臣听到这一消息，也率军解卫州之围，后撤至阳武。节度使之间的矛盾充分表现出来。接着李宝臣军与朱滔军围攻沧州，久攻不下。十月，李宝臣和昭义镇留后李承照在清水大败田承嗣手下大将卢子期。卢子期被抓往京师处斩。田承嗣看到形势仍未扭转，就进一步施展他的谋略。

田承嗣首先释放了李正己派来的使节，礼送出境。随后又造册整理了镇内的户口、甲兵，谷帛之数，遣使送给李正己。并让人带话给李正己："承嗣今年八十有六①，距死不远，诸子不肖，悦（田承嗣之侄）亦弱软无能。今日之所有不过是为公看守几日而已，岂须公兴兵征讨。"接着田承嗣又以发送给皇帝奏章的仪式，拜送给李正己的图册。李正己收到图册，十分高兴，停止了进攻。其他几路从南边进攻田承嗣的节度使军队也停止了推进。田承嗣这下可以集中全力对付北路的敌军了。

李宝臣在进攻田承嗣的战争中颇为出力，因而得到了皇帝的慰劳。可惜由于使节的狂妄，使好事变成了坏事。奉使到李宝臣处的宦官是马承倩。李宝臣为了表示对朝廷使节的尊重，派人到马承倩住的地方致意，并奉上礼物。这些宦官在京师为所欲为，见过的多了，对李宝臣的礼物看不上眼，连损带骂，弃置道中。李宝臣看到了马承倩这些举动自然十分不满，他开始考虑到自己一旦消灭田承嗣后的退路，进攻就不太积极了。

田承嗣与李宝臣是同乡，早有拉拢李宝臣之心。他看到李宝臣军延缓了进攻，知道时机到了。他找了石匠来，命其在一块石头上刻上谶语："二帝同功势万全，将田为侣入幽燕。"影射李宝臣必须与田承嗣连手才能成大业。随后他派人将石头秘密地埋在李宝臣的地界内。布置停当后，他派了一个间谍化装成看风水的人，进入李宝臣的辖区。这人到了埋石之处，故作惊讶之色："此处有王气！"李宝臣派人挖掘，果然挖出了一块写有谶语的石头。看着石头上的字，李宝臣表面不动声色，实际却怦然心动，彻夜难眠。

---

① 田承嗣此时才七十二岁，为欺骗李正己他撒了谎。

田承嗣趁热打铁，又派了一名说客，到李宝臣处去游说。说客对李宝臣说："公与朱滔共取沧州，得之则地归国，非公所有。公能舍承嗣之罪，愿以沧州归公。承嗣愿从公取范阳。公以精骑为前锋，承嗣以步兵随后，攻无不克矣。"李宝臣听了拍掌大笑道："如此一来与符谶所说正相合！"于是与田承嗣暗中勾结起来，密图范阳。田承嗣也悄悄地把兵力调往范阳方向上。

范阳镇即幽州镇，治所在幽州，辖幽、蓟、平、檀、妫、燕等州。当李宝臣、田承嗣觊觎幽州时，幽州节度使朱滔还蒙在鼓里。李宝臣对朱滔派来的军使说："听说朱公貌如天神愿得图像观之。"朱滔当然很痛快地把自己的图像派人送到李宝臣处。

李宝臣把图像十分恭敬地置于射堂之上，率将领们共同观赏。一边看，一边啧啧有声地夸道："真神人也！"

朱滔军驻在瓦桥。李宝臣选精骑二千，夜驰三百里奔袭。出发前他对将士们说："一定要抓住貌如射堂图像者。"

朱滔根本没想到一起进攻田承嗣的友军会来这一手，仓促应战，被打得大败而逃。正巧朱滔当天没穿画像所画的衣服，因而未被李宝臣手下将士所识，乘机得脱。李宝臣想乘机取幽州，但朱滔军已提高了警惕，只好等待田承嗣军一起行动。

田承嗣听到李、朱开战的消息，优哉游哉地领兵撤回自己的辖区了。临走他还不忘和李宝臣开玩笑，派人对李宝臣说："石上谶文，吾戏为之耳。"气得李宝臣七窍生烟，但又无可奈何。诸节度使合击田承嗣之战就这样草草收场了。

田承嗣离间李宝臣与朱滔，采取了谶语与说客双管齐下的形式。各类图谶在我国历史上发生过重大影响，是我国历史上各种政治力量、各类政治人物用来扩大自己影响的一个重要手段，对中国历史上的民族心理有过重大作用。深入分析图谶的作用，需要指出的是，在间谍战中，手段的选择要考虑民族心理，直至将领个人的心理。唐末五代神怪、图谶盛行。李宝臣之类武夫轻信田承嗣编造之谶语，与当时社会风俗有较大关系。唐末五代不少赳赳武夫，就是在谶语、符瑞、相法之类的鼓舞下，走上拥兵造反之途的。

间谍工作，归根结底是人在间谍这一特殊领域中的活动。对间谍工作的研究，是以在这一领域中"人"的活动为转移的。因此，对人的文化背景、文化特点的研究，应当占有重要地位。一定的文化构成了某一国家间谍机构活动方式的一定特点，构成了间谍活动打击对象的活动特点。而对文化的研究，又是十分复杂的。因此间谍活动领域中文化因素的研究，是一项需要下很大功夫的基础研究。这方面，美国人在第二次世界大战中对日本人的研究，堪称范例，颇有值得借鉴之处。美国学者本尼迪克特受美情报机关委托完成的《菊花与刀——日本文化的诸模式》一书，成功地为美军决策，提供了日本人的文化心理依据。从这个意义上讲，间谍工作中，学者在书斋里的研究是必不可少的。

另外，李宝臣骗取朱滔之画像也是令人回味的。在两军相搏，主将亲临战阵的古代，将领的图像是重要的战术情报。有了图像就可以在交战中，"擒贼先擒王"，使敌人群龙无首。朱滔对此毫无警惕，说明当时尚未自觉地意识到这一点。当然对于李宝臣突然反戈而击没有丝毫防备，是朱滔上当的主要原因。

第十五节　伪造的书信

公元782年十月的一天，唐德宗李适（公元742—805年）正为下面报上来的一条坏消息震怒不已。这条消息的主要内容是：江南西道节度使唐宗室曹王李皋手下大将伊慎与淮宁节度使李希烈（？—公元786年）暗中勾结，已发现了伊慎写给李希烈的复信。信是在李希烈辖区的地界外拾到的。

说起李希烈，在诸节度使中原来是比较听朝廷命令的一个。他曾奉朝命，督军讨伐不听朝命的山南东道节度使梁崇义。在伊慎的复信被发现之前，朝廷刚刚给他加官晋爵，命其讨伐另一个不听朝命的节度使——淄青节度使李纳。

唐德宗震怒之余又想起了下面前些日子报告的另一条消息：李希烈曾派人赠伊慎以铠甲。唐德宗为防止出事，也为了给李希烈一些颜色，警告其不要有非分之想，命宦官到江南西道去，将伊慎斩首于军中。

伊慎是李皋亲自识拔的将领，李皋认为伊慎绝不会有异志，阻止了宦官执行命令，一面上书为其辩白。唐德宗尚未答复，有群盗三千人侵入江南西道地界。李皋命伊慎杀贼以自明。伊慎作战一向勇敢，他率兵斩杀贼盗数百人凯旋。由于伊慎有此表现，得到了赦免。

其实这全是李希烈布置的圈套。在李希烈率诸军讨伐梁崇义时，伊慎也曾参与其役，在李希烈手下作战。由于伊慎带兵打仗很有一套，引起了李希烈的注意。李希烈早有异志，准备割据称王。伊慎这样的人才，正是他需要着意网罗的。于是他就千方百计想把伊慎留在身边。伊慎却不愿意为李希烈卖命，想办法逃归江南西道。"士不为我用，必先除之"。李希烈对伊慎怀恨在心，先派人赠伊慎铠甲，又让人伪作了伊慎给自己的复信，故意丢失在界外。如果不是李皋用人不疑，伊慎已身首异处了。

就在李希烈奉命讨伐李纳时，他已和李纳秘密搭上了钩。在对抗朝廷这一点上，藩镇是有着某种程度上的利害一致的。其实不止李希烈心怀异志，其他手握兵权的节度使也在准备公开与朝廷对抗了。

这年十一月朱滔、田悦、王武俊、李纳等公开称王，推幽州卢龙军节度使朱滔为盟主，称孤道寡地摆起皇帝的架势。十二月，李希烈也称天下都元帅、太尉、建兴王。

朱滔这一折腾不要紧，其兄朱泚（公元742—784年）在京城处境不妙了。朱泚原为幽州卢龙节度使。代宗时朱泚率军三千人入朝，表示拥护朝廷。为了给桀骜不驯的诸藩镇树个榜样，代宗对其荣宠有加。德宗即位后，对他更是着意拉拢。封其为太子太师、凤翔尹并实封三百户，后又加封太尉、泾原节度使。朱泚入朝后，其弟朱滔代统其众。朱滔在称王的前一年，为了和其兄商量造反大计，派人带了密信给朱泚。密信置于蜡丸中，藏在信使的发髻间。尽管如此，还是在途中为河东节度使马燧手下查获，连人带信押往长安。德宗命人从凤翔召回朱泚，示以密信和信使。朱泚吓得汗出如浆，伏地请罪。德宗说："相去千里，初不同谋，非卿之罪也。"免去了朱泚凤翔尹、泾原节度使等实权职务，保留其他虚衔，并赐以良田名园、金银锦彩。朱泚被剥夺了实权，安置京师，心中非常怨恨。

朱滔等造反后，朱泚一面装出一副韬晦之态，一面窥视良机。机会终于来了。唐朝的武力大部被绊在与造反的节度使军队的作战中。为了加强前方力量，唐朝将朱泚原统率的泾原镇军东调。公元783年十月，泾原军在东征路过长安时哗变，德宗出奔奉天（今陕西乾县）。朱泚被乱军拥立为帝。

德宗逃到奉天后，右仆射同平章事崔宁也到了奉天，德宗召见了他，慰劳有加。崔宁感动之至，觐见出来后对别人说："主上聪明英武，但为卢杞所惑，以至于此。"崔宁这句话很快传到卢杞耳朵里。

卢杞何许人也？他是当时唐朝的宰相。卢杞生得面貌丑陋，心地险恶。他先后排挤、陷害了比他有本事的大臣杨炎、颜真卿、张镒等，爬上了相位，唯恐有人取自己而代之。听了崔宁说的话，他赶紧和王翃策划起陷害崔宁的阴谋来。

王翃对德宗进言："臣与宁俱出京城，宁数下马便液，久之不至，有观望之意。"攻击崔宁想投靠朱泚。朱泚曾下伪诏命崔宁为中书令。王翃指使康湛伪作崔宁致朱泚的书信，呈上德宗。卢杞乘机攻击崔宁与朱泚结盟，约为内应，所以才比别的大臣晚到奉天数日。

德宗听信了卢杞、王翃的诬告，派人杀了崔宁。一时朝廷内外都为崔宁鸣不平。德宗听到了这些议论，才没有对其家属做出处分。

德宗之所以对两封伪造书信深信不疑，除了其完全相信个人的主观判断，独断专行外，进行反间的一方充分利用了其他手段与伪造的书信相配合也是德宗中计的重要原因。另外，进行反间的一方充分利用了当时环境对德宗心理上造成的影响，也是原因之一。内外交困、惶惶不可终日是德宗形成多疑心理的重要因素。而反间计的成败，很大程度上要取决于手段与条件环境的协调、匹配。

第十六节　书信退敌

唐朝中晚期，吐蕃入侵成为主要边患。随着藩镇割据局面的形成，四川日益成为唐朝中央政权的重要财赋来源和支撑局面的"后院"。德宗时，吐蕃对四川的进扰日趋严重，为了看好"后院"，公元785年，德宗派文武兼备的韦皋（公元745—805年）入川，接替张延赏。韦皋的头衔是检校户部尚书兼成都尹、御史大夫、剑南西川节度使。其使命是全权负责四川一带的财赋、军事、民政事宜。

韦皋入川后，果然不负所望，"在蜀二十一年，重赋敛以事月进，卒致蜀土衰竭，时论非之"。由于韦皋不惜让四川"大出血"支持朝廷，所以颇受信任，官越当越大。韦皋虽然在财赋方面搜刮四川，但在军事上却颇有建树，阻止了吐蕃的大规模入侵。

为了与吐蕃作战，据有今四川南部、云南、贵州西部的少数民族政权南诏的动向，就具有十分重要的战略意义。唐政权一直极力扶植南诏，以牵制吐蕃。唐中晚期，国力衰弱，南诏一度归附于吐蕃。但吐蕃对南诏重税暴敛，南诏还要被迫出兵与唐作战，这些都加速了南诏脱离吐蕃。与唐德宗关系密切的唐朝中晚期少见的大谋士李泌（公元722—789年），建议"招云南以断吐蕃右臂。"这一方略得到德宗的同意。韦皋对这一战略方针的实施，采取了非常巧妙的办法。

公元788年十月，韦皋得到消息，吐蕃将出兵十万进攻西川（唐剑南西川镇简称西川，治所在今成都。辖境约为今四川成都平原及其以北以西和雅砻江以东）。吐蕃还命南诏出兵共同攻唐。南诏既不愿攻唐，又害怕吐蕃，出兵数万屯于泸水北，实际上是观望。韦皋针对南诏犹豫不决这一情况，写了一封致南诏王的信。信中盛赞南诏王归附唐朝之诚意。信写好后装入银盒中，由乌蛮（另一少数民族）转致吐蕃。吐蕃当权者看到信后，开始怀疑南诏与唐勾结谋吐蕃，并令吐蕃军二万人驻扎于会川，阻塞了云南通往蜀地的道路。南诏王也大怒，率军回国。这下两家算闹翻了。南诏下决心归附唐朝。吐蕃失去了南诏之助，进攻西川再也不像从前那样占有战略上的主动权了。

以后韦皋接连不断地致书南诏王，并派使者入南诏，终于使南诏王表示愿意作唐朝的藩臣。公元794年初，双方会盟于点苍山。"断吐蕃右臂"的战略计划得以彻底实现。

韦皋离间南诏、吐蕃，是以积极主动的战略间谍行动，破坏敌人联盟的范例。在此之前我们看到过许多以离间之计瓦解敌人同盟的例子，但大多是在面临危机时，随机应变之作。韦皋离间南诏、吐蕃，则是根据既定的"大战略"，积极主动加以实施的战略性谍报活动。

在敌人同盟者势均力敌时，固然容易进行瓦解。在以一个主要的敌人为首胁迫其他弱小国家组成同盟时，这样的同盟在某种条件下更易于离间。原因是在这种情况下弱小国家总是违心地放弃本国既定方针、原有利益，去追随大国。从这个意义上讲，当今国际间谍战略行动的展开，离不开对国际关系的深入分析，对各国利益的精确研究。所谓"知己知彼"，"知彼"主要是知道对方的真正利益所在！

第十七节　宰相之死

宋人所编的古代小说总集——《太平广记》中，收有唐人薛渔思所著《河东记》一书。书中《胡媚儿》一篇，虽不免带有唐人传奇特有的

怪异色彩,但由于是唐人所撰,因而在某种程度上反映了当时藩镇与中央政权之间所进行的激烈间谍战。全文篇幅不长,现照录于下:

唐贞元①中,扬州坊市间,忽有一由妓术丐乞者,不知所从来,自称姓胡,名媚儿,所为颇甚怪异。旬日之后,观者稍稍云集。其所丐求,日获千万。

一旦,怀中出一琉璃瓶子,可受半升。表里烘明,如不隔物,遂置于席上。初谓观者曰:"有人施与满此瓶子,则足矣。"瓶口刚如苇管大。有人与之百钱,投入,铮然有声,则见瓶间大如粟粒。众皆异之。复有人与之千钱,投之如前。又有与万钱者。亦如之。俄有好事人,与之十万、二十万,皆如之。或有以马驴入之瓶中,见人马皆如蝇大,动行如故。须臾,有度支②两税纲③,自扬子院④部轻货数十车至。驻观之,以其一时入,或终不能致将他物往,且谓官物不足疑者。乃谓胡媚儿:"尔能令诸车皆入此中乎?"媚儿曰:"许之则可。"纲⑤曰:"且试之。"媚儿乃微侧瓶口,大喝,诸车辘辘相继,悉入瓶中,瓶中历历行如蚁然。有顷,渐不见。媚儿即跳身瓶中。纲乃大惊,遽取扑破,求之一无所有。从此失媚儿之所在。

后月余日,有人于清河北,逢媚儿,部领车乘,趋东平而去。是时,李师道为东平帅也。

朝廷税收就这样落入李师道之手。这个故事是以真实历史事件为依据的。

唐代节度使对朝廷用间,一曰"收买朝臣"师安禄山之故伎。节度使病故。唐朝廷一般派宦官为使节,前往藩镇探听动向,为节度使的继任人选搜集情报。当朝权臣也利用这一方式来为自己沟通藩镇,控制藩镇服务。唐僖宗时当朝宦官田令孜就多"遣亲信觇藩镇,有不附己者,辄图之。"一个太监居然成为间谍头子。藩镇当然也在这些人身上下功夫。独

---

① 贞元,唐德宗李适的年号。
② 度支,唐代户部中专管收税的官员。
③ 送往中央的地方税收称为纲,唐代杨炎改税制为两税。两税纲,运用两税的车纲。
④ 扬子院,唐代设在南方的税收管理机构。
⑤ 此处指那位官员。

立性大的藩镇,军权、财政、人事大权在手,往往父死子继或由士卒拥立有实力的将领自称"留后"。这些实权人物,往往对朝廷使节赠以财物,加以收买。使节回去后,自然极力为之美言。"以是因循,方镇罕有特命帅守者。"节度使们还对当朝显要加以收买,使之为自己充当耳目或代言人。

二曰"劫夺中央税收或粮饷"。当时江淮乃中央财源之所在。江淮一带的藩镇,很少武人,多为文臣出镇。由于唐朝采取了种种控制措施,因而江淮一带藩镇在经济上支持中央,政治上也很少叛乱,史称"天下藩镇,东南最宁"。有人称这些藩镇为"东南财源型藩镇",很有道理。这些自东南运往关中的财赋、粮饷成为节度使们垂涎之物,往往予以劫夺。自史思明起,就开始了在这方面的明抢暗夺。公元759年三月,郭子仪等九节度使围攻邺城安庆绪叛军。安庆绪军绝粮,已到了捕鼠杀马而食的地步。官军也因久攻不下陷入艰苦境地,指挥权不统一,作战屡遭挫折。当时天下饥馑,粮饷由江淮运来,经并州、汾州,而达唐军防地。史思明督军援救安庆绪。他挑选精壮士兵,伪装成督运粮饷的唐军。运饷民夫稍有迟缓,就予以杀戮。民夫们恐惧万分,纷纷逃亡。运饷车队,舟船聚集之处,史思明手下这些伪装成唐军的士兵往往纵火焚毁。行动后纷纷散去,再凭约定信号联络。唐军巡逻士兵,无法辨别这些间谍。由于粮草不济,诸军乏食,唐军人心不稳,九节度使的军队与史思明在邺城之下决战时,被史思明等打得大败而逃。李希烈与朱滔勾结反叛,"东南转输者,皆不敢由汴渠。自蔡水而上"。

三曰"广布刺客,刺杀重臣"。唐代传奇小说中有《红线》、《聂隐娘》等篇,所反映的就是藩镇网罗刺客,从事这类活动的情况。藩镇以朝臣为耳目,对不利于己的大臣,轻则唆使长安城中的井市之辈以砖头碎瓦痛击之,有的竟狼狈到丧其朝服和大印;重则继之以利剑。胡媚儿也属于此类人物。唐朝中晚期,政治黑暗,有些有才之士投奔藩镇寻求出路。同时藩镇也为不满朝廷的某些人及心怀异志的人提供了立足之地,成为招降纳叛的渊薮。

在介绍了上述背景后,让我们回到李师道的所作所为上来吧。李师道是淄青节度使李正己的孙子。李正己死后其子李纳继为淄青节度使。李纳死后其子李师古继为节度使。李师古死,军中立其异母弟李师道为节度使。李氏三代盘踞,根深蒂固,统治手腕上也很有一套,在当时藩镇中实力较强。

公元814年，彰义军（即淮西军亦称淮宁军，治所在蔡州）节度使吴少阳病死，其子吴元济匿丧不报，自称留后。吴少阳生前招降纳叛，饲养战马，抢掠附近寿州茶山，以充军实。吴元济上台后加紧攻掠附近各州，拒不接受朝命。吴元济凶狠残暴，彰义军内部也将士离心。在这种情况下宰相李吉甫力主对淮西用兵。这年十月，李吉甫病死，唐宪宗李纯（公元778—820年）决定对淮西用兵，以忠武副节度使李光颜为节度使，以严绶为申、光、蔡招讨使督率诸道对淮西进击。

朝廷对淮西用兵，吴元济派人到成德节度使王承宗、淄青节度使李师道处求救。物伤其类之感油然而生，王承宗、李师道分别上表，请赦吴元济之罪。唐宪宗不听他们那一套。唐朝廷征集诸道兵击吴元济，并向李师道征兵，此时李师道却积极地出兵了。

他派大将率军两千人开向寿春，名为讨吴元济，实际是想暗中相助。李师道平时以鲜衣美食，大笔的金钱供养着刺客奸人数十名。这时，这些人中有人给李师道献计："用兵所急，莫过于粮储，今河阴院①积江淮租赋，请潜往焚之。募东都恶少年数百，劫都市，焚宫阙，则朝廷未暇讨蔡，先自救其腹心，此亦救蔡之一奇也。"李师道频频点首，命令照此计施行。从此之后，唐军后方盗贼出没，谣言四起。一天傍晚，有盗数十人攻河阴转运院，杀伤看守粮食钱帛的军士数十人，一把火烧了钱帛三十余万缗匹、谷三万余斛。一时间人心惶惶，群臣纷纷上奏请求罢兵。唐宪宗坚持讨伐淮西，并派力主用兵淮西的中丞裴度前往前线慰劳将士，观察敌我形势。裴度（公元765—839年）是个很有谋略的人。他在观察了双方的态势后，回京奏明唐宪宗，认为必能击灭淮西吴元济。

裴度是公元815年五月回到京师的。六月，一件震撼朝野的谋刺事件险些要了他的命。宰相武元衡和御史中丞裴度是朝廷中实际负责指挥对淮西用兵的核心人物。六月的一天，天尚未亮，武元衡在随从的前呼后拥下从府邸所在地静安里东门而出，去上早朝。这时有人在暗处击灭了随从手中的烛火。随从骑士认为是京城中的醉汉或无赖，予以大声呵斥。可是他想错了，暗地里窜出几条身手敏捷的大汉，以箭射散了随从。这些大汉牵着武元衡的坐骑走了十几步，到了暗处刺杀了武元衡并取走了他的首级。

---

① 河阴转运院，唐朝税收管理机构。

接着这伙人又到了通化坊裴度的住处，刺杀裴度。裴度被暴徒以刀伤其头，但因为头上戴的毡帽很厚，得以保住性命。裴度的随从王义从后面抱住对裴度行刺的暴徒，大声呼救。暴徒砍断了王义的胳膊逃跑了。

这时街上赶早朝的官员和过往行人已发现了武元衡的尸体。血流如注，头却不见了。城里乱成了一锅粥，"宰相被杀"的消息很快传到宫中，宪宗震惊，为之罢朝，以示悼念。

堂堂宰相在京师被刺，弄得朝廷上下惊恐不安。宪宗下诏，命宰相出入必须由金吾骑士弓上弦刀出鞘地加以护卫，所经街道要严加搜索。京师城门也增加卫兵，对过往行人严加盘查。凡相貌粗鲁，身材魁梧，操燕赵之音者，一律抓起来进行审问。大约古来燕赵多慷慨悲歌之士，其人有任侠之传统。"安史之乱"起自燕赵，"河北三镇"又都独立于中央，其节度使是安、史的旧部，所以特别注意盘查。朝臣们鉴于宰相被刺，更担心自己的生命，以至于不敢天亮前上朝。宪宗在御殿久坐，朝臣还没有到齐。兵部侍郎许孟容上奏宪宗："自古未有宰相横尸路隅而盗不获者，此朝廷之辱也。"他还奏请以裴度为相，诏示天下，搜捕贼党，并标出高赏格，"获贼者赏钱万缗，官五品，敢藏匿者，举家族之。"于是大索京师，公卿家有夹壁墙者一律检查。可谓布下了地网天罗。

但就在这时，刺客好像故意要开一下官府的玩笑，写信给负责搜捕的左右金吾、京师地方官说："勿急捕我，我先杀汝。"官吏们拼命搜捕，所获线索甚少。只有神策将军王士则等不知从何处侦知成德军节度使王承宗派其驻京的军士张晏等刺杀武元衡。张晏等人住在成德军进奏院（成德军驻京的办事处），平时行为不端，早已引起了官员的怀疑。宪宗命捕张晏等人，由京兆尹裴斌、监察御史陈中师等进行审问。宪宗还出示了王承宗攻击武元衡，为吴元济开脱的表章，以示王承宗必与此事有牵连。即便到了这个地步，姑息王承宗之声，仍不绝于朝。有人请罢裴度，以安诸藩镇之心。宪宗大怒说："吾用度一人，足破二贼！"提升裴度为宰相，委以对淮西用兵的全权。藩镇把一个才干、谋略远胜于武元衡的人，推到了历史舞台上担当大任。

张晏等五人经审讯后斩首，与其有关系的十四人也被杀掉。但事情是否这么简单，有人怀疑。唐宪宗却着眼于安定人心和威慑藩镇，决定先杀了再说。

八月，唐军节节胜利，战斗在东都洛阳附近进行。这时李师道派驻东都的留后院驻东都办事处内异常繁忙。各类人从淄青道络绎而来。由于是节度使的公开使者，李师道与朝廷又未公开抓破脸，守城的官吏不敢对这些人进行盘查、讯问。为了防备淮西兵进犯，唐军主力驻扎在伊阙，东都城内空虚。李师道的留后院内聚兵达百余人，他们奉命焚烧东都宫阙，纵兵杀掠，也就是进一步实施李师道牵制唐军的计划。这些人杀猪宰牛，准备第二天发动突袭。有两名留后院中小将到东都留守吕元膺处告发了这一阴谋。吕元膺吓得出了一身冷汗，立即命人把伊阙的部队调回一部分，包围了留后院。留后院内这伙亡命之徒拼死突围。唐军竟不敢紧追，只是远远跟着，目送群贼身影隐没于城外嵩山的密林之中。

　　东都的百姓被吓得人心惶惶。由于东都守军兵少力弱，吕元膺不得不坐在皇城门上，做出一副从容不迫的样子进行指挥，以安人心。

　　暴徒们潜往山中何处呢？东都西南接邓州（辖境相当于今河南伏牛山以南的丹江、湍江、白河流域）、虢州（辖境相当今河南西部，灵宝、栾氏以西，伏牛山以北地区），皆高山密林。百姓强悍，以打猎为生，称之为"山棚"。吕元膺出重赏鼓励军民捕贼。数日之后，有一"山棚"打猎而归，被暴徒抢走了猎物。"山棚"召集同伴和官军前往搜捕。在山谷无意中破获了李师道精心经营的间谍活动据点，并捕获了其首脑人物——中岳寺僧人圆净。

　　李师道经营这个据点可谓费尽心机。李师道先是以大笔金钱在伊阙、陆浑之间购买田产十余处，以拉拢"山棚"。有訾嘉珍、门察等人为圆净所收买，成了他的助手。圆净则更是大有来历，他是史思明旧将，凶悍有力。他受李师道之托，以钱千万修治嵩山佛光寺，实际上是在山中建立了一个间谍活动据点。以这个据点为中心，他展开了积极的间谍活动，先后收买、拉拢了唐军留守防御将二人、都亭驿卒五人、甘水驿卒三人。这些人都接受了李师道封的官职，为圆净充当耳目。从这些人的位置可以看出，圆净已建立了一个情报搜集、传递网。圆净和訾嘉珍、门察等人相约，城中一动手，圆净就在山中举火，联络受其拉拢、收买的"山棚"往里冲，里应外合。

　　圆净被捕后，官军士兵想以锤击断他的脚骨，但士兵费了很大劲儿，竟没有击断。圆净此时已是八十岁的老翁，但凶暴不减当年，他二目圆睁大骂这些士兵："鼠子折人脚犹不能，敢称健儿乎！"自己把脚放在石头上，让士兵击断。临刑时仰天长叹："误我事，不得使洛城流血！"真乃悍贼巨盗！与圆净一起被捕并被砍头的党羽有数十人。通过审讯訾嘉珍、门察，官府才知道李师道是谋杀武元衡的主谋。当王承宗手下刺客被捕后，李师道派去的刺客十四人都悄然而返。然而这一事件仍然不明朗，究竟是王、李两家刺客同时行动，还是分别行动呢？唐宪宗顾不上深入调查事情始末，因为此时对吴元济的征讨正进入关键时刻，所以对李师道并未明令讨伐。

李师道的秘密据点虽然被破获，但奇怪的事情仍然在唐军后方频频发生，公元815年十月，李师道手下的间谍放火烧了存放军粮的柏崖仓。十一月，淮西军屡战屡败。为了牵制唐军，李师道手下的间谍又焚烧了襄州佛寺的军储。唐朝廷不得不把军食集中于京师，严加防范。接着献陵（唐高祖李渊陵）寝宫被烧。公元816年初，建陵（唐肃宗李亨陵）门戟四十七支被折断。李师道的手下居然折腾到皇帝祖宗头上去了。

唐宪宗十分恼火。命令把守潼关的将领，对入关的商贾行人严加盘查，携带的行李一律打开仔细检查。尽管如此，仍未能阻止间谍入关。唐军后方和京师附近仍不时地发生一些破坏活动，间谍们以"流矢飞书"散布谣言，制造恐慌气氛。宪宗不得不拿出中国历代帝王管理治安的法宝，命京师居民五家相保，以防间谍。

公元817年十月，唐军在李愬率领下，以迅雷不及掩耳之势攻克蔡州，生擒吴元济。淮西平定了，唐军的兵锋转向淄青。

公元819年初，唐军攻克郓州（淄青镇治所，今山东东平县西北）。李师道为部将刘悟所杀。淄青十二州尽归朝廷，结束了多年割据局面。统率唐军进攻的田弘正检阅李师道的文书、档案，发现了赏杀武元衡的刺客王士元的记录。同时发现的还有赏潼关、蒲津吏卒的记录。这时宪宗才恍然大悟，原来李师道早已收买了把守潼关等要道的吏卒，所以其间谍才不断潜入京师附近作案，而且屡禁不止。看来刺杀武元衡之事已经完全明朗了，然而结案时又出现了一个小波折。

田弘正将文书、档案上所载参与刺杀武元衡的刺客十六人，押送京师。经御史台审讯，刺客都伏罪。京兆尹崔元略却有些疑问，他以武元衡被刺时的情况询问刺客，回答各不相同。再进一步讯问，刺客们才讲实话。原来李师道和王承宗都派了刺客到京师，双方约好共同行刺武元衡。行刺之时，王士元等晚到了一会儿，听说成德镇派来的人已成功地刺死了武元衡。于是这些人乐得坐享其成，回去邀功请赏。被唐军捉住后，他们认为反正是谋刺罪，终不免一死，于是一概承认了。崔元略将情况上报宪宗，宪宗也不去分辨罪行轻重，仍旧统统一杀了之。刺客们倒是想对了。为这些间谍所扰的宪宗大概觉得即便如此，也不足以发泄祖宗山陵被毁的心头之恨吧！刺杀武元衡之事至此才算水落石出。

李师道针对唐朝廷展开的大规模间谍活动，是为其分裂、割据目的服务的。从这一点看，毫无进步意义。但是从其用间的谋略上看，却标志着我国古代史上间谍活动达到的一个新水平。在前面我们已经看到了利用间谍打入敌人内部，培植代理人，进行分裂、离间、瓦解的间谍战略。在李师道的谍报活动中我们又看到了一种新的间谍战略，那就是以间谍开展大规模的破坏活动，扰乱敌人部署的战略。

其战略有四种实施方式：其一，以间谍破坏敌人后方粮草、钱帛的囤积，从经济上进行破坏。其二，从心理上影响敌人。以"流矢飞书"造谣等手段影响百姓。需要特别提出的是以破坏皇陵来刺激皇帝的心理，使之做出错误决策。虽然没达到目的，但这一目标的选择是十分得当、十分敏感。其三，刺杀主战的重要人物。其四，以突然行动夺取敌人的后方重镇。第三、第四两种方式在实施中虽然失败大于成功，但是应当看到其组织策划之严密，是动了相当脑筋的。

李师道如果能利用当时唐朝廷内部之腐败，收买或拉拢宦官，也许能有更大成效。也就是说，节度使们在开展间谍活动时，志在割据未能远谋。只是为阻止、遏制唐军平藩的军事行动，并非以推翻整个唐朝统治为目的。目标有限，决定了整个战略实施时的局限。从战略的整体上看是防守的，从战略的具体战术实施上看才是进攻的。当然最终还是军事力量决定了这场战争的胜负。

在当今世界间谍战中，多是把两种间谍战略结合起来进行的。这样方能收内外呼应，攻防兼备之效。需要特别指出的是，以间谍组织展开大规模的经济、军事、心理等方面的破坏、干扰活动，在李师道等人的全盘谋划中，是作为一种战略手段予以运用的。

美国学者赫尔曼·康恩为其逐步升级的战略列出了一个"梯级反应表"："这架梯子共分以下十六级：十六、战后余波；十五、某种'全面'战争；十四、'全部'疏散；十三、非局部有限战争；十二、有控制局部战争；十一、声势浩大的显示武力；十、超级准备状态；九、有限疏散；八、紧张的危机；七、有限的军事对垒；六、暴力行动；五、适当动员；

四、显示武力;三、政治、外交和经济姿态;二、'危机';一、潜伏危机的分歧。"康恩这个表,实际上反映了"大战略"中各种手段的应用,及其应用范围。其实孙子在其不朽著作《孙子兵法》中早已提出了逐步升级的"大战略"理论。他说:"故上兵伐谋,其次伐交,其次伐兵,其下攻城。"应该说这是世界上最早表述的在对抗中逐步升级,逐步变换对抗手段的战略思想。康恩的"梯级反应表",反映了现代冲突中,手段变化情况下的各种选择,较孙子的大致设想当然是更精细了。但是,他并未充分考虑间谍手段在大战略中的战略地位和作用。

确切地说在"伐谋"、"伐交"之际,对抗双方尚不处于一种以国家正式武力直接对抗的状态,仅仅是处于剑拔弩张的"类战争"状态。"伐谋"包括以政治、经济手段相抗衡,也包括间谍战。间谍战作为一种战略手段的运用,可以说贯穿了各个战略升级阶梯。以康恩的十六个阶梯论,从第一个至第十一个阶梯必须以掌握敌人的心理、意向为前提,后几个阶梯也必须及时掌握敌人的动向。另外,以间谍活动开展各类重大破坏、干扰活动,本身也构成了一个战略升级阶梯。这一阶梯我认为应在第五与第六阶梯之间。也即正式动用军事力量之前,"纯"政治、外交手段无效之后,对于较弱的敌手,这常常奏效。

在以间谍手段进行对抗时,又可以分成几个小阶梯。首先是以各种战略假象迷惑敌人、蒙蔽敌人,导致其做出错误的判断;其次是以间谍打入敌人内部进行分化、瓦解,导致其做出有利于我方的决策。这两个阶梯还是在温文尔雅的外衣下进行较量的,主要与"伐谋"、"伐交"相配合。第三个阶梯则是以间谍从事对重大战略目标的破坏,对敌方关键的领导人进行暗杀,对敌人民众心理的干扰、煽动。这一阶梯已是战争的前奏,甚至是配合军事行动了。不过其目标仍是以谋略取胜,在敌我力量相差悬殊时尤其如此。

进入21世纪后,随着技术手段的迅速提高,网络对于社会影响力无孔不入,作为间谍个人(以及恐怖主义分子、特种部队,等等)从事破坏或其他干扰活动的能力和空间空前扩大,个人因素已经成为战略因素。间谍手段作为战略工具如何运用,是值得深入研究的重大课题。

在商战中,如何避免敌对或竞争对手以特殊手段发动的攻势,也成为企业家必须予以关注的经营战略问题。发达国家许多大企业都建立有专门的防间谍、防恐怖袭击的机构,并且与国家情报部门有各种合作。我国大企业也须设立相应的对策部门，否则就会在对手出其不意的特殊攻势打击下，一蹶不振。①

第十八节　智擒吴元济

　　就在李师道以间谍对唐军进行牵制之时，讨伐吴元济的正面战场上捷报频传，但进展不大。之所以出现这种情况，是因为各路将领动辄夸大战功，对失败却隐匿不报。唐朝中晚期实行由宦官作为监军随将领一起出兵的制度，这也影响了唐军作战能力。另外唐军实际上有一部分掌握在自成系统的节度使手中，无法实施严密的统一指挥。因此唐军讨伐吴元济之战从公元814年十月起，至公元816年六月，唐隋邓节度使高霞寓在铁城大败于吴元济军，一直未取得决定性进展，以致朝臣中出现"罢兵"之议。唐宪宗力排众议，独用裴度之言，贬高霞寓为归州刺史，走马换将，继续讨伐淮西。在这种情况下，同年十二月太子詹事李愬（公元773—821年）被任命为隋邓节度使，走上了平定藩镇的军事斗争舞台。

　　李愬字元直，是唐中期名将李晟之子。李晟曾率军平定朱泚叛据长安之乱，并多次率军讨伐藩镇。在抗击吐蕃入侵中，李晟也屡建战功。李愬有谋略，善骑射，曾出任地方官，颇有政绩。由于其担任太子詹事等官，又为宪宗所知。因此当唐军另一统帅袁滋督师不力时，李愬上表自请讨贼，宰相李逢吉也极力举荐，李愬走上了与藩镇斗争的第一线。

　　公元817年初，唐朝廷贬袁滋为抚州刺史，李愬到了唐州军中。当时唐军新败，士无斗志。李愬到军中后，对士兵们说："天子知愬柔懦能忍耻，故让我来安慰你们。至于战攻进取非我事也。"李愬巡行各营，探视受伤士卒，命人给生病的士兵细心医治。有人因李愬不先整顿军纪，颇有怨言。李愬说："我非不知也。袁尚书（袁滋）以恩义怀柔敌军，敌军轻视他。听说我到了，必定增强防卫。我故意示以不善治军，他们必定以我为懦而放松警惕。那时才有机可乘。"吴元济连败高、袁二帅，听道李愬这个无能之辈来统大军，渐渐放松了戒备。

　　李愬一边训练、安抚士兵，一边了解吴元济军的情况。由于李愬爱兵如子，士兵乐意为其所用，渐渐地战斗力提高了，斗志颇盛。李愬看到吴

---

① 例如，一则网络谣言，即便最后予以澄清，也可能使企业销售受到长久影响。

元济已渐渐放松了戒备，于是请求宪宗增兵，并加速修理军械，准备突袭蔡州。这时唐军抓住了吴元济的骁将捉生虞侯丁士良。丁士良经常率军侵掠，唐军将领都主张杀掉他。李愬也同意了，在行刑前，他召丁士良问话，丁士良毫无惧色。李愬说："真丈夫也。"命人松绑，并任命他为捉生将。丁士良表示"请尽死以报德"。丁士良建议李愬拿下驻扎于文城栅的吴秀琳军。吴秀琳有勇无谋，全靠陈士洽出主意。丁士良表示愿意亲自去擒陈士洽。丁士良很快就擒住了陈士洽。三月，吴秀琳率部三千人投降。李愬收用了吴秀琳手下智勇兼备的将领李宪，更其名为忠义。

文城栅一失，如断吴元济左臂。唐军士气大振。吴元济军中人心动摇，士兵纷纷来降。李愬根据他们意愿予以安置，家中有父母者还赠以钱粮。吴军投降士兵均感激涕零。接着李愬又攻下了马鞍山、路口栅、郾城、冶炉城、楚城、喜城等地。

李愬每攻下一地，必亲自讯问降卒敌军虚实。由于李愬对敌军投降之人的宽大政策，敌士卒均愿意尽其所知相告。李愬掌握了敌军的详细情报。

吴秀琳对李愬予以的厚待，非常感激。他为李愬筹划攻取蔡州之策时说："公欲取蔡州，非李佑不可。"李佑是淮西骑将，有胆略。李愬用计捉住了李佑。李愬手下将士因李佑平时杀死过不少唐军，都想杀了他。李愬不许，并对李佑待以客礼。李佑为之感动，表示愿意归降。这样李愬突袭蔡州的计划，就得到李佑、李忠义两名降将的协助策划。李愬和这两人密商作战方略往往到深夜，其他唐军将领却不得参与、过问此事，可谓信之不疑了。

李愬重用李佑，引起了唐军将士的不满。有人说李佑是间谍，并说抓到的敌人间谍也证明了他是间谍。李愬恐这些谣言为宪宗所轻信，把李佑押解京师，同时密表保李佑无事，并称"若杀佑，则无以成功"。宪宗释放李佑回到军中。李愬见李佑返营，十分高兴，令其佩刀巡警，出入帐中，他与李佑同宿，议论伐吴元济之事通宵达旦。随后他又任李佑为六院兵马使。

吴元济经常派出间谍侦视唐军情况。唐军原有军令："舍贼谍者，屠其家。"以防军人与敌谍勾结。李愬废除了这条军令。命令所部官员对敌谍予以厚待。敌人的间谍为唐军所感召，纷纷向李愬提供吴元济的情报。李愬对敌军中的虚实更加清楚了。

李愬派兵攻朗山，吴元济派兵救援，未能攻下。大家都有些怅然，只有李愬很高兴："这是我的计策啊！"他在军中募敢死之士三千人，号"突将"，日夜训练，准备袭蔡。

这年八月，朝廷中又发生了一次关于淮西是否"罢兵"的争论。宰相李逢吉等认为"师老财竭"，应当"罢兵"。裴度却认为吴元济已是强弩之末，只要坚持一下，定可平定淮西，并自请到前线督师。宪宗采纳了裴度的意见，授其以全权指挥诸军。裴度到军中后，首先奏明宪宗，取消了唐军中由宦官担任的监军的大权，防止宦官对将领掣肘争功，使指挥权归于将领，让他们放手大干。同时严肃军纪，统一号令。在此之前，唐军还暂时放弃了对王承宗等其他藩镇的征讨，集中全力对付淮西。平定淮西的条件基本成熟了。

九月，唐军攻克了吴房之外城，杀敌千人。诸将劝李愬乘机攻下吴房，李愬说："非我计也。"率军回营。李祐在撤军后对李愬建议："蔡之精兵，皆在洄曲及边境拒守。守蔡州城的多为老弱之卒。可乘虚直抵其城。待其他贼将知之，吴元济已成擒矣。"

十月，裴度亲临战场督师，加快了唐军进攻速度。李愬决定对蔡州发动准备已久的致命一击。他命李祐、李忠义率突骑三千人为先锋，他和监军率三千人为中军，李进诚率三千人殿后。大军出发后，将士皆不明行动方向。李愬说："只管东行就是了。"东行六十里，唐军夜至张柴村，尽杀吴元济军的戍卒和烽卒（看守烽火，报警并传递情报的士兵）。在张柴村，唐军休息了一下。李愬命留五百唐军切断蔡州与洄曲之间的联系，破坏沿途桥梁。然后全军尽发，将士此时才知道是到蔡州去。众将大惊失色，监军甚至尖着嗓子哭起来："这下可中了李愬之计了。"

当夜朔风怒吼，大雪飞扬，冻死的唐军人马不绝于途。漆黑的夜幕中，道路崎岖难行。唐军从未走过这条路，人人都认为此去不会回来了。但由于李愬军令森严，只好咬紧牙关，在严寒中行进。夜半雪越下越大，唐军已奔袭了七十里到了蔡州城下。城外有百姓养鸭、鹅的池子。李愬命人把鸭、鹅赶得乱飞乱叫，掩盖了唐军行动。四更天，唐军掩至城下，蔡州无一人知道。

李祐、李忠义率先登城，尽杀守门和打更巡逻的士兵，并由唐军士兵打更巡逻如故。唐军由大门悄然而入。天一亮，李愬进入吴元济外宅。有人告诉吴元济："唐军来了。"吴元济不以为然。后来又屡有人报唐军动静,吴元济才起床立于院中,外面已到处是唐军在呼喊传令了。吴元济率亲信登牙城还想顽抗。李愬早猜到了他想等待驻守洄曲的董质率精兵万人回援。李愬命人对董质的家属予以优待,并派人给董质送信劝降。董质单骑赴唐军归降。此时唐军也攻破牙城的外门。吴元济不得不束手就擒。李愬将其押送京师。

战斗结束后,李愬回答了部下不解的几个问题:"朗山不利,则敌轻我而不做防备了。取吴房则其众奔蔡并力固守,所以暂时留下吴房以分其势。风雪阴晦,则烽火不接,不知我至矣。孤军深入,则人皆死战,战力倍增矣。"众将这才恍然大悟。

李愬取蔡州,固然得力于裴度在政治上的支持和统揽全局,李愬具体运筹策划、指挥也是十分重要的。

李愬的运筹策划中突出的一个方面是全面地掌握敌人情况,多方以欺敌,全面掩饰战略意图,所以一举攻下蔡州,犹如怀胎十月后一朝分娩。而其掌握敌情的最突出一点又是多方怀柔,争取敌人降将、间谍。系统掌握敌人战斗力状况、实力分布、战略格局等方面情况。

其攻取蔡州的全部计划与李祐有重大关系。在攻取蔡州中立了大功的又是李祐与李忠义两员降将。

难能可贵的是,李愬自觉地把争取敌人降将、间谍的工作,贯彻于战争始终。

从另一面看,吴元济骄傲自大看不起李愬,并为李愬的几次行动所骗,是他失败的重要原因。对己方将领为敌人所获,应当从战略情报、战术情报的损失上做充分估价。否则,吴元济的下场是不足为奇的。正因为其骄傲自大,才在自己重要将领先后被擒后,仍然维持原来的战略态势。这样就必然为对其情况了如指掌的李愬所击败。

另外李愬在进军途中所采取的对行动进行保密、掩护的措施,也反映了李愬作为一员良将,对于情报可能泄露而保持的高度警惕。严格保守自己行动的秘密,是良将的必备素质。

第十九节 巧调两镇雄兵

公元 809 年十月,唐宪宗下令削去成德节度使王承宗的职位,命宦官吐突承璀为招抚使统率禁军前往征讨。同时诏告天下,号召其他藩镇进讨王承宗。

　　对朝廷这一举措，割地称雄的诸藩镇各有鬼胎。魏博节度使田季安听到这一消息，有兔死狐悲之感。他召集部下宣称："王师不越河（黄河）已有二十五年了。现在要越过我们的地界①去攻打王承宗。王承宗如果顶不住，我们也就完了，诸位有什么好办法？"有一将领站出来说："愿借骑兵五千，为您解忧！"田季安听了大声夸奖："将军气冲斗牛。我决定出兵。有敢劝阻者斩！"魏博军队厉兵秣马准备出兵。

　　恰巧此时幽州节度使刘济的使者谭忠，正在魏博逗留。他听到这一消息后，马上求见田季安。他对田季安说："如果按照那位将军的想法办，是把天下的军队都引向魏博。为什么这样讲呢？现在王师征伐王承宗，不派有经验的老将而派宦官为统帅，不调集天下军队而出动朝廷的主力，这是天子要显示自己的力量，以示威于臣下（指诸藩镇）。如果天子之军未到王承宗处，而先败于魏博，那天子的脸面何在？天子的脸上无光，必定要大为震怒，并力图雪耻。那时一定会命有谋略的大臣为之策划，由有经验的善战之将带兵，以精兵再次渡河。因为上次败给了魏博，再次兴兵就会锋芒直指魏博了。"田季安听了，觉得有道理，就问他："那您说当如何处之呢？"谭忠说："王师经过魏博时，您派人好好地犒劳王师。同时以主力压向王承宗的边境，扬言讨伐王承宗。可暗中派人给王承宗送去书信，表示魏博并不真心与王承宗为敌。只要王承宗能退出一城，让魏博向朝廷报捷就可以了。这样您既不得罪王承宗，又不得罪朝廷，您不就立于不败之地了吗？"田季安以手拍额高兴地称赞道："妙啊！先生此时到魏博来，是老天照顾魏博啊！"于是依计而行。

　　经田季安与王承宗一番策划，魏博军"攻占"了王承宗的辖地堂阳。然后就不再推进了。

　　谭忠回到幽州后，想挑动幽州节度使刘济攻打王承宗。刘济见到唐宪宗诏告天下的诏书后，召集众将开会，议论是否进攻王承宗的问题。他说："天子知道我与王承宗有仇，必定会命我进讨王承宗。王承宗必定也对我有所提防。讨与不讨，哪个有利？"谭忠说："天子不会让您进讨王承宗，王承宗也不会提防您。"刘济勃然变色："你还不如直说，刘济和王承宗一起造反呢！"命人把谭忠下到狱中。过了几天，朝廷果然又来了

---

① 魏博在成德之南，位于唐军攻王承宗的必经之路上。

诏书，命刘济专心守卫北境，防止突厥等的入侵，以使朝廷能专心对付王承宗。刘济派往王承宗处的间谍也回来报告，王承宗对刘济果然未做防备。

刘济佩服谭忠的先见之明，命人放他出来，并向他请教。谭忠说："卢从史（昭义节度使）表面上和我们交好，内心却很提防我们。他表面上和王承宗不和，暗中却勾得很紧。他为王承宗出谋划策，幽州镇虽然与成德镇有仇，但以成德为屏障。因此一定不会进攻成德，所以不必提防幽州的军队。一来与幽州镇表示友好；二来使朝廷怀疑幽州镇。王承宗既已对我们不加防备，卢从史就派人到朝廷报告，幽州镇与成德镇勾结。所以我知道天子一定会让您专心防守北境，不让您讨伐王承宗，王承宗也不会对幽州设防了。"刘济问："现在怎么办？"谭忠说："现在天子讨伐王承宗。您以幽州雄兵坐视不动，这样正中了卢从史之计，钻进了他的圈套。卢从史既可以幽州来讨好于王承宗，又使您在朝廷那儿获得了不忠的名声。幽州镇两头不落好，反而使天下人议论纷纷，请您深思啊！"刘济说："我明白了。"

第二天，刘济下令："五天之内全军出动，攻打王承宗。"公元810年初，刘济率兵七万人向王承宗展开进攻。当时其他节度使都拥兵观望。刘济却率军接连攻下了王承宗军驻守的饶阳、束鹿等地。

唐宪宗对王承宗发起的这场攻势，虽然由于诸节度使心怀异志，未获什么成果。但谭忠以一牙将游说于诸藩镇之间，用如簧之舌调动了两镇军队，在间谍战中演出了精彩的一幕。

谭忠的游说颇有战国游士之风。对田季安，他主要是针对魏博与朝廷的利害关系下说辞；对刘济，他既讲了利害关系，又利用了刘济对朝廷尚存的一点儿忠心。在进行游说时，站在对方立场上，从对方的利害出发进行种种设想，然后再晓之以利害，开导以种种解决问题之"办法"，是这类游说能取得成功的关键。在利害关系环环相扣，呈现错综复杂的状态时，也正是这种谋略性游说能够得逞的时候。

第二十节　前后两节度

李愬善待敌军将领、间谍，取得了平定吴元济割据势力的胜利。与此成鲜明对照的是，唐西川节度使杜元颖因虐待自己的士兵而导致了南诏入侵。

南诏是唐代存在于我国西南部的以乌蛮、白蛮为主体建立的奴隶主地方政权。其辖区在全盛时包括今云南、四川南部、贵州西部。南诏原为六诏①，即施浪诏、浪穹诏、邓赕诏、越析诏、蒙嶲诏、蒙舍诏。其中实力较强的蒙舍诏在唐朝支持下先后吞并了其他五诏。公元738年，蒙舍诏首领皮逻阁被唐朝册封为云南王、越国公，赐名蒙归义。皮逻阁定都大和城（今云南大理县），正式建立了南诏。唐朝扶植南诏，原意在利用其对付吐蕃。南诏势力强大后曾一度与吐蕃联合起来，反而对唐朝构成威胁。后来由于吐蕃对南诏的征敛苛重，南诏又与唐联合对抗吐蕃。从南诏与唐的关系看，双方保持友好关系的时期较战争时期长，南诏由于引进了唐朝的先进文化、技术而获益匪浅。人民之间的往来非常频繁。

到了唐朝晚期，由于唐朝力量衰微，南诏的统治者又生觊觎之心。唐西川节度使杜元颖治理无能，更为南诏入侵创造了条件。

杜元颖是唐穆宗李恒（公元795—824年）时的宰相。由于曾身居高位，因而专以高谈阔论为能事，对地方行政和边疆军事并不通晓。他上任后，专事积蓄钱粮，为此而削减了士兵的衣服、口粮供给。西南边境驻防的士兵由于衣食不足，纷纷进入南诏境内抢掠，以解决衣食问题。南诏此时执政的是权臣王嵯巅。王嵯巅是一个凶残的奴隶主贵族代表人物，他杀死了南诏国王劝龙晟，把其弟劝龙利捧上台。他自己被封为"大容"，意为国王兄长，实权全在他手中。② 唐军士兵入境寻觅衣食，南诏命百姓主动提供衣食。当然这是有条件的，唐军士兵要提供情报。这对苦于饥寒的唐军士兵是不成什么问题的。于是蜀中动静完全为南诏所掌握。

对于王嵯巅的入侵企图，唐朝地方官吏和驻军将领也有所察觉，并上报杜元颖。杜元颖对此置之不理。由于杜元颖毫无警惕，边境上工事毁坏，侦察、通信制度松弛。

公元829年十一月，王嵯巅率南诏军进犯唐朝边境。由于杜元颖的无能，南诏军在边境没遇到什么重大抵抗，就以唐军士兵为向导长驱直入，很快攻陷了嶲（今四川西昌）、戎（今四川宜宾）二州。南诏军接着又大败唐军于邛州（今四川邛崃），很快杀到了成都城下。杜元颖事到临头，

---

① 诏即当地对王的称呼，六诏即六个部落。
② 参见《南诏史话》。

职责所在，只好硬起头皮守城。南诏军很快攻陷了外城，杜元颖退守牙城。被南诏军的气势所吓倒，杜元颖曾四次企图弃城而逃。

唐朝命东川节度使郭钊为西川节度使兼权东川节度事，贬杜元颖为邵州刺史。接着又命董重质率军入援，郭钊部实力与南诏军相去甚远，郭钊只好写信斥责王嵯颠。王嵯颠回信说："杜元颖侵扰我，故兴兵报之耳。"对郭钊表示愿意修好，并很快撤军。

南诏军刚攻下成都外城时，曾安抚百姓。到撤退时，突然大掠子女百工数万人及财物甚多。应当说王嵯颠这一举动虽然十分残酷，但对南诏发展却有很大促进作用。从这之后，南诏的手工业产品可以与蜀中产品相媲美。

撤军后，王嵯颠上表唐朝，表称："一向称臣纳贡，岂敢犯边。正因杜元颖不恤军士，士卒怨苦元颖，竟为向导，祈我此行，以诛虐帅。诛之不遂，无以慰蜀士之心，愿陛下诛之。"这完全是为自己入侵辩护，但也从另一面说明了杜元颖"不恤士卒"的恶果。唐朝再贬杜元颖为循州司马。郭钊到成都与南诏使节立约，双方不相侵扰。

南诏军虽然退出了，但造成的创痛至深。人民仍没有安全感，边境工事残破，士卒缺乏训练，人数又少。对边境地区的整顿、恢复，是十分繁重的任务。西川节度使郭钊因为有病不胜繁剧，上表求代。唐朝派李德裕为西川节度使，足见唐朝对西南防务的重视。

李德裕（公元787—850年）字文饶，是唐朝晚期的能干之臣。其父李吉甫曾任唐朝宰相，力主削平藩镇，并著有《元和郡县志》等书。李德裕子承父业，好读书但无意科举，在从政上也颇有一套。在入蜀任西川节度使前，曾任浙西观察使长达八年之久，颇有政绩。唐文宗李昂（公元809—840年）即位后，李德裕奉调入京为兵部侍郎，后由裴度举荐拜相。旋即为李宗闵、牛僧孺所排挤罢相，由此外调西川节度使。

李德裕以宰相之尊外放西川节度使，固然是左迁，但也反映了当时边境非用能臣不可的局面。李德裕无论从资历、能力和经验上，都足以担此重任。

公元830年十月，李德裕入蜀。到任后李德裕在边境上修筑筹边楼，加强防御工事。他还绘制了蜀地形图。为了弄清边境敌人的情况，李德裕召请长期驻守南诏、吐蕃边界的"老于军旅习边事者"，不论是士兵还是少数民族的百姓，李德裕一律以礼待之，不耻下问，"访以山川、城邑、道路险易、广狭远近。"不过一个月，李德裕已如亲临边境一样，对边境的情况了如指掌。唐文宗命李德裕征发民夫修塞清溪关，以断南诏入寇之路。李德裕上奏："臣访之蜀中老将，清溪之旁，大路有三，其余小径无数。若言可塞是欺骗朝廷。如果在大渡水（即大渡河）北更筑一城，逶迤接黎州，以大兵守之方可。况闻南诏以所掠蜀人二千及金帛赠送吐蕃，若使二房知蜀虚实，连兵入寇，诚可深虑。建议塞清溪关者，并不担守土之责。愿朝廷留其奏议备案。他日事情不可收拾，不应让臣一人独当国法。"

　　李德裕的上奏有理有据，远在长安的文宗君臣经过议论，认为应当按李德裕的意见办。于是李德裕修复城堡，训练士卒，囤积粮草，使边防日益完备。他还派人入南诏，要回了被南诏所掠的工匠、僧、道四千余人。

　　维州（治所在薛城，辖境相当于今四川理县）地接吐蕃，"东望成都如在井底"，是西蜀控吐蕃之要地。河、陇一带沦陷于吐蕃后，只有维州还在唐军手中。为了夺取维州，吐蕃颇费了一番心思。他们把吐蕃的一名妇女嫁给维州看守城门的人。二十年后这名妇女所生的两个孩子已长大成人。吐蕃军进攻时，这两人为内应，使维州陷于吐蕃。吐蕃占领维州城后，更其名为无忧城，可见其地位之重要。

　　李德裕镇蜀时，维州吐蕃守将悉恒谋派人来请求以城降。李德裕认为，唐军曾以大军攻打维州都未奏效，恐怕是诈降。他派人送去了锦袍金带，并让人对悉恒谋说："静候您的行动。"悉恒谋乃尽率其治下百姓归唐。李德裕一边随之采取行动，派兵向维州前进，一边上奏朝廷。遗憾的是以牛僧孺为首的当权者以个人私怨，力阻李德裕的行动。他们以新与吐蕃议和为由，竟然命李德裕把悉恒谋和百姓送回维州，并把维州退还吐蕃。李德裕不敢抗旨。结果悉恒谋等回去后，全被吐蕃严刑拷掠后加以杀害。

　　尽管朝中有人作梗，经过李德裕一番整顿，蜀中"数年之内夜犬不惊"，人民逐渐恢复了正常生活。有人在文宗面前以悉恒谋之事斥责牛僧孺处理失当。公元832年，牛僧孺罢相，李德裕再度入朝任兵部尚书，后来再度拜相。李德裕和牛僧孺之间的斗争，除反映了当时以李德裕为首的士族势力与以牛僧孺为首的进士科出身的庶族势力之争外，还有许多个人之间的恩怨和别的因素。由于两人之间的斗争逐渐波及影响到全体朝臣，形成势同水火的两派，史称"牛李党争"。这中间是是非非很难一下说清楚，但是以党争而影响到边防政策的施行，却是令人遗憾的。

杜元颖的失败，是其边境政策的失败。边境地区的封疆大吏，不仅要对敌方的百姓、将士、官吏有一整套边境政策，而且对自己治理地区的百姓、将士、官吏也要有不同于内地的治理方法。否则，怨从内起，敌人乘机以行间。杜元颖的教训值得后人引以为戒。

李德裕治蜀之边境政策的制定，应当说首先着眼于敌我双方基础情报的收集。所谓基础情报就是一些必备的基本资料的收集。对于封疆大吏来说，这是安边必备的资料。李德裕不耻下问，广泛进行调查研究，才能最终针对唐朝廷不适当的命令，提出自己正确的政策建议。边疆的基础情报对封疆大吏有着重要意义，切不可视为"战术性"的东西，而加以轻视。边疆地区大吏往往站在军事、外交、政治斗争的第一线，其对边境冲突的处置得当与否，关系到全局。因此对边境的情况全局在胸，甚至对一些重要的细枝末节也能掌握，才能对边境上的问题洞察入微，掌握主动权。

在斗争中，不光要掌握敌方的情报，对己方情况的掌握也同样重要。在平时不注意把己方情况加以搜集运用，一旦爆发冲突也可能使己方陷于被动。

第二十一节　笨拙的侦察

中国漫长的封建社会中，每个封建王朝在其晚期，都逐渐陷入中国历史上反复出现的周期性政治、经济危机中。这时用"土崩瓦解"这个成语来形容没落王朝是再恰当不过了。

对没落王朝的打击往往来自三个方面：异族入侵；权臣、地方军阀割据与篡夺；农民起义。

权臣及地方军阀对中央政权的割据与篡夺，可以用"瓦解"来形容，往往是一个渐进过程。同一阶级内部的权力争夺与再分配，对整个社会的震动比另一种冲击要小得多。而且封建王朝有时往往回光返照，还可以挣扎一下。中国历史上反复出现的农民大起义，则可以称之为"土崩"。一旦"土崩"，王朝就再没有维持下去的可能了。

唐王朝在藩镇割据的"瓦解"之中，苟延残喘了一段时期。到了唐懿宗李漼（公元833—873年）时，政治更加黑暗，经济危机日益严重。唐朝末期宦官执掌朝政的状况更加严重。李漼根本不理政事，天天"音乐宴游，殿前供奉乐工，常五百人，每月宴设，不减十余，水陆具备。听乐观优，不知厌倦，赐与动及千缗。"土地日益集中于大庄园。这些庄园自然是官僚们用贪污受贿得来的钱建立的，以至于有些中小地主也纷纷破产。当时的翰林学士刘允章有"天下苍生，凡有八苦"之说：一曰官吏苛刻；二曰私债征夺；三曰赋税繁多；四曰所由乞敛；五曰替逃人差科；六曰冤不得理，屈不得伸；七曰冻无衣，寒无食；八曰病不得医，死不得葬。这八苦活画出社会下层人民挣扎于死亡线上的情景。

在这种情况下，公元860年一月，在浙东爆发了以裘甫为首的农民起义，一时群起而响应者甚多。这与当时唐朝廷对江南一带的横征暴敛有密切关系。唐朝末年，北部地区多在藩镇控制下，朝贡不至，朝廷财政只好依赖江南，造成了江南百姓负担沉重。

裘甫为首的农民起义，转战七个月失败了。裘甫等人也被唐朝杀害。但是这标志着唐朝的基础已经发生动摇了。

公元868年十月，唐朝驻守在桂林的士兵要求按期轮换，回到家乡。这些士兵当初是为了防备南诏，在徐、泗一带招募的。约定三年一换。到此时士兵们已经在边疆驻守了六年。统兵官吏们待士卒苛刻，早已引起了士卒不满。徐泗观察使崔彦曾、都押牙尹戡等还以节约军费为由，企图让这些士兵再驻守一年。士兵们忍无可忍在许佶、赵可立、姚周、张行实等下级军官带领下，杀都将王仲甫北还。士兵们推举粮料判官庞勋为首领，一路杀回徐州，所过州县没有敢抵抗的。

八月，朝廷派人对北归士兵表示赦免。九月，北归士兵在庞勋率领下到了湖南，被朝廷欺骗放下了武器。许佶等认为，朝廷的赦免是权宜之计，于是暗中准备兵器以应变。快到徐州时，庞勋、许佶等再度率众揭竿而起，并要求惩办尹戡、杜璋、徐行俭等苛待士兵的将领。

徐泗观察使崔彦曾一面防守徐州，一面派都虞侯元密等率兵三千进攻庞勋。

这时朝廷派到北归士兵中宣布赦免的使节张敬思等尚在庞勋军中。唐军有些投鼠忌器，在进至距庞勋军很近的地方时停了下来。元密想派人侦察清楚庞勋军的动向，等待庞勋军进入唐军设伏之处再加以歼灭。

元密派士兵化装成打柴的人，前往庞勋军必经的任山进行侦察。黄昏时分，庞勋率军到了任山脚下，看到驿馆中空无一人而且没有任何粮草，就产生了怀疑。这时士兵发现了打柴的人。这时候还有打柴的人在山边晃荡，当然引起士兵们的注意。于是士兵们把打柴人抓起来审问，了解到了唐军全部计划。庞勋不动声色，命士兵们以树枝野草扎成了许多假人立于山边，大队人马乘天黑悄悄撤走了。等天亮时唐军才发现上当，庞勋已率军到了符离。

第二年九月，庞勋军失败了。但其余部"散居兖、郓、青、齐之间"，一直活动到黄巢等人揭竿而起。

与这次失败的、笨拙的侦察成鲜明对照的是另一次成功的、巧妙的化装传递情报。这一次间谍进行活动时不是化装成某一类平民百姓，而是化装成了一种动物——羊！

公元884年六月，农民起义军领袖黄巢在泰山狼虎谷引刀自刎，结束了中国历史上悲壮的一幕。黄巢起义军历时十年，纵横驰骋于大江南北，并曾攻下了唐王朝的都城长安。黄巢起义军虽然失败了，但唐王朝也随之走到了穷途末路。尤其是朱温（公元852—912年）、李克用（公元856—908年）两股势力越来越大。一度受到打击的藩镇势力又有所发展。藩镇林立，割据的情况更加严重。这些割据势力相互攻击，使中国向五代十国大分裂的局面滑去。

公元897年五月，淮南的割据者杨行密（公元852—905年，五代时吴国创立者）派手下大将朱延寿率军包围了蕲州。守城将领贾公铎恰好率部下出城打猎，被隔在城外。贾公铎只好率军隐藏于城外的密林中。天黑之后，贾公铎挑选勇士两人，身披羊皮，混在朱延寿军所掠的羊群中，潜入城内。这两名勇士潜入城内以后，与守城将领通报了情况，双方约好在半夜举火为号，迎接贾公铎入城。有意思的是这两名勇士竟又身披羊皮，从城中潜出复命。

贾公铎得到了勇士带回的城中消息，按照约定率兵到了城下。这时城中南门内突然举火，火光映红了天空。贾公铎乘机率兵突破朱延寿军的包围，冲入城内。朱延寿大惊："吾常恐其突围而出，今日反而突围而入。此城安可轻易拿下！"于是他报告了杨行密，请杨行密找一个与贾公铎有旧交的人前往劝降。杨行密果然找到了一个人——寿州团练副使柴再。在柴再的劝诱下，并赠以金帛，贾公铎终于投降了。

披着羊皮来迷惑敌人，这已不是第一次。公元885年，卢龙节度使李可举派部将李全忠率军六万，攻下了与李克用相联络的义武节度使王处存占据的易州城。卢龙军攻下易州得意扬扬，放松了警戒。王处存率军反击。他命士兵三千人身披羊皮，在夜间爬到易州城下。城中士兵以为是真的羊群，争先恐后出城抢羊。这时王处存早已埋伏好的骑兵突然向乱作一团的卢龙士兵杀了过来。三千名士兵也恢复了本来面目。易州城轻而易举地被王处存夺了回来。

以化装来进行战术侦察和其他情报活动，反映了当时战术谍报活动的水平又有了新进展。在进行战术侦察活动时，必须使间谍的伪装与外部环境相一致。唐军在对庞勋军进行侦察时，山中空无一人，馆驿中无人无粮，显然早有准备，这时却化装成打柴人，就很笨拙了。稍有头脑的人都会想，这些人从何处来？黄昏时还在山中转悠什么？从而识破其伪装。

第二十二节 倒霉的"商人"

公元903年八月，江淮一带的割据者杨行密手下大将宁国节度使田頵（公元858—903年）因为对杨行密不满，阴谋反叛。杨行密手下另一将领李神福对他说："田頵必反，宜早图之。"杨行密认为田頵有大功，杀了田頵会弄得人人自危，没有同意。但杨行密玩了一手权术。本来田頵占据一州，形同割据。杨行密却越过田頵，把他手下的良将康儒提拔为庐州刺史。这一手十分厉害，无形中离间了田、康的关系。田頵以为康儒对自己有二心，想投靠杨行密，就先下手杀了康儒一家。康儒临死时说："吾死，田公亡无日矣。"

杨行密的这一手逼得田頵不得不公开造反了。田頵联络了润州团练使安仁义共同举兵反抗杨行密。为了扩大自己的力量，田頵派了两名使节化装成商人，到寿州去说服奉国节度使朱延寿共同起兵。这两名"商人"共赴寿州途中，遇上了杨行密手下将领尚公乃。尚公乃眼光锐利，看出了两人的破绽。他对手下人说："两人非商人也。"手下人把两人抓了起来，并杀了其中一人。在这两名"商人"身上搜出了田頵写给朱延寿的密信。尚公乃把密信送给了杨行密。

杨行密知道了田頵等人要造反，急调李神福军讨田頵。李神福怕经过割据势力杜洪地界时被截击，于是声言征讨另一股割据势力——荆南高季兴。部队已开始行动了，才对将士们讲，是讨伐田頵。

此时安仁义已进袭常州。常州刺史李遇在出战时大骂安仁义反叛。安仁义认为能如此破口大骂，肯定有所准备，移兵他处。杨行密派王茂章为润州行营招讨使，率军攻安仁义，出师受挫。徐温奉命前去支援。徐温是杨行密的左膀右臂，很有谋略。他把带去支援王茂章的部队都换上了王茂章部队的军服。安仁义不知王茂章有了援军，再次进攻，被王茂章、徐温杀得大败。

田頵在使节被抓之后，又派了唐末诗人杜荀鹤前往朱延寿处策反。朱延寿姐姐是杨行密的夫人。朱延寿以亲戚得官，但不为杨行密所尊重，因此一直怀恨在心，就与田頵勾结起来。但是事情再度泄露。

杨行密接受徐温门客严可求的建议，表面上不露声色迷惑朱延寿。朱延寿派使者去探听杨行密的消息，杨行密装出有眼病的样子，看人都看不清楚。有时还故意往屋中柱子上碰。他对夫人说："吾不幸失明，诸子尚幼，军府事当尽托于三舅（朱延寿）。"他的夫人屡次写信给朱延寿，通报了杨行密讲的这些话。朱延寿放心了。杨行密召其到广陵，朱延寿也就大胆地来了。杨行密在宫室门口迎接朱延寿。朱延寿大摇大摆地正要进宫，徐温布置的卫士冲了出来，把他抓起来杀掉了。杨行密在利用朱夫人传播完假情报后，就废黜了她。

这年十一月，杨行密费了九牛二虎之力，在另一割据势力钱缪的帮助下，才基本平定了田頵的叛乱，斩田頵于宣州。

杨行密得知田頵的阴谋后，以假情报为掩护，扑灭了朱延寿的叛乱，变被动为主动。在军事、政治、经济斗争中，掌握敌人的动向后，积极以假情报调动敌人，是变被动为主动，争取时间，改变态势的关键。从某种意义上讲，政治、军事、经济斗争中光有力量上的优势并非真正的优势，只有同时具有情报上的优势，力量上的优势才会转为角斗中的优势。

徐温机警地以自己的部队隐藏于王茂章军中，取得了战斗的胜利。在斗争中有时要千方百计以假情报迷惑敌人，有时又要千方百计隐瞒自己军队的实力，以达成突然性。从徐温的行动中可以进一步思索，那就是仅仅从对敌人表面的观察得出的结论，往往是与实际情况相反的。

第二十三节　贩油者和卖面人

唐末，间谍们简直成了化装大师。小商贩的身份适合于间谍窜来窜去的活动特点，因而他们就毫不犹豫地穿起各类小商贩的外衣，登台表演了。

唐末，和历代王朝末期一样，毫无实力的皇帝由于其政治影响，成为各派军阀争夺对象。

各派军阀相互攻击时，唐朝小朝廷内部官僚与宦官的内斗仍在激烈进行。公元901年六月，宰相崔胤企图干掉宦官势力。崔胤请求消灭宦官势力的奏折被控制朝廷大权的宦官们听到了风声。宦官首领韩全诲等痛哭流涕地请唐昭宗李晔（公元867—904年）不要听信崔胤的话。为防止泄密，唐昭宗准许崔胤有事不以口奏，封疏以闻。这样一来，皇帝与大臣间的交往保密性大为提高。宦官们使出了对付帝王的绝招，选送几个长相漂亮又识书的美女，送到唐昭宗身边。宦官们通过这几名美女，全部掌握了唐昭宗与崔胤等人的密谋。崔胤等人却还蒙在鼓中。韩全诲等人唆使禁军以崔胤削减士兵冬衣为名，向唐昭宗示威。唐昭宗只好削去崔胤的一些职务。

崔胤在朝为相，实际依朱全忠（即朱温，被皇帝赐名全忠）为外援。朱全忠一直企图把皇帝迁往洛阳。这时另一割据势力凤翔节度使李茂贞也有挟天子以令诸侯的野心，而且距长安较近。崔胤终于察觉密谋泄露。他赶紧给朱全忠写了封信，称受密诏命朱全忠率军迎车驾。十月，朱全忠以此为由，率军向长安进发。

随着朱全忠节节推进，宦官们更加严密地控制了唐昭宗。唐昭宗千方百计托人带给崔胤一封密札："我为宗社大计，势须西行，卿等但东行也。惆怅、惆怅。"这个皇帝也够可怜的了。

十一月，宦官们挟持唐昭宗到凤翔，投靠李茂贞。临行前，唐昭宗想召见百官，但崔胤等都被宦官派兵看守住了，竟无一人前来。在满城大火中，唐昭宗率皇后、诸妃、宗室之百余人前往凤翔。

朱全忠攻入长安，留下来的宰相崔胤及百官迎接朱全忠，并请其迎还唐昭宗。朱全忠率军进击凤翔。朱全忠与李茂贞之间的皇帝争夺战开始了。此时朱全忠已征服了河北诸镇，并屡败李克用军，其势力当然非李茂贞可比。公元903年初，凤翔已快要守不住了，韩全诲以诏书调诸藩镇率兵勤王。

平卢节度使王师范平时好读书，以忠义自许，在藩镇中可称凤毛麟角。收到诏书后，他慷慨激昂地说："吾属为帝室藩屏，岂能坐视天子困辱如此，各拥强兵，但自卫乎！"于是发兵勤王。王师范自知兵力不足以与朱全忠相抗，想出了一个好办法。他命令诸军装作给朝廷送贡品，有些士兵装作商贩，把兵器藏在行李、货物里，用小车推着，从不同路线穿过朱全忠军的防地。他与诸将约定集合日期，共同向朱全忠发起进攻。遗憾的是其他诸路都为朱全忠所擒获，只有行军司马刘鄩所率一路顺利进抵由朱全忠军控制的兖州城下。

这时兖州守军主力已移驻邢州。刘鄩不明虚实，决定派人入城侦察。他选派了一个间谍，化装成贩油者，潜入城内。这名间谍入城后，对城中兵力多少，攻城时入城的地点都进行了周密的侦察。这名间谍回去详细地向刘鄩报告了情况。

刘鄩根据这名间谍侦察到的情况，派五百名精锐士兵乘黑夜，从城墙的泄水洞进入城内。天亮时，刘鄩的部队已控制了城内所有重要军事据点和要害部位。兖州城的百姓尚且不知道城池已换了主人。

刘鄩的这一点点战术上的胜利，对凤翔前线大局当然于事无补。公元903年初，李茂贞不得不派人到朱全忠处求和，并送唐昭宗及诸妃、宗室出凤翔，入朱全忠军。朱全忠与李茂贞对宦官大行杀戮，唐末猖獗一时的宦官势力，至此消失在武夫屠刀之下。朱全忠控制了皇帝后，回军消灭了王师范的部队。

化装成贩油者的间谍大功告成，另一起化装成卖面人的间谍却为对方所识破。

公元882年十一月，唐西川节度使陈敬瑄派押牙高仁厚为都招讨指挥使，率军五百人前往镇压以阡能为首的农民起义军。部队出发的前一天，有一个卖面人出现在高仁厚的军营中。这个卖面人从早到晚在军营中来往了四次。这引起了守军怀疑，把他抓了起来进行审讯。这个卖面人原来是阡能派来的间谍。高仁厚借机对间谍进行"攻心"作战。他对间谍说："你回去替我向寨中人传话，我是来救你们的。你们不得已而从贼，我不怪你们。如果你们能投降，当让你们各还旧业。所杀者只阡能等五人，必不波及百姓。"他还派人化装成阡能的部属，潜入阡能军中，以同样的话瓦解其军心。

在高仁厚的利诱、瓦解下义军人心浮动。高仁厚乘机进攻，起义军失败了。阡能等义军首领被高仁厚残忍地处以剐刑。

第二十四节　貌如沙陀者

唐朝廷在纠集反动武装镇压黄巢起义军时，沙陀酋长李克用率沙陀兵立下大功，被授予河东节度使的官职，后进封晋王。李克用成了唐末北方诸军阀中能与朱全忠一争高下的力量。双方你杀我砍，互有胜败。

沙陀是西突厥之别部，其居处有大碛名沙陀，故号沙陀突厥。沙陀受吐蕃压迫，常被迫在与唐作战中打先锋。由于不堪吐蕃压迫，公元808年沙陀部众在吐蕃追杀下，入灵州投奔唐朝节度使范希朝。唐朝对其厚加安抚，并作为一支边防力量。后来沙陀部众随范希朝移驻代北神武川之黄花堆，更名为阴山北沙陀。沙陀人成为唐军中的劲旅。李克用以沙陀军为骨干，在镇压黄巢起义中逐渐壮大了力量，以河东（治所在今山西太原西南晋源镇。辖境相当今山西内长城以南，中阳、灵石、沁源、榆社、左权以北地区）为根据地。

公元902年，李克用乘朱全忠统率大军围攻凤翔，与李茂贞争帝位之际，派兵偷袭绛州。防守绛州一带的朱全忠军将领是氏叔琮。此人勇敢而有谋。他率军迎战李克用军，初战失利。李克用军乘胜攻打临汾。氏叔琮一面督军防守，一面挑选出两名高鼻深目、长着弯弯曲曲络腮胡子的士兵，命这两名士兵到襄陵县李克用军必由之路旁，装作沙陀士兵放马。李克用军经过时，两人乘机混入李克用军行列中。士兵们看两人那模样，认为是自己人无疑。

这两个人乘李克用军毫无防备，在途中生擒士兵二人而归。李克用军虽然只少了两个人，但仍为这一情况所震撼，全军停止了行动。统军将领认为行动肯定会被敌人所知，朱全忠军在前面道路上可能设伏。他命令全军后撤到蒲县转入防守。

这时朱全忠命朱友宁率军前来支援，统归氏叔琮指挥。氏叔琮估计敌人还会进一步后撤，就派兵乘夜抄李克用军的归路，斩获敌巡逻骑兵数百人。随后氏叔琮又率军进攻蒲县李克用军营垒，斩首万余人。两名长得像沙陀人的间谍搅得李克用军大败而归。

在战役、战斗进行中，对敌方间谍给我方可能造成的损失进行评估，并适当改变部署是必要的。但因此惊慌失措，轻易放弃有利的态势则是不对的。

从另一方面看，在战役、战斗中，派出的间谍不一定取得什么具体成果（获得重要情报），只要开展让敌人明白无误地知道的活动，就可以起到干扰敌人意图的作用。在战时某种特定条件下，有意识地在某一时间内，某个特定方向上开展不同规模的间谍活动，实际上也是一种"示形"过程，起到欺敌、惑敌的作用。从这个角度看，间谍在这里已不是以获取情报为主要目标了。

第三章　五代十国的间谍活动

第一节　皇帝末路

经过一番争夺，唐昭宗落入朱全忠之手。原来勾结朱全忠的崔胤看到朱全忠有"篡夺之志"，就又打起朱全忠的主意来。他对朱全忠说："长安距李茂贞防地近，不可不防。现在六军十二卫（中央直属部队）只有空名，请招募士兵以实之。"朱全忠很痛快地答应了。招募时，朱全忠派了自己手下士兵应募，以监视崔胤。崔胤却自以为得计，准备除掉朱全忠。朱全忠派朱友谅杀了崔胤，逼唐昭宗迁往洛阳。唐昭宗知道一到朱温的地盘上等于羊入虎口，一再找借口拖延。公元904年初，唐昭宗不得不离开长安。二月，驾临陕（今河南陕县）。出长安前，他对侍臣说："俗语云：'纥干山头冻杀雀，何不飞往行乐处。'朕今漂泊，不知竟落何处！"

唐昭宗以洛阳宫室未就为由，在陕住了下来。他又做了最后的努力，派密使携带诏书给李克用、杨行密、王建等人，诏书中写道："朕至洛阳，则为所幽闭，诏敕皆出其（朱全忠）手，朕意不复通矣。"朱全忠也感到其他割据者的威胁，派牙将寇彦卿到陕促驾。唐昭宗授意司天监王墀称："星气有变，期在今秋，不利东行。"这套把戏瞒不过朱全忠。他干脆命医官许昭远告医官使闫祐之，司天监王墀、内都知韦周、晋国夫人可证等想谋害朱全忠，把这些人统统一杀了之。被剪掉最后一点羽毛的唐昭宗伤心欲绝，继续东行了。

东行到穀水，唐昭宗停下来休息两天，百无聊赖，只好与身边仅剩的二百多名小儿踢球消遣。唐天子对这玩意儿远比治国高明。可这也为朱全忠所猜疑。为了严密监视唐天子，他设下了一条毒计。

朱全忠命人按照二百多名小儿的模样、身材，另选了二百多名十分相像的小儿。然后他邀请唐昭宗身边小儿赴宴。这些小儿到齐后，预先埋伏的士兵冲出来，用绳子把他们全部勒死！朱全忠命挑选的那二百多名小儿穿上死者的衣服，到死者住的地方拿上死者的用具，到唐昭宗身边服侍。唐昭宗竟没察觉出来。日子长了，唐昭宗才发觉周围已换上朱全忠的人了。

到洛阳后，唐昭宗更是鸟入笼中，整日借酒消愁，和皇后暗中哭泣。朱全忠对唐昭宗仍不放心。他让自己的亲信枢密使蒋玄晖监视唐昭宗，控制他的一举一动。唐昭宗偶尔流露的不满言论，通过蒋玄晖传到朱全忠耳朵里。

公元904年八月，朱全忠唆使部下杀唐昭宗于宫中，另立辉王李祚为皇太子，更名为柷。接着朱全忠又假传皇太后之命在唐昭宗灵前立李柷为帝。宫中竟无人敢为唐昭宗之死哭出声来。

第二年，朱全忠尽杀唐宗室诸王、唐朝大臣。

公元907年三月，朱全忠废李柷，自立为帝，国号大梁，以开封为都城。

由于"全忠"之名是唐朝廷所赐，此时当然不便再用。朱三（朱温乡里人对他的称呼）年轻时是个无赖，"不事生业，以雄勇自负"。其父朱诚是乡里穷教书匠，所以朱温也认得几个字。流氓当了皇帝，阔了起来，便更要改名了。于是由朱温而朱全忠，由朱全忠而朱晃。一介武夫结束了显赫的大唐王朝。

朱全忠登上帝位，标志着中国历史上一个大分裂时代的开始，这一历史时代被称为"五代十国"。

第二节 奇袭魏博

朱全忠在受封为魏王时，一面大修宫室，准备称帝；一面以武力吞并其他割据势力，或插手其内部事务。

魏博镇自田承嗣割据以来，藩镇相继达一百五十年。田承嗣镇魏博时，招募六州骁勇之士七万余人为牙军，作为精锐的私人武装。牙军待遇甚好，由田承嗣亲自掌握。后来"父子相应，亲党胶固"，日益骄横。成了一支难以驾驭的骄兵悍将组成的军队。魏博镇节度使往往由牙军拥立。

朱全忠包围凤翔时，天雄军（魏博此时的军号）节度使罗绍威感到牙军难制，派手下将军杨利言到朱全忠处去密商根除牙军之事。当时朱全忠与李茂贞激战方酣，腾不出手来，但双方仍达成了密约。

公元906年初，朱全忠感到大局已定，开始向外发展。此时罗绍威对牙军的威胁已如芒在背，又派了牙将臧延苑催朱全忠履约。朱全忠痛快地答应了。对外朱全忠以协助魏博军对付幽州军为名，调大军十万由李思安率领驻扎于深州乐城，声言要向沧州方面进攻。

这时罗绍威的儿媳妇（朱全忠之女）病死。朱全忠派客将马嗣勋把兵甲藏在送葬用的器物中，挑选精悍士兵千余人充作挑夫，入魏博会葬。朱全忠亲率大军紧随其后，声言到乐城前线去。

此时罗绍威也采取行动了。他派人潜入牙军的武器库，弄断了弓弦，毁坏了铠甲。当天晚上，罗绍威率手下奴仆数百人与马嗣勋率领的士兵一起发起了对牙军的突袭。牙军毫无提防，仓促应战，但弓断甲破，只有以肉身相搏。八千牙军及其妇孺被屠杀殆尽。天亮时，朱全忠率军入城。从此魏博逐渐纳入了朱全忠的势力范围。

在消灭牙军的行动中，我们看到的不是个别间谍或小部队的化装行动，而是整整一支部队在巧妙地利用合理的借口和足够的烟幕掩护下的行动。这种大规模的突袭要取得成功，首先必须有合理的借口，利用各种真真假假的口号迷惑敌人。其次要依赖里应外合。

严格地讲，这类突袭行动处于以间谍为主角的间谍战与以军队为主角的战争的结合部上。间谍的秘密行动规模扩大到一定程度时，就上升为军队以类似间谍活动的方式来行动或特种部队的行动。这是一个模糊的交界点，也即前面提到的"灰色区域"。然而事情又总是在交界点上才让人产生新想法。在未来战争中，对敌人高度集中、专业化、自动化的高技术指挥、控制中心，通信、联络装备，以小部队进行突袭，效果可能更好。那么，研究间谍的活动方式，对部队施以普遍的特工活动训练，不就成了军事活动的一部分了吗？

第二次世界大战末期，希特勒在最后实施阿登反击时，曾派党卫军干将斯托尔兹内率领一支穿美式军服，讲英语，开美国坦克的士兵组成的军队，深入盟军后方，一度使盟军陷入危境。中东战争中，以色列在"斋月之战"中，也以穿埃及军服，讲阿拉伯语，开苏式坦克的士兵组成军队，插入埃及军队腹背，使其不得不接受基辛格之调停。在间谍战与

"正规"军事行动间没有一条截然的界限。这对两者都提出了重大的问题：间谍战如何在战时有效地服务于军事行动；军队应当在何种程度上采用间谍战中的某些方式推进武装力量的斗争。间谍行动的军事化与军队行动的间谍化，这一双向融汇过程，从内容到形式上都值得深入探讨。随着间谍掌握的高技术装备越来越多，少量间谍在军事斗争中起的作用必将越来越大；同时军队随着武器装备的提高也越来越专业化。让间谍干间谍的事，军队干军队的事，还是两者均兼而有之，这有点儿上升到军事哲学的层次了。尽管有点儿"玄"，可还是十分现实的。

第三节 挑夫与厨子

朱晃（全忠）称帝后，加紧削平北方割据势力，但收效不大。李克用屡败于朱晃，但仍能负隅相抗。李茂贞在西北也常与朱晃军对抗。唐末延续下来的藩镇还残存着几小块地盘，名义上附属于某一割据者，实际自成系统。为离间二李与四川王建，朱晃不得不与王建称兄道弟。这种局面的形成，与朱、李等人起自行伍，缺乏宏图远略和治国之术有密切关系。这些纯粹的"武人"，性格残暴而且不能吸收大量知识分子加入其政权，更不听身边少数谋臣的意见，因此执戈前驱则有余，治国安邦则甚不足。这种情况到了公元908年发生了一些变化。这年二月，李克用死，其子李存勖即位。李存勖善骑射，胆略过人，文化素质与其父相当，军事才能则胜其父一筹。他上台后曾两次大败梁军，朱强李弱之势开始扭转。

公元912年初，李存勖派手下将领周德威率军出飞狐，与依附于其的武顺军节度使王镕部汇合，进攻另一割据势力燕王刘守光。① 刘守光派人向朱晃求救。

朱晃亲自督师以"围魏救赵"之法，进攻王镕的地盘枣强。枣强守军苦战多日，梁军伤亡万余人。但由于力量悬殊，守将准备出降了。有一名士兵挺身而出愿往梁军诈降。当晚这名士兵缒城而出，到了梁军将领李周彝营中。李周彝详细盘问了他。这名士兵说："城中兵精粮足，半个月也攻不下来。"他请求李周彝给予宝剑，进城去刺杀守将。李周彝是夙将，没信他的鬼话，让他当了一名挑夫。这名士兵乘李周彝行军途中距他

---

① 公元907年刘守光因其父刘守恭，成为幽州统治者。

很近的机会，以所挑之物猛击李周彝的头。李周彝被击倒地，多亏左右将士相救才得不死。朱晃得知此事勃然大怒，命梁军猛攻枣强。枣强陷落，朱晃命尽屠其城。

进攻隋县的另一路梁军却不那么顺利了。梁将贺德伦久攻不下。李存勖派驻武顺军的将领李存审决定以奇计破梁军。他命部下史建塘、李嗣肱分别率军去活捉分散的梁军，自己领军扼守下博桥。史建塘率百余人与相遇的李嗣肱的部队深入梁军后方，俘获了出来打柴的梁军数百人，送到下博。李存审命人把被俘梁军全部杀掉，只留数人砍断臂膀后放回。李存审对他们说："为我传话朱公，晋王大军已到。"

此时朱晃率军五万与贺德伦军会合。大军到蓨县城外，尚未来得及安营扎寨。史建塘、李嗣肱各率三百余骑，穿着缴获的梁军服装到了朱晃军营门口。日薄西山，梁军警戒也松懈了。这时史建塘、李嗣肱率军突然砍倒守大门的士兵，在营中放火，弓矢乱发。梁军乱作一团。史、李二人乘乱带着抓到的俘虏，在夜幕掩护下安然撤退。

正当梁军人心惶惶时，被敌军断臂的梁军士兵狼狈而归，对朱晃说："晋军大批开到了。"朱晃大惊失色，烧营夜遁。由于慌不择路，走了许多弯路才逃到冀州。梁军丢失粮食、军械"不可胜计"。

惊魂甫定的朱晃派骑兵侦察敌人动向。骑兵回来说："晋军主力并未来，昨晚敌军乃是史先锋的游骑。"朱晃又羞又恼，本来就有的病加重了，只能让士兵抬着撤往贝州。这年六月，朱晃为其子朱友珪所杀。

公元913年十一月，晋军消灭了刘守光的部队，擒刘仁恭，攻占了幽州。刘守光携妻逃走，后被抓住斩首于晋阳。

朱晃死后，朱梁政权陷入内乱之中。公元913年初，朱晃第三子朱友贞勾结晋军杀朱友珪，即帝位于开封。

公元915年七月，晋军进攻梁澶州。由于事出突然，澶州刺史王彦章正在梁将刘鄩营中，所以澶州立陷。晋军厚待王彦章之妻子，并派人诱降王彦章。王彦章杀了派来诱降的间谍。晋军也杀了王彦章全家。

刘鄩原为王师范部将，后随王师范降梁。朱梁政权后期，他成了对抗李存勖的重要将领。公元915年十月，刘鄩率军与李存勖军对峙于莘县。为了打破僵局，刘鄩想了一条妙计。

刘鄩军的一个军士自称投降，到了晋军中，李存勖看到梁军士兵来降，认为这是梁军士气瓦解的一个例证，命人对这名士兵予以厚待。这名士兵就在李存勖眼皮下面，开展了活动。他收买了为李存勖做饭的厨子，准备在适当时机，在饭里下毒，毒死李存勖。可是有人告发了这名士兵的活动。李存勖把厨子和这名士兵抓了起来。经审问，与他们有关的五个人也被抓了起来。李存勖知道自己险些被毒死，气得咬牙切齿，把这些人全杀了。第二年二月，刘鄩军大败，七万人被晋军所杀。

公元923年四月，李存勖称帝，即位于魏州（今河北大名东北），国号大唐。在历史上被称为后唐。同年十月，唐军兵临大梁城下。朱友贞连自杀的勇气也没有，他命手下臣子皇甫麟杀掉了自己。朱梁政权灭亡。

第四节　斩谍慑敌

上节中讲到的刘鄩率军企图焚毁储藏于临清的晋军粮草。晋将周德威听到这一消息，率军急追。一天之后，晋军到了南宫，抓到了数十名梁军间谍。周德威命人将他们的手腕折断，然后放回。并让这些人传话："周侍中已到临清了！"这些间谍咬紧牙关，忍住剧痛，回到梁军。梁军士兵听到周德威的这些话，人心浮动，非常惶恐。乘梁军忙于安定人心，周德威率军进入了临清。刘鄩计划被破坏，只好率军退往贝州。

公元915年初，蜀主王建（公元847—918年）突然发兵包围了黎、雅"蛮"①酋长刘昌嗣、郝玄鉴、杨师泰居住的金堡。三位酋长还没明白过来是怎么回事，已被五花大绑解往成都。

王建这一行动酝酿已久。唐末乱世，镇蜀者多为软弱无能之文官。看到这种四分五裂的情况，继南诏之后建立的大长和国少数民族地方政权又跃跃欲试了。

黎、雅"蛮"的三位酋长，与唐末镇蜀者关系匪浅。镇守西川大吏每岁赠之以缯帛三千匹，以此来换取他们刺探南诏、大长和国的情报。这三位酋长唯利是图，一面接受唐朝官员的赠礼；一面与南诏、大长和国成交，为之刺探成都之虚实。新节度使到任，三位酋长必前往谒见，毕恭毕敬地听训，表示忠于朝廷。文臣出任的节度使与镇蜀军队将领常发生矛盾。三位酋长就从中渔利。节度使一旦与军队将领闹翻了，这些武人们就唆使三位酋长滋事，让节度使难堪。由于内部这种混乱状况，节度使对三

---

① 当时居住于四川的少数民族。

位酋长只能睁一只眼闭一只眼，姑息而已。由于三位酋长为南诏以及后来的大长和国①搜集情报，做入侵向导，因此蜀地屡受侵扰。王建据蜀后，三位酋长继续他们的勾当。

王建早年在家乡以屠牛、盗驴、贩私盐为生。乡人称为"贼王八"，可见其凶悍无赖。王建起自行伍，镇压过黄巢起义军，经过激烈角逐占有了四川这块"天府之国"。王建镇蜀后却善待文人学士，鼓励农桑，颇有仿效诸葛亮当年治蜀的意思。但对三位吃里爬外的酋长，王建可不管那么多了。他先停止了给酋长们的岁帛，以示警告。警告无效，经过充分准备，他毅然下令镇压。

三位酋长被押到成都后，王建"数以泄露军谋"之罪，将他们斩首。王建还派兵拆毁了金堡。② 由于王建的坚决行动，大长和国失去了情报来源和向导，从此再也不敢犯边了。

在战争中，敌人的间谍往往成为表示我方意志、态度的一种媒介。根据具体情况对敌间谍予以从重或从宽处理，实际上是对敌宣传战、心理战的一部分。王建敢于杀人拆堡，也正是向大长和国表示了不惜一战的决心。这一行动心理上造成的声威远远超过了抓获一两个间谍的具体成果。

对敌人间谍的处理，也是非常复杂的斗争艺术啊！

第五节　智擒赵霸

就在中国北部各军阀混战之际，一个更加强大的势力已悄然崛起于中国北部草原，这就是契丹。中国北部各敌对势力，将面临一支更强大势力的挑战。这一势力作为幕后的力量影响着北部军阀逐鹿中原，对唐末、五代及宋代的政治、军事斗争投下了巨大的影子。

契丹是鲜卑的一支，长期游牧于西拉木伦河、老河一带。到唐初已形成了契丹部落联盟，联盟包括八个部落。八个部落虽然由盟约规定统一对外攻战，但独立性很大。到唐末、五代，契丹趁中国北部陷入混乱，力量有了较大发展。此时契丹已进入奴隶社会，吸收了汉人先进文化，由逐水

---

① 南诏国亡于公元902年。郑买嗣于公元903年建立了以白蛮封建农奴主势力为主的大长和国，实际上是一次改朝换代。

② 以大石依山垒成放置粮食、军械的住所兼工事。

草而居，单纯从事畜牧业，转向有一部分人从事农耕、手工业。各部族间划分了活动空间，开始向定居转化。契丹在唐太宗时曾经内附。历史的记忆，对中原文明的向往，对契丹后来的发展影响颇大。

公元901年，一个目光远大，勇敢而有谋略的人出现在契丹政治舞台上，他就是耶律阿保机（公元872—926年）。耶律阿保机属契丹迭剌部，其祖先是契丹贵族。迭剌部在契丹八部中又是势力最强的。公元901年，耶律阿保机被推为迭剌部"夷里堇"（部落军事首领），实际执契丹各部之牛耳。

耶律阿保机上台后，首先把刀锋指向了同样游荡于草原的室韦、奚等族。对室韦等族的战争取得胜利后，他大举进攻河东、河北。这些战争给各族人民带来了极大痛苦，但俘虏的中原百姓对契丹的经济、文化发展，起了促进作用。耶律阿保机因侵略战争的获胜提高了声望、权势。他担任了"总知军国事"的"于越"，进一步加强了对契丹诸部的控制。

公元903年九月，耶律阿保机征讨不服从命令的黑车子室韦。黑车子室韦是室韦的一支，势单力薄，只好向卢龙节度使刘仁恭求救。刘仁恭割据幽、燕，对契丹情况了如指掌，是契丹的劲敌。他对契丹采取了一个正确的军事经济政策。每到初秋马肥草长之时，他就派精兵出击，越摘星岭穷追契丹军，予以重创。霜降时大军撤回，所经之处尽焚塞外野草，破坏了契丹人的牧场，契丹良马大批饿死，当然无法犯边了。为此，契丹曾不得不以良马赠刘仁恭，以保住牧场。刘仁恭也因此不把契丹放在眼里。黑车子室韦使者一到，他马上命将军赵霸率数万人往援。

赵霸率军到了武州，其行动被耶律阿保机的间谍侦察到了。耶律阿保机埋伏精兵于桃花山下，等待赵霸军。同时他派了一名室韦人罕里去欺骗赵霸。罕里见到赵霸后，对他诈称是黑车子室韦酋长派来的，约赵霸到平原会师。赵霸率军到了约定之处，契丹军伏兵四起，赵霸被擒，其部队被全歼。耶律阿保机乘胜大败黑车子室韦。

刘仁恭吃了大亏，只好打掉牙齿和血吞，待机报复。机会很快来了。公元903年十月，耶律阿保机派其妻兄阿钵率军万余骑攻榆关（今山海关一带）。刘仁恭之子刘守光驻军平州（今河北卢龙），防备契丹军。

刘守光派人到契丹军去，表示愿意讲和。他还做出姿态，设帐于城外，摆下宴席，请阿钵赴宴。阿钵欣然赴宴。双方洽谈甚欢，酒酣耳热之际，刘守光一个暗号，伏兵冲出，阿钵醉醺醺地成了阶下囚。契丹军失了主将，哭作一团。后来耶律阿保机以重金赎回了阿钵。契丹的实力尚不足以对北部各军阀构成威胁。耶律阿保机一面继续攻打室韦、奚、女真等族，一面与北部的军阀李克用结为兄弟，共同对付刘仁恭。

公元 916 年，也就是梁晋激战，刘鄩为晋军所败，梁军被晋军斩首七万余人那一年，耶律阿保机称帝，是为辽太祖。他对内平定了契丹其他七部的反抗，高度集权于一人；对外吸收汉族士人参加政权，加速推进契丹经济、文化的发展。耶律阿保机重视汉族知识分子，是契丹得以强大的重要因素。随着这些人陆续进入契丹，中国北部各势力将不得不面对一个咄咄逼人的对手。

第六节 悠悠乡情

耶律阿保机收揽汉族知识分子主要有三个来源：其一从入侵内地俘获的百姓中发现人才；其二为内地不得志主动投效的士人；其三为内地某些势力所迫不得不逃入契丹或为契丹强留的士人。韩延徽就属于第三种人。

这三种人或被俘而别故乡；或不得不咬紧牙关逃入异域；或不得不滞留契丹；其心境之复杂可想而知。由于其心境不同，能力之大小各异，在契丹站稳脚跟后，对内地产生了不同的影响。

韩延徽字藏明，幽州安次人。其父在唐末、五代担任过刺史。韩延徽少年早慧，为卢龙节度使刘仁恭所激赏，被招揽入幕担任参军，后又在刘守光手下任职。公元 916 年，韩延徽受命出使契丹。当时刘守光势力衰微，韩延徽的使命是结好契丹，求得援助。

韩延徽到契丹后，作为一个使者，在耶律阿保机面前保持了自己的尊严。耶律阿保机却认为他礼节不周，大为恼怒，命人把他送往荒野在契丹人看管下放马。如果不是耶律阿保机的皇后述律氏，这位大政治家恐怕就要冻死在冰天雪地中，而不会在历史上留下足迹了。

述律皇后勇敢多权变，曾亲率大军击败来袭的室韦部落，在契丹声望很高。她了解到韩延徽的情况后，对耶律阿保机说："延徽能守节不屈，乃今之贤者，为何以牧马来困辱他？应待之以礼，予以重用。"耶律阿保机派人把韩延徽接回来，亲自予以安慰。韩延徽满腹经纶，使他大为震惊，立即命其参与重大决策。

在韩延徽的参与策划下，契丹先后征服了党项、室韦等族。更重要的是韩延徽教契丹"树城郭,分市里,以居汉人之降者。又为定配偶,教垦艺以生养之。以故逃亡者少"。过去契丹抓到汉人往往当作奴隶。在韩延徽建议下,这些人实际成了农奴或农民。这大大改善了被虏百姓的境遇,也促进了契丹的经济发展。在契丹奴隶制社会中加速了封建因素的生成。后来契丹又置"头下军州"用来安置被俘农民"分地耕种"。

游牧民族如果只停留在游牧水平上,它的命运永远只有两种:其一停留在长城之外,时而进行抢掠,时而受到打击远遁大漠草原;其二冲进长城取中央王朝而代之,但这一般是在长城内发生大的动乱之时,而且入主中原后必然有一个汉化过程。游牧民族的特性决定了它的进攻往往不能持久,因此其行动的"脆弱"往往表现出来。但游牧民族如果掌握了一定的农业地区,其力量虽然还一时无法入主中原,就会出现第三种局面,即长期对峙。契丹、金以至后来的后金(清)入关前都是这种情况。游牧民族的"脆弱"被农业经济成分所弥补了。后来契丹又分南北枢密院,"北枢密院治理契丹本部,南枢密院治理汉人","北枢密院视兵部,南枢密院视吏部",正是适应了北部军民合一,南部则为封建农户的情况。这种"一国两制"的政治智慧和手腕为后来少数民族入主中原所借鉴。这些措施固然有其必然性,但中原士人为之出谋划策,并提供了治理的人才,起了极大作用。

韩延徽虽然为耶律阿保机爱才之心所动,为契丹的发展出了一些主意。但滞留草原究非本意,思乡之情与日俱增。他留诗向耶律阿保机表明心迹,逃回了内地。

此时晋王李存勖正在与梁激战。韩延徽回去后被延揽入晋王幕府任职。他的才干使晋王的掌书记王缄十分忌恨。韩延徽恐日后为其所害,以"东归省母"为借口离开了李存勖。其实这只是一种托词。"省母"固然不假,更主要的是他看到在李存勖手下决无在契丹时那种大展宏图的条件。故乡、家人与事业间,他选择了后者。这是内地王朝之不幸,是契丹之大幸。中国封建社会知识分子,往往文场、官场失意后,不得不远走边陲,所谓"北走胡南走越",栖身于相对落后的"化外之地",成了这些地区少数民族统治者起家兴业的宝贝。

韩延徽到幽州省亲,路过真定,住在友人王德明家中。多年未见,寒暄一番后,王德明问起他的去向,韩延徽说:"今日河北全部为晋所有,我当再回到契丹去。"王德明认为再回去必然不利。韩延徽说:"自从我离去后，他们犹如丧失了手和眼睛。今天我再回去，他们手眼再度长上了，岂能加害于我！"省亲后他毅然返回契丹。

耶律阿保机见到韩延徽，如喜从天降。他拍着韩延徽的背问："你往何处去了？"韩延徽说："思母，想返乡，恐不准许，故私自回去了。"耶律阿保机以比从前更优厚的待遇来对待他，任命他当了执掌契丹大权的崇文馆大学士，赐名"匣列"（契丹语"复来"之意）。

韩延徽在契丹，帮助制定了法律、礼仪，监督修建了都城、宫殿。在韩延徽等士人的帮助下，契丹经济、文化有了很大发展。公元916年底，耶律阿保机称帝，以韩延徽为相。

韩延徽虽然在契丹大展宏图，但思乡之情仍难以抑制，何况还有老母在故乡呢！晋王李存勖派使者到契丹，韩延徽让其带书信给李存勖。信中写道："非不恋英主，非不思故乡。所以不留，是畏惧王缄的谗言。"韩延徽还托李存勖照顾在故乡的老母。他对使节说："韩延徽在此，契丹必不南下牧马。"

后来李存勖大约对其老母照顾颇好，韩延徽也投桃报李，在他掌权的日子里，在一定程度上阻止了契丹深入内地抢掠。有人认为当时李存勖兵力正盛，所以契丹不敢为寇。这也有一定道理。但契丹在边境经常进行突袭还是很有力量的。有韩延徽这样心境的人在契丹参与决策，总比某些利用外部力量为己复仇的汉人知识分子好一些。李存勖也算是亡羊补牢吧！

在研究韩延徽其人所起的作用前，有必要探讨一下间谍活动的性质。间谍活动具有强烈的阶级属性，是一定的阶级、阶层、政治集团或某个国家所采取的特殊的斗争方式。但如果按活动领域来划分，它则分别从属于军事、政治、经济领域。在中国古代间谍史上更主要的是政治、军事方面的间谍活动。正如前面看到的军事活动与谍报活动间有一块模糊不清的结合部一样，在政治活动与谍报活动间也有一块模糊不清的结合部。韩延徽在契丹南下中发挥的影响亦属此类。这是一种心照不宣的政治交易。高层决策人物在另一方有潜在利益时，另一方照顾其要求和利益，可以换取莫大的好处。对这类人物的争取，有时要通过政治手段，有时要借助于谍报手段来进行。

从契丹与后唐的得失看，间谍战的一个重要方面是对人才的争取。间谍战归根结底是人的活动。对人的了解，是争取有用人才的关键。五代时北方各朝创立者均起家行伍，忽视真正人才的使用，致使人才大量外流，是值得吸取的教训。

第七节　诸侯窥唐

　　公元923年四月，晋王李存勖即帝位，建立了"大唐"（史称后唐）。同年十月，后唐军乘梁军集中于前线，猛扑大梁（今河南开封）。大梁城中只有禁军数千人。梁末帝朱友贞走投无路，命近臣皇甫麟把自己杀死。皇甫麟杀死朱友贞后自刎。梁灭亡了。李存勖入大梁后，派使节传旨给朱梁政权的其他节度使，五十余名朱梁政权的地方大吏表示俯首听命。一个版图、实力比朱梁政权更强大的后唐出现了。

　　梁、唐相斗之际，南方各小割据政权的统治者得以平安度日。后唐出现后，他们的安乐梦被打破了，这些小割据者纷纷派使节或亲自入朝，了解后唐虚实。

　　地处江淮一带的吴国，杨行密死后，大权落入徐温及其养子徐知诰（公元888—943年）手中。徐温主要依靠手下门客严可求出主意。严可求很有谋略。梁、唐相斗时，李存勖曾派人邀徐温出兵相助，徐温也是政治老手，他想出兵由海路北上，待胜负已定再帮助胜者。严可求劝他："若梁军邀我登陆援助，如何拒绝？"徐温才放弃了这一打算。

　　李存勖灭梁后，派使者告知吴、蜀两国。徐温患得患失地埋怨严可求："你上次阻我出援，如今怎么办？"严可求胸有成竹地答道："闻唐主始得中原，志得意满，驭下无方，不出数年必有内变。我卑辞厚礼，保境安民，坐以待毙就是了。"严可求已通过秘密渠道对李存勖有了深入的了解，其准确度是惊人的。李存勖致书吴国称"大唐皇帝致吴国主"，徐温复书称，"大吴国主上大唐皇帝。"徐温、严可求在对后唐表示谦卑的同时，还派使节到后唐去。吴司农卿卢萍出使后唐前，严可求援以密计。实际上也就是严可求根据搜集到的情报，分析出的对付李存勖的办法。

　　卢萍到洛阳后，献上珍玩和地方土特产。李存勖接见时，卢萍按严可求讲的一一回答，果然大得李存勖欢心。李存勖派左库藏使王居敏、通事舍人张朗等带着名马回聘于吴。卢萍回去后对徐温说："唐主荒唐无道，整日骑马打猎，吝惜财物，拒绝忠告，内外皆怨。"活画出一个马上皇帝不知治国的形象。

　　荆南割据者高季兴也得出了同样的结论。高季兴（公元858—928

年）字贻孙，陕州硖石（今河南三门峡南）人。少年时给富人当家僮，后追随朱全忠以军功起家。朱梁政权衰微时，他乘机割据荆南（今湖北石首、江陵以西和四川垫江、丰都以东的长江流域及湖南洞庭湖以西的澧、沅二水下游一带）。在南方各割据者中，他势力最小，胆子也最小。梁亡后他只身入朝，受封为南平王。他这一手是根据实力做出的选择。如果李存勖进而统一天下，自己不失荣华富贵；如果李存勖成不了气候，再伺机而动。

李存勖宠信伶人①，宦官乱政，肆无忌惮地凌辱、欺压大臣。高季兴也屡次被伶人敲诈。他恨得咬牙切齿。但只好忍耐。李存勖想留他在洛阳。重臣郭崇韬认为，高季兴只身入朝，"当褒奖以劝来者"。高季兴被允许回荆南去。

高季兴如逢大赦，日夜兼程返回荆南。路过许州时，他对部下说："此行有二失，来朝一失，纵我归去二失。"经过襄州时，节度使孔勍留宴。他恐怕李存勖变卦，半夜斩关而走。回到江陵，他对前来迎接的将领们说："新朝百战，方得河南。唐主就对功臣举手道：'我于十指上得天下！'矜伐如此，置他人功劳于何处！谁都会与其离心离德。唐主还荒于酒色，何能久长。我没有可忧之事了。"高季兴修缮城池，积蓄粮草，招纳梁朝士兵，放心地当起土皇帝了。

割据最南方地盘的南汉主刘䶮（其地盘相当于今广东、广西一带），虽远处岭南，也于公元925年二月派宫苑使何词以入贡为名探听后唐虚实。何词回去对刘䶮说："唐主骄淫无度，不足畏也。"又一个割据者放心地当土皇帝了。

李存勖毕竟是开国之君，还有些狡诈之术。楚王马殷（其地盘在今湖南及广西东北部）派自己的儿子马希范入朝，送上朱梁政权所授印信和所属将吏名单。一方面表示归顺，另一方面窥探动静。在召见马希范时，李存勖问起了洞庭湖的广狭。洞庭湖是楚国境内天险，李存勖这样问不完全是为了解情况，也有示威之意。马希范很聪明地回答："车驾南巡，才刚够饮马罢了。"李存勖拍着他的背，高兴地说："听说湖南必为高郁所图，有子如此，高郁怎能得逞！"高郁是马殷主要谋士，马殷对其言听计从，国以富强。马希范回去后，把李存勖的话转告马殷。此时与楚

---

① 伶人，唱戏的艺人。

相邻的荆南也散布谣言，挑拨马殷与高郁的关系。作为开国之君，马殷有足够的政治经验，对这些谣言一概不予理会。荆南屡败于楚，视高郁为心头大患，必除而后快。公元930年，马殷年迈体衰，不能亲理政务，大权由其子马希声掌握。荆南派使者送信给马希声，信中盛赞高郁的功劳、才干，表示愿与高郁结为兄弟。使者还故作神秘地说："高公（荆南统治者高从诲）常说，马氏政事皆出高郁，此子孙之忧也。"马希声背着马殷，假传马殷之命，杀了高郁。

李存勖除了醉心于骑马打猎之外，还爱粉墨登场和伶人们共演一堂。伶人们与其嬉笑怒骂不受责罚。接近他的伶人成了权倾内外的人物。伶人景进更成了他的特务头子，为他打探外面的事情，事无巨细统统密奏。将帅们要常常赠伶官们财物以求美言。李存勖重新起用宦官充当监军，更引起了将领们的不满。

公元925年十一月后唐灭蜀。后唐军如果顺流而下，将对吴国、荆南造成极大威胁。荆南高季兴正在吃饭，听到这个消息，吓得把勺子掉到了地上。谋士梁震劝他："不必担忧。唐主得蜀会更加骄横，离灭亡不远了。"果然，后唐为平蜀立下大功的郭崇韬为宦官谗言中伤，被李存勖下令杀死于蜀中。郭崇韬是李存勖主要谋臣，在后唐朝廷是凤毛麟角的人物。郭崇韬一死，吴国徐温等人弹冠相庆，认为可以高枕无忧了。

郭崇韬被杀，使后唐将领人人自危，一时谣言四起。魏博镇士兵发生兵变，杀回邺都，大肆抢掠。陕州节度使李绍琛也以郭崇韬被冤杀为号召，拥兵自剑州西还，自称西川节度使。李存勖手忙脚乱。由于其对与郭崇韬关系密切的要员继续杀戮，因而有一批将领不为所用，也不敢用。李存勖只好派李克用养子李嗣源（公元867—933年）带兵去邺都镇压叛军。李嗣源本来就为伶官所中伤，心怀疑虑。到了邺都，所率军队又发生兵变。李嗣源先是为叛兵所迫造起反来，后来真刀真枪地干了起来，很快攻进了大梁。

公元926年四月，李存勖在洛阳被从马直指挥使郭从谦等率领的乱军射死。李嗣源即皇帝位，是为唐明宗。他上台后，放宫女年少者出宫，禁中外之臣贡献鹰犬珍玩，整顿吏治，杀戮宦官，为郭崇韬平反礼葬。但是李嗣源不知书，也是一名"马上皇帝"。四方奏章皆由谋士安重诲诵读，安重诲识字不多也不能尽读。君臣文化素质如此，治国当然也高明不到哪去。

李存勖灭亡后,准确预测其下场的严可求、梁震分别在吴、荆南受到国君重视。徐温对严可求钦佩之至,以使节刺探对方情况的手段运用得更为广泛。李存勖与李嗣源殊死相斗时,徐温听说割据江浙的吴越王钱镠生病,就派使者以探病为名,去探查虚实。老奸巨猾的钱镠强装没病的样子接见了使者。徐温听使者回报钱镠康健,才停止了聚兵。李嗣源上了台,他又派使节入后唐打探消息,表面上却是向李嗣源祝贺。安重诲看穿了使者来意,劝李嗣源辞谢来使,不受贡物。吴国这次行动并不十分成功。

公元927年十月徐温病死,大权落入养子徐知诰手中。徐知诰继续对后唐开展间谍活动。

李嗣源由洛阳移驻大梁时,安重诲想借此机会劝李嗣源伐吴。李嗣源认为尚无法大举伐吴。后来李璘抓到了一个潜入后唐的吴国间谍,这名间谍说:"徐知诰想举国称臣,但想得安公一言为信。"李璘一听事关重大,就带这名间谍去见安重诲。安重诲听了大喜,以价值连城的玉带交给吴国间谍带回为信物。后来安重诲大权独揽,引起李嗣源的猜疑,被削去大权。吴国与安重诲之间的秘密往来也就没有进一步发展。徐知诰派间谍这么做的动机也不得而知了。

后唐在南方各割据政权的密切注视下,始终未能对这些割据政权有所作为。后唐政权本身倒是很快就覆亡了。

中国古代间谍战中使节的作用已发挥得淋漓尽致。中国封建社会某一政权的兴衰往往取决于贤君明相。五代之际是"中国无君之天下"(王夫之语)。"五姓之主中土者,皆旋夺于握兵之臣,即不能夺,而称兵以思夺者,此扑而彼兴,无他,唯无相而已。无相者,非必其时之无人也。抑非偏任武人,而相不能操国柄也。籍令有其人,欲授之国柄,固将不能。何也?崛起之日,初不与闻大计,一旦称帝,姑且求一二人以具员而置之百僚之上,如仗像然,谁从而听之哉!"王夫之这段话尖锐地指出五代武夫为君,宰相乏人且无能、无权的状况。因此,南方割据者的使节,对国君进行深入观察了解,就基本上掌握了后唐的情况。

外交官对高层人物的观察可以是近距离的,并可通过这些人对政务的处理深入地了解他们。外交官可以观察到所在国的制度,社会矛盾等许多问题,提供一般间谍无法提供的宝贵战略情报。

从李存勖对荆南使者的行动中可以看到即使是一国之君,有时也有故意做给人看的动作。从这一角度看,外交官也有上当之可能,对外交官的情报同样要加以鉴别。

第八节 谣言引起的战争

五代之际，王朝短命，走马灯一样换来换去。唐末形成的藩镇制度未得到根本改变，是造成这种状况的重要原因之一。

后梁、后唐虽然从形式上统一了北部，但大部分节度使仍领有管辖地区的人权、财权。用人、养兵，权在节度使，其与部队的关系自然也极不一般。后唐义武节度使兼中书令王都"镇易、定十余年，自除刺史以下官。租赋皆赡本军，安重诲用事稍以法制裁之。"王都就干脆联络奚族造反。这种情况在五代屡见不鲜。正因如此，五代之际，中央朝廷一垮台，各节度使在维护住自己利益的情况下或割据，或见风使舵暂时向新政权称臣，等待下一轮改朝换代机会的到来。从这个意义上讲，五代的君主都未达到真正高度集权的程度。因此其兴也速，其亡也速。不变的只是大大小小的军阀。这种状况到了赵匡胤统一中国后才从根本上有了改变。五代的统治者既无能力，也无时间去解决这个问题。

据有定难军（治所在夏州，辖夏、绥、银、宥、静等州）的李仁福就是这么一个独立性很强的军阀。李仁福是党项拓跋部人。唐末党项拓跋首领拓跋思恭因协助唐朝廷镇压黄巢起义有功，被赐予"国姓"。李仁福也因此用了汉人的名字。李仁福是在定难军内乱中，被士兵拥上节度使宝座的，后来得到了朱温的认可。梁、唐相争之际，李仁福曾站在朱温一边对后唐作战。后唐建立后，李仁福依旧当他的节度使，并被任命为检校太师兼中书令，封朔方王。这既是表示拉拢，也是对李仁福既有相对独立地位的承认。

李仁福对后唐政权的拉拢怀有戒心，因为想想过去的历史，就可以看清楚后唐政权绝不会轻易放过他。后唐政权也的确在找机会消灭他。双方可谓是同床异梦。

公元933年二月李仁福病故。在此之前曾从河西诸镇传出消息：李仁福勾结契丹图谋南侵关中。定难军相当于今陕西长城清涧河以北，秃尾河流域以南及内蒙古伊克昭盟南部地区。其战略位置令后唐政权十分担心。李仁福死，正是后唐政权解决这股地方势力的大好时机，也是避免边将与契丹勾结造成威胁的大好时机。后唐于是玩了一个花招，调李仁福之子李彝超为延州留后，调安从进为定难军留后，并派兵护送安从进就任新职。实际上是企图以武力逼李彝超离开老巢。李彝超此时已自立为定难军留后了，看到朝廷的命令，他上书说："被军士、百姓所留，不能赴任。"后唐皇帝李嗣源还天真地下旨催其赴任。李彝超却早已开始备战了。他召集了境内党项诸胡以自救。从这一点看出李彝超有着与其他军阀不同的特点。当时定难军已成党项及其他少数民族的长期居住地，因此，李彝超不难以民族问题相号召，对其部下也就有了与其他军阀不同的凝聚力。

七月，安从进统率后唐军进攻夏州城。夏州城坚如磐石，后唐军久攻不下。此时李彝超部下游骑万余人在后唐军的后方大肆抢掠，切断了后唐军的补给，后唐军粮草缺乏，又不敢到田野里放牧，人、马都饿得够呛。从关中运粮，山路险峻。百姓负担太重。这时李彝超出现在城头，对安从进展开了心理攻势："夏州土地贫瘠，没有珍宝积蓄可以充作朝廷贡赋。只因祖、父世守此土，不想丢失。小小孤城，何劳大军。请替我带话给皇上，如允许我悔过，遇到出兵打仗之事，愿为前驱。"后唐皇帝李嗣源听到这话，就坡下驴，命安从进撤兵，总算没有遭受更大的损失。

过了些日子，有知道李仁福、李彝超机密大事的人从夏州逃出，李仁福与契丹"勾结"之事才真相大白。原来李仁福怕后唐对他下手，故意编造出与契丹勾结的谣言，散布出去以吓唬后唐。契丹根本不知道此事。自后唐军退后，李彝超更加看不起后唐，每有叛臣，李彝超必与之联络，并赠予财物。李氏父子占据的这块土地在北宋时发展成一个党项族建立的国家——西夏。

在这个事例中，谣言散布的结果对双方都是出乎意料的。后唐在后来才知道上了当，当然是出乎意料。李仁福散布这类谣言的目的原来是想以谋略制止后唐军对其动手，却加速了后唐军采取行动，更是出乎意料。

李仁福散布的谣言属于外交假情报。在敌对几方博弈中，散布编造巧妙的外交假情报，既难以核实，又容易从战略上造成对方决策失误。散布外交假情报还可以起到吓唬敌人，分散敌人力量的作用。但是李仁福散布的外交假情报为什么适得其反呢？其一，没有考虑到这一假情报对敌方心理上造成的影响，只是主观地想吓唬敌方。实际上当时后唐武力还足以与契丹相抗，李仁福如果安心当他的土皇帝，后唐还可以容忍，如果与契丹勾结，后唐绝不会坐视不管。双方力量的对比，是敌方对假情报做出反应的主要依据。其二，李仁福病死这一意外因素与假情报结合在一起，促成了后唐对定难军用兵。散布假情报如果不对各类可能发生的事做充分估计，其后果会是散布者始料不及的。

从间谍战的一般角度分析，假情报的散布要建立在对敌人力量、心理状态、决策者、决策方式等重要因素的全面分析之上。一厢情愿的假情报，散布出去往往会为自己带来麻烦。

谣言既是散布假情报的重要手段之一，也是"舆论"之一种。对谣言的流传内容的研究，是大众传播学的重要内容。谣言的传播在不同时代，不同国度，不同的政治、经济体制，不同的文化背景下，有不同的方式和传播网络、渠道。

在心理战、宣传战借助现代化手段，以更加隐秘、更加巧妙的形式开展的今天，借助大众传播学的方法对各类谣言的传播路线、传播内容、传播方式进行研究，不仅对间谍活动有非同寻常的意义，对维持国内治安，保持政局稳定也有非常重要的意义。

从这个意义上讲，大众传播学与间谍战是密不可分的。

第九节　"儿皇帝"的气度

唐明宗李嗣源举兵发难，与唐庄宗李存勖兵戎相见时，手下有一员得力战将为其冲锋陷阵屡建战功。李嗣源当了皇帝后，任命其为光禄大夫、检校司徒充陕州保义军节度使，成为独当一面的大员。这个人就是后来建立了短命的后晋王朝，并以出卖燕、云十六州给契丹，当了"儿皇帝"而名载史册的石敬瑭。

石敬瑭（公元892—942年），太原人，沙陀人后裔。石敬瑭为人沉默寡言，好读兵书，尤其重视李牧、周亚夫的行军、作战经验。大概这两位出身军旅的军事家引起了同样出身于军旅的石敬瑭的共鸣。也许是李牧与塞外少数民族作战的事迹，在当时同样是塞外少数民族的沙陀人中还在代代相传吧。总之，石敬瑭是个通晓兵法，善骑射的人。在梁、唐激战时，他常常冲锋陷阵，深得李存勖看重。李嗣源、李存勖相争，他又为李嗣源卖命。李嗣源当上皇帝后，他还看不出有什么更大的前途。

公元933年十一月，唐明宗李嗣源病死，其子李从厚（公元914—934年）即位，是为唐闵帝。唐明宗李嗣源在世时，中国北部地区曾出现过一个短暂的安定时期，经济也有所恢复，在纷乱的五代中号称"小康"。李嗣源一死，混乱随之而生。

李从厚是个好读《春秋》，颇有些书生气的皇帝。李从厚即位，引起了唐明宗李嗣源的养子李从珂的觊觎之心。与李从厚相反，李从珂是个野心勃勃的赳赳武夫。公元934年二月，李从珂举起了历代野心家常用的"清君侧"的旗帜，起兵造反。这年二月，李从珂纠集的部队攻下了凤翔，接着兵不血刃而下长安，势如破竹。四月李从珂即帝位于洛阳。李从厚出逃至卫州，后被毒死于卫州。

李从厚至卫州途中遇到了石敬瑭。石敬瑭此时在李从厚眼中成了能扭转乾坤的救命稻草。狡诈的石敬瑭权衡利弊后，让部下刘知远等尽杀李从厚从骑五十余名，扣留李从厚于卫州，然后匆匆进洛阳恭贺新君登基去了。

石敬瑭与李从珂是一块儿踢球的朋友，李从珂因此对其知之甚深。李从珂上台后，石敬瑭虽然暂时保留了原任河东节度使的职务，但已不受信任。石敬瑭对李从珂也知之甚深。为了及时掌握李从珂的动向，石敬瑭采取了一些谍报手段。

石敬瑭派人行贿于曹太后的左右，让他们侦视李从珂的一举一动。曹太后为形势所逼，曾不得不为李从珂上台出过力。李从珂为了表明自己是"正统"所在，也还尊重她。但是曹太后又是石敬瑭的岳母。因此曹太后常在李从珂面前为石敬瑭说好话。当然，曹太后的左右为石敬瑭服务，曹太后也是睁一只眼，闭一只眼。李从珂的活动，事无巨细全为石敬瑭所掌握。

石敬瑭知道李从珂对自己的疑心一天比一天重，为了韬晦，常在宾客面前做出一副病弱之象，"自称羸弱，不堪为帅"。石敬瑭以备契丹入侵为名，请求朝廷增兵增粮，同时广为收揽人心。他手下的士兵，竟有对他高呼"万岁"者。这事传到李从珂耳朵里，更进一步刺激了李从珂。

公元936年五月，李从珂终于下了决心，调石敬瑭为天平节度使。石敬瑭在其部下刘知远等人的拥护下起兵造反。

为了取得契丹对自己的支持，石敬瑭派桑维翰草表称臣于契丹主，并请以父事之。连部下刘知远都认为太过分了。石敬瑭还许以割让土地，作为对契丹出兵的报答。

十一月，石敬瑭在契丹的支持下即大晋皇帝位，同时割幽、蓟、瀛、莫、涿、檀、顺、新、妫、儒、武、云、应、寰、朔、蔚十六州土地给契丹。接着石敬瑭在契丹骑兵的支援下攻克洛阳，李从珂、曹太后、刘皇后等登玄武楼自焚。石敬瑭竟然造反是曹太后始料不及的。她对劝她暂避的人说："吾子孙妇女一朝至此，何忍独生！"大约石敬瑭以外姓夺天下实在不能容忍。

后晋小朝廷出现了，"儿皇帝"石敬瑭登场了。后人出于"华夷之别"，对"儿皇帝"石敬瑭大加攻击。实际上平心而论，石敬瑭不过是五代众多短命王朝创立者中的一个，一个沙陀军阀而已。五代中唐、晋、汉三朝全为沙陀军阀所建，何以石敬瑭受到不绝于史的批判呢？说穿了主要是认契丹主为父。其实从石敬瑭而言，沙陀人入主中原，本来就没有什么严格的儒家传统中的种种正统观念，其"华夷之别"的观念更为淡薄。胡人认别人为父更是其风俗所允许的。中国历史上不少守边名将，都被游牧民族冠以"父"、"老子"一类的敬畏称呼。

石敬瑭真正办的坏事在于割让了燕云十六州。相当于今以北京、大同两市为中心，东至河北遵化，北迄长城，西界山西神池，南至天津市、河北保定市及山西繁峙、宁武一线以北的地区。在此之前契丹虽然已占有一定的农业区，并有了一部分农耕民众，但并未深入内地，更未据有长城之险。燕云十六州一失，从军事、经济角度看，契丹有了一个进可攻退可守的农业区作为前进基地。后来统一中国的赵宋政权却失去了长城之险，不能重复中国历代新兴王朝拒敌于长城之外的作战方式。这是北宋始终在战略上被动挨打的原因之一。这也为中国内地人民带来了无穷灾难。

石敬瑭坐上皇帝位不久，天雄节度使兼中书令范延光就举兵造反，也想尝尝当皇帝的滋味。造反之前范延光请江湖术士算命，术士称其有"帝王之兆"。他眼看石敬瑭以一节度使发迹，认为自己也可以一试，于是就真刀真枪地干了起来。

范延光起兵后，兵锋颇锐，很快攻下了洛阳。石敬瑭有点沉不住气，想放弃大梁到晋阳躲避叛军锋芒。大谋士桑维翰苦谏，他才在大梁待了下来。

为了瓦解后晋朝廷，范延光开展了间谍战。他命人以蜡丸密信潜入大梁，收买后晋朝廷的"失职者"。所谓"失职者"，是因为各种原因丢掉了自己在朝中职务的人。这些人当然对石敬瑭一肚子怒气，一接到范延光的密信纷纷响应。在大梁有右武卫上将军娄继英、右卫大将军尹晖，在许州有温延睿、温延衮、温延沼兄弟三人。范延光密令他们在这两处准备起事，里应外合。温延睿兄弟秘密地收买、邀集徒众已达千人。这时在大梁的娄继英、尹晖因为事情败露，仓皇出逃。尹晖想逃到吴国，在途中被人杀了。娄继英逃到许州，投靠温氏兄弟。娄继英的到来，大梁发生的事情，使忠武节度使苌从简提高了警惕，他命令士兵加强戒备，这样一来使温氏兄弟原来的计划无法实行。温延睿想杀掉娄继英来洗清自己，被温延沼制止了。温氏兄弟和娄继英一起投奔追随范延光造反的张从宾。娄继英知道温氏兄弟曾企图干掉自己。到张从宾处后，他力劝张从宾把温氏兄弟杀掉了。

石敬瑭对内部频频发生的反叛，采取了颇令人回味的处理办法。他宣布：延光奸谋，诬陷忠良。今后捉获延光谍人，赏获者，杀谍人。禁止以谍人身上搜获的蜡丸书上奏。石敬瑭的这一手使不少心怀疑虑的人安下心来，同时也向群臣表示了自己的自信，使朝野紧张的气氛松弛、平静下来。

公元938年九月，范延光请降。在此之前石敬瑭曾派人劝降，并"许以大藩"。范延光投降后，又被任为天平节度使。范延光的亲信也都升了官，随同范延光造反的人更是赦免不问。实在是宽宏大量了，甚至有点宽大得出了格。这实际上反映了五代时北部统治者，仍处在对藩镇力不能制的软弱地位上。既不能制，只好摆出一副宽大为怀的姿态。后晋政权只存在了十一年就灭亡了。

在激烈的政治、经济、军事斗争中，敌对各方营垒中因种种原因而心怀不满的人，总是成为首先拉拢、引诱的对象。在这种情况下既不可不防，又不可草木皆兵。石敬瑭禁止以密信上奏，与曹操烧毁部下与袁绍的通信有异曲同工之妙。不过曹操所为是在事后稳定了队伍，石敬瑭所为是在事前起到安定人心、稳住队伍的作用。从这一点讲，"儿皇帝"确有些气度。

第十节　神秘的和尚

南唐在李昪（即徐知诰，称帝后恢复其旧姓，改名昪）的统治下，对外与邻国交好，对内休养生息。在中国北部陷入战乱时，南唐统治地区出现了一派升平景象。李昪为人节俭，坚持保境安民。南唐的实力有了较大增长，在江南诸国中号称强盛。遗憾的是李昪于公元943年二月病故，其子李璟即位。李璟虽然善骑射，但为政则不如其父，他和其子李煜（即李后主）在填词上颇有一套。南唐的统治者虽然越来越"文人化"，但李璟却还没到只知"春花秋月何时了"的地步。他仗着历年积蓄的雄厚财力、物力和众多的军队，也颇想振作一番。

公元944年十二月，南唐枢密副使查文徽督军攻闽（统治区相当于今福建全境）。查文徽在进攻前颇动了一番脑筋。他让自己的同乡南唐翰林待诏臧循，去侦察闽国的情况。查文徽为什么挑中了臧循这一介书生呢？原来臧循也是读书人中子贡一流人物，亦文亦商，便于以经商为名从事谍报活动。臧循利用商人身份熟知了闽的山川地理情况，为查文徽攻闽出谋划策。查文徽上表李璟，请伐闽。朝中反对者颇多，李璟为慎重起见，命查文徽为江西安抚使，到南唐、闽的交界处进行实地侦察。查文徽到了信州，上奏李璟，攻闽必克。查文徽此言还有另外的依据，那就是闽正处于内乱之中。

闽王王曦为其部下朱文进所杀，朱文进自立为王。闽国的其他地方官吏纷纷倒向另一福建内的割据势力——殷王王延政。王延政是王曦之弟，在建州（今福建建瓯）独树一帜，国号殷。李璟命枢密副使查文徽督军攻闽后，王延政已被立为闽王，但仍治建州。朱文进政变前，王曦与王延政相互攻击，使"福建之间，暴尸如莽"。为了打仗，他们纵容官吏对人民横征暴敛，赋税倍增。因此人民对闽国的统治者恨之入骨。

建州有个和尚，史书称"不知其名"。这位和尚平时常疯疯癫癫的，但办起事来很令人回味。公元943年，即南唐大举进攻的前一年，他把道路两旁朝南的树枝都砍掉了，并声称"免碍旗帜"，又声称"要归一边"。后来南唐军南下，果然沿着他砍掉树枝的道路前进。他还到城外寺院中，用毛笔在每间屋的墙壁上大书"可住若干人"。后来南唐军攻至建州城下，住进了那所寺院，安置军士时，果然如和尚在墙壁上写的那样，"一无所差"。这位和尚还测量过福建河流发洪水时的情况，并对闽国灭亡作出了准确预言。史书所言，有点神秘色彩。实际上，这位和尚很可能就是南唐间谍。当然也不排除另一种可能，那就是这和尚是一个不满统治者苛政的人，在主动为南唐灭闽创造条件。其方式是非常巧妙的。

不管后人如何猜测，这已成为千古之谜了。公元945年八月，南唐军经过久困长围，终于攻克建州，王延政投降。本来闽中百姓很欢迎南唐军来，视其为把自己从苛政下解救出来的解放者，纷纷伐木开道，为南唐军进攻出力。南唐军攻下建州后，将领们纵兵大掠，"焚宫室庐舍俱尽"。"是夕寒雨，冻死者相枕，建人失望。"我们刚刚讲到的那位和尚也为南唐兵所杀，带着他的一肚子韬略和秘密去见佛祖了。也许他是在反抗南唐军抢掠寺院时被乱军不分青红皂白地杀了，也许还别有什么隐情。总之，史书上把他与高僧并列，而又不书其名，本身就表明了问题的复杂性。不过我们大可不必钻这个牛角尖了，这样的千古之谜在历史上难道还少吗？

抛开和尚的真实身份不谈，他的行动至少给人以某种启发，那就是在军事行动展开之前，间谍活动除了提供必要的战略、战术情报之外，还可以为军事行动的具体展开创造必要的条件。如为军队指示进攻方向；提供重要目标的位置、工事的情况；保障前进道路上重要桥梁的安全；为军队提供后勤，技术支援；转移敌军防卫部队的注意力；对某些要害部位实施破坏等。总之，间谍活动不能仅限于"反映"情况，而且可以"介入"情况，以间谍的出色活动去影响军事活动的进程。

第十一节　酒的妙用

石敬瑭这个"儿皇帝"，在帝位上坐着并不舒服。公元942年不愿受契丹统治的吐谷浑部，归附了后晋河东节度使刘知远（公元895—948年），契丹使节到后晋责备石敬瑭。石敬瑭见"父皇"龙颜大怒，吓得惶惶不可终日。对实力派刘知远又拿不出什么让其听命的办法。石敬瑭忧心如焚，过不了几个月就抑郁而死了。

石敬瑭死后，其养子石重贵即位。石重贵（公元914—964年）是石敬瑭之兄石敬儒的儿子。石敬瑭死前，命宰相冯道等辅佐幼子石重睿继承大统。但是石敬瑭刚一闭眼，冯道、天平节度使、侍卫马步都虞侯景延广等人就拥立了石重贵。石敬瑭死前曾命刘知远入京辅佐，这样一来自然也告吹了。刘知远咬牙切齿地等待时机。

契丹于公元947年初攻入大梁，落入契丹军之手的石重贵被封为负义侯。石重贵及皇亲国戚被迁往黄龙府（今吉林农安）。后晋灭亡了。由于契丹军在后晋境内实行"打谷草"①的残暴占领军政策，因而受到人民的反抗，后晋的地方大吏也拥兵观望，契丹军不得不撤回自己的老巢。契丹

---

① 契丹骑兵以牧马为名，四出抢掠，谓之"打谷草"。

军一撤，河东节度使刘知远在郭威等人的劝说下即皇帝位，但仍羞羞答答地用后晋的年号。刘知远建立的政权史称后汉。

刘知远在位仅仅一年多就病死了，但总算穿着龙袍寿终正寝，过了一下皇帝瘾。他死之后，年方十八岁的儿子刘承佑（公元931—950年）即位。主少国疑，使一些怀有野心的将领想入非非。

河中节度使李守贞原为后晋将领。后晋灭亡后，投降刘知远。刘知远死后，他根本没把刘承佑及郭威等大臣看在眼里。他招降纳叛，修缮城池，准备造反。李守贞还想引契丹为外援，数次派人持蜡书勾结契丹，但均为后汉边吏所截获。公元948年三月，李守贞正式打出叛乱的旗号，自称秦王。占据长安的赵思绾派人献御衣给李守贞，另一将领王景崇也接受了李守贞的官职。一时间热热闹闹，颇有些气势。

后汉朝廷命削去李守贞的官职，同时派枢密使郭威统军平叛。郭威（公元904—954年）字文仲，邢州尧山（今河北隆尧）人。郭威本姓常，早年丧父，其母再嫁郭氏，所以改姓郭。其父死于战乱。郭威长大后"爱兵好勇"，投身潞州节度使李继韬的部队，颇受李继韬重视。如果郭威就这样混下去，充其量也不过是又一个军阀罢了。可是局势发生了变化，李继韬为唐庄宗李存勖所灭，郭威也转到了李存勖军中。在李存勖军中，郭威对兵法产生了兴趣，手不释卷，并向同事学习《春秋》，为其后来治国平天下准备了必要的知识。李守贞造反后，郭威被任命为西面军前招慰安抚使，以前敌总指挥的身份节制讨叛诸军。郭威督军直捣三叛镇中的核心河中李守贞，挥军包围了河中（今山西永济浦州镇）。

郭威命部队挖长壕、筑连城，以水军封锁河面，对河中进行久困长围。郭威对将士予以重赏，摆出与士卒同甘共苦的姿态。后汉军士气颇盛。李守贞看到后汉军的士气，心中有些发慌了。他几次命部队向外突围，都未获成功。突围不成，他把希望寄托在争取外援上。他派了三路使者，分别携带蜡丸密信，到契丹、南唐、蜀去求救。但这三路使节都被后汉的巡逻兵所抓获。城中已到了粮草将尽的地步，饿死者越来越多。这时为李守贞算卦的人还振振有词地对他说："大王当为天子，人不能夺。但此分野有灾，待磨灭将尽，只余一人一骑，乃大王鹊起之时也。"这番鬼话，李守贞居然信之不疑。五代时多少军阀在这类鬼话中"崛起"，又在这类鬼话中灭亡。当时上层人物的素质可见一斑。

嵩山道士杨纳、沈丘人舒元改名换姓，终于潜往南唐求救。南唐派查文徽等率军出援。南唐军走到沂州境内,与后汉军相遇。南唐军的侦骑向南唐将领报告:"有数百老弱汉军在涧北,可以乘机袭击。"南唐北面行营招讨使李金全是个有战争经验的人。他下令:有过涧者斩!到黄昏时,后汉军在暮色中纷纷从埋伏处走出来,收兵的金鼓声闻十余里。本来就没有斗志的南唐军为之丧气,撤到海州。

外援无望,李守贞只好设法突围。他想拔掉后汉军在河西的营寨,就派士兵化装成卖酒的小贩,到后汉军驻守的营塞附近的村庄去卖酒。郭威的部下来买酒,这些卖酒的人很大方地把酒卖给他们,不管钱给得够不够。后汉兵喝得乐而忘返。这消息很快传开来,后汉军的巡逻骑兵纷纷前来买酒。这些贪杯的骑兵全部喝得大醉,警戒之责早已抛到九霄云外去了。

李守贞军乘机发动了进攻。由于疏于防备,后汉军陷入手忙脚乱的狼狈境地,营寨险些被李守贞军攻占。

事情发生后,郭威调查了解到这一情况,下严令禁止士兵私下饮酒。爱将李审早上喝了一点酒,被郭威执行了军法。一时全军肃然,再没敢违反纪律的。公元949年七月,李守贞与其妻、子自焚,后汉军入城。另一叛乱势力赵思绾也投降了。一场大乱终于平定下来。

这个事例说明对部队中所有将士进行反间谍训练、教育的必要。部队必须对驻地附近的民风、民俗有清楚的了解,这样才能识破敌人的间谍。尽管做了上面的一切,还必须执行铁的纪律,才能保证不为敌人的间谍活动所损害。从这个意义上讲,郭威能够亡羊补牢,其后来的措施仍不失名将之风。

第十二节　间谍——"信使"

间谍被捕后的命运变幻莫测,有的人则被迫当了敌人的"信使"。

郭威平定李守贞的叛乱后,声望日隆,被加委检校太师兼侍中,后出任邺都留守仍兼枢密使。郭威虽出镇外藩,对朝政仍有很大发言权。当时枢密使、右仆射、同平章事杨邠主机政,郭威主征伐,归德军节度使、侍卫亲军都指挥使兼中书令史弘肇主管禁军,三司使、同平章事王章掌财权。对这些权臣,刘承佑有如芒刺在背之感,决心予以剪除。特别是郭威,全面负责北部对付契丹的防务,重兵在手,令刘承佑感到莫大的威胁。

刘承佑于公元950年十一月，设计杀杨邠、史弘肇、王章等，同时捕杀三人的亲戚、亲信。刘承佑对统兵在外的郭威当然不会忘记，他派供奉官孟业携密旨到澶州、邺都去，命镇宁节度使李洪义去杀与史弘肇关系密切的侍卫步军都指挥王殷，命邺都行营马军都指挥使郭崇威杀郭威及监军王峻。

使者到澶州，见到了李洪义。李洪义害怕王殷已知其事，不敢行动，反而引孟业见王殷。王殷囚孟业，并派副使陈光穗送密诏给郭威。郭威召见郭崇威等将领说："吾与诸公披荆棘，从先帝取天下。受托孤之任，竭力以卫国家。今诸公（杨、史、王等）已死，吾何心独生。君辈当奉行诏书，取吾首以报天子，庶不相累。"郭崇威等表示愿随郭威"清君侧"。郭威于是留其养子郭荣镇邺都，郭崇威为前锋，亲统大军向大梁（开封）杀去。郭威兵至澶州，李洪义、王殷率部归附，声势更大了。

刘承佑听到郭威举兵的消息，一面调禁军到澶州迎敌，一面派内官郭戒驻地侦察动静。这个内官，是个宫廷小厮，根本不会搞间谍那一套。附带说说以身边的亲信搞情报，而不问其能力、资格是中国古代帝王搞情报的一大特点。这个内官一到澶州，立即被郭威军的巡逻骑兵抓住了。郭威写了封信，放在他的衣领中，让其带回上奏刘承佑。信中讲了自己不得以起兵的原因，要求惩办诬陷自己的奸臣。实际上是彬彬有礼地向刘承佑示威。同时郭威继续率军前进，义成节度使宋廷渥投降，滑州陷入郭威之手。郭威开滑州府库赏赐三军，一来为了鼓士气，同时也是先让将士装满私囊，以免入京师后进行劫掠。从这个行动上看，唐末兵为将有，士兵难制的状况仍未根本转变。这也是政变迭起的重要原因。

那个内官狼狈不堪地逃回大梁，向刘承佑报告了"侦察经过"。刘承佑大为后悔，一面赏赐禁军让他们为自己卖命，一面让郭威军中将士留在大梁的亲属对郭威等进行瓦解。但已为时太晚了。城中高级将领纷纷潜往郭威处，刘承佑亲督禁军出战又被击败。后汉军纷纷投降，刘承佑率数十人出逃，在赵村为郭威手下士兵所杀。

郭威听到刘承佑被杀的消息，号啕大哭："老夫之罪也。"哭归哭，当皇帝却不能延误。公元951年初，郭威即皇帝位，国号周。郭威和后来的周世宗柴荣（即郭荣，即位后复其旧姓柴），都是五代时比较有作为、有本事的皇帝。在他们的治理下，中国北部渐渐安定下来，政治比较清明,经济有所恢复,为后来赵匡胤统一中国奠定了基础。纷乱的五代开始显现出一线光明。

看来对间谍的处置与利用,依照时间、地点、力量对比之具体情况,可以有多种方式。郭威实际上利用间谍对刘承佑进行了一次心理战,实施了公开的威吓,表示了自己干到底的决心和坚定的意志。当然,这种利用间谍的方式只能在极少数场合使用。在这种场合,间谍成了敌对双方进行对话的唯一途径。在以这种方式使用敌间时应反复权衡,以免弄巧成拙。

这种情况我们在前面也看到过。利用敌间对敌人进行心理战,可以在不同层次上展开。郭威此举就是直接针对敌方最高战争指导者展开的,并且效果不错。要利用敌间在不同层次上对敌人开展心理战,就要对传递信息的媒介——敌间的身份、地位予以辨别,然后决定行动的方式。

第十三节 郭威之明

郭威上台之后,照例要振作一番,革除前朝弊政。他废除了后晋的各种酷刑峻法,禁止掌管官仓的官吏额外敲诈百姓,禁四方贡献珍美食物。在政治上为被汉隐帝刘承佑诛杀的杨邠、史弘肇、王章等人平反的同时,竭力安抚后汉遗臣,为汉隐帝举哀发表。泰宁节度使慕容彦超曾出死力为汉隐帝作战,此时也派人入朝进贡。郭威赐诏表示谅解,并对其予以安抚。后周的政治、经济局面渐趋稳定。但是唐末以来藩镇统兵的制度并没有根本改变,因此藩镇造反的危险依然存在。

泰宁节度使慕容彦超看到郭威逐渐使北部稳定下来,唯恐郭威对自己下手。他开始招降纳叛,集聚粮草,准备和郭威一战。在外交上,他派密使到北汉去和北汉主刘旻相勾结,同时派密使化装成商人到南唐求援。北汉是后汉高祖刘知远的同母弟,沙陀部人刘旻建立的国家。在郭威灭后汉时,刘旻在契丹支持下乘机割据了河东,国号汉,史称北汉。刘旻对契丹自称侄皇帝。

慕容彦超派往北汉的使者被后周的官吏截获,书信被呈送郭威。郭威派使者对慕容彦超进行安抚。但是狐狸尾巴被人抓住了,心里总是不安。为了保证自己的安全,慕容彦超又想了一个"移祸江东"的诡计。他派手下的都押牙郑麟多次入朝,一方面向郭威表示自己的忠心,另一方面观察后周朝廷动静。

郑麟在一次入朝时，声称自己奉慕容彦超之命带了一封天平节度使高行周的信，呈送郭威。郭威接过信一看，原来是高行周写给慕容彦超的，信中对后周大加攻击，并表示愿与慕容彦超联手共抗朝廷。郭威看完信后微微一笑，对左右人说："此彦超之诈也。"命人把这封伪造的信送给高行周。高行周看到假信后感激之至，立即派人上表谢恩。原来高行周与慕容彦超早有矛盾。慕容彦超想借郭威之手干掉他，同时又转移了郭威对自己的注意力。这是一石二鸟之计。没想到伪造的书信反而被郭威所用，进一步离间了慕容彦超与高行周的关系。

公元952年五月，郭威终于彻底消灭了慕容彦超。

郭威之所以能识破慕容彦超的离间计，是因为他对当时各藩镇间的利害冲突有一个基本的了解。因此郭威才能反其道而行之，收到了很好的效果。由此可见，对敌方与处于中间状态诸力量之间的基本政治、经济、军事关系的了解，是我们判断敌人间谍活动的一个基本要素。只有在正确分析上述大战略关系的基础上，才能看清敌人活动的真实意图，做出正确的反应。

第十四节　不屈的使节

公元954年初，周太祖郭威病故，其养子郭荣（后复其姓柴）即位，是为周世宗（公元921—959年）。周世宗是五代少有的能干的君主。柴荣即位时已三十四岁，颇具军事、政治经验。他上台后，对内任用李谷、王溥、范质等文人为相，推行均田制，废天下佛寺三千余所，毁佛像铸铜钱，使众多僧人从事农业劳动。其气魄是够大的了。对外他锐意进取，先后出兵进攻蜀、南唐、契丹、北汉。柴荣经常亲冒矢石之险，统军出征。

后周军的锋芒首先指向后蜀、南唐两个割据政权，几个割据政权中实力较大的南唐更成为后周军进攻的重点。

在后周军的进攻下，南唐形势日益恶化。在这种情况下，南唐故伎重施，以多种手段对北周展开了间谍战。南唐派使节孙晟、钟谟常驻大梁，实际上是窥视后周的虚实。柴荣待之甚厚。上朝时让他们站在中书省官之后，予以很高礼遇。柴荣对他们所为心知肚明，但柴荣也有自己的想法。他常召见这两位使节赐宴，在醇酒妇人之间，柴荣乘机问南唐之事。孙晟等人滴水不漏，只是说："唐主畏陛下神武，事陛下无二心。"使柴荣一无所获。

公元956年初，北周军大举进攻南唐。南唐军节节败退，几乎尽丧江北、淮南之地。南唐主李璟不得不屡次上表请割江北之地，去帝号改称国王，以求罢兵。柴荣不听他那一套，命令部队继续推进。南唐百姓为苛政所苦，因此纷纷欢迎周军到来。可周军大肆抢掠不改五代时骄兵悍将的特色，百姓失望，纷纷揭竿而起，与周军对抗。南唐军也乘机反攻。双方在寿春成对峙态势。

在前线指挥作战的两名北周重要将领张永德、李重进之间产生了矛盾。张永德秘密上表柴荣，攻击李重进有二心。柴荣不信，置之不理。李重进听到这消息后，单骑入张永德营坦诚相见，解除了双方的疑虑。

这一消息被南唐获知，南唐主李璟派人携蜡丸密信去见李重进，并许以厚利。信中除了诋毁北周外，还写得仿佛与李重进早有勾结似的，以离间北周君臣。李重进坦然将诱降密信呈送柴荣。柴荣勃然大怒。没想到李璟搞到自己头上来了。他又想到了孙晟等使节。

柴荣把孙晟召来，以蜡丸密信的事责问他，并威逼他讲出南唐的虚实。孙晟神色从容，请求柴荣处死自己，对南唐的虚实默然不对。柴荣命人把他扣押于右军巡院。过了些日子，又派人去询问南唐的情况，孙晟始终不吐一字。柴荣派去的人摆酒相待，酒过数巡，那人对孙晟说："有旨赐相公死。"意思是给孙晟最后一个机会。孙晟神色怡然，整理好衣冠，南向而拜（南唐的方向）说："臣谨以死报国。"从容就刑。和孙晟一起出使的百余人也统统被杀。钟谟被贬为耀州司马。后来柴荣认为孙晟是忠贞之臣，对杀了他感到后悔。钟谟也因此被召回，并被任命为卫尉少卿。柴荣这一行动，也许在更大程度上是为了给自己的臣子树立一个榜样。"你们将来出使，就要像孙晟这样，当一个硬骨头，不辱君命！"在他召回钟谟时，在其内心深处大概会浮现出这一念头吧！

外交使节常常肩负着刺探对方情报的使命，也常常成为对方刺探情报的对象。孙晟在敌方威逼下坚不吐实，为外交官在这种情况下应有的气节。

第十五节　命丧江南

在三方以上参加的复杂的外交角逐中，由于微妙的利害关系，等待着使节的不仅是唇枪舌剑，而且还有真正的利刃。

公元937年十月，吴国权臣徐知诰（即位后改名李昪）即皇帝位于金陵，国号唐。李昪上台后照例大封自己的亲戚、群臣。与他有三十年交情的宋齐丘仅仅得了个大司徒的虚衔，因而牢骚满腹。他当着李昪的面大声表示不满："臣为布衣时，陛下为刺史。今日为天子，何以不用老臣矣！"当皇帝和当刺史毕竟有极大的不同，李昪有容人的雅量，却没给宋齐丘什么实惠。为了显示自己的能力，宋齐丘在打击旧吴国君臣上费了不少功夫，但收效不大。

公元938年七月，契丹使节到了南唐。宋齐丘认为这是自己立功邀赏的良机。他劝李昪隆重地接待了契丹使者，并对契丹使者赠予丰厚的财物。契丹使者在金陵过了几天纸醉金迷的生活，饱览了与塞外大漠孤烟迥然不同的山川秀色后，带着南唐赠送的财物踏上了归程。

契丹使者刚刚进入淮北后晋境内，就被刺客所杀。契丹使者只能魂归故土了。原来这是宋齐丘早就布置好的。宋齐丘向李昪建议杀契丹使者于后晋境内，以此来离间后晋、契丹间的关系，从而减轻后晋对南唐的压力。

这个阴谋，从实施后的效果看，并不十分理想。石敬瑭对契丹虽然也有暂时咬牙忍耐等待实力增强的一面，但更多的是奴颜婢膝甘当"儿皇帝"。契丹对之可以作威作福，摆出十足的"父皇"样子。因此这条计谋未收到预期的效果。

白居易有词云："江南好，风景旧曾谙；日出江花红胜火，春来江水绿如蓝。能不忆江南？"

契丹的使者虽被截杀，却未能使契丹人视出使江南为畏途。繁华的江南都市，秀丽的江南风光，妩媚的江南女子都在吸引着契丹使者，何况还有君命在身呢。公元959年底，契丹使者再次来到南唐，受到了南唐的热情接待。在完成使命后，照例是一番酒肉征逐和寻花问柳。契丹使者心满意足地在南唐官员的伴送下，扬鞭北归。

行至清风驿，南唐官员设宴为契丹使者饯行。眼看江南温柔乡要被抛在身后，契丹使者不觉若有所失，借酒消愁，多喝了几杯。双方喝得酒酣耳热，契丹使者起身更衣。南唐官员在驿舍中坐待许久，却不见其返回。南唐官员们出驿舍查看，发现契丹使者横尸野外，首级已不知何处去了。

原来这是北周泰州团练使荆罕儒所为。荆罕儒打听到契丹使者要从这路过的消息，早就招募了刺客等待着了。契丹使者一到，刺客的利刃就割下了他的首级。

荆罕儒这一手收到了很好的效果。从此之后，契丹与南唐的往来断绝了。这使北周及后来的赵宋政权在统一中国的过程中避免了两线作战，为中国的统一创造了条件。

值得注意的是宋齐丘一面让李昪隆重接待使节，一面又建议杀掉他。这种明暗相辅的两面派手法正反映了外交战与间谍战相结合的特点。两者同样指向一个目标：挑拨另外两方的外交关系，使之趋于恶化。但公开的外交手段却与真正的目的相反，为秘密活动进行掩护。

在三方以上参加的军事、外交角逐中，心存疑虑的各方，始终处在猜忌之中。力量的对比、组合对各方始终处于不太明朗的状态。在这种情况下，如果把外交战与间谍战相配合，就可以起到重大作用。在一定条件下甚至可以改变力量对比。巧妙地打击处于中间状态一方的外交官或国民、国家财产，是这种情况下的一种重要选择。

第十六节　黄袍加身

在北周对南唐发动的战争中，北周殿前都虞侯赵匡胤锋芒毕露，屡立战功，被提拔为定国军节度使兼殿前都指挥使。在赵匡胤请求下，赵普被任命为节度推官。

赵匡胤（公元927—976年），河北涿郡（今河北涿州市）人。赵匡胤不必像中国历史上某些帝王那样生拉硬拽几个高官显贵作为自己的祖上。他出身世家，祖上任过文臣、武将的人不少。其父赵弘殷善骑射，先后在后唐、后周担任将领。赵匡胤继承其父衣钵，与其父一起在后周分典禁兵。出身在这样一个家庭中，赵匡胤与五代出身低微或出身于少数民族的将领有着不同的文化背景。其与禁军的深厚渊源，又为他后来的活动创造了条件。

要认清赵匡胤担任禁军头目的意义，还必须提到周世宗柴荣的一项改革。柴荣鉴于五代将领拥兵造反，中央政权顷刻灭亡的教训，选拔精锐军士组成禁军，招募天下壮士，不问来历，编入禁军。禁军战斗力的提高，改变了五代以来中央与地方的力量对比，但并未改变武人直接拥有军队的状况。赵匡胤则是作为周世宗看中的将领统率禁军的。

在进攻南唐时，南唐曾企图以间谍活动来干掉赵匡胤。南唐派人送白金三千两给赵匡胤，并写信给他。赵匡胤将金尽送官府，因而甚得周世宗的信任。周世宗死后，赵匡胤作为禁军统帅地处枢要，被任命为归德军节度使兼太尉。赵普是他主要的谋士，其他禁军将领也拥护他。此时即位的柴宗训，年方七岁。一次改朝换代的机会出现了。

公元960年初，边境传来消息，北汉勾结契丹入侵。赵匡胤统率禁军，带着赵普等谋臣，向报告北汉、契丹入侵的镇（今河北正定）、定（今河北定县）方向前进。部队前进至陈桥驿（今河南开封市东北）驻扎。这时军队中负责占卜吉凶的人苗训指引官吏、士兵们看一种天文现象，"日下复有一日，黑光摩荡者久之。"在出兵前，京师已谣传"检点为天子"。当夜五更，军士们集聚于驿门，鼓噪"检点为天子"。赵匡胤仍在梦中，军士们已经进入他的营帐起哄。赵普与赵匡胤之弟赵光义入帐向赵匡胤报告。此时局势更加严重，军士们拔刀出鞘，高呼："诸军无主，愿立太尉。"

赵匡胤走出帐外，有军士把黄袍加在他的身上。将士们围着他跪拜，高呼"万岁"。此时，赵匡胤好像不很情愿似的对将士们说："我有命令你们能听吗？"将士们都回答："唯太尉之命是听。"赵匡胤接着说："太后、主上，我皆北面事之，不得惊犯他们。诸大臣皆与我并肩为臣，不得侵凌。朝廷府库士庶之家不得劫掠。用令有重赏，违者严惩不贷。"将士肃然。赵匡胤这才率军回汴京（开封）。

部队入城后，除杀掉几个不听命的将领外，一无所犯。士兵们把宰相范质等抓到赵匡胤面前。赵匡胤哭着对范质说："违负天地，今至于此。"一旁站立的军校罗彦环等按刀大喝："我辈无主，今日须得天子。"范质等人一看这局面，只好下拜，承认了赵匡胤的地位。柴宗训禅位于赵匡胤，一个新的朝代——宋出现在中国史册上。

这次政变干净、利落，没有五代时常见的那种血腥气。这与赵匡胤的素质密切相关。另外在这次政变中，赵匡胤巧妙地利用边境上的假情报，为自己提供了政变的方便。从事后的情况分析，"北汉、契丹的入侵"如果不是赵匡胤、赵普等授意镇、定二州地方官有意编造，就是这两州地方官故意夸大了事实真相。尽管正史对赵匡胤有意制造兵变这一点讳莫如深，但是赵上台前后再不见"北汉、契丹入侵"的动静，恰恰露出了其编造边境敌情的狐狸尾巴。《辽史》在这一期并未见有入侵后周的记载，

《十国春秋·北汉记》载：辽军曾企图出兵镇、定，但并未真正付诸行动。赵匡胤即位后也没有再对边境的敌情有所布署。当时北汉、契丹的小规模骚扰经常发生，很有可能启发了赵匡胤和赵普，于是演出了上面一幕政变的喜剧。

在这次政变中巧妙地制造假情报与同样巧妙地编造谣言是结合在一起的。谣言为赵匡胤上台从舆论上、心理上做了准备，假情报则为赵匡胤具体实施政变创造了机会。需要指出的是，这种针对内部的假情报的散布方式、渠道都与针对敌人的有所不同。

本篇小结

这一历史时期，隋、唐两代在边疆的谍报活动方面，基本上坚持了历代行之有效的办法，但更有进攻性。特别是有唐一代强盛的国力和当时人们宏大的气魄，使他们在对外开拓进取时，采用了更富于谋略和进取性的间谍战形式。到了唐末，虽然已丧失了进取的间谍战的气势，但由于唐臣的文化背景与素质，仍通过间谍战，在局部阻止了敌人入侵。当然此时的对手吐蕃、南诏也不具备类似匈奴、突厥强盛之时的实力。

在这一历史时期，战术侦察，战场上间谍的活动，又有了新发展。以李世民为代表，把战术侦察活动与部队整个作战行动的展开结合起来，使之成为战争中部队行动的一个组成部分。这种小部队进行的侦察活动实质上是处于间谍活动与正规作战行动之间的一种特种作战活动。在类似行动中，唐末五代时的军阀们别出心裁地想出了种种伪装部队、间谍的办法。这与当时藩镇林立，但商业活动仍然在各割据者地盘间进行相一致。形形色色的商人、手工业者的形象，成了间谍们用以伪装自己的外衣。

需要特别指出的是，安史之乱中的安禄山及唐末藩镇对付中央政权的间谍手段，表明地方势力在与中央政权斗争中运用的间谍手段又有了较大提高。

李师道等藩镇在唐王朝统治中心展开了大规模的间谍活动，从组织、心理、经济等几方面对唐王朝平藩军事行动，进行了最大的牵制。这是把间谍的大规模破坏活动作为战略手段来展开的。这些间谍活动策划之周密，准备之充分，标志着对间谍活动的组织，实施又有了新提高。把大规模的间谍破坏活动作为牵制敌人的战略手段来运用，也表明人们对间谍的活动领域、活动方式又有了进一步的认识。

这一历史时期，人们对敌方间谍的利用、处理方式更加多起来。对敌方间谍的价值有了深入认识，开始更加自觉地逆用敌方间谍，使之为我所用。

在利用外交使节进行外交间谍活动方面，也有了新的发展。"诸侯窥唐"就反映了当时各割据势力已十分自觉地把外交使节当作了解敌方战略情报的手段。各割据势力不仅自觉地派出有眼光、有手腕的使节去对方核心部位开展高层次的对敌观察，而且在使节出使之时，还做了充分的准备，进一步欺骗敌人。另外，对使节加以谋杀，表明在外交间谍战中出现了新的方式。